Robert Dilts, Judith DeLozier & Deborah Bacon Dilts
NLP II – die neue Generation
Strukturen subjektiver Erfahrung – die Erforschung geht weiter

€ 34,90

Ausführliche Informationen zu jedem unserer lieferbaren und geplanten Bücher finden Sie im Internet unter ↗ http://www.junfermann.de. Dort können Sie unseren Newsletter abonnieren und sicherstellen, dass Sie alles Wissenswerte über das Junfermann-Programm regelmäßig und aktuell erfahren. – Und wenn Sie an Geschichten aus dem Verlagsalltag und rund um unser Buch-Programm interessiert sind, besuchen Sie auch unseren Blog: ↗ http://blogweise.junfermann.de.

ROBERT DILTS, JUDITH DELOZIER &
DEBORAH BACON DILTS

NLP II –
DIE NEUE GENERATION

STRUKTUREN SUBJEKTIVER ERFAHRUNG –
DIE ERFORSCHUNG GEHT WEITER

Aus dem Amerikanischen von
Isolde Seidel und Susanne & Michael Koulen

Junfermann Verlag
Paderborn
2013

Copyright	© der deutschen Ausgabe: Junfermann Verlag, Paderborn 2013
	© der Originalausgabe: Meta Publications, 2010
	Die Originalausgabe erschien unter dem Titel „NLP II. The Next Generation. Enriching the Study of the Structure of Subjective Experience" in den USA bei Meta Publications, Capitola, CA 95010. www.meta-publications.com
Übersetzung	Isolde Seidel (ab S. 112) und Susanne & Michael Koulen (S. 13–111)
Coverbild	© zhudifeng – istockPhoto.com
Covergestaltung / Reihenentwurf	Christian Tschepp
Satz	JUNFERMANN Druck & Service, Paderborn

Bibliografische Information der Deutschen Bibliothek	Die Deutsche Bibliothek verzeichnet diese Publikation in der Deutschen Nationalbibliografie; detaillierte bibliografische Daten sind im Internet über http://dnb.ddb.de abrufbar.

ISBN 978-3-87387-830-3

Dieses Buch erscheint parallel als E-Book (ISBN 978-3-87387-939-3).

Inhalt

Mit Zuneigung und Respekt widmen wir dieses Buch:
den Mitbegründern des NLP, Richard Bandler und John Grinder.
Sie haben uns in dieses großartige Abenteuer eingeführt und uns
ermuntert, zuversichtlich, mutig und kreativ die Struktur der
subjektiven Erfahrung selbst zu erforschen.

Dem schöpferischen Geist von Milton H. Erickson, Virginia Satir,
Fritz Perls und Gregory Bateson.
Durch ihr Vorbild haben sie uns gelehrt, dem menschlichen Po-
tenzial den Weg zu bahnen.

Den unzähligen NLP-Practitionern, Master-Practitionern und
Trainern auf der ganzen Welt.
Sie haben das fruchtbare und generative Feld erschaffen, das neue
Generationen des NLP ermöglicht hat.

Danksagung

Wir bedanken uns bei:

Stephen Gilligan für seine höchst bedeutsamen Beiträge zur Entwicklung der nächsten Generation des NLP. Er gehörte zur ersten Gruppe von Schülern, die in der Anfangszeit des NLP bei Richard Bandler und John Grinder studierten. Seither entwickelt er eigene Konzepte auf der Grundlage seiner Arbeit zur Selbstbeziehung und zum Generativen Selbst.

Zahlreiche der in diesem Buch vorgestellten Kerngedanken hat ursprünglich Stephen Gilligan in seinem bahnbrechenden Werk zur Selbstbeziehung (1997) dargelegt. Zu diesen Kerngedanken gehören: Generativität, die drei Geistesmodi (kognitiver Geist, somatischer Geist und Feld-Geist)[1] und die damit zusammenhängenden Prinzipien und Elemente: die Archetypen-Energien, Zentrieren (centering) und das Konzept der Förderung (sponsorship). Wie fruchtbar der Austausch von Ideen zwischen Selbstbeziehung und NLP sein kann, zeigt sich in dem Buch *The Hero's Journey: A Voyage of Self-Discovery* (Gilligan und Dilts, 2009) (dt.: *Die Reise des Helden – Auf dem Weg zur Selbstentdeckung,* 2013).

Danken möchten wir auch:

Gabrielle Roth, die die 5Rhythmen® entwickelt hat (die mit uns einen gemeinsamen Mentor hat: Gregory Bateson). Sie setzte[2] sich stets dafür ein, dass der Bewegung eine besondere Bedeutung zukomme und dass die Verbindung mit dem Körper ein Schlüssel für den Veränderungsprozess sei.

Richard Moss, der die transformative Kraft von Gewahrsein, Präsenz und Verbindung so deutlich vor Augen führt.

Teresa Epstein, die seit Jahren engagiert den Rahmen der NLP-University gestaltet, in dem wir alle generativ zusammenarbeiten können.

Sandra Bacon, die zu diesem Werk ihr Fachwissen als Korrekturleserin beisteuerte.

Michael Dilts und Claire Sage für ihre fortwährende Unterstützung und ihre Hilfe bei der Covergestaltung der Originalausgabe.

---

1   Im Original ist die Rede von den drei „minds" (cognitive mind, somatic mind und field mind). Im Folgenden ist – in Anlehnung an die deutsche Übersetzung von Greogory Batesons Werken und die deutschen Übersetzungen von früheren Büchern von Robert Dilts – „mind" überwiegend mit „Geist" übersetzt, also „kognitiver Geist", „somatischer Geist" und „Feld-Geist" (Anm. d. Ü).

2   Gabrielle Roth ist am 22.10.2012 verstorben, also nach Fertigstellung der amerikanischen Originalausgabe dieses Buches (Anm. d. Verlages).

Vorwort

Nach Abschluss unseres Buches *NLP Volume I* (1980) (dt.: *Strukturen subjektiver Erfahrung: Ihre Erforschung und Veränderung durch NLP*) versprachen wir Autoren (Dilts, Grinder, Bandler und DeLozier) einen zweiten Band, *NLP II*. Dieser sollte eine konkretere Anwendung der Konzepte, Prinzipien und Unterscheidungen liefern, die wir in dieser ersten Einführung ins NLP dargelegt haben. Wir sagten, im zweiten Buch würden wir „genauer untersuchen, wie sich das Neurolinguistische Programmieren in unserer Arbeit und im Alltagsleben anwenden lässt."

Aus verschiedenen Gründen wurde *NLP Bd. II* lange Zeit nicht verwirklicht. Das hing zum Teil damit zusammen, dass wir Autoren alle recht viel zu tun hatten und intensiv damit beschäftigt waren, die Anwendungen erst zu entwickeln und auszuprobieren, über die zu schreiben wir versprochen hatten. Im Laufe der Zeit haben sich unsere Wege getrennt. Nie mehr waren wir alle so zusammen wie in dieser frühen Zeit und das Projekt *NLP II* „ging irgendwo unter."

Doch es gab noch einen weiteren Grund: Das Gebiet NLP entwickelte sich weiterhin so schnell, dass sich nur schwer einige bestimmte Prozesse auswählen ließen, die unserer Ansicht nach die Geschichte und das Potenzial des NLP am besten charakterisierten. Es gab neue Herausforderungen und Gelegenheiten, die uns nach Ressourcen und Lösungen suchen ließen. So gab es ständig Neuerungen, die auch an die Grundfesten des Gebiets rührten.

Die vier Autorinnen und Autoren von *NLP I* sind auch weiterhin weltweit unterwegs, lehren NLP und tragen so zu seiner Weiterentwicklung bei, wobei wir (Robert Dilts und Judith DeLozier) noch immer eine nahe persönliche Beziehung haben und eng zusammenarbeiten. Den Höhepunkt bildet alljährlich unser Sommerprogramm der NLP-University an der University of California in Santa Cruz.

Im Laufe der Jahre haben wir oft über die Vision und das vor vielen Jahren gegebene Versprechen eines *NLP-II-Buches* nachgegrübelt. Es fragten auch immer wieder NLPler: „Wo ist *NLP Band II*?" Gelegentlich versuchten wir, das Versprechen auf andere Art und Weise einzulösen. Vier Jahre lang schrieben wir an der *Encyclopedia of Systemic NLP and NLP New Coding*. Dort behandeln wir zahlreiche und vielfältige NLP-Modelle und -Anwendungen ausführlich und würdigen die Geistesgeschichte des faszinierenden Gebiets NLP. In unserer Arbeit versuchten wir, den Spirit der ursprünglichen Studentengruppe zu bewahren, die in den Bergen von Santa Cruz mit Bandler und Grinder in Kleingruppen NLP studierten und entwickelten.

Vor vier Jahren beschlossen wir: Es ist an der Zeit, endlich unser Versprechen einzulösen und einen zweiten Band zu schreiben. Aus unserer Sicht gibt es eindeutig etwas Neues zu sagen. Dieses Buch *NLP II: die neue Generation* ist das Ergebnis dieses Entschlusses.

In den zurückliegenden Jahren hat das Buch verschiedene Entwicklungen durchlaufen und würde nicht existieren ohne Deborahs Energie und Unterstützung. Sie ist 5Rhythmen®-Tanzlehrerin, Psychotherapeutin und Trainerin für Psychosynthese sowie Dolmetscherin und hat dadurch wesentlich zu zahlreichen neuen Entwicklungen beigetragen, die in den späteren Kapiteln vorgestellt werden.

Deborah kam mit NLP erstmals 1994 in Kontakt, als sie für John Grinder ins Französische dolmetschte; das war in Paris, wo sie seit den frühen 1980er-Jahren als amerikanische Auswanderin lebt. Seitdem war sie in Kursen vieler anderer NLP-Trainer als Dolmetscherin tätig, zum Beispiel bei David Gordon, Charles Faulkner, Lynne Conwell, Robert McDonald und natürlich Robert Dilts und Judith DeLozier.

Seit 2005 entwickeln Deborah und Robert gemeinsam Programme, die Deborahs Ausbildung in körperorientierten Transformationspraktiken (etwa die 5Rhythmen®) und die NLP-Prinzipien verbinden. (2008 haben Robert und Deborah geheiratet.) Diese neuen Entwicklungen haben sie weltweit in Workshops und Seminaren angewandt sowie zusammen mit Judith DeLozier an der NLP-University in Kalifornien.

Die Zusammenarbeit von uns dreien (Robert, Judith und Deborah) ist geprägt von Enthusiasmus, Fülle, Kreativität und Zusammengehörigkeit. Wir hoffen, alle diese Eigenschaften kommen in diesem Buch zum Ausdruck und lassen Sie als Leserinnen und Leser die Tiefe, die Fülle und das Potenzial des NLP aufs Neue wertschätzen.

Robert Dilts
Judith DeLozier
Deborah Bacon Dilts

August 2010
Santa Cruz, Kalifornien

Einführung:
Eine neue Generation des NLP

NLP – Hintergrund und Überblick

Dieses Buch handelt von bedeutenden neuen Entwicklungen im *Neurolinguistischen Programmieren*. Das *NLP* ist ein Ansatz zum Verstehen menschlichen Verhaltens sowie eine Sammlung darauf aufbauender Fertigkeiten und Techniken. Begründet durch Richard Bandler und John Grinder in den 70er-Jahren des 20. Jahrhunderts, untersucht NLP die Muster oder *„Programmierungen"*, die durch die Interaktion unseres Nervensystems (*„neuro"*) und unserer Sprachstrukturen (*„linguistisch"*) entstehen, sowie deren Einfluss auf unseren Körper und unser Verhalten. Aus NLP-Sicht entstehen aus dieser Interaktion sowohl sinnvolles wie dysfunktionales Verhalten, menschliche Pathologie ebenso wie großartige Einzelleistungen.

Bandler und Grinder definierten das Neurolinguistische Programmieren als *Studium der Struktur der subjektiven Erfahrung*. Der Begriff *Studium* impliziert Untersuchungen und Forschung. Im NLP geschieht dies hauptsächlich durch den Prozess des *Verhaltensmodellierens*. Viele Erkenntnisse und Techniken im NLP entstanden aus der Beobachtung der Verhaltensmuster bedeutender Persönlichkeiten aus den unterschiedlichsten Bereichen: Psychotherapie, Management, Kunst, Naturwissenschaften, Rechtswissenschaft und Bildungswesen. Ziel dieser Untersuchung war es immer, herauszufinden, worin *der Unterschied besteht, der den Unterschied ausmacht* zwischen schwacher, durchschnittlicher und außergewöhnlicher Leistung.

Das Konzept der *Struktur* betont den *Prozess* gegenüber dem *Inhalt*. Der Prozess des Verhaltensmodellierens im NLP konzentriert sich also mehr darauf, *wie* wir etwas tun, als darauf, *was* wir tun. Im Fokus von NLP steht nicht so sehr, welche Entscheidungen wir treffen, was wir lernen oder erschaffen, sondern der *Prozess, wie* wir dies tun. In der Tat ist es so, wie NLP-Mitbegründer John Grinder betont, dass alle Techniken und Formate des NLP ursprünglich aus der Fragestellung hervorgegangen sind: „Wie wissen wir etwas?" und „Wie tun wir etwas?" NLP-Unterscheidungen ermöglichen uns, über den Verhaltensinhalt, also was wir tun, hinauszusehen und die unsichtbaren Kräfte zu erkennen, die dieses Verhalten bewirken. Es sind die Strukturen des Denkens, unserer Überzeugungen und Emotionen, die uns sinnvoll handeln lassen oder unsere Wirksamkeit stören. Das NLP bietet also eine Reihe von Verfahren und Unterscheidungsmöglichkeiten, die hervorragend geeignet sind, entscheidende *Muster* des Denkens, der Motivation und des Verhaltens aufzuzeigen und die sich in lösungsorientierter, nachvollziehbarer Weise umsetzen lassen.

Im Mittelpunkt des NLP-Modellierungsprozesses steht die Betonung der Struktur der *subjektiven Erfahrung* (des Denkens, der Überzeugungen, der Emotionen, der inneren Repräsentationen usw.), im Gegensatz zur „objektiven Realität". Die Grundlage im NLP ist die Annahme: „Die Landkarte ist nicht das Gebiet." Unsere inneren Landkarten und Vorstellungen unterscheiden sich notwendigerweise von der Welt, die sie abbilden wollen. (So, wie die Landkarte einer Stadt nicht die Stadt selbst ist und die Speisekarte nicht das Abendessen.) Unsere inneren Vorstellungen, die wir durch unser Nervensystem und unsere Sprachmuster erzeugen, enthalten von Natur aus Verallgemeinerungen und Verzerrungen der eigentlichen „Realität", die sie abbilden wollen. Diese inneren Landkarten und Modelle legen fest, wie wir unsere Welt erfahren und auf diese Welt reagieren. Das Studium der Struktur der subjektiven Erfahrung beginnt also mit unseren persönlichen *Sinneserfahrungen*: mit dem, was und wie wir sehen, hören, fühlen, riechen und schmecken. Es beginnt also nicht mit Theorien und Vorstellungen über die äußere „Realität". So ist beispielsweise das NLP bei der Erforschung spiritueller Erfahrungen nicht interessiert an der Entwicklung einer Theorie oder eines Glaubenssystems zur Spiritualität. Vielmehr untersucht NLP die *Strukturen* der menschlichen *subjektiven Erfahrung* in der Spiritualität: *Wie* erleben wir es, Teil von etwas Größerem außerhalb von uns zu sein, und welche Varianten dieser Erfahrung gibt es?

Der NLP-Modellierungsprozess arbeitet mit operativen Fragen: Wie kann man eine bestimmte subjektive Erfahrung beeinflussen? Wie kann man diese Erfahrung nutzen? Wie kann man entweder mehr oder weniger daraus machen? Welche Prozesse fördern unsere subjektive Erfahrung oder stören sie?

Mit einem Wort: NLP bietet einen Ansatz zum Studium des menschlichen Verhaltens. Er umfasst:

1. eine **Erkenntnistheorie** – ein System von Prinzipien und Unterscheidungen, um Wissen über uns selbst und unsere Interaktion mit der Welt zu organisieren,
2. eine **Methodik** – Prozesse und Verfahren zur Sammlung und Anwendung von Wissen,
3. eine **Technologie** – Techniken, mit deren Hilfe das Wissen so angewandt werden kann, dass bestimmte Resultate erzielt werden können.

Die Evolution des NLP

Das NLP wurde begründet von dem Sprachwissenschaftler John Grinder und von Richard Bandler, der aus der Gestalttherapie und Mathematik kam. Sie waren auf der Suche nach Modellen zur Beschreibung exzellenter Leistungen. In ihrem ersten Buch *Die Struktur der Magie, Band I und II*[3] (1975, 1976[4]) modellierten sie die Sprach- und Verhaltensmuster der Therapeuten Fritz Perls, dem Begründer der Gestalttherapie, und Virginia Satir, einer international anerkannten Familientherapeutin. Ihr nächstes Buch *Muster der hypnotischen Techniken von Milton Erickson, M. D., Band I und II* (1975, 1976) untersuchte die Sprach- und Verhaltensmuster von Milton Erickson, dem weltweit anerkannten erfolgreichen Psychiater und Gründer der Amerikanischen Gesellschaft für Klinische Hypnose.

Auf der Basis dieser frühen Arbeiten schufen Grinder und Bandler formale Methoden zur Verhaltensmodellierung. Hierfür fanden sie die Bezeichnung „Neurolinguistisches Programmieren". Damit sollte der Zusammenhang zwischen Nervensystem und Sprache benannt werden sowie die Folgen dieses Zusammenspiels für unsere körperlichen und geistigen Erfahrungen und unsere Handlungen.

Im Rahmen des NLP besteht jeder einfache Veränderungsprozess aus diesen Schritten:
1. dem Identifizieren des *Istzustands* einer Person, eines Teams, einer Organisation oder allgemein eines Systems,
2. dem Zur-Verfügung-Stellen der erforderlichen *Ressourcen*, um die Person, das Team, die Organisation oder das System
3. in den *erwünschten Zustand* zu führen.

> **Istzustand + erforderliche Ressourcen → erwünschter Zustand**

Die Unterscheidungen und Techniken des NLP dienen zur Identifikation und Definition eines Istzustands sowie der verschiedenen Arten und Ebenen von erwünschten Zuständen. Sodann müssen die erforderlichen Ressourcen zugänglich gemacht und eingesetzt werden, um eine sinnvolle und ökologische Entwicklung in Richtung des gewünschten Zustands zu erzeugen.

Im Laufe der Jahre wurden im NLP einige sehr wirkungsvolle Instrumente und Fähigkeiten zur Kommunikation und Veränderung entwickelt. Sie lassen sich in vielen

---

3   *Metasprache und Psychotherapie* (Bd. 1); *Kommunikation und Veränderung* (Bd. 2).
4   Die Jahreszahlen beziehen sich auf die amerikanischen Originalausgaben.

professionellen Bereichen anwenden: in Coaching und Beratung, in der Psychotherapie, im Bildungs- und Gesundheitswesen, in den Kreativberufen, in der Justiz, der Wirtschaft, im Verkauf, aber auch zur Unterstützung von Führungskräften oder Eltern.

Alle NLP-Techniken richten sich darauf, dem Anwender eine oder mehrere der drei wichtigsten Eigenschaften wirksamen Verhaltens zur Verfügung zu stellen: a) ein vielfältiges Modell der Welt, insbesondere hinsichtlich gewünschter Ergebnisse; b) vollen Zugang zu allen Sinneserfahrungen; c) Beweglichkeit in den inneren Reaktionen und im äußeren Verhalten.

Eine ständig wachsende Zahl von Büchern, Filmen und Seminaren hat die vielfältigen Techniken und Verfahren des NLP der Öffentlichkeit bekannt gemacht. Darüber hinaus gibt es weitere Techniken, die noch nicht in schriftlicher oder filmischer Form vorliegen, und wieder andere befinden sich immer noch im Prozess der Entwicklung und Verfeinerung.

Seit den Anfängen Mitte der 70er-Jahre des 20. Jahrhunderts hat sich das NLP wesentlich weiterentwickelt. Vor gut 30 Jahren wurde *NLP Volume 1* (Dilts, Grinder, Bandler, DeLozier, 1980 – deutsch: „Die Strukturen subjektiver Erfahrung") veröffentlicht. Seitdem hat sich das NLP über die ganze Welt verbreitet und das Leben von Millionen Menschen berührt. An unserem NLP-University-Programm nehmen jährlich Menschen aus über 35 verschiedenen Ländern teil, um sich zum NLP Practitioner, Master Practitioner und Trainer ausbilden zu lassen. Weitere Tausende werden weltweit jedes Jahr in spezialisierten NLP-Instituten ausgebildet.

Mit der dritten Generation von NLP-Entwicklern, Trainern und Praktizierenden ist es jetzt an der Zeit anzuerkennen, dass eine neue Generation des NLP entstanden ist. Dabei müssen wir uns zwei grundsätzliche Fragen stellen:

1. Was ist kennzeichnend für eine „neue" Generation, im Unterschied zu einer Variante des bereits bestehenden NLP? (Vergleichbar der Frage aus der Biologie: Was macht eine Pflanze oder ein Tier zu einer wirklich neuen biologischen Art und nicht nur zu einer Abwandlung einer bereits existierenden Art?)
2. Woher wissen wir, dass die Entdeckungen oder Strukturen der neuen Generation „ein Teil des NLP" sind und nicht etwas ganz anderes? In anderen Worten: Was unterscheidet ein NLP-Modell oder eine NLP-Methode von anderen Modellen oder Methoden?

Wodurch wird etwas zu einem Teil des NLP?

Wir beginnen mit der Fragestellung: „Was macht eine Technik, ein Format, ein Modell oder eine Reihe von Unterscheidungen zu einem Teil von NLP?"

NLP-Prozesse und Verfahren sprechen vielfältige Themen und Fragestellungen an. In der *Encyclopedia of Systemic NLP and NLP New Coding* (Dilts & DeLozier 2000) werden u. a. folgende Themen behandelt: die Behandlung von Phobien, Traumata und emotionalen Störungen; Techniken zum Erlernen von Fremdsprachen, kreativem Schreiben, schnellem Lesen, Algebra usw.; Führungs- und Managementtechniken; Methoden zur Strategieplanung, Teamentwicklung und Organisationsentwicklung; Formate für körperliches Heilen, Kreativität, Konfliktlösung, Motivation und vieles, vieles mehr. Das NLP deckt einen Bereich von Anwendungen ab, der weit über den anderer psychologischer Modelle und Verhaltensmodelle hinausreicht, im Vergleich etwa zur Psychoanalyse, Gestalttherapie, Transaktionsanalyse, Psychosynthese und selbst zur Kognitiven Psychologie.

Offenbar definiert sich das NLP nicht über einen bestimmten Geltungs- oder Anwendungsbereich. Angesichts der breiten Palette an NLP-Modellen und Techniken ist es also eine echte Herausforderung zu definieren, was etwas zu einem Teil des NLP macht.

Das ist eine grundlegende „epistemologische" Frage. Der Begriff *Epistemologie* oder *Erkenntnistheorie* stammt vom griechischen Wort *epi* („über" oder „auf"), *histanai* („gründen" oder „vermitteln") und *logos* („Wort" oder „Wissen"); bezeichnet mithin das, „worauf wir unser Wissen gründen". Eine Erkenntnistheorie liefert also ein grundlegendes System von Unterscheidungen und Annahmen, auf denen sämtliches weitere Wissen aufbaut. Gregory Bateson definierte den Begriff folgendermaßen: „Erkenntnistheorie ist die Entstehungsgeschichte unseres Wissens; mit anderen Worten: Wie wissen wir, was wir wissen?"

Ausgehend von den Fragen danach, was wir wissen können und wie wir dieses Wissen erlangen, welches wir zu besitzen glauben, geht die Erkenntnistheorie weiter zur Frage: „Auf welche Weise wissen wir überhaupt etwas?"[5]

Bateson formuliert es so: „Die Philosophen haben zwei Arten von Problemen anerkannt und unterschieden. Erstens die Probleme, wie die Dinge sind, was eine Person ist und was für eine Art Welt dies ist. Das sind Probleme der **Ontologie**. Zweitens die Probleme, wie wir etwas wissen oder, spezieller, was für eine Art Welt dies ist und was

---

5   Die Tatsache, dass die Erkenntnistheorie bei uns zumeist als esoterisches oder intellektuelles Randgebiet behandelt wird, zeigt sehr deutlich, wie wenig wir die Grundlagen unserer Überzeugungen, Werte, Wahrnehmungen und daraus resultierender Handlungen einer ernsthaften Prüfung unterziehen.

für eine Art Geschöpfe wir sind, die wir etwas (oder vielleicht nichts) von dieser Sache wissen können. Das sind die Probleme der Erkenntnistheorie [**Epistemologie**].“[6]

Im NLP geht es um beides: unser Sein („Ontologie") und unsere Erkenntnisse („Epistemologie"). Als Seinslehre bietet das NLP eine Reihe von Grundannahmen zur menschlichen Kommunikation, zu unseren Wahlmöglichkeiten, unserer Veränderungsfähigkeit und den Absichten hinter unserem Verhalten. Den erkenntnistheoretischen Kern des NLP bildet das *Modellieren* – der fortwährende Prozess der Vergrößerung und Anreicherung unserer Landkarten von der Welt. Dies geschieht durch Achtsamkeit, Neugier und die Fähigkeit, multiple Perspektiven und Beschreibungen zusammenzufügen. Ausgangspunkt der Ontologie wie der Erkenntnislehre im NLP ist das Prinzip, dass die Landkarte nicht das Gebiet ist. Das NLP behauptet, dass keine Landkarte wahrer oder realer ist als eine andere. Damit wir aber über das Jetzt hinaus wirken und uns entwickeln können, müssen wir im Besitz einer Landkarte sein, die uns das größtmögliche Spektrum an Wahlmöglichkeiten bietet. Daher fördert NLP von Natur aus eher Inklusivität als rigide Grenzziehung.

Wie schon gesagt, untersucht das NLP nicht den Inhalt der subjektiven Erfahrungen, sondern fokussiert in seiner Erkenntnistheorie auf die *Art und Weise*, wie diese subjektiven Erfahrungen untersucht und dargestellt werden.

Imme wieder hat es im Lauf der Jahre NLP-Practitioner und sogar Trainer gegeben, die behauptet haben, dass Themen, wie „Spiritualität", „Liebe", „frühere Leben" oder „Reinkarnation" keinen Platz im NLP haben. Andererseits beziehen sich diese Themen auf starke, vielen Menschen gemeinsame subjektive Erfahrungen und als solche gehören sie sicherlich zum Studienbereich des NLP. So wie jede Form von Sprache für die Linguistik (das Studium der Sprache) relevant ist, so ist jede Art von subjektiver Erfahrung für das NLP von Bedeutung.

NLP interessiert sich weder für den speziellen Inhalt dieser subjektiven Erfahrungen noch dafür, ob sie tatsächlich „wahr" sind oder nicht. Vielmehr geht es um Fragen wie diese: „Wie unterscheidet sich die Erfahrung dieser subjektiven Phänomene von der Erfahrung anderer subjektiver Phänomene?" – „Welche Folgen haben diese subjektiven Erfahrungen für uns?" – „Führen sie zu kreativen oder zu problematischen Reaktionen und Antworten?" – „Fördert oder hemmt die Struktur dieser Erfahrungen eine erfolgreiche Leistung?" – „Wird unsere persönliche Zufriedenheit durch unsere Beziehung zu solchen Erfahrungen gesteigert oder vermindert?" – „Ermöglicht uns die Art, wie wir diese Erfahrungen machen, eine Auswahl von Reaktionsmöglichkeiten oder führt sie zu Gefühlen der Hilflosigkeit und Abhängigkeit?"

---

6   Bateson (1985): *Ökologie des Geistes*, S. 405. Hervorhebungen von R. D.

In anderen Worten, wenn ein NLP-Practitioner oder Coach mit jemandem arbeitet, der von „Erfahrungen aus einem früheren Leben" spricht, so würde er nicht über die Gültigkeit dieser Erfahrung diskutieren. Eher würde er neugierig werden auf die Struktur und die Konsequenzen dieser bestimmten subjektiven Erfahrung. Und er würde fragen, wie diese mit den sonstigen subjektiven Abbildungen der Welt durch diese Person übereinstimmen.

Von Anfang an behaupteten Bandler und Grinder, dass NLP nicht nur ein weiteres Modell menschlichen Verhaltens darstellt, sondern dass es sich dabei um ein „Meta-Modell" handelt. Das heißt: Beim NLP handelt es sich um ein Modell davon, wie Menschen ihre Modelle der Welt erzeugen.

Mithin bestimmt also nicht der Inhalt, ob etwas ein Teil von NLP ist, sondern vielmehr der Ansatz, wie etwas untersucht wird und die Art, wie die daraus resultierenden Strukturen organisiert werden.

Letztlich heißt das: Ganz gleich, welche Bereiche subjektiver Erfahrung untersucht werden, zerlegt NLP deren Strukturen und Prozesse in spezielle Unterscheidungen und Schritte. Dies geschieht mithilfe von *sensorischen Repräsentationen* (Bilder, Töne, gefühlte Empfindungen etc.), *Sprachmustern* und *Physiologie*. Alle NLP-Kernunterscheidungen und -Formate bauen auf einer Kombination dieser drei Aspekte unseres Menschseins auf.

Damit etwas ein Teil des „Neurolinguistischen Programmierens" sein kann, muss es prinzipiell als *neurolinguistisch* erkannt und beschrieben werden.

Das *Neuro* im Neurolinguistischen bezieht sich auf unser Nervensystem. Ein großer Teil im NLP hat damit zu tun, wie unser Nervensystem funktioniert, wie wir es verstehen und wie wir seine Muster anwenden. Im NLP werden sämtliche kognitiven, emotionalen und Verhaltensprozesse als Resultat von Programmen verstanden, die im menschlichen Nervensystem verarbeitet werden. Derartige Programme heißen Denken, Erinnern, Sich-etwas-Vorstellen, Entscheiden, Wünschen, Wollen oder Diskutieren. Das heißt, unsere menschliche „Erfahrung" ist Ergebnis der Informationen, die wir durch unser Nervensystem erhalten, bearbeiten oder generieren. Im Grunde hat es also damit zu tun, dass wir unsere Welt über unsere Sinne erleben: Wir sehen, fühlen, hören, riechen und schmecken sie.

Ob sich nun also die jeweils untersuchte subjektive Erfahrung auf Motivation, Erinnerung, den Kosmos, Religion, Kunst, Politik oder Bildung bezieht, spielt keine Rolle: Das NLP konzentriert sich auf die Frage, wie dieses Erleben im Nervensystem organisiert wird.

Aus NLP-Sicht ist unsere *Sprache* ebenfalls ein Produkt des Nervensystems. Zugleich weckt und formt Sprache aber auch die Aktivitäten unseres Nervensystems. Sprache ist also eindeutig eines der wesentlichen Mittel, um das eigene Nervensystem und die Nervensysteme von anderen zu aktivieren und zu stimulieren. Durch die Art, wie wir Sprache gebrauchen, wird subjektive Erfahrung geformt und ausgedrückt. Damit wir also etwas als zum NLP gehörig ansehen, muss es etwas mit ganz natürlich und spontan auftretenden verbalen und nonverbalen menschlichen Sprachmustern zu tun haben.

Der Aspekt des *Programmierens* im Neurolinguistischen Programmieren basiert auf der Ansicht, dass unsere Erfahrungen in Prozessen wie dem Lernen, Erinnern, der Motivation oder Kreativität sich in Form von bestimmten Programmen vollziehen. Es handelt sich um neurolinguistische Programme, die mehr oder weniger effektiv funktionieren, um bestimmte Ziele oder Ergebnisse zu erreichen. Das heißt, dass wir Menschen durch innere Programmierungen unseres Nervensystems mit der Welt interagieren. Wir reagieren auf Probleme oder nähern uns neuen Ideen im Rahmen unserer inneren Programme – und nicht alle Programme sind gleich. Um unsere Ziele zu erreichen, sind manche wirksamer als andere.

Dass sich ein Modellierungsprozess praktisch anwenden lässt, gehört in diesem Sinne zu den wichtigsten Aspekten des NLP. NLP-Konzepte und -Trainigsprogramme fördern interaktive, erfahrungsbasierte Lernkontexte, sodass bestimmte Grundsätze und Verfahren leichter wahrgenommen und verstanden werden können. Und weil viele NLP-Prozesse nach sehr erfolgreichen Vorbildern modelliert wurden, können sie auch von anderen Menschen spontan verstanden werden, selbst wenn diese auf dem betreffenden Gebiet kaum oder noch keine Erfahrungen gemacht haben.

Fassen wir zusammen: NLP ist von Anfang an das Studium der Struktur unserer subjektiven Erfahrungen; einer „Struktur", die von Natur aus *neurolinguistischen* Ursprungs ist. Damit haben wir also die Grundsätze, die bestimmen, ob ein Format Teil von NLP ist:

- Das Format betont Prozess und Struktur im Gegensatz zum Inhalt.
- Es führt Prozesse und Unterscheidungen auf unsere Anatomie und die Funktionen des menschlichen Nervensystems zurück.
- Das Format erlaubt das einfache Erkennen und Beeinflussen von Unterscheidungen und Prozessen durch natürliche und spontane Muster der verbalen und nonverbalen Kommunikation.
- Es organisiert die Ergebnisse der Untersuchungen in praktische Übungen, Techniken und Werkzeuge, die genutzt werden können, um menschliche Erfahrung und Verhaltensweisen zu beeinflussen und zu verändern.

Was bedeutet: Eine „neue Generation" des NLP?

Warum sollten bestimmte Entwicklungen im NLP als „neue Generation" bezeichnet werden und nicht nur als Erweiterung des bereits Bestehenden? Auf jedem Wissensgebiet beinhaltet jede wirklich neue Generation den bereits erlangten Kenntnisstand und erweitert ihn. Von einer neuen Generation kann man sprechen, wenn die Entwicklungen

1. neue Phänomene verarbeiten, die nicht Teil der vorhergehenden Generation waren,
2. einen größeren Umfang von Fragen und Erfahrungen ermöglichen,
3. bedeutende neue Unterscheidungen, Hilfsmittel und Methoden hervorbringen.

Die Entwicklung einer neuen Generation des NLP ist unserer Ansicht nach das Ergebnis äußerer wie innerer Einflüsse. Zu den *äußeren Einflüssen* gehört, dass Klienten oder Studierende immer noch bestimmte Bedürfnisse und Probleme haben, denen bislang noch nicht hinreichend Rechnung getragen wurde. Außerdem hat sich die Welt weiter verändert und frühere Lösungen erweisen sich als nicht mehr genügend wirksam oder befriedigend. So wie sich die Welt verändert, verändern sich die Bedürfnisse der Menschen.

Im NLP wird stets betont, dass „die Landkarte nicht das Gebiet ist". Vielleicht sollte man daran erinnern, dass in vielerlei Hinsicht auch „das Gebiet nicht *das Gebiet*" ist, weil es sich nämlich ständig verändert. Was die Welt im 21. Jahrhundert vom NLP erwartet, unterscheidet sich von den Erwartungen in der frühen Phase, den späten 1970er-Jahren. Es gibt neue Herausforderungen, neue Möglichkeiten und eine Verschiebung des Fokus von einer mehr individuellen Orientierung hin zu einer Sichtweise, die die Ökologie eines gesamten Systems oder „Feldes" umfasst.

Auch Entwicklungen in anderen Disziplinen hatten ihren Einfluss. Das NLP hat schon immer sinnvolle Einsichten und Prozesse aus anderen Bereichen integriert. In den 30 Jahren seit Entstehen des NLP kam es so immer wieder zu wichtigen gegenseitigen Befruchtungen von und mit anderen Disziplinen. Einige der herausragendsten Beiträge sind:

Stephen Gilligan	– Selbstbeziehung und Generatives Selbst
Gabrielle Roth	– 5Rhythmen
Richard Moss	– Bewusstes Leben und Transformation durch Aufmerksamkeit
Ken Wilber	– Integrale Theorie
Eugene Gendlin	– Focusing
John Welwood	– Die Psychologie des Erwachens
Bert Hellinger	– Familienaufstellung

Harville Hendrix	– Relationale Paradigmen und Imago-Therapie
Donald Epstein	– Netzwerkanalyse der Wirbelsäule,
	Somato-Respiratorische Integration
Rupert Sheldrake	– Morphogenetische Felder
Timothy Gallwey	– The Inner Game of Coaching
Carol Pearson	– Archetypische Psychologie

Weitere Ideen und Prozesse der neuen NLP-Generation sind hervorgegangen aus einer gründlicheren Neubeschäftigung mit Beiträgen der ursprünglich als Modelle für die frühen NLP-Grundsätze und Techniken dienenden Vorbilder:

Milton H. Erickson	– Hypnotherapie
Virginia Satir	– Familientherapie
Fritz Perls	– Gestalttherapie
Gregory Bateson	– Systemtheorie und Systemische Therapie

Doch das NLP hat sich auch *von innen heraus* verändert. Die ersten Entwickler und Nutzer des NLP haben sich weiterentwickelt und aus den verschiedensten Bereichen sind neue Führungspersönlichkeiten hinzugekommen, die ihre Erfahrungen mitbrachten. Ursprünglich waren die NLP-Praktizierenden größtenteils Psychologen und Therapeuten. Heute werden NLP-Seminare und Programme von Menschen aus den unterschiedlichsten Berufs- und Tätigkeitsfeldern besucht: Coaching, Management, öffentliche Verwaltung, Kunst, Unterhaltung, Organisationsentwicklung, Bildungswesen und Justiz.

Als ein weiterer interner Treiber hat sich die fortwährende Entwicklung des Modellierens erwiesen. Hierbei geht es ja um die Suche nach den Erfolgsfaktoren oder nach *Unterschieden, die den Unterschied ausmachen* zwischen geringer, durchschnittlicher, guter und exzellenter Leistung. Seit den Anfängen des NLP war das Interesse an neuen Exzellenzmodellen eine der wichtigsten Antriebskräfte der Entwicklung. Wie Mitbegründer Richard Bandler es formulierte: „NLP ist eine Haltung und nicht der Rattenschwanz von Techniken, die daraus hervorgehen." NLP-Mitbegründer John Grinder stellte klar: „Wer nicht modellieren kann, macht nicht wirklich NLP." In der Tat haben sich Bandler und Grinder von Anfang an stets als „Modellierer" bezeichnet. So liegen das Erbe und die Zukunft des NLP seit jeher im Prozess des Modellierens begründet. Durch diesen elementaren Mechanismus wächst das NLP, erneuert und bereichert es sich.

Durch den stetigen Einsatz des Modellierens haben Entwickler und Anwender die Grenzen des NLP erweitert und verschoben. Im NLP ging es schon immer um das *Studium der Struktur unserer subjektiven Erfahrung.* Anfangs fokussierte sich das Interesse mehr auf Faktoren der Umwelt, des Verhaltens und der Wahrnehmung, die die menschliche Leistung beeinflussen. Im Laufe der Zeit wurden neue Phänomene modelliert, was zu einer Ausweitung der Anwendung des NLP geführt hat wie zu einer Weiterentwicklung der Grundlagen selbst. Inzwischen werden auch umfassendere Faktoren wie Überzeugungen, Werte, Identität und die Dynamik größerer Systeme in die Untersuchung mit eingeschlossen. Das NLP hat immer auf Veränderungen in der Welt und bei den Menschen reagiert. Solange es neue menschliche Verhaltensweisen zu modellieren gibt, wird der Anwendungsbereich des NLP wachsen. Und mit wachsendem Anwendungsbereich werden neue Kenntnisse und Modelle entstehen, um weitere Generationen hervorzubringen.

Was bedeutet „erste und zweite Generation" des NLP?

Mit der *ersten Generation* des NLP bezeichnen wir das ursprüngliche Modell, welches Bandler und Grinder aus ihren Untersuchungen erfolgreicher Therapeuten abgeleitet haben. Bei den frühen NLP-Anwendungen ging es beinahe ausschließlich um Eins-zu-eins-Beziehungen zwischen Individuen. Die erste Generation setzte voraus, dass es eine therapeutische Beziehung gab, in der der Therapeut wusste, was für den Klienten das Beste war. Damals galt NLP als etwas, das man „mit anderen tat".

Die meisten Kenntnisse und Techniken der ersten Generation konzentrierten sich auf Problemlösungen auf der Ebene von Verhalten und Fähigkeiten. In erster Linie richteten sie sich an das kognitive Denken. In der Tat enthält das Buch *Die Struktur subjektiver Erfahrung* fast ausschließlich *kognitive Strategien*.

Weitere entscheidende Unterscheidungen und Werkzeuge der ersten NLP-Generation waren:

Das Meta-Modell (Präzisionsmodell) und seine Sprachmuster
Repräsentationssysteme (auch Quadrupel genannt)
Submodalitäten
Zugangshinweise über die Augenbewegungen (Eye Accessing Cues)
Ankern
Six-Step-Reframing
History Change
Visual Squash
V-K-Dissoziations-Technik
Verhaltensgenerator (New Behaviour Generator)
Metaphern und das „Milton-Modell" der hypnotischen Sprachmuster

Diese wirksamen und kraftvollen Unterscheidungen, Modelle und Formate bilden weiterhin die Grundlage des NLP.

Die *zweite Generation* des NLP entstand Mitte bis Ende der 1980er-Jahre, um über den therapeutischen Kontext hinausgehende Themen einzubeziehen. Während der Fokus nach wie vor auf dem Individuum lag, nahm die zweite Generation bereits die Beziehung zwischen dem Einzelnen und seiner Umgebung in den Blick. So entwickelten sich neue Anwendungsbereiche im Management, in der Verhandlungsstrategie, in Verkauf, Bildung und im Gesundheitswesen. Zugleich wurden umfassendere Tools entwickelt, die auch die Ebenen der Überzeugungen und Werte sowie die „Metaprogramme" mit einbezogen. Zu nennen sind hier neue Instrumente wie Time Line, neuro-logische Ebenen und Wahrnehmungspositionen. Weitere wichtige Begriffe und Techniken, die mit der zweiten NLP-Generation entstanden, sind:

- Sleight-of-Mouth-Patterns
- Räumliche Sortierung (spatial sorting) und Psychogeografie
- Meta-Spiegel
- Belief-Change
- Imagineering und Genius-Strategien
- Re-Imprinting
- Integration von Überzeugungskonflikten
- Alignment der neuro-logischen Ebenen

Zu erwähnen wären hier auch Michael Halls Meta-Zustände, Richard Bandlers *Design Human Engineering* sowie John Grinders und Judith DeLoziers *New Code NLP*.

Was ist das Besondere an der „dritten NLP-Generation"?

Die *dritte Generation* im NLP entwickelt sich seit den 1990er-Jahren. Ihre Anwendungen sind generativ, systemisch und beschäftigen sich mit übergeordneten Themen wie Identität, Vision und Mission. Mit der dritten Generation des NLP werden Veränderungen eines ganzen Systems in den Blick genommen. Anwendungsgebiete sind Organisations- und kulturelle Entwicklungen, Familien und Teams.

Bei allen Generationen des NLP geht es um Struktur und Funktionsweise des Geistes (mind). Dies ist die Essenz des „Neurolinguistischen Programmierens". Die ersten beiden Generationen legten ihr Hauptaugenmerk noch auf das kognitive Denken. Die dritte Generation NLP schließt sowohl somatische Prozesse wie die Dynamik größerer Systeme in die Betrachtung ein, um ein umfassendes Bild des Geistes zu erhalten. Die dritte NLP-Generation arbeitet mit der Interaktion dieser drei verschiedenen Intelligenzen oder „Denkweisen":

1. dem *kognitiven Denken,* das im Gehirn entsteht,
2. dem *somatischen Verstand,* der im Körper zentriert ist,
3. einem „Feld"-Denken, welches unsere Beziehung zu den uns umgebenden Systemen einbezieht.

Die dritte Generation im NLP strebt nach einer natürlichen Beziehung der Balance und Ausgeglichenheit zwischen diesen drei Denkweisen, um eine tiefere und multidimensionale Intelligenz hervortreten zu lassen.[7]

Die Techniken der dritten Generation befassen sich mit der Zentrierung in unserem somatischen Kern, fördern die Entwicklung von größerer Einheit im Menschen und verbinden uns mit der Weisheit und Führung größerer Systeme (kollektive Intelligenz) um uns herum. Sie integrieren Grundsätze der Selbst-Organisation, der Archetypen und dessen, was als „vierte Position" bekannt ist – die „gefühlte Wahrnehmung" (felt sense), Teil eines größeren Systems zu sein. Bekannte Übungen und Prozesse der dritten NLP-Generation sind:

- Centering
- Inner Game und die innere „Zone of Excellence"
- Sich dem Feld öffnen (opening to the field)
- Generative Change
- Umgang mit schwierigen Gefühlen
- Integration archetypischer Energien
- Die Heldenreise und Archetypen der Veränderung
- Überwindung von blockierenden Glaubenssätzen durch Belief-Bridges
- Techniken zur Förderung kollektiver Intelligenz und generativen Zusammenwirkens

In der dritten Generation NLP werden den Frames und Werten aus früheren Generationen neue hinzugefügt. Der Fokus verschiebt sich nun hin zu Themen wie:

- Generativität & Empowerment
- Verbindung & Beziehung
- Ästhetik & Harmonie
- Sinn & Transformation

---

7 Die drei Geistesmodi der dritten NLP-Generation entsprechen unmittelbar dem „Triurnischen Geist" in Stephen Gilligans Arbeiten zur Self-Relation. Vgl. *Walking in Two Worlds* (2004), und *Die Heldenreise* (2013).

Ein Beispiel:

Die ersten Generationen des NLP legten großen Wert auf Klarheit, Technik und Pragmatismus. Die dritte Generation behält diesen Fokus bei, erweitert ihn jedoch um Prinzipien wie „Schönheit" und „Ästhetik". Die *Ästhetik* ist ein Zweig der Philosophie, der vom Wesen der Schönheit handelt: was sie ausmacht und wie sie wahrgenommen wird. Die dritte Generation im NLP legt Wert darauf, dass ihre neuen und weiterreichenden Ansätze angenehm und unterstützend wirken und sich organisch einfügen, egal, in welchem Kontext wir es anwenden: für uns selbst, in unseren Familien, der Arbeitswelt, in Gemeinschaften oder für die Gattung Mensch insgesamt. Schönheit und Ästhetik bilden ein Gegengewicht zu den sehr technisch ausgerichteten Tools und Fertigkeiten des NLP. In ihrer Kombination zielen diese beiden Aspekte auf eine umfassendere „Einheit des Geistes" und eine innigere Verbindung der verschiedenen Bereiche des Geistes hin zu vertiefter Weisheit. In dieser Erweiterung über die reinen technischen Aspekte des NLP hinaus begeben wir uns auf natürliche Weise hinein in die Sphären von Körper, Metapher, Symbol, Ritual und Feldtheorie.

Wann immer etwas Neues hervortritt, liegen seine Samen bereits im Vorhergehenden verborgen. So war auch der Geist der dritten Generation des NLP von Anfang an im gesamten Feld wirksam. Er zeigte sich in der Weisheit eines Milton Erickson im Zwischenmenschlichen, in den Familienkonstellationen einer Virginia Satir, in Fritz Perls Fokussierung auf den Augenblick. Und schließlich zeigte er sich – in der allgemeinen Verwendung von Metaphern und Symbolen. Es ist dieser Geist, der zugegen ist im „Zustand des Nicht-Wissens" – dem Anfang jedes Modellierungsprozesses.

Was bedeutet „dritte Generation des NLP" in praktischer Hinsicht?

Wie schon die ganz frühen NLP-Strategien sind auch die Strategien der dritten Generation zutiefst *heuristisch*. Lösungen werden aus der Erfahrung geboren. Das griechische Wort *heuriskein* heißt „finden". Heuristische Methoden befähigen Menschen, etwas für sich selbst zu entdecken oder zu lernen. In der dritten Generation des NLP geschieht dies durch eine Sequenz von sechs grundlegenden Prozessen:

- Verstärkung der Aufmerksamkeit
- Modellierung der Schlüsselfunktionen
- Kalibrieren des vorgefundenen Levels der Schlüsselfaktoren
- Skalieren der Schlüsselfaktoren hin zu einem besseren oder optimalen Level
- Ankern der optimierten Werte der Schlüsselfaktoren
- Exploration von Optionen, die durch die Entwicklung der Schlüsselfaktoren eröffnet werden

Am Beispiel einer der Problemlösungsprozesse wird im Folgenden dargestellt, in welcher Abfolge die einzelnen Elemente üblicherweise angewandt werden:

1. Durch eine verstärkte *Aufmerksamkeit* für die neurolinguistischen Programme, die einen bestimmten Problemzustand verursachen oder zu ihm beitragen, erkennen wir die Wirkung dieser Programme auf unsere Emotionen und Verhaltensweisen.
2. Mithilfe dieser neuen Einsichten schaffen wir eine Distanz zwischen dem Klienten und seinem Istzustand bzw. seinen Programmen, sodass wir nun mit dem *Modellieren* beginnen können. Es werden die Schlüsselfaktoren identifiziert, die „Unterschiede, die den Unterschied ausmachen". Programme und Strukturen des Istzustands werden mit anderen Referenzerfahrungen verglichen, erfolgreichen wie weniger erfolgreichen.
3. Wenn die Schlüsselfaktoren (physisch, verbal, kognitiv, somatisch usw.) für den Istzustand oder die problematische Situation identifiziert sind, folgt der nächste Schritt: das „*Kalibrieren*" ihrer gegenwärtigen Intensität oder Aktivität. Dabei wird ihre jeweilige relative Ausdrucksstärke bestimmt.
4. Nun werden die Schlüsselfaktoren *skaliert*, also in ihrer Stärke so modifiziert, dass sie ein angemesseneres oder wirksameres Niveau erreichen. Dabei gilt es zu bedenken, dass der optimale Level nicht immer gleich dem maximalen Level ist.
5. Das so bestimmte Ausmaß an Intensität oder Aktivität dieser Schlüsselfaktoren wird nun *geankert*, um die Faktoren – besonders in schwierigen oder neuen Situationen – auf optimalem Niveau zu halten.
6. Zuletzt explorieren wir, welche Wirkungen diese Veränderung auf Emotionen, Verhalten und äußere Umgebung zeitigt und welche neuen Optionen sich daraus ergeben können.

In diesem Buch werden Sie viele Beispiele finden, wie dieser heuristische Prozess eingesetzt werden kann, um sich und andere zu empowern, mehr Optionen in allen Bereichen des Lebens wahrzunehmen.

Die Arbeit der dritten NLP-Generation beginnt stets in einem Zustand des „Nicht-Wissens" oder des „Anfänger-Geistes", wie er im Zen genannt wird. Von hier aus kann sich Aufmerksamkeit entwickeln, kann wirksam modelliert und können neue Optionen entwickelt werden.

Was Milton Erickson nicht wusste

Die Art, wie Milton Erickson sich der Lösung eines Problems näherte, liefert ein klassisches Beispiel für die Kraft des „Nicht-Wissens". Als wir in den 1970ern Dr. Erickson in Phoenix, Arizona, besuchten, hatten wir natürlich viele Fragen an ihn: „Wenn Sie diesen speziellen Ansatz bei einer Person anwenden, die diese oder jene spezifischen Probleme hat, wird dann ein bestimmtes Ergebnis eintreten?" Und Erickson antwortete immer wieder: „Ich weiß es nicht." Auf unsere Frage: „Würde es funktionieren, diesen Prozess zu nutzen, um jenes Problem zu lösen?", antwortete

Erickson wieder mit: „Ich weiß es nicht." Zum Schluss hatten wir seitenweise Aufzeichnungen: Erickson weiß dies nicht. Erickson weiß jenes nicht.

Es war nicht so, dass er versuchte hätte, uns auszuweichen. Vielmehr begegnete er jeder Situation mit ausgesprochen wenigen Vorannahmen. Alles, jede Person war einzigartig für ihn und so waren auch seine Beziehungen zu ihnen einzigartig. Wurde Erickson also nach der Wahrscheinlichkeit eines bestimmten Ergebnisses gefragt, antwortete er immer nur: „Ich weiß es nicht. Ich weiß es wirklich nicht." Und dann kam der Nachsatz: *„Aber ich bin sehr neugierig herauszufinden, was möglich ist."*

Nicht-Wissen und Neugier sind der Kern generativer Veränderung.

An der University of California in Santa Cruz, wo Bandler und Grinder das NLP entwickelten, gab es einen Psychologieprofessor namens Frank Baron. Baron hatte sich darauf spezialisiert, kreative Genialität zu untersuchen. Irgendwann fasste er seine Erkenntnisse zusammen. Kreative Genies besitzen drei grundlegende Eigenschaften:
1. Sie können Unsicherheit aushalten.
2. Sie können scheinbare Gegensätze oder Widersprüche aushalten.
3. Sie sind hartnäckig.

Kreative Menschen wie Milton Erickson brauchen keine Antworten vor der Zeit. Nicht nur, dass sie Unsicherheit gut ertragen können, sie scheinen es sogar zu genießen, etwas nicht zu wissen.

Kreative Menschen können auch mit unterschiedlichen Standpunkten und abweichenden Realitäten gut umgehen. Der bekannte dänische Physiker Nils Bohr stellte fest, dass es zwei Arten von Wahrheiten gibt: die oberflächliche und die tiefe. „Bei der oberflächlichen Wahrheit ist das Gegenteil falsch. Bei der tiefen Wahrheit kann das Gegenteil auch wahr sein." Bohr bezog sich darauf, dass die meisten fundamentalen Elemente der physikalischen Realität, z. B. Photonen und Elektronen, ein paradoxes Verhalten zeigen. Manchmal verhalten sie sich wie Energiewellen und manchmal wie Materiepartikel.

Derartige tiefe Wahrheiten liegen auch unseren subjektiven Erfahrungen zugrunde. Wenn wir jemanden als schön wahrnehmen, bedeutet das nicht, dass er nicht gleichzeitig auch hässlich sein kann. Es gibt keine Freude ohne Traurigkeit. Das Schlimmste, was einem geschehen ist, kann auch zugleich das Beste sein. Wo Licht ist, ist auch Schatten. Die Fähigkeit, diese scheinbar gegensätzlichen Realitäten wahrzunehmen, ohne dass die eine „richtig" und die andere „falsch" ist, ist der wesentliche Aspekt von Generativität. Gregory Bateson betonte: „Weisheit entsteht, wenn wir beisammen sitzen und uns aufrichtig mit unseren Unterschieden auseinandersetzen – und dies ohne Absicht, etwas daran zu verändern." Wenn wir uns unterschiedlichen Perspektiven mit Neugier öffnen, entstehen oft neue und überraschende Lösungen.

Und hier ist die Qualität der *Beharrlichkeit* so wichtig. Kreative Genies geben nicht auf, auch nicht angesichts von Unsicherheit oder eines Dilemmas. Sie bleiben neugierig und wollen erforschen, was möglich ist, und suchen weiter. Milton Erickson war sein ganzes Leben lang ein herausragendes Beispiel hierfür. Mit 17 Jahren litt er an schwerer Kinderlähmung. Die Krankheit erreichte einen Punkt, wo er nicht mehr fähig war, sich überhaupt noch zu bewegen. Zufälligerweise hörte er, wie der Arzt seiner Mutter mitteilte, er würde sich nie mehr bewegen können. Später dann bekam er sogar mit, wie man seiner Mutter mitteilte, er würde die Nacht nicht überleben. Erickson erzählte später, dass dies wohl die schrecklichste Nachricht ist, die eine Mutter erhalten kann. Und so begann er eine Reise der Erforschung des Möglichen. Er verbrachte Stunden damit herauszufinden, ob es nicht doch irgendeinen Teil seines Körpers gab, den er bewegen konnte. Er entdeckte schließlich, dass er den Rand eines seiner Augenlider ein kleines bisschen kontrollieren konnte. Und so versuchte er die nächsten Stunden, sein Augenlid zu bewegen, um die Aufmerksamkeit seiner Mutter zu wecken. Als ihm dies gelungen war, kämpfte er darum, ein Signalsystem mit ihr zu entwickeln. Nach langer Zeit und vielen Anstrengungen gelang es ihm endlich, Dinge zu kommunizieren, die ihm wichtig waren. Er wünschte sich, dass sie sein Bett zum Fenster drehte, damit er den Sonnenaufgang sehen konnte.

Genau diese Beharrlichkeit brachte Erickson später in seine Arbeit mit seinen Klienten ein. Er gab niemals auf herauszufinden, was an Veränderung möglich war, ganz gleich, wie schwierig eine Situation auch zu sein schien. Und er nahm niemals an, dass etwas unmöglich war.

Diese Kombination aus „Beginners Mind" (Nicht-Wissen), Neugier und Beharrlichkeit bildet den praktischen Kern der dritten Generation des NLP. In den folgenden Kapiteln werden wir erkunden, welche wesentlichen Veränderungen diese Fähigkeiten auf unser eigenes Leben bewirken können und wie wir helfen können, das Leben anderer zu verändern.

Die Struktur des Buches

Wir haben das Buch in vier Teile gegliedert, die eine Reise durch alle drei Generationen des NLP ermöglichen.

In „Der *kognitive Geist*" untersuchen wir die Grundlagen des Neurolinguistischen Programmierens und einige der wichtigsten Entwicklungen der vergangenen 30 Jahre. Wir behandeln Interventionen wie Time Perception und Time Lines, Wahrnehmungspositionen, neuro-logische Ebenen und Batesons Ebenen des Lernens, das S.C.O.R.E.-Modell, Meta-Programme und die Unified Field Theory im NLP (das SOAR-Modell).

Danach wenden wir uns dem *somatischen Geist* zu und geben einen Überblick über die aktuelle Forschung zur Funktionsweise unseres Nervensystems jenseits der reinen Gehirnfunktionen. Hier geht es auch um Neurogastro-Enterologie (dem Gehirn im Bauch) und Neurokardiologie (dem Gehirn im Herzen). In diesem Abschnitt werden wir eine Reihe von Übungen vorstellen, mit denen wir Zugang zur Weisheit des Körpers erlangen. Es wird um den Atem, die Wirbelsäule und Körperhaltung, die Füße, Biofeedback, somatische Syntax und Gabrielle Roths 5Rhythmen gehen.

Im dritten Kapitel befassen wir uns mit dem *Feld-Geist* und seinen neurologischen und physikalischen Grundlagen in Spiegelneuronen und dem menschlichen Energiefeld. Wir werden Formate und Übungen anbieten, um Feld-Phänomene zu nutzen, wie z.B. das Erschaffen einer „zweiten Haut", das Entwickeln von „generativen Feldern", die Unterstützung von generativer Zusammenarbeit und den Zugang zum „*größeren Geist*" (larger mind) eines Gregory Bateson.

Abschließend werden wir einige innovative Anwendungen der *nächsten Generation des NLP* betrachten, besonders den wachsenden Bereich des Coachings. Hier wird es um Grundsätze und Prozesse gehen, die sich auf das „Innere Spiel" beziehen, die Macht der Gegenwart und was wir den COACH-Zustand nennen: eine innere Zone der Exzellenz, aus der heraus wir den Zugang zum Besten des Selbst erlangen können. Es werden u.a. folgende Techniken der neuen NLP-Generation besprochen: schwierige Gefühle aushalten, mit Überzeugungs-Barrieren und Glaubens-Brücken arbeiten, mit der Wirkung archetypischer Energien und den Archetypen des Übergangs arbeiten.

Wir wünschen uns, dass der Leser in diesem Buch eine ergiebige und anregende Karte des sich entwickelnden Territoriums des Neurolinguistischen Programmierens vorfindet. Im NLP wird immer gesagt, dass die Landkarte nicht das Gebiet ist und in diesem Sinne laden wir Sie ausdrücklich dazu ein, dieses Buch als eben nur eine Karte des Territoriums NLP zu betrachten.

Bandler und Grinder begannen früher ihre Seminare damit, dass sie ihrem Publikum erklärten, alles, was nun folgte, wären „Lügen". Nichts, was sie sagten, wäre die Wahrheit, weil keine Landkarte exakt das gesamte Gebiet erfassen könne. Alles sei schließlich eine Frage der Wahl und es bliebe nur zu klären, ob es „hilfreiche" Lügen wären oder nicht. Wenn man sich so verhält, „als ob" die Grundsätze und Methoden einen Unterschied machten: Was wäre dennoch an positiven Veränderungen möglich?

Wir möchten unsere Leser einladen, sich diesem Buch mit der gleichen Haltung zu nähern. Wenn Sie also diese Landkarten, Modelle und Übungen hilfreich finden, so nutzen Sie sie! Wenn aber nicht, so können sie Ihnen den Weg zu einer persönlichen Entwicklung aufzeigen und klären helfen, was für Sie persönlich hilfreich ist und was nicht.

Es ist unser aufrichtiger Wunsch, dass Ihnen das, was wir hier präsentieren, ein volleres Bewusstsein für den Reichtum Ihrer Erfahrungen ermöglichen möge und eine tiefere Verbindung mit Ihrem Selbst, mit anderen, mit Ihrer gesamten Umwelt und dem wunderbaren Geheimnis des Lebens.

Genießen Sie die Reise!

1. | Der kognitive Geist

1.1 Einführung: Der kognitive Geist

Mit dem *kognitiven Geist* beziehen wir uns primär auf das Denken im Gehirn. Dort liegt der Ursprung unserer intellektuellen Fähigkeiten und unseres Urteilsvermögens. Der kognitive Geist ist eines der Kennzeichen menschlichen Seins. Das NLP fokussierte sich zuerst auf das kognitive Denken und schuf damit das Fundament für alle späteren Generationen.

Kognition wird definiert als der „Akt des Erkennens". Der Begriff kommt aus dem Lateinischen *co + gnoscere*, was so viel bedeutet wie „zum Wissen gelangen". Kognitive Wissenschaft und kognitive Psychologie sind das Studium der Aktivitäten, die sich mit unserem Wissen befassen. Dazu gehören Aufmerksamkeit, Kreativität, Erinnerungsvermögen, Wahrnehmung, Problemlösung, Denken und Sprachgebrauch.

Der Ursprung des Studiums des kognitiven Denkens geht zurück auf den griechischen Philosophen Aristoteles (385–322 v.Chr.). In seiner Abhandlung *Über die Seele* bezeichnet er Sinneswahrnehmungen und mentale Repräsentation als die charakteristischen Merkmale der „Psyche". Die Reflektionen Aristoteles über unseren Geist befassten sich mit einer Vielzahl kognitiver Themen, wie etwa einer Definition der fünf Sinne, unserer Wahrnehmung von Zeit, dem Erinnerungsvermögen, der Sprachverarbeitung, unserer Einbildungskraft und unserer Fähigkeit zur Problemlösung. Er behauptete, dass schon Tiere eine innere Landkarte der Welt bilden, indem bei ihnen über die Sinneskanäle Informationen zum „Gemeinsinn" gelangen, der Instanz also, die wir als „Geist" bezeichnen. Er beschrieb es so:

> *„Und deshalb könnte man ohne Wahrnehmung nichts lernen oder verstehen, und wenn man etwas geistig betrachtet, muss man es zugleich als Vorstellungsbild betrachten …*
> *Für die Denkseele sind die Vorstellungsbilder wie Wahrnehmungsbilder"*[8] *[…] Zuweilen aber überlegt man mithilfe der Vorstellungsbilder und Gedanken in der Seele geradezu, als ob man sie sehen würde, und zieht aus dem Gegenwärtigen Rückschlüsse auf das Zukünftige. Und wenn man sagt, dass es dort angenehm oder schmerzhaft ist, dann meidet man es hier oder begehrt es …"*[9]

Im 18. und 19. Jahrhundert wurden Aristoteles Betonung der Bedeutung der Sinneswahrnehmung als Basis der Psyche und seine Gesetze der Assoziation von einigen Philosophen wieder aufgegriffen. Sie entwickelten daraus die Anfänge eines Studiums des kognitiven Denkens. Hieraus schuf William James schließlich die Anfänge der modernen kognitiven Psychologie. In seinem Buch *Prinzipien der Psychologie* (1889) behandelt James eine erstaunliche Breite an Themen, die für die heutige kog-

---

8   Aristoteles, *Die Seele*, S. 163 f.
9   Aristoteles, *Die Seele*, S. 161.

nitive Psychologie immer noch aktuell sind: die verschiedenen Funktionen der Gehirnhälften, Vorrangstellung der Repräsentationssysteme, mentale Time Lines und verhaltensmäßige Zugangshinweise.

Die Methoden von James und anderen früheren Kognitiv-Psychologen waren jedoch in erster Linie selbstbeobachtender Natur und boten wenig praktische Anwendungen. Bis in die späten 1960er-Jahre standen Freuds analytische Psychologie und der Behaviourismus im Zentrum des Interesses der angewandten Psychologie und Psychotherapie.

Das Aufkommen von psychedelischen Drogen in den 1960ern sowie der Aufstieg der künstlichen Intelligenz und der Computer verliehen dem praktischen Interesse an der Funktionsweise höherer kognitiver Funktionen einen neuen Schub, der sich darin äußerte, dass kognitiv orientierte Therapien entstanden, dass mithilfe von Informationsverarbeitung analysiert wurde und dass kognitive Theorien der Persönlichkeit entstanden.

Die Analogie zwischen Gehirn und Computer hat die weiteren Studien zum kognitiven Denken (besonders im NLP) stark beeinflusst. Die meisten kognitiven Theorien gehen davon aus, dass Informationen, die durch die Sinne aufgenommen werden, danach analysiert, gespeichert, umcodiert und auf vielerlei Arten genutzt werden. Derartige Aktivitäten werden *Informationsverarbeitung* genannt und erfordern nicht notwendigerweise ein Bewusstsein, um wirksam zu funktionieren. Konzepte wie „Kodieren", „Speichern und Abruf von Informationen", „Programmieren" usw. werden in kognitiven Modellen häufig genutzt. Das NLP beispielsweise hält den Geist im Wesentlichen für das Produkt eines Systems neurolinguistischer Programme, die im Gehirn und im Nervensystem ablaufen.

1.2 Das Gehirn

Das Gehirn wird allgemein als der zentrale „Bio-Computer" im menschlichen Nervensystem angesehen und in dieser Funktion eng mit unserem kognitiven Denken in Verbindung gebracht. Das menschliche Gehirn enthält geschätzte 50-100 Milliarden Neuronen. In der Gehirnrinde liegen die höheren kognitiven Funktionen wie Sprache, Problemlösung und Vorstellungskraft. Sie wird als die Region des „Denkens" und des „Bewusstseins" angesehen. Die Gehirnrinde besteht aus ungefähr zehn Milliarden komplex miteinander verbundener Neuronen. Diese Zellen tauschen über mehr als 1000 Billionen synaptische Verbindungen miteinander Signale aus.

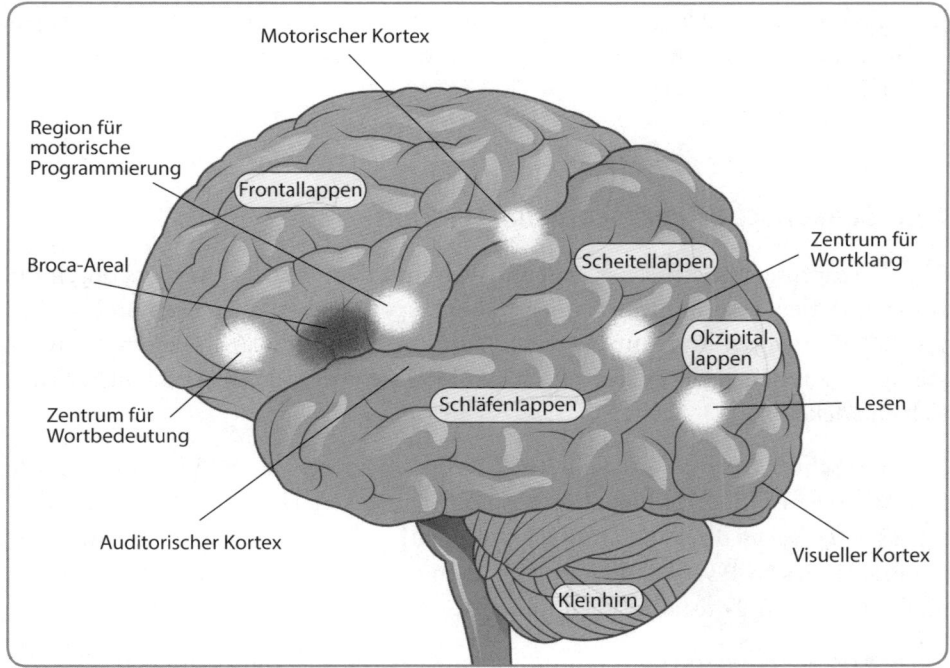

Abbildung 1: Funktionen des menschlichen Gehirns

Das Gehirn kontrolliert und reguliert die Aktionen und Reaktionen des Körpers. Es erhält kontinuierlich sensorische Informationen, analysiert diese Daten sofort und antwortet über Körperaktionen und Funktionen. Das Stammhirn kontrolliert Atmung, Herzschlag und weitere vegetative Prozesse, die unabhängig von bewussten Gehirnfunktionen ablaufen. Der Neokortex ist die Region des Denkens, des Lernens und der Erinnerung. Das Kleinhirn ist verantwortlich für Gleichgewicht, Körperhaltung und die Bewegungskoordination.

Die Gehirnhälften

Die Gehirnrinde ist in zwei Hälften unterteilt. Für Rechtshänder und einige Linkshänder kontrolliert die linke Gehirnhälfte die bewussten Aktivitäten der rechten Körperseite und ist hauptsächlich verantwortlich für lineare Prozesse wie Logik und Sprache. Die rechte Gehirnhälfte kontrolliert die bewusste Steuerung der linken Körperseite und ist verantwortlich für simultan und räumlich ablaufende Prozesse wie Mustererkennung und Synthese.

Verschiedene Aufgaben erfordern verschiedene Kombinationen und Aktivitätsniveaus in der rechten und linken Gehirnhälfte. Das Lösen einer Mathematikaufgabe erfordert mehr Aktivität in der linken Gehirnhälfte, während das Visualisieren eines dreidimensionalen, sich drehenden Objektes eher die Aktivitäten der rechten Gehirnhälfte verlangt. Kreativität hingegen fordert eine Verknüpfung von beiden Teilen des Gehirns.

1.2.1 Sensorische Repräsentationssysteme

Das Gehirn interagiert mit der äußeren Welt und dem Rest des Körpers durch die Sinne und die wiederum funktionieren durch spezialisierte über Kopf und Körper verteilte Rezeptoren und Sinnesorgane. Die Sinne liefern die grundlegenden Informationen, aus denen wir unsere kognitiven Modelle über uns selbst und unsere Umwelt entwickeln.

In seiner Schrift *Über die Seele* unterteilt Aristoteles die Sinne in fünf grundlegende Klassen: Sehen, Hören, Fühlen, Riechen und Schmecken. Diese fünf Sinne des Aristoteles entsprechen direkt den fünf „Repräsentationssystemen", wie sie von allen Generationen des NLP verwendet werden – dem visuellen, auditiven, kinästhetischen, olfaktorischen und gustatorischen Kanal.

Nach Aristoteles versorgen die fünf Sinne den Geist mit Informationen über Besonderheiten und Eigenschaften der äußeren Welt, wie beispielsweise „schwarz und weiß für das Sehen, hoch und tief für das Hören, bitter und süß für den Geschmack ... heiß, kalt, trocken, feucht, hart, sanft usw. für den Fühl- und Tastsinn."

Diese Eigenschaften korrespondieren mit den im NLP sogenannten „Submodalitäten". Sie sind die Subkomponenten jedes einzelnen Repräsentationssystems. Submodalitäten beschreiben die spezifischen Wahrnehmungsqualitäten, die bei jeder der fünf grundlegenden sensorischen Modalitäten festgestellt werden können. Unsere visuelle Fähigkeit kann zum Beispiel Qualitäten wie Farbe, Helligkeit, Form, Tiefe usw. wahrnehmen. Unsere auditiven Fähigkeiten registrieren Lautstärke, Tonlage,

Tempo, während das kinästhetische System Druck, Temperatur und Struktur wahrnimmt. Sowohl Aristoteles wie das NLP halten diese Unterscheidungen für die Grundbausteine des kognitiven Geistes. In gewisser Weise können sie als der grundlegende „Maschinencode" unserer mentalen Programme bezeichnet werden.

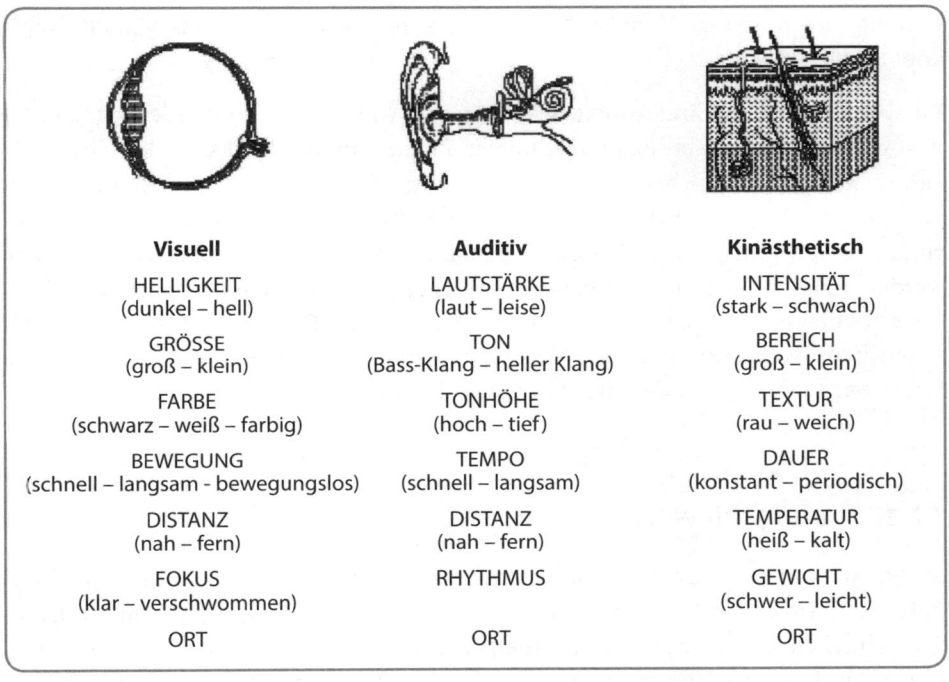

Visuell	Auditiv	Kinästhetisch
HELLIGKEIT (dunkel – hell)	LAUTSTÄRKE (laut – leise)	INTENSITÄT (stark – schwach)
GRÖSSE (groß – klein)	TON (Bass-Klang – heller Klang)	BEREICH (groß – klein)
FARBE (schwarz – weiß – farbig)	TONHÖHE (hoch – tief)	TEXTUR (rau – weich)
BEWEGUNG (schnell – langsam - bewegungslos)	TEMPO (schnell – langsam)	DAUER (konstant – periodisch)
DISTANZ (nah – fern)	DISTANZ (nah – fern)	TEMPERATUR (heiß – kalt)
FOKUS (klar – verschwommen)	RHYTHMUS	GEWICHT (schwer – leicht)
ORT	ORT	ORT

Abbildung 2: Drei grundlegende menschliche sensorische Fähigkeiten und ihre „Submodalitäten"

Im NLP werden der visuelle, der auditive und der kinästhetische Sinneskanal als die primären Repräsentationssysteme angesehen, über die wir unsere mentalen Modelle der Welt erschaffen. Während die olfaktorischen und gustatorischen Sinne (Riechen und Schmecken) eine größere Bedeutung bei manchen Tieren haben, spielen sie in der menschlichen Kognition eine wesentlich geringere Rolle, insbesondere nicht bei der Lösung komplexer kognitiver Aufgaben.

Wie der Begriff schon andeutet, ist das „Repräsentationssystem" mehr als nur ein Informationskanal. Es schließt sämtliche Systemprozesse ein, die sich auf bestimmte sensorische Fähigkeiten beziehen: Informationsaufnahme, Verarbeitung, Speicherung, Abruf und Wiedergabe. Der große englische Physiologe Charles Scott Sherrington, der für seine neurologischen Arbeiten mit dem Nobelpreis ausgezeichnet wurde, stellte einmal fest: „Das Gehirn ist immer der Teil des Nervensystems, der auf ‚Abstandsrezeptor'-Organen aufgebaut und entwickelt ist."

Das Sinnesorgan des Hörens ist das Ohr, aber die Vibrationen, die das Ohr erhält, müssen zum Schläfenbereich der Großhirnrinde übertragen werden (einer Region an der Seite des Gehirns über den Ohren). Hier wird verarbeitet, gespeichert und „verstanden" (wiedergegeben). Um Wörter wiederzuerkennen und ihnen Bedeutung zu geben, müssen sie zudem mit anderen sensorischen Darstellungen verbunden werden. Der Ausgangs-Kanal des auditiven Repräsentationssystems schließt Kehlkopf und Mund ein.

Entsprechend ist das Sinnesorgan des Sehens das Auge, aber die visuellen Signale, die das Auge empfängt, werden im okzipitalen Bereich auf der Rückseite der Hirnrinde verarbeitet und gespeichert (oder „wiedergegeben"). Gleichermaßen sind die Haut und die propriozeptiven Rezeptoren in den Muskeln die Sinnesorgane der Berührung und des Fühlens. Damit daraus aber sinnvolle „Gefühle" und innere Zustände werden, müssen die Informationen vom Körper zum zentralen und parietalen Cortex am oberen Rand des Gehirns übertragen werden. Den Output des kinästhetischen Repräsentationssystems bilden Gesten und Bewegungen des Körpers sowie Reaktionen der inneren Organe, wie Herz oder Magen.

1.2.2 Zugangshinweise

So, wie wir ein Keyboard, eine Maus oder ein Modem benutzen, um unseren Computer zu betreiben, gibt es physische Mechanismen, die wir zur Steuerung unseres menschlichen Bio-Computers brauchen. Um also Informationen der Sinne erfassen, analysieren, speichern und auf verschiedene Weise nutzen zu können, müssen wir unsere physiologische und neurologische Maschinerie anpassen. Wir tun dies durch subtile Verhaltensweisen, die im NLP als *Zugangshinweise* bezeichnet werden. Zugangshinweise triggern und spiegeln wider, welches Repräsentationssystem eine Person gerade zum Denken einsetzt. Typische Zugangshinweise sind etwa *Augenbewegungen, Tonlage und Sprechtempo, Körperhaltung, Gestik und Atemmuster.*

Wenn Menschen denken, zeigen sie dies auf verschiedene Arten und Weisen: Sie atmen schneller oder langsamer, sie knurren und stöhnen, sie zeigen einen bestimmten Gesichtsausdruck, schnipsen mit den Fingern oder kratzen sich am Kopf. Bei manchen dieser Erscheinungen mag es sich um persönliche Idiosynkrasien handeln und sie müssen für jeden Menschen kalibriert werden. Viele dieser Hinweise stehen jedoch mit bestimmten sensorischen Prozessen in Verbindung.

Der Begriff der „microbehavioural accessing cues", der minimalen Zugangshinweise, wurde erstmals von dem amerikanischen Psychologen William James in seinem Werk *Principles of Psychology* (Erstausgabe 1890) verwendet. Er hatte beobachtet, dass einige Formen von Mikrobewegungen immer wieder das Denken begleiten, und schrieb dazu: „Lässt man sich auf eine bestimmte Vorstellung ein oder auf eine Sinneswahrnehmung aus einem bestimmten Sinnes-Bereich, sorgt eine gleichzeitig stattfindende Bewegung für die Abstimmung des Sinnesorgans. Ich kann beispielsweise nicht in visuellen Dimensionen denken, ohne in meinen Augäpfeln eine fluktuierende Folge von Druck, Fokussierung, Defokussierung und Anpassung zu spüren ... Wenn ich mich zu erinnern versuche oder nachdenke, reflektieren die begleitenden Bewegungen einen gewissen Rückzug aus der äußeren Welt. Soweit ich das feststellen kann, entstehen diese Gefühle tatsächlich über ein Rollen der Augen nach außen und oben.“

Die von James beschriebenen Phänomene sind im NLP als visuelle Augen-Zugangshinweise bekannt: Die Augen bewegen sich bei einer inneren Visualisierung nach oben oder zur Seite. James stellte die Behauptung auf, dass alle mentalen Prozesse von derartigen minimalen körperlichen Veränderungen begleitet und dirigiert werden. Er notierte, dass diese physiologischen Mikrohinweise – ebenso wie die Prozesse, die sie begleiteten – bestimmte konsistente Muster bildeten, die sich unabhängig vom jeweiligen Bewusstseinsinhalt verhielten.

„Bei diesen Anpassungen handelt es sich um minimale Reflexe. Sie treten in kleiner Anzahl auf, wiederholen sich beständig und bleiben konstant bei ansonsten großer Fluktuation der geistigen Inhalte. Sie sind gänzlich unwichtig und uninteressant, mit Ausnahme ihrer Rolle bei der Förderung oder Hemmung der Wahrnehmung verschiedener Dinge und Aktionen durch das Bewusstsein.“

Dies ist wahrscheinlich eine der elegantesten Definitionen dessen, was im NLP als Zugangshinweise bezeichnet wird. Wenn man lernt, diese „Reflexe“ zu lesen, hat man ein Mittel in der Hand, mit dem man Denkmuster bei sich und anderen erkennen und beeinflussen kann. Das NLP hat viele Techniken entwickelt, um Zugangshinweise in der Kommunikation und im Veränderungsprozess praktisch nutzbar zu machen. Hier sind einige der bekanntesten:

a. **Visuell:** Kopf und Augen nach oben gerichtet, Gesten in Richtung der Augen, hohe und flache Atmung, Schielen, Stimme in höherer Tonlage und schnellerem Tempo
b. **Auditiv:** Kopf und Augen zur Seite, Gesten in Ohrnähe, Zwerchfellatmung, gerunzelte Stirn, Stimme schwankend in Höhe und Tempo
c. **Kinästhetik:** Kopf und Augen gesenkt, Gesten zum Körper hin, tiefe Bauchatmung, tiefe atemreiche Stimme in langsamem Sprechtempo

1.3 Sprache

Eines der bedeutendsten Merkmale des menschlichen Gehirns und eine elementare Komponente des kognitiven Geists ist unsere Befähigung zur Sprache. Man könnte die Behauptung aufstellen, dass unsere Sprache der Zement ist, der unsere sensorischen Vorstellungen zusammenhält.

Das englische Wort „language" stammt von dem Lateinischen *lingua*, was „Zunge" bedeutet. Der Sprachbegriff wurde immer mehr erweitert und umfasst inzwischen auch neuere Aspekte der Codierung und Kommunikation. Webster's Dictionary definiert Sprache als „jedes Mittel, um Vorstellungen zu kommunizieren; insbesondere die menschliche Rede; der Ausdruck von Ideen mit der Stimme; Klang, der Gedanken ausdrücken soll und über Kehlkopf und Mund artikuliert wird". Im Webster's heißt es hierzu:

„Sprache besteht aus der mündlichen Äußerung von Lauten, durch deren Gebrauch Vorstellungen repräsentiert werden. Wenn also zwei oder mehrere Personen regelmäßig die gleichen Laute mit den gleichen Vorstellungen verbinden, so kommuniziert der Gebrauch dieser Laute die entsprechenden Vorstellungen der einen Person an die andere. Das ist der grundlegende Sinn von Sprache. Der Gebrauch von Sprache dient dazu, die Vorstellungen einer Person mithilfe des Hörorgans an eine andere weiterzugeben. Gesprochene Laute werden dem Auge durch Buchstaben und Zeichen zugänglich gemacht, die Wörter bilden."

Sprache leistet mithin einen entscheidenden Beitrag zur Kodierung und Kommunikation unserer sensorischen Erfahrungen und Ideen. Sie dient sowohl der inneren Abbildung als auch der äußeren Kommunikation dieser Erfahrungen. Sprache steht im Zentrum des Neurolinguistischen Programmierens. Das NLP untersucht den Einfluss der Sprache auf unsere kognitiven Programme und unser Nervensystem. Ebenso wird untersucht, wie sich unsere mentalen Programme und unser Nervensystem formen und in unserer Sprache und den Sprachmustern widerspiegeln.

Die gesprochene Sprache ist das charakteristische Merkmal der Gattung Mensch und das wesentliche Unterscheidungsmerkmal zu anderen Lebewesen. Sigmund Freud (1964) war der Überzeugung, dass Worte das grundlegende Instrument des menschlichen Bewusstseins bilden und über besondere Macht verfügen: „Worte und Magie waren zu Beginn ein und dasselbe und auch heute noch haben sich Worte ihre magische Kraft erhalten. Worte können entweder große Freude oder völlige Verzweiflung auslösen. Mit Worten vermittelt der Lehrer dem Studenten sein Wissen; mit Worten reißt der Redner ein Publikum mit und beeinflusst dessen Urteil und Entscheidungen. Worte rufen Gefühle hervor und sind allgemein das Mittel, durch das wir unsere Mitmenschen beeinflussen."

Freuds Betonung der Bedeutung der Sprache findet seine Entsprechung in einigen Grundsätzen des Neurolinguistischen Programmierens. Die Essenz des NLP liegt in der Einsicht, dass das Funktionieren unseres Nervensystems („neuro") unlösbar verbunden ist mit unserer Fähigkeit zu sprechen („linguistisch"). Die Strategien („Programme"), mit welchen wir unser Verhalten organisieren und steuern, bestehen aus den neurologischen und verbalen Mustern. In ihrem ersten Buch *The Structure of Magic* (1975)[10] versuchten Richard Bandler und John Grinder, Einsicht in einige Prinzipien der „Magie" Sprache zu gewinnen, auf die schon Freud hingewiesen hatte:

„Alles, was das Menschengeschlecht erreicht hat, im positiven wie im negativen Sinn, ist mit dem Gebrauch der Sprache verbunden. Als Menschen benutzen wir die Sprache auf zwei Arten: Erstens, um zu repräsentieren, was wir erleben – diese Aktivität bezeichnen wir als Schlussfolgern, Denken, Fantasieren und Üben. Wenn wir Sprache als Repräsentationssystem benutzen, entwickeln wir ein Modell unseres Erlebens. Dieses durch repräsentationalen Gebrauch der Sprache entstehende Weltmodell basiert auf unseren Wahrnehmungen der Welt, die zudem teilweise durch unser Modell oder unsere Repräsentation bestimmt werden. [...] Zweitens benutzen wir unsere Sprache, um unser Modell oder unsere Repräsentation der Welt anderen Menschen mitzuteilen. Wenn wir mithilfe der Sprache kommunizieren, bezeichnen wir diese Aktivitäten als Reden, Diskutieren, Schreiben, Lehren oder Singen" (Bandler & Grinder 2011, S. 37 f.).

Nach Bandler und Grinder ist Sprache also ein Instrument, um Modelle unserer Erfahrungen zu erschaffen, darzustellen und darüber zu kommunizieren. Aristoteles beschrieb die Beziehung zwischen Worten und mentaler Erfahrung in folgender Weise: „Die gesprochenen Worte sind die Zeichen von Vorstellungen in der Seele und die geschriebenen Worte sind die Zeichen von gesprochenen Worten. So wie nun die Schriftzeichen nicht bei allen Menschen dieselben sind, so sind auch die Worte nicht bei allen Menschen dieselben; aber die Vorstellungen in der Rede, deren unmittelbare Zeichen die Worte sind, sind bei allen Menschen dieselben und ebenso sind die Gegenstände überall dieselben, von welchen diese Vorstellungen die Abbilder sind."[11]

Aristoteles Behauptung, dass Worte „Vorstellungen in der Seele" sind, also unsere mentalen Erfahrungen symbolisieren, korrespondiert mit der NLP-Anschauung, dass geschriebene und gesprochene Worte *Oberflächenstrukturen* darstellen, die wiederum Transformationen mentaler und linguistischer *Tiefenstrukturen* sind. Infolgedessen können Worte mentale Erfahrungen sowohl reflektieren als auch

---

10 In neuer deutscher Übersetzung: Bandler & Grinder (2010): *Kommunikation & Veränderung* (Struktur der Magie II); Bandler & Grinder (2011): *Metasprache und Psychotherapie* (Struktur der Magie I).

11 Aristoteles: *Kategorienlehre vom Satz (Peri hermeneias),* Buch 1.

formen. Dies macht sie zu einem wirksamen Werkzeug für das Denken und andere bewusste und unbewusste mentale Prozesse. Die Sprachmuster eines Menschen geben Aufschluss über die tiefer liegende Prozessebene hinter den Worten und ermöglichen uns, diese Tiefenstrukturen zu erkennen und zu beeinflussen.

In diesem Sinne ist Sprache nicht nur ein „Epiphänomen", eine Menge beliebiger Zeichen, mittels derer wir über unsere mentalen Erfahrungen kommunizieren, sondern sie spielt die *Schlüsselrolle* bei all unseren mentalen Erfahrungen. In den Worten von Bandler und Grinder: „Das Nervensystem, welches verantwortlich ist für die Erzeugung des abbildenden Systems der Sprache, ist dasselbe Nervensystem, mit dem wir auch jedes andere Weltmodell erzeugen – sei dies nun visuell, kinästhetisch oder sonst wie. Die gleichen strukturellen Prinzipien wirken in jedem dieser Systeme."

Aus dieser Perspektive betrachtet, liegt die Struktur unseres Sprachsystems also parallel zur Struktur unserer anderen Wahrnehmungssysteme. So spiegeln die Strukturen und Grundsätze der Sprache die Strukturen und Grundsätze der Wahrnehmung. Die Strategien, mit denen wir „Konzepte entwerfen", folgen dabei eher den Grundsätzen der Struktur einer Sprache (z. B. der Syntax oder Grammatik) als den speziellen Inhalten des Vokabulars.

Somit kann Sprache parallel laufen zu den Erfahrungen und Aktivitäten unserer anderen Repräsentationssysteme und diese vielleicht sogar ersetzen. Als wichtige Konsequenz daraus folgt, dass das „Sprechen über" ein Thema mehr sein kann, als nur unsere Wahrnehmungen zu reflektieren. Es kann unsere Wahrnehmungen tatsächlich generieren oder zumindest verändern. Daher kommt der Sprache in vielen Veränderungs- und Heilungsprozessen eine besondere und bedeutende Rolle zu.

Im NLP gibt es die Auffassung von Sprache als „Vier-Tupel", als Gebilde mit vier Ebenen. Worte oder „Oberflächenstrukturen" (A_d) sind Symbole oder Codes für Gruppen von gespeicherten sensorischen Repräsentationen oder „Tiefenstrukturen", die wiederum aus den vier grundlegenden sensorischen Kanälen stammen: dem visuellen, dem auditiv-tonalen, dem kinästhetischen und dem olfaktorischen. Die grundlegende Beziehung von Sprache und Erfahrung wird dargestellt als $A_d<A_t,V,K,O>$. Die verbalen Oberflächenstrukturen (A_d) sind Auslöser und sind gleichzeitig abgeleitet von der sensorischen Tiefenstruktur, dargestellt durch $<A_t,V,K,O>$. Folglich ist Sprache also ein „Operator", der andere Aspekte unserer Erfahrung organisiert und strukturiert.

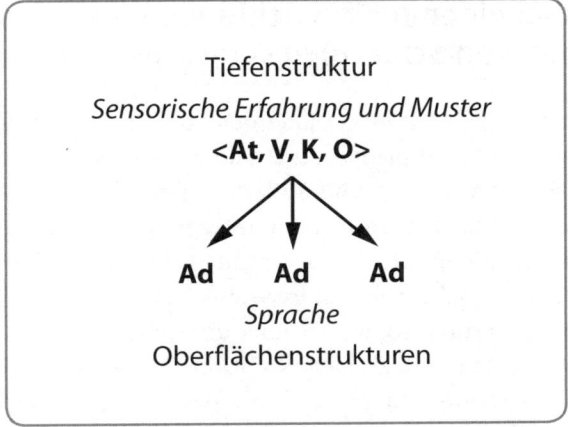

Abbildung 3: Die verbalen „Oberflächenstrukturen" sind Auslöser und sind gleichzeitig abgeleitet von den „Tiefenstrukturen" unserer Sinneserfahrungen.

Diese Beziehung verleiht der Sprache eine besondere Rolle als sogenanntes „Meta-Modell", also die eines Modells für unsere anderen mentalen Modelle. Weil wir im Gegensatz zu anderen Lebewesen derartige Meta-Modelle bilden können, besitzen wir einen gewissen Grad an Freiheit und Flexibilität darin, wie wir unsere Erfahrungen mit der Welt organisieren.

Diese Sprachfokussierung im NLP bezieht sich mehr auf Muster, Prozesse und Sprachformen als auf ihre spezifischen Inhalte. So werden im NLP bestimmte sprachliche Kategorien identifiziert, wie z. B. Nominalisierungen, sensorisch-basierte Prädikate, Mehrdeutigkeiten oder eingebettete Befehle. Sie geben Hinweis darauf, inwiefern Bereiche unserer Wahrnehmung und unserer Landkarten der Welt ausgeblendet, verzerrt oder verallgemeinert wurden. Diese formalen Muster spiegeln höhere Prozessebenen wider, wie Überzeugungen, Vorannahmen und Vermutungen, die einen größeren Einfluss auf unsere Wahrnehmung der Welt ausüben als jeder spezielle Inhalt.

Auch die nonverbalen Aspekte der Sprache werden im NLP gewürdigt im Hinblick auf ihren Beitrag zur Abbildung unserer Welt und zur Kommunikation darüber. Mit der somatischen Syntax etwa (s. Kapitel 2) lässt sich bestimmen, auf welche Weise nonverbale Muster, Bewegungen und Gesten unsere inneren Erfahrungen und Repräsentationen formen und widerspiegeln.

1.4 Fünf entscheidende Entwicklungen im NLP seit dem Erscheinen von *Strukturen subjektiver Erfahrung*

Fassen wir zusammen, was wir bisher über den kognitiven Geist festgestellt haben: Im NLP wird unser Verstand primär als Produkt unseres Nervensystems betrachtet. Der kognitive Verstand zeigt und äußert sich durch eine Vielzahl komplexer neuronaler Systeme in den beiden Hälften unserer Hirnrinde und in anderen Gehirnstrukturen sowie in den im Körper verteilten Nervenstrukturen, insbesondere jenen, die sich auf sensorische Abbildungssysteme beziehen. Das NLP betrachtet die Aktivitäten dieser Strukturen so, wie sie über die Sprache und verschiedene innere *Programme* zu beobachten sind, als hauptsächliche Quelle unserer Erfahrungen und Intelligenz. Diese Programme bilden den Königsweg zu jeder Veränderung, denn sie verknüpfen mentale Tiefenstrukturen miteinander und diese wiederum mit verhaltensbezogenen und linguistischen Oberflächenstrukturen.

Die meisten frühen NLP-Techniken arbeiten mit derartigen Unterscheidungen der abbildenden Systeme, mit Submodalitäten, Zugangshinweisen und Sprachmustern:
- Sprachmuster im Meta-Modell (und Präzisions-Modell)
- Hervorrufen und Nutzen kognitiver Strategien
- Visual Squash
- Swish-Pattern
- V-K-Dissoziations-Technik
- New Behaviour Generator
- Metaphern und „Milton-Modell" der hypnotischen Sprachmuster

Ausgehend von diesen grundlegenden Strukturen und Begrifflichkeiten wurden seitdem viele weitere Techniken und Anwendungen entwickelt. Es sind zu viele, um sie alle in diesem Buch behandeln zu können. In diesem Kapitel wollen wir fünf neuere strukturelle Entwicklungen vorstellen, die wir als repräsentativ und wichtig für die neuen Generationen im NLP erachten:
- Zeiterleben und Time Lines
- Wahrnehmungspositionen
- Neuro-logische Ebenen
- Das S.C.O.R.E.-Modell
- Metaprogramme

1.5 Zeiterleben

Die Art und Weise, wie wir Zeit wahrnehmen, macht einen wichtigen Teil unseres Realitätssinns aus. Sie beeinflusst, wie wir planen und Probleme lösen, und bestimmt, wie wir mit Einschränkungen umgehen.

Unsere Zeitwahrnehmung ist jedoch größtenteils ein kognitives Konstrukt. Unser Körper ist immer in der Gegenwart. Unser Geist kann in die Vergangenheit und Zukunft reisen, während unsere Körper immer im „Hier und Jetzt" ist und in erster Linie daraufhin konstruiert ist, den gegenwärtigen Moment wahrzunehmen. Wir müssen in der Gegenwart atmen und weiteratmen. Der Atemzug, den wir vor einer Stunde getan haben, hilft uns jetzt nicht mehr.

Die Fähigkeit unseres kognitiven Geistes, in der Zeit hin und her zu reisen, kann zu einer Ressource, aber auch zu einer Quelle des Leidens werden – je nachdem, wie unsere Beziehung zur Zeit aussieht und wie bewusst wir uns dieser Beziehung sind. Im NLP wurden wichtige Untersuchungen angestellt, auf wie viele subjektive Weisen Menschen die Zeit erleben und welchen Einfluss das auf unsere Wahrnehmung und Sinngebung von Ereignissen nimmt (James & Woodsmall 1991; Andreas & Andreas 1988; Dilts 1990, 1993; Bandler 2010). Die Art und Weise, wie sich Menschen Vergangenheit und Zukunft innerlich vorstellen und wie sie Ereignisse in der Zeit anordnen, hat großen Einfluss auf ihre Gedanken, Emotionen und Pläne.

ÜBUNG

Wie nehmen Sie Zeit wahr?

Halten Sie einen Moment inne und überlegen Sie, wie Sie ganz persönlich Zeit wahrnehmen. Erinnern Sie sich an Dinge, die a) gestern, b) letzte Woche und c) vor einem Jahr geschehen sind. Woher wissen Sie, dass ein Ereignis sich vor einem Tag zugetragen hat und das andere vor einem Jahr geschehen ist? Wie stellen Sie innerlich die zeitliche „Distanz" zwischen diesen Ereignissen dar?

Schauen Sie nun auf die Uhr und merken Sie sich die Uhrzeit. Sehen Sie jetzt nicht mehr hin und warten Sie genau zweieinhalb Minuten, bevor Sie wieder hinschauen. Wie können Sie feststellen, dass genau zweieinhalb Minuten vergangen sind? Haben Sie einen Unterschied festgestellt zwischen Ihrer Wahrnehmung der Zeit in dieser Fragestellung zur Art der Wahrnehmung in der vorangehenden Fragestellung?

Denken Sie an das „Jetzt". Woher wissen Sie, dass es gerade „jetzt" ist? Wie groß ist „jetzt"? Ist es groß oder klein? Und wenn Sie über den Ablauf der Zeit nachdenken: In welcher Richtung liegt die „Vergangenheit" und in welcher die „Zukunft"? Liegt z. B. die Vergangenheit hinter Ihnen oder links von Ihnen oder ganz woanders?

> Stellen Sie einer anderen Person diese Fragen und achten Sie darauf, wie sich deren Antworten von Ihren unterscheiden oder ihnen ähnlich sind. Vielleicht werden Sie überrascht sein, wie groß die Unterschiede sein können.

Eine verbreitete Methode zur Darstellung unserer Zeitwahrnehmung ist die *Zeitlinie* oder Time Line. Hier werden Vergangenheit, Gegenwart und Zukunft durch Punkte in einer Beziehung von Ursache und Wirkung dargestellt. Die zweite wichtige Methode ist der *Zeitrahmen* oder Time Frame (lange, mittlere oder kurze Zeitabstände). Ereignisse werden entsprechend ihres Abstands, ihres Gebiets oder ihrer Beziehung zueinander auf der Zeitlinie angeordnet.

1.5.1 Der Ursprung des Time-Line-Konzeptes

Aristoteles war einer der Ersten, der die subjektiven Aspekte der Zeitwahrnehmung untersucht hat. In seinem Werk *Physik* hat er, sogar leicht humorvoll, die scheinbare Objektivität von Zeit hinterfragt:

„... ist nun an die (Bestimmung) der ‚Zeit' heranzutreten. Zunächst ist es von Vorteil, hierüber Zweifelsfragen anzustellen, auch mittels äußerlich herbeigezogener Überlegungen, nämlich ob sie zum *Seienden* gehört oder zum *Nichtseienden*; sodann (ist danach zu fragen), was denn ihr wirkliches *Wesen* ist. Dass sie nun also entweder überhaupt nicht wirklich ist oder nur unter Anstrengungen und auf dunkle Weise, das möchte man aus folgenden (Tatbeständen) vermuten: Das eine Teilstück von ihr ist *vorübergegangen* und ist (insoweit) nicht (mehr), das andere *steht noch bevor* und ist (insoweit) noch nicht. Aus diesen Stücken besteht sowohl die (ganze) unendliche wie auch die jeweils genommene Zeit. Was nun aus Nichtseiendem zusammengesetzt ist, von dem scheint es doch wohl unmöglich zu sein, dass es am Sein teilhabe."[12]

Doch obschon man die objektive Existenz von Zeit infrage stellen kann, bleibt die Tatsache, dass wir weite Teile unseres Lebens um Zeit und unsere Wahrnehmung von Zeit herum strukturieren. Und die Art, wie wir Ereignisse in der Zeit platzieren und organisieren, hat ihrerseits großen Einfluss auf unsere Wahrnehmung dieser Ereignisse. In dem Bemühen, die subjektive Erfahrung der Zeit zu verstehen, stellte Aristoteles fest: „Aber auch die Zeit erfassen wir, indem wir Bewegungsabläufe abgrenzen, und dies tun wir mittels des ‚Davor' und ‚Danach'. Und wir sagen dann, dass Zeit vergangen sei, wenn wir von einem ‚Davor' und einem ‚Danach' bei der Be-

---

12 Aristoteles: *Physik,* Buch IV, S. 204 f.

wegung Wahrnehmung gewinnen. Die Absetzung vollziehen wir dadurch, dass wir sie (die Abschnitte) immer wieder als je andere annehmen und mitten zwischen ihnen ein weiteres, von ihnen Verschiedenes (ansetzen). Wenn wir nämlich die Enden als von der Mitte verschieden begreifen und das Bewusstsein zwei Jetzt anspricht, das eine davor, das andere danach, dann sprechen wir davon, dies sei die Zeit: *Was nämlich begrenzt ist durch ein Jetzt, das ist offenbar Zeit.* [...] Denn eben *das ist Zeit: die Messzahl von Bewegung hinsichtlich des ‚Davor‘ und ‚Danach‘.* [...] Auch es folgt (darin) irgendwie dem Punkt: Auch der Punkt hält die Länge sowohl zusammen und trennt sie ebensowohl; ist er doch des einen (Stückes) Anfang, des anderen Ende.“[13]

Diese Idee, die Zeit als Punkte entlang einer Linie darzustellen, um Ereignisse zu quantifizieren, ist seitdem von Wissenschaftlern und Planern genutzt worden. Mit dieser Methode werden Ereignisse der Gegenwart oder des „Jetzt“ als „nach“ der Vergangenheit (A) und „vor“ der Zukunft (B) veranschaulicht. In der Tat sind Time Lines in der westlichen Kultur zum hauptsächlichen Denkmodell für die Zeit geworden.

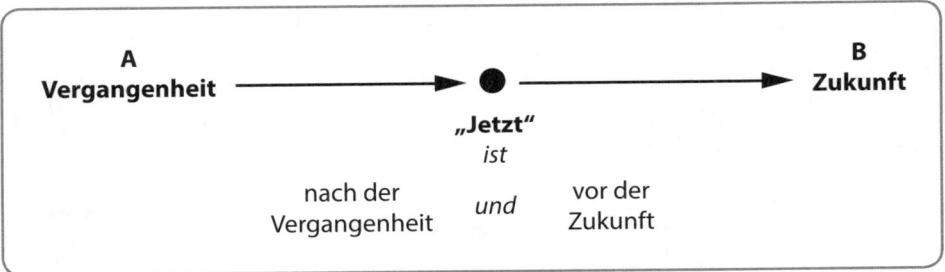

Abbildung 4: Nach Aristoteles nehmen wir Zeit als einen sich entlang einer Linie bewegenden Punkt wahr.

1.5.2 Ausführungen zum Konzept der „linearen“ Zeit

Allerdings stellte Aristoteles weiterhin fest, dass lineare Methoden zum Wahrnehmen und Messen von Zeit nur einer der möglichen Wege sind und hätten im Wesentlichen nur im Hinblick auf „mechanische Ursachen“, wie er es nannte, einen Wert. Hinsichtlich biologischer und mentaler Phänomene postulierte er einen anderen Zeitbegriff: „Daher ergeben sich auch bekannte geläufige Redeweisen: Man sagt, ein Kreis seien die Ereignisse des Menschenlebens und von allem anderen, was

---

13 Aristoteles: *Physik,* Buch IV, S. 211 ff.

natürliche Veränderung an sich hat und Werden und Vergehen (sagt man auch). Das (kommt daher), weil dies alles durch die Zeit geschieden wird, und nimmt Ende und Anfang, als ob (es sich) wie in einem Umlauf (verhielte). Auch die Zeit selbst scheint ja eine Art Kreis zu sein. [...] Also zu sagen, die dem Werden unterliegenden Dinge stellten einen Kreis(lauf) dar, bedeutet (das Gleiche wie) zu sagen, es gebe eine Art Kreis(lauf) der Zeit. Das (kommt daher), weil sie durch die Kreisbewegung gemessen wird."[14]

Aristoteles schlug vor, die Zeit, die sich auf mechanische Prozesse bezieht, durch die klassische „Time Line" zu repräsentieren, während Zeit, die organische Prozesse mit ihrem Entstehen und Vergehen messen soll, eben durch Kreise und Zyklen zu repräsentieren sei.

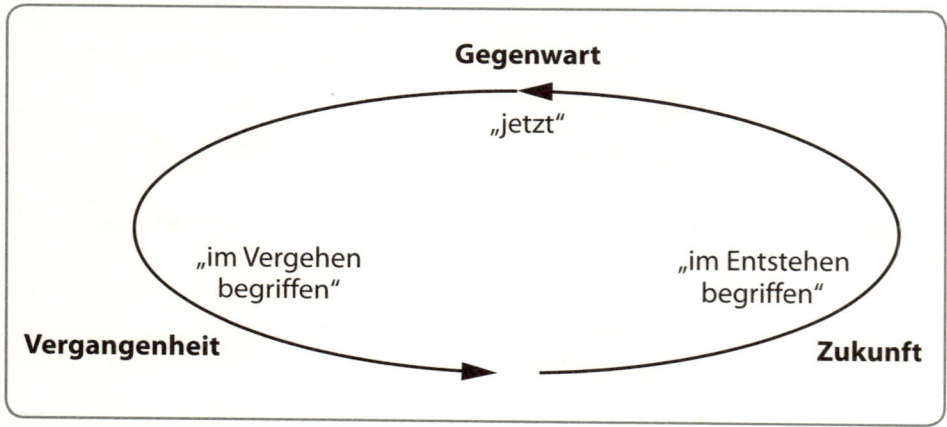

Abbildung 5: „Kreisförmige" oder zyklische Time Line

Die Tatsache, dass wir Zeit auf verschiedene Weisen wahrnehmen können, führt dazu, dass wir dazu neigen, unsere Aufmerksamkeit in ganz unterschiedlicher Weise auf jeweils verschiedene Aspekte einer Situation zu richten. Wenn wir Zeit als einen kreisförmigen Verlauf sehen, erhalten die Dinge eine andere Bedeutung, als wenn wir sie linear wahrnehmen.

Einige Kulturen, etwa die der Balinesen, nehmen Zeit eher zyklisch als linear wahr. Für sie fließt die Zeit in ineinander greifenden Zyklen von 2 Tagen, 7 Tagen, 72 Tagen, 72 Jahren usw. Sie planen ihr gesellschaftliches Leben, Zeremonien oder kulturelle Ereignisse nach deren Lage in einem dieser Zyklen oder in der Überschneidung

---

14 Aristoteles: *Physik,* Buch IV, S. 135 ff.

verschiedener solcher Zyklen. Daraus ergibt sich eine durchaus andere Auffassung von „Wirklichkeit" als die in der westlichen Kultur gebräuchliche.

Westliche Zeitvorstellungen gehen von einer linearen Zeit aus, die sich zudem in klar definierbare Einheiten unterteilt: in Augenblicke, Sekunden, Stunden, Wochen usw. In einer Kultur ohne diese lineare und segmentierte Zeitauffassung können ein Jetzt und ein Immer durchaus gleichzeitig auftreten. „Vergangenheit" und „Zukunft" sind da nicht Segmente einer Linie, die sich nach vorne immer weiter von der Gegenwart entfernen, sondern eher Zeitrahmen, die ein bestimmtes Wissen für ein aktuelles Erleben bereitstellen und das Erleben so beeinflussen.

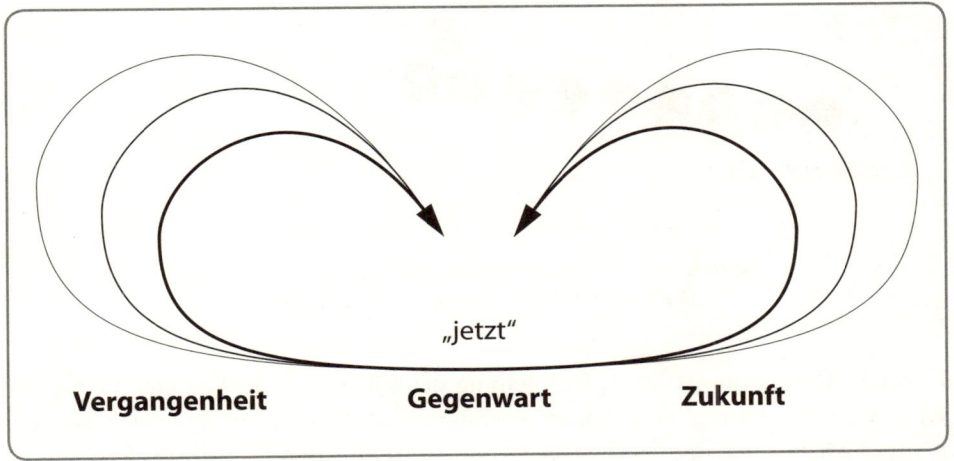

Vergangenheit   **Gegenwart**   **Zukunft**

Abbildung 6: In Kulturen, in denen „Zeit" nicht als linear wahrgenommen wird, bilden „Vergangenheit" und „Zukunft" eher bestimmte Erkenntnisrahmen, die ein aktuelles Erleben / Ereignis prägen und beeinflussen.

Die „Perlenkette" von William James

In seinem grundlegenden Werk *Principles of Psychology* (1890) behandelte der große Psychologe William James die Frage unserer Wahrnehmung von Zeit. Für James stand die Wahrnehmung von Zeit in Verbindung mit dem, was er als „Bewusstseinsstrom" (stream of consciousness) bezeichnete. Er verglich den Aufbau unseres Bewusstseins mit „einer Art Perlenschnur von separaten Empfindungen". In diesem Sinne wäre unsere Zeitwahrnehmung eine Funktion der Position, die unser Bewusstsein jeweils gerade auf diese Perlenkette einnimmt: „Betrachten wir eine Sache als ‚vergangen', so ordnen wir sie zu den Objekten oder in der Richtung an, die im gegenwärtigen Moment durch diese Qualität beeinflusst scheinen."

Ein wichtiges Merkmal in diesem Bild der Perlenschnur ist, dass sie manipuliert werden kann. Sie kann aufgerollt oder verknotet werden, sodass die Perlen in eine neue Beziehung zueinander geraten. So könnten Perlen aus der „Vergangenheit" plötzlich in engen Kontakt zu Perlen kommen, die die „Gegenwart" repräsentieren.

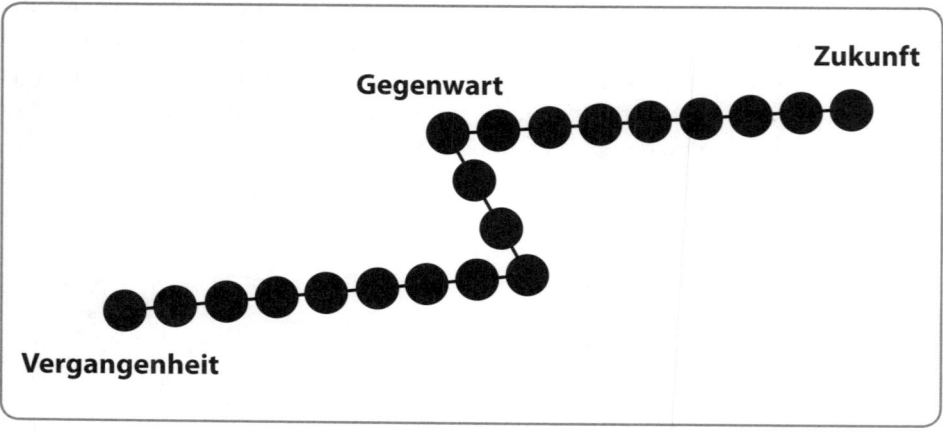

Abbildung 7: William James Konzept der Zeitwahrnehmung
in Form einer Art Perlenschnur von Empfindungen

Ebenfalls bedeutsam ist James Feststellung der Richtung oder Gerichtetheit unserer Zeitwahrnehmung. Damit wird angesprochen, dass wir an unserer Zeitwahrnehmung selbst beteiligt sind: „Der Grundbaustein unserer Zeitwahrnehmung ist eine bestimmte Dauer mit sozusagen Bug und Heck, also mit einem nach vorne und einem nach hinten blickenden Ende." Unsere Zeitwahrnehmung verhält sich also wie ein Schiff auf dem Strom des Bewusstseins. Alles, was vor dem „Bug" liegt, ist die Zukunft. Alles, was hinter dem „Heck" liegt, ist die Vergangenheit. Der Grad, wie etwas in der Entfernung verblasst, ist ein Indikator dafür, wie weit es in der Vergangenheit oder Zukunft liegt. In den Worten von James: „Es gibt eine perspektivische Projektion vergangener Ereignisse auf das gegenwärtige Bewusstsein, ähnlich der Projektion einer weiten Landschaft auf eine Leinwand."

Was die Vorstellung einer „Landschaft" oder eines „Flusses" bereits andeutet und was James zu Aristoteles Konzept der Zeit hinzufügt, ist die Einsicht, dass wir in der Lage sind, uns selbst hinsichtlich unserer Zeitwahrnehmung zu bewegen oder neu zu positionieren. So hat „Zeit" nicht nur eine einzige Bedeutung. Vielmehr bestimmt unsere Position und Perspektive auf der Zeitachse die Beziehungen und Bedeutungen von Ereignissen.

1.5.3 Time Lines als Tool für Veränderungen

Die ersten therapeutischen Anwendungen des Konzepts der Zeitwahrnehmung stammen von Sigmund Freud. Unsere Fähigkeit, die Zeitwahrnehmung zu verändern, machte er zu einem wichtigen Teil seiner psychoanalytischen Therapie. Er beobachtete, dass Menschen unter dem Einfluss bestimmter psychologischer Symptome „regredierten", sich also in ihrer Entwicklung zeitlich zurückbewegten und Erfahrungen aus früheren Lebensabschnitten wieder erlebten. War der Patient in der Lage, diese vergangenen Ereignisse durch Analyse aus einem anderen Blickwinkel zu betrachten und ihre „temporale Beziehungen" zu anderen Lebensereignissen zu erkennen, so konnte Freud bei den Patienten eine bedeutende Erleichterung der Symptome feststellen.

Unsere Wahrnehmung von Zeit beeinflusst stark, welche Bedeutung wir unseren Erfahrungen geben. Jeder von uns hat Erfahrungen gemacht, die wir in einem bestimmten Moment als sehr wichtig empfanden. Betrachten wir sie jedoch später in einem größeren Zeitrahmen, wundern wir uns oft, was uns daran einmal so gefangen genommen hat.

„In der Zeit" und „durch die Zeit"

Aus der Sicht des NLP beziehen sich Freuds Beobachtungen auf zwei grundsätzlich verschiedene Perspektiven der Zeitwahrnehmung, nämlich etwas „in der Zeit" (in time) oder „durch die Zeit" (through time) wahrzunehmen. Diese Vorstellungen von Zeitwahrnehmung entstanden im NLP 1979 mit der Entdeckung der sogenannten Metaprogramme. Erlebt man ein Ereignis „in der Zeit", so nimmt man einen Standpunkt ein, der mit dem sich gerade entwickelnden Moment assoziiert ist; wir sehen, hören und fühlen mit eigenen Augen, Ohren und Körper, was passiert. Aus dieser Wahrnehmungsposition heraus ist die Gegenwart in der aktuellen eigenen Körperposition verankert, mit einer Zukunft, die vor einem liegt, und einer Vergangenheit hinter einem. Man schreitet voran in die Zukunft und lässt die Vergangenheit hinter sich. Man kann aber auch die Richtung ändern und in die Vergangenheit zurückwandern. Um zu einem Ereignis zurückzukehren, um es wieder zu erleben, würde man es auf diese Weise „in der Zeit" tun.

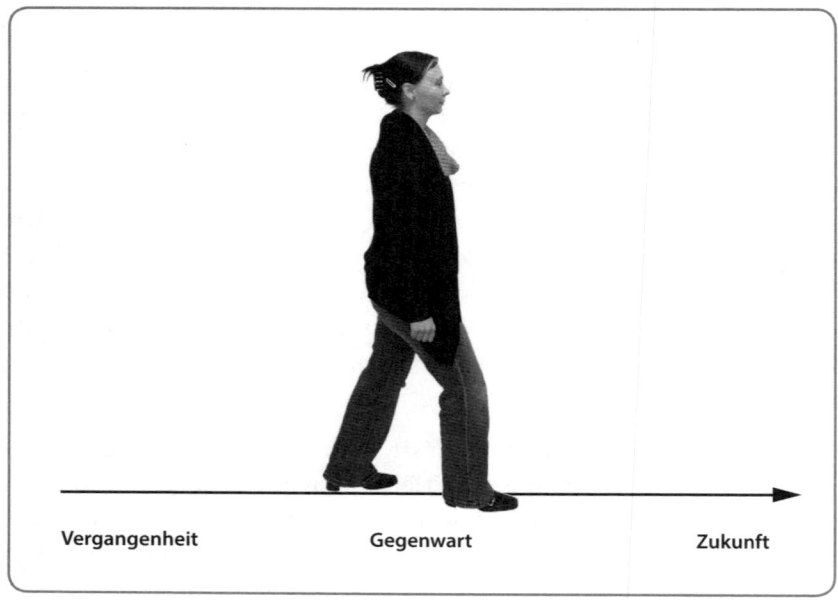

Abbildung 8: „In-der-Zeit"-Time-Line

Erlebt man hingegen ein Ereignis „durch die Zeit", so nimmt man eine Beobach-
tungsposition ein, die sich außerhalb dieser Ereignisse befindet, losgelöst von dem,
was man beobachtet. Aus dieser Perspektive ist die Time Line typischerweise eine
Linie, die aus Vergangenheit in Richtung Zukunft von links nach rechts verläuft.
Die Gegenwart, im Sinne eines aristotelischen Punktes auf einer Linie, liegt dann
irgendwo in der Mitte. Will man ein Ereignis mit seinen begleitenden Effekten beschreiben und in zeitliche Beziehung zu anderen Erfahrungen setzen, muss man es
„durch die Zeit" wahrnehmen.

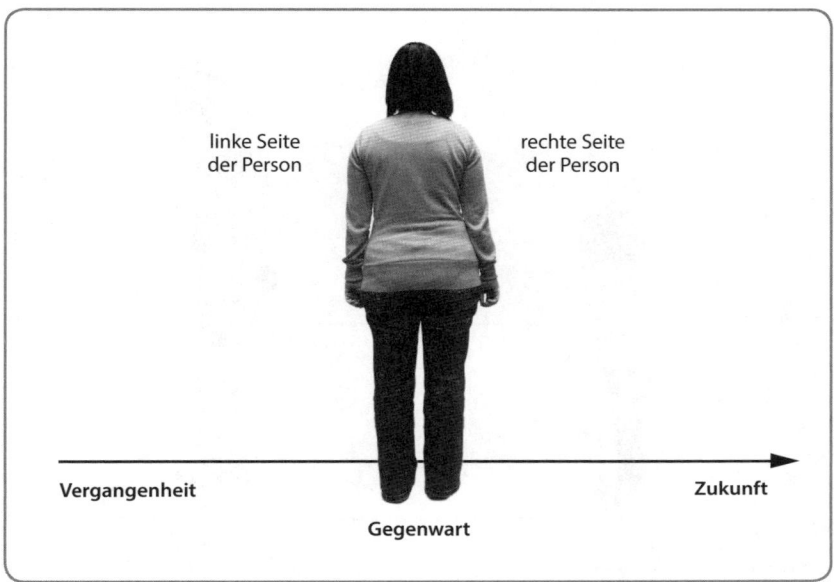

linke Seite
der Person

rechte Seite
der Person

Vergangenheit

Zukunft

Gegenwart

Abbildung 9: „Durch-die-Zeit"-Time-Line

Diese beiden Perspektiven, die man sich entweder visuell vorstellen oder die man im Raum physisch darstellen kann, führen zu verschiedenen Wahrnehmungen des gleichen Ereignisses. Die Perspektive „durch die Zeit" ist effektiver für eine quantitative Analyse, dabei aber eher passiv, weil dissoziiert vom tatsächlichen Erleben. Die Perspektive „in der Zeit" hingegen ist eher aktiv und involviert, birgt aber die Gefahr, dass man den Überblick über den größeren Zusammenhang verliert.

Viele mentale und emotionale Symptome sind das Ergebnis einer Regression „in der Zeit" zu vergangenen Erlebnissen, ohne die Wahlmöglichkeit, die eher distanzierte Perspektive „durch die Zeit" einzunehmen. Deshalb reagieren Menschen unbewusst auch in der Gegenwart so, wie sie es in früheren Lebensphasen getan haben.

Ein Beispiel:

Wenn jemand irrationale Angst davor hat, öffentlich zu sprechen, wird er sich möglicherweise daran erinnern, wie man sich als Kind über ihn lustig gemacht hat oder wie er in der Schule gedemütigt wurde. Noch im Erwachsenenleben können ähnliche Umstände wie damals Erinnerungen an eine vergleichbare Situation in der Kindheit hervorrufen, die diese Person nun emotional nacherlebt, ohne dass ihr dies bewusst wird.

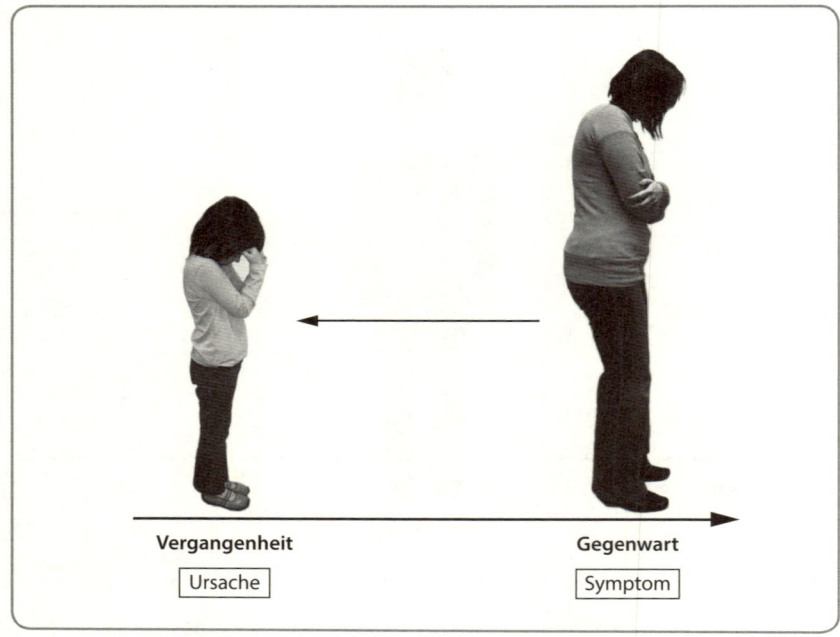

Abbildung 10: Ein Symptom in der Gegenwart ist oft das Ergebnis einer Regression „in der Zeit" zu einem vergangenen Ereignis.

Oft können solche Gefühle geklärt werden, wenn man sich von einer regressiven oder assoziierten Perspektive „in der Zeit" löst und in eine dissoziierte und erweiterte Perspektive „durch die Zeit" wechselt. Aus ihr heraus kann ein Klient dann verstehen, weshalb er auf bestimmte Weise reagiert, und empfindet diese Reaktion als weniger irrational und beängstigend. Oft führt diese neue Perspektive dazu, dass sich die Reaktion des Klienten von allein verändert. Freud sprach hier von „assoziativer Korrektur".

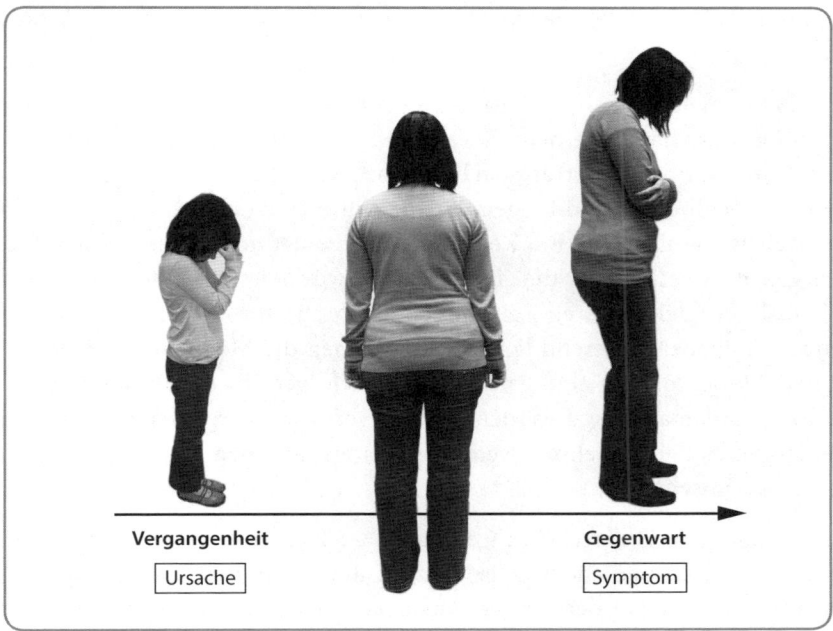

Abbildung 11: Die Betrachtung der zeitlichen Beziehung von vergangenen und gegenwärtigen Erlebnissen aus einer Perspektive „durch die Zeit" verändert die emotionale Wirkung.

Viele NLP-Methoden integrieren beide Arten der Zeitwahrnehmung durch den Einsatz von vorgestellten oder realen Time Lines. In Change Personal History beispielsweise wird ein emotionales Symptom zuerst „in der Zeit" zurück zu seinem Ursprung verfolgt. Die Erfahrung wird dann „durch die Zeit" betrachtet, um eine weitere Perspektive zu erhalten. Sodann werden Ressourcen zurück „in die Zeit" zum ursprünglichen Ereignis gebracht, um ein neues Erleben dieses Ereignisses zu ermöglichen und seine emotionalen Wirkungen zu verändern.

1.5.4 Time Frames

Während Time Lines es uns ermöglichen, Ereignisse in einer Art Reihenfolge darzustellen, bestimmen Time Frames eher, wie Ereignisse auf uns wirken. Time Frames haben mehr mit Nähe und Abstand zu tun als mit Reihenfolge. Wird eine bestimmte Aufgabe oder Beziehung mit Bezug auf eine weit zurückliegende Vergangenheit wahrgenommen, hat sie eine andere Bedeutung und wird aus einer anderen Perspektive betrachtet, als wenn dies im Kontext einer aktuellen Situation, der unmittelbaren oder der fernen Zukunft geschieht. Die Beurteilung eines Zustands oder einer bestimmten Aufgabe hängt davon ab, in welchem Time Frame sie wahrgenommen wird.

Setzt man beispielsweise einen Zeitrahmen von zehn Minuten für ein Meeting oder eine Übung an, so hat dies einen starken Einfluss darauf, was in diesem Meeting erreicht werden kann. Der Zeitrahmen bestimmt, worauf wir unsere Aufmerksamkeit richten, welche Themen und Fragen wir für angemessen halten und überhaupt wie viel Energie wir einbringen. Ein Zeitrahmen von einer oder einer von drei Stunden für das gleiche Meeting oder die gleiche Übung würde jeweils eine ganz andere Dynamik auslösen. Bei kürzeren Zeitrahmen konzentrieren wir uns eher auf die anstehenden Aufgaben, während längere Zeitrahmen die Möglichkeit eröffnen, auch die Entwicklung von Beziehungen zu berücksichtigen. In einem Meeting, für das fünfzehn Minuten angesetzt werden, wird es von vorneherein eher um anstehende Aufgaben gehen; die Teilnehmer werden es weniger als open-end oder als Brainstorming-Session ansehen.

Wie alle kognitiven Unterscheidungen haben auch Zeitrahmen bestimmte verbale, sensorische und körperliche Muster, die mit ihnen einhergehen. Auf sprachlicher Ebene gibt die Zeitform der Verben entsprechend Auskunft. Zeitrahmen der *Vergangenheit* z.B. werden in der Vergangenheitsform ausgedrückt: „sah", „fühlte", „machte", „sprach" usw. Kognitiv betrachtet besteht unser Vergangenheitserleben aus bestimmten Erinnerungen und ist physiologisch an Prozesse der rechten Gehirnhälfte gebunden. Dies wird (bei Rechtshändern) typischerweise von Augenbewegungen und Gesten zur linken Körperseite hin begleitet. Bei Erinnerungen handelt es sich üblicherweise um assoziiert erlebte multi-sensorische Repräsentationen von bestimmten Ereignissen.

Der Zeitrahmen der *Gegenwart* findet sich kognitiv in bestehenden sensorischen Erfahrungen verankert und wird sprachlich in Gegenwartsformen ausgedrückt: „Ich sehe", „fühle", „erlebe" usw. Da die Gegenwart unmittelbare sensorische Eindrücke bietet, ist die damit assoziierte Physiologie aktiv und reagiert auf die Reize der Umgebung mit Augenkontakt, Ausrichtung der Augen und Ohren auf Reize aus der Umwelt usw.

Der Zeitrahmen der *Zukunft* ist eine Funktion von Vorstellungen, Erwartungen und Fantasie. Sprachlich findet das Ausdruck in Zukunftsformen: Ich „werde sehen", „werde fühlen", „werde tun", „werde sagen" etc. Physiologisch werden fantasierte und vorgestellte Zukunftsszenarien mit Prozessen der linken Gehirnhälfte assoziiert. Dies wird typischerweise durch Augenbewegungen und Gesten markiert, die bei Rechtshändern zur rechten Körperseite weisen. Mentale Konstruktionen der Zukunft sind häufiger „dissoziiert" als Repräsentationen, die sich auf die Gegenwart oder Vergangenheit beziehen.

Je weiter in der Vergangenheit oder Zukunft liegend ein Ereignis wahrgenommen wird, desto dissoziierter wird die innere Repräsentation sein und auch die begleitende Physiologie. Allerdings ist es absolut möglich, sich in die Vergangenheit hineinzuassoziieren, um sie anders zu erleben, oder auch in die Zukunft hinein, um diese so zu erleben, „als ob" sie gerade stattfinden würde. Sowohl Vergangenheit wie Zukunft können so als „Gegenwart" erlebt werden, mit entsprechend angereicherten physiologischen und inneren Repräsentationen.

Je weiter unsere vergangenheitsbezogenen Time Frames sind, desto eher erlauben sie uns, langzeitige Verhaltensmuster zu erkennen und somit bessere Vorhersagen von Handlungen in der Gegenwart. Entsprechend gilt: Je weiter in die Zukunft hinaus wir die möglichen Folgen unserer Handlungen projizieren, desto besser können wir ihre Wirkung in der Gegenwart einschätzen. Je weiter der Raum ist, den wir in Vergangenheit oder Zukunft überblicken, desto vernünftiger und intelligenter können wir handeln.

Das NLP hat zahlreiche Techniken zur Koordination und zum Management von Fragen der Zeitwahrnehmung entwickelt. Die folgende Übung wurde von Robert Dilts und Todd Epstein in den frühen 1990er-Jahren entwickelt, um eine persönliche Referenzerfahrung zur Integration von langfristigen und unmittelbaren Zeitwahrnehmungen zu schaffen.

ÜBUNG

Time Frames integrieren

1. Stellen oder setzen Sie sich vor Ihren Partner, in etwa eine Armlänge von ihm entfernt.
2. Betrachten Sie das Gesicht Ihres Partners und nehmen Sie sich selbst in diesem Moment wahr: Seien Sie sich vollkommen bewusst, was Sie in diesem Zustand sehen, hören, fühlen, schmecken und riechen.
3. Sobald Sie sich selbst vollkommen präsent wahrgenommen haben, strecken Sie Ihre rechte Hand aus und ergreifen die rechte Hand Ihres Gegenübers.
4. Lassen Sie die Hand wieder los, schließen Sie die Augen, nehmen Sie einen tiefen Atemzug und machen Sie eine ganze Körperdrehung.
5. Wenden Sie sich wieder Ihrem Partner zu. Erweitern Sie nun Ihre Zeitwahrnehmung von diesem unmittelbaren Moment aus in den Kontext dieses Moments – in den Zeitrahmen des Tages, der Woche, des Monats und Jahres – bis zur Lebensphase, in der Sie sich befinden. Von dort dehnen Sie den Frame aus auf Ihr gesamtes Leben und weiter in Vergangenheit und Zukunft hinaus in die Ewigkeit.
6. Sobald Sie ein Gefühl von Zeitlosigkeit oder *Ewigkeit* erleben, strecken Sie Ihre linke Hand zu Ihrem Partner aus und halten dessen linke Hand.

7. Nun lassen Sie seine Hand wieder los, schließen die Augen, nehmen einen tiefen Atemzug und vollführen wieder eine Körperdrehung.
8. Wenden Sie sich erneut Ihrem Partner zu. Sie sehen einander in die Augen, machen beide zugleich einen tiefen Atemzug, strecken einander die Hände entgegen und ergreifen die Ihres Partners.

In diesem Prozess wird das Halten der Hände als Form des Ankerns genutzt. Anker für langfristige und unmittelbare Zeitwahrnehmung werden etabliert und dann simultan aktiviert, um neurologische Zustände zu schaffen, in denen beide Arten von Wahrnehmung als integriert erfahren werden können. Dies kann gelegentlich in einen sehr tiefen Zustand führen, den manche mit hypnotischer Trance oder einer Art „spiritueller" Erfahrung in Verbindung bringen.

Spirituelle Erfahrungen werden sehr selten in linearer Zeit kodiert. Vielmehr sind derartige Erfahrungen typischerweise mit einer stark veränderten Zeitwahrnehmung verbunden, etwa mit einem Gefühl von „Zeitlosigkeit". Dies kann an einer Verschmelzung unserer Wahrnehmungen von „jetzt" und „immer" liegen. Dieser Prozess wird von Robert Dilts und Robert McDonald im Rahmen ihres *Tools-of-the-Spirit*-Programms genutzt. Dort werden Techniken vermittelt, die es uns erleichtern, Zugang zu spirituellen Bewusstseinszuständen zu finden.

Mentale und reale Time Lines gehören im NLP zu den meistgenutzten Werkzeugen. Sie finden Anwendung in der Therapie, im Business und eignen sich auch für das persönliche Wachstum. Die Arbeit mit Time Lines steht im Zentrum vieler NLP-Prozesse wie Change Personal History, dem Reimprinting, der Transderivationalen Suche, dem Future Pacing und bei praktisch allen Methoden, die einen Weg von einem problematischen Istzustand zum gewünschten Zielzustand definieren und gestalten sollen.

1.6 Wahrnehmungspositionen

Der NLP-Begriff der *Wahrnehmungspositionen* wurde zuerst von John Grinder und Judith DeLozier (1995) geprägt. Er bildete eine Erweiterung der früheren NLP-Konzepte des „referentiellen Index", der „Metapositionen" und Gregory Batesons Ansatz der „doppelten" und „dreifachen" Beschreibung.

Eine Wahrnehmungsposition ist im Prinzip eine bestimmte Perspektive oder ein Standpunkt, aus dem heraus man eine Situation oder Beziehung wahrnimmt. Das *New Code NLP* definiert drei grundlegende Positionen, die man einnehmen kann, um eine bestimmte Erfahrung wahrzunehmen. In der *ersten Position* beobachten wir etwas mit unseren eigenen Augen, aus dem assoziierten Blickwinkel der „ersten Person". Aus der *zweiten Position* heraus erleben wir etwas so, als stünden wir „in den Schuhen" des anderen. In der *dritten Position* treten wir zurück und betrachten die Beziehung zwischen uns und anderen aus Sicht eines Beobachters. Später wurde schließlich noch die Idee einer *vierten Position* hinzugefügt, aus der heraus der Sinn eines ganzen Systems oder „Beziehungsfeldes" (eine Art kollektives „Wir") beschrieben wird. Sie stellt eine Synthese der drei ersten Positionen dar.

Unsere relationalen Erfahrungen binden grundsätzlich stets mehr als nur eine Person in eine Kommunikationsschleife ein. Wenn wir diese Kommunikationsschleifen verstehen, die Ebbe und die Flut der Ereignisse in dieser Schleife, besitzen wir ein machtvolles Instrument, um unsere zwischenmenschliche Kommunikation zu verbessern und ökologische Ergebnisse zu erzielen. Selbst wenn die Teilnehmer in dieser Kommunikationsschleife inhaltlich nicht übereinstimmen, lässt sich ihre Beziehung verbessern und die Voraussetzung für künftige Kooperationen schaffen. Dies geschieht, indem sie ihre Interaktion aus unterschiedlichen Wahrnehmungspositionen heraus reflektieren. Wir bezeichnen das als „Triple-Beschreibung", weil es immer mindestens drei verschiedene Wahrnehmungspositionen in einer Kommunikationsschleife gibt: die des Ich (erste Position), die des anderen (zweite Position) sowie die Beobachtung der Interaktion zwischen diesen beiden Personen (dritte Position).

Besonders hilfreich an dieser von DeLozier und Grinder eingebrachten Neuerung ist, dass sie einen operativen Prozess ermöglicht, durch den wir jede Wahrnehmungsposition einnehmen und erfahren können. Es stellt sich heraus, dass diese mit jeweils speziellen Sprachmustern, physiologischen Zuständen und inneren Repräsentationen verknüpft sind (den drei primären Operatoren im NLP). Diese Muster werden in folgender Beschreibung zusammengefasst:

In der *ersten Position* befinden Sie sich in Ihrem eigenen physischen Raum und in Ihrer gewohnten Körperhaltung. Vollständig assoziiert in diese erste Position, gebrauchen Sie Worte, wie „ich", „mich" und „selbst", wenn Sie über Ihre Gefühle,

Wahrnehmungen und Vorstellungen berichten. In der ersten Position erleben Sie die gesamte Kommunikation aus eigener Perspektive: Sie sehen, hören, fühlen, schmecken und riechen all das, was um Sie herum geschieht, und nehmen ebenso Ihre inneren Vorgänge wahr. Befinden wir uns wirklich in der ersten Position, so sehen wir uns nicht von außen, sondern sind ganz wir selbst und erfassen die Welt durch unsere eigenen Augen, Ohren usw. Wir sind dann vollkommen assoziiert mit unserem eigenen Körper und unserer inneren Landkarte der Welt.

Die *zweite Position* erlaubt es, während der Interaktion die Position einer anderen Person einzunehmen. (Sollten mehr als eine weitere Person beteiligt sein, kann es mehrere „zweite Positionen" geben.) Dies ist eine zeitlich begrenzte Position und dient vor allem der Informationssammlung. Wir wechseln in die Wahrnehmungsposition eines anderen und übernehmen seine Körperhaltung und Weltanschauung, als wären wir diese Person. Wir sehen, hören, fühlen, schmecken und riechen die Kommunikationssituation so, wie sie sich aus der Perspektive des Gegenübers darbietet: Wir wandern gleichsam die berühmte „Meile in den Schuhen des anderen". In der zweiten Position erfahren wir die Welt durch die Augen, Gedanken, Gefühle und Überzeugungen eines anderen Menschen. In dieser Position sind wir dissoziiert von uns selbst und assoziiert mit dem anderen. In der Sprechweise der „zweiten Person" reden wir von uns selbst nicht mehr als „ich", sondern das Ich der ersten Position wird zum „Du". Wenn wir zeitweise die Position eines anderen Menschen einnehmen, haben wir die großartige Möglichkeit herauszufinden, welche Wirkung wir auf der anderen Seite der Kommunikationsschleife hervorrufen. Es ist jedoch wichtig, nach dem Perspektivwechsel wieder vollkommen in die eigene Position zurückzukehren mit den Informationen, die zur Verbesserung der eigenen Kommunikation hilfreich sind.

Die *dritte Position,* auch „Beobachterposition" genannt, versetzt uns zeitweise in eine Position außerhalb der Kommunikationsschleife, um so Informationen über sie zu sammeln, als wären wir nicht an der Kommunikation beteiligt, sondern ein neutraler Zeuge. Die Körperhaltung ist symmetrisch und entspannt. In dieser Position sehen, hören, fühlen, schmecken und riechen wir, wie die Interaktion aus der Sicht eines interessierten, aber neutralen Beobachters verläuft. Wir gebrauchen dann die Sprache der „dritten Person", sprechen von „sie" und „er", wenn wir uns auf Personen beziehen, die wir beobachten (einschließlich der Person, die aussieht, sich anhört und agiert wie wir selbst). Wir sind dissoziiert von der Interaktion und befinden uns in einer Art „Meta"-Position.[15] In dieser Position erhalten wir wertvolle Informationen über die Balance der Verhaltensweisen in der Kommunikationsschleife. Wir können sie, ebenso wie die Erkenntnisse aus der zweiten Position, mit zurück in die eigene erste Position nehmen und dazu verwenden, die Qualität unserer Zustände und Aktivitäten in der Beziehung zu verbessern.

Die *vierte Position* bildet eine Synthese der drei anderen Positionen. Wir entwickeln einen Sinn dafür, was es heißt, das „ganze System" zu sein. In der Vierten Position sind wir assoziiert mit dem ganzen System oder Feld verbunden und erleben die sich vollziehende Interaktion im Hinblick auf die Interessen des Gesamtsystems. Es handelt sich um eine Haltung des „Wir", eine wesentliche Haltung in der Ökologie und für Weisheit.

Obwohl die vierte Position nicht zur ursprünglichen Gruppe der Wahrnehmungspositionen gehörte (erste Position – Selbst; zweite Position – andere; dritte Position – Beobachter), so ist sie doch ebenso grundlegend. Sie ist wesentlich für wirksame Führung, Teambildung und die Entwicklung eines Team-Spirit. Wie der Begriff bereits impliziert, setzt die vierte Position die anderen drei Positionen voraus und integriert sie. Menschen, die keine vierte Position einnehmen können, haben Schwierigkeiten, sich selbst als Teil einer Gruppe oder Gemeinschaft zu erleben.

Das Erleben der vierten Position beginnt mit der Suche nach den tieferen gemeinsamen Faktoren und Merkmalen, die die Mitglieder einer Gruppe oder eines Systems miteinander verbinden. Die Fähigkeit, eine Perspektive der vierten Position einnehmen zu können, unterstützt die Leitung von Gruppen und ist eine wesentliche Voraussetzung jeder visionären Führung. Effiziente Führungskräfte können sich mit dem ganzen ihnen anvertrauten System identifizieren.

---

15 Robert Dilts und Todd Epstein (1990, 1991, 1995, 1996) regten an, subtile aber wichtige Unterscheidungen zwischen der dritten Position, der Metaposition und der Beobachterposition vorzunehmen. Sie betonten, dass eine „reine" *dritte Position* üblicherweise eine Sichtweise außerhalb der Kommunikationsschleife einnimmt, und dabei das Wissen, die Glaubenssätze und Annahmen einschließt, die aus der zuvor assoziiert eingenommenen ersten und zweiten Position stammen. Die *Metaposition* ist eine Position außerhalb der beobachteten Kommunikationsschleife, bei der nur das Wissen, die Überzeugungen und Annahmen aus assoziierter Sicht des Beobachters zur Verfügung stehen. In der *Beobachterposition* schließlich blendet der Beobachter gezielt alle Hypothesen und Annahmen aus der ersten und zweiten Position aus. (Die dritte Position sollte natürlich ebenfalls unterschieden werden von einer dissoziierten gefühllosen Perspektive.)

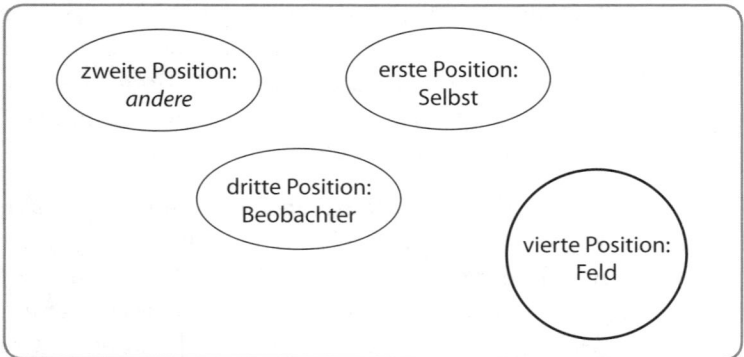

Abbildung 12: Räumliche Anordnung der verschiedenen Wahrnehmungspositionen

---

ÜBUNG

Übungen zu den Wahrnehmungspositionen

1. Denken Sie an eine Beziehung zu jemandem, den Sie für einen Mentor oder ein Vorbild halten.
2. Versetzen Sie sich vollkommen in die erste Position (Ich) und stellen Sie sich vor, dass die andere Person ebenfalls anwesend ist und Sie sie ansehen. Beschreiben Sie nun diese Person und Ihre Gefühle zu ihr, indem Sie in der ersten Person sprechen.
3. Gehen Sie jetzt in die zweite Position und versetzen sich in die andere Person hinein. Nehmen Sie die Perspektive, Überzeugungen und Annahmen der anderen Person ein, als wären Sie sie. Beschreiben Sie nun aus dieser Position heraus sich selbst (also denjenigen Menschen, der Sie zuvor in der ersten Position waren). Sprechen Sie zu diesem Du von Ihren Wahrnehmungen und Gefühlen.
4. Wechseln Sie nun zur dritten Position und beschreiben die Beziehung zwischen diesen beiden Personen, als ob Sie sie in einem Film betrachten würden. Denken Sie an das, was Sie zuvor über die Sichtweisen, Überzeugungen, Annahmen und Gefühle von sich und dem Gegenüber erfahren haben.
   Variationen dritte Position: Fokussieren Sie sich a) nur auf das, was Sie von den Überzeugungen und Annahmen der ersten Position wissen, oder tun Sie b) so, als würden Sie beide Personen in diesem „Film" nicht kennen.
5. Nehmen Sie jetzt die vierte Position ein (entweder außerhalb von den anderen drei Positionen oder mitten zwischen ihnen) und erspüren Sie das „Feld" dieser Beziehung, als ob es eine eigene Einheit wäre. Wenn der eine der beiden der Wasserstoff und der andere der Sauerstoff wäre: Welche Art Wasser würde aus dem Zusammenspiel der beiden entstehen?

Achten Sie darauf, wie jede dieser Wahrnehmungspositionen Ihnen eine andere Wertschätzung der Beziehung ermöglicht.

1.6.1 Multiple Wahrnehmungspositionen: die „Triple Description"

Um unser Gespür für die Möglichkeiten der Wahrnehmungspositionen zu entwickeln, können wir mit „charakterologischen Adjektiven" arbeiten. Gregory Bateson definiert sie als Begriffe, die die grundlegenden Eigenschaften einer Beziehung erschließen. Sie sind so konstruiert, dass sie, indem sie einen Teil einer Beziehung definieren, sogleich den anderen Teil dieser Beziehung mit implizieren. Spricht jemand davon, „zum Opfer" zu werden, so impliziert das, dass es einen Täter gibt. Wenn jemand „defensiv " ist, verweist er auch auf eine Aggression.

Denken Sie an eine Person, mit der Sie Schwierigkeiten haben zu kommunizieren, oder an eine Situation, in der es keine kreative oder produktive Interaktion gibt. Eine Situation, in der Sie irgendwie feststecken und sich nicht von Ihrer besten Seite zeigen können. Stellen Sie sich nun vor, Sie wären im Kino. Beobachten Sie, wie sich die Person auf der Leinwand verhält, und beschreiben Sie das Verhalten mit charakterologischen Adjektiven. Zum Beispiel könnte die Person als „egozentrisch" oder „aggressiv" bezeichnet werden.

Nehmen Sie einen tiefen Atemzug und stellen Sie sich vor, Sie wären jetzt mit dieser Person auf der Leinwand. Und dann sind Sie in der dritten Position und sehen und hören alles wie ein neutraler Beobachter. Beobachten Sie Ihr Verhalten. Welche Worte gebrauchen Sie, um Ihr Verhalten zu beschreiben? Wenn die andere Person z. B. „egozentrisch" ist, so könnte es sein, dass Sie „verschlossen" sind. Oder wenn die andere Person „aggressiv" ist, könnten Sie „defensiv" sein.

Jetzt können Sie sehen, welchen Anteil Sie an diesem Miteinander, diesem Tanz haben. Die beiden Menschen hätten keine Freude daran, das, was sie tun, für sich allein zu tun, und Ihnen ginge es nicht anders. So funktionieren Systeme: Man möchte möglichst viel von dem Zusammenspiel mitbekommen, sodass man sagen kann: „Oh, nun verstehe ich, wie ich mit dieser Person interagiere", und man realisiert, welche Möglichkeiten man hat, um diese Interaktion zu verändern. Aus dieser Position heraus können Sie sich fragen: „Wenn ich nun mit dieser neuen Perspektive wieder in die Beziehung gehe, wie kann diese Information die Qualität des Zusammenspiels beeinflussen?" Sobald sich ein Teil des Systems verändert und bewegt, gerät das ganze System in Bewegung.

Eine weitere unterhaltsame und interessante Möglichkeit, mit multiplen Wahrnehmungspositionen oder „Triple Descriptions" zu arbeiten, bietet sich auf dem Gebiet des kreativen Schaffens an. Denken Sie an ein Kunstwerk, welches Sie wirklich berührt. Nicht nur etwas, das Sie betrachten und denken: „Oh, das ist hübsch", sondern ein Kunstwerk, das Sie tief im Inneren, in Ihrer Seele berührt. Sie sind dann in der

Position des Betrachters, der dieses Kunstwerk wertschätzt, ähnlich als würden Sie ein Musikstück anhören oder eine Tanzaufführung ansehen.

Nehmen Sie nun die Position des Künstlers ein, der dieses Kunstwerk geschaffen hat. Gehen wir in die zweite Position, regt das unser Nervensystem an. Wenn Sie also diese Wahrnehmungsposition einnehmen, nutzen Sie die impliziten Muskelbewegungen des Malers, des Bildhauers oder des Komponisten, um Zugang zu ähnlichen neurologischen Reaktionen bei Ihnen selbst zu bekommen. Sie sind vorhanden, nur haben Sie sie lange Zeit nicht aktiviert. Dann können Sie sich zurücklehnen und fragen: „Was ist der Unterschied, der Wahrnehmende dieser Kunst zu sein oder ihr Erschaffer?" Haben Sie jeweils unterschiedliche Überzeugungen, wenn Sie sich in einer der beiden Positionen befinden? Haben Sie unterschiedliche Überzeugungen in Bezug auf Ihre Kreativität, wenn Sie in der Künstlerposition oder der Beobachterposition sind?

Die dritte Wahrnehmungsposition bestünde darin, dieses Kunstwerk selbst zu werden. Viele Menschen, die sich selbst als Kunst sehen, berichten, dass sie einen tiefen Sinn des „Seins" spüren.

Wechselnde Wahrnehmungspositionen lösen eine Vielzahl von Möglichkeiten aus. Aus dem Zusammenspiel der multiplen Perspektiven kann sich eine tiefe Weisheit entfalten. Wenn wir uns von der eigenen, persönlichen Landkarte in die Landkarte eines anderen versetzen und dann weiter in eine objektive Betrachtung der Beziehung, erlangen wir meistens ein umfassenderes und tieferes Gesamtverständnis. Die Fähigkeit, zwischen diesen Positionen schnell und eindeutig wechseln zu können, ist ein mächtiges Werkzeug.

1.6.2 Meta-Mapping mit Wahrnehmungspositionen

Mithilfe des Meta-Mappings lassen sich die charakteristischen Merkmale einer Kommunikationsschleife identifizieren, die zu problematischen Ergebnissen führen. Oft verschanzen wir uns in schwierigen Kommunikationen hinter unserer eigenen Sichtweise. Eine Meta-Map erkennt zunächst diese Perspektive an, bietet uns aber dann die Möglichkeit, die Interaktion auch von anderen Standpunkten aus zu betrachten. Neben der Möglichkeit, „unsichtbare" Einflüsse (z. B. innere oder nichtkörperliche) zu erkennen, erlaubt uns das Meta-Mapping, auch zu erkennen, inwieweit wir selbst zu den Schwierigkeiten beitragen und was wir tun müssen, um daran etwas zu ändern.

Die einzelnen Schritte des Meta-Mapping sind:

a. eine schwierigen Kommunikationssituation idetifizieren;
b. die Dynamik zwischen uns selbst, der anderen Person in der Interaktion und der eigenen Beobachterrolle abbilden;
c. die Position des Gegenübers einnehmen und dann die Perspektive eines Beobachters der Situation;
d. eine „Metaposition" entwickeln, von der aus wir die mentalen und physischen Muster untersuchen können, die zu den Problemen in der Interaktion beitragen und
e. mögliche Veränderungen in unserer Kommunikationsweise, Haltung oder unseren Annahmen sondieren, die die Interaktion auskömmlicher oder produktiver machen können.

Das Meta-Mapping ist gut geeignet, um schwierige Meetings oder Interaktionen zu reflektieren und vorzubereiten. Darüber hinaus wird es als Coaching- und Beratungstechnik genutzt. Einige Schritte des Meta-Mapping wurden nach den Vorbildern erfolgreicher Führungskräfte in Unternehmen und Organisationen modelliert. In diesem Modellierungsprozess wurden die Führungskräfte vor herausfordernde und weitgehend unvorhersehbare Situationen gestellt. Dann wurden sie befragt, wie sie sich mental auf diese Herausforderungen vorbereitet hätten. Eine typische Antwort lautete:

Ich dachte an die in der Situation beteiligten Menschen und stellte mir vor, was sie tun könnten, das zu Problemen führen würde. Dann betrachtete ich mich selbst und stellte mir vor, wie ich reagieren würde und ob ich mich damit wohlfühlte. Sodann versuchte ich, mich in die Situation der anderen hineinzuversetzen und zu verstehen, welches ihre Motive sein könnten. Danach analysierte ich die Situation aus der Perspektive des Unternehmens und überlegte, wie sie im bestmöglichen Sinne für alle zu lösen sei. Abschließend stellte ich mir vor, in welchem inneren Zustand ich sein wollte und welcher Zustand mir helfen würde, möglichst kreativ und angemessen zu reagieren. Denn im falschen Zustand könnte ich niemals richtig reagieren. Im richtigen Zustand jedoch würde die Inspiration da sein, selbst wenn etwas Unvorhergesehenes eintreten sollte.

ÜBUNG

Übungen zum Meta-Mapping

Die nun folgende Variante des Meta-Mappings beruht auf Strategien erfolgreicher Führungskräfte. Sie kann zur Reflektion oder zur Planung von herausfordernden Führungsaufgaben genutzt werden.

1. Denken Sie an eine vergangene oder künftige schwierige Situation, die mit einem bestimmten Mitarbeiter zu tun hat.
2. Versetzen Sie sich vollständig in die erste Position und stellen Sie sich vor, dass Ihr Mitarbeiter in diesem Moment hier ist und Sie ihn ansehen.
3. Nun versetzen Sie sich in seine Position hinein, so als ob sie „in seinen Schuhen" stünden. Sie betrachten sich selbst durch seine Augen, nehmen seine Perspektive, Überzeugungen und Glaubenssätze an – ganz als ob Sie diese Person wären.
4. Nun betrachten Sie die Beziehung zwischen sich und Ihrem Mitarbeiter, als wären Sie ein Beobachter, der sich auf Video ansieht, wie eine andere Führungskraft mit diesem Mitarbeiter interagiert. Nehmen Sie die Botschaften und Metabotschaften wahr, die beide Beteiligten einander (absichtlich oder unbewusst) senden.
5. Zu guter Letzt nehmen Sie die Perspektive des ganzen Systems ein und prüfen, was für das System im besten Interesse wäre.
6. Kehren Sie dann zu Ihrer eigenen, der ersten Position und Perspektive zurück. Nehmen Sie zur Kenntnis, wie sich durch das Einnehmen der verschiedenen Wahrnehmungspositionen Ihr Erleben der Interaktion verändert. Welche neuen Einsichten gewinnen Sie über sich selbst, Ihren Mitarbeiter oder die Situation? Welche Handlungen von Ihnen als Führungskraft wären in dieser Situation angemessen, welche Führungsqualitäten wären hier gefragt? Welcher innere Zustand und welche Haltung würden Ihnen am besten dabei helfen, diese Handlungen auszuführen und die Qualitäten abrufen zu können?

Mit Wahrnehmungspositionen zu arbeiten gehört zu den wichtigsten Werkzeugen im NLP. Die Fähigkeit, mehrere Perspektiven einnehmen zu können, ist eine der wichtigsten Voraussetzungen für Führung, Lehre, Therapie und innere Reifung. Reimprinting, Meta-Mirror, Meta-Mapping, Ausrichten von Wahrnehmungspositionen (nach der Core-Transformation-Arbeit von Connirae Andreas) und die verschiedenen NLP-Techniken, die zur Konfliktlösung und Mediation sowie in Verhandlungen eingesetzt werden: Sie alle nutzen Wahrnehmungspositionen als grundlegende Modalität, um Veränderung zu bewirken und gewünschte Ergebnisse zu erzielen.

1.7 Ebenen der Veränderung und Interaktion

Das Konzept der verschiedenen *Ebenen* von Veränderung und Interaktion ist eine weitere wichtige Entwicklung der letzten 30 Jahre im NLP. Die Idee, dass es verschiedene *Ebenen von Veränderung und Interaktion* gibt, bezieht sich auf die Tatsache, dass einige Prozesse und Phänomene aus *Beziehungen* und Interaktionen zwischen anderen Prozessen und Phänomenen hervorgehen. Jedes Handlungssystem ist ein Subsystem, das in ein anderes System eingebettet ist, und so fort. Diese Art der Beziehungen zwischen den Systemen schafft verschiedene Ebenen von Prozessen. Unsere Gehirnstruktur, Sprache und sozialen Systeme bilden natürliche Hierarchien oder Prozessebenen.

So liegt z. B. die „Rentabilität" eines Unternehmens auf einem anderen Level als sein Maschinenpark oder die Leistungen, die es erbringt. Die Regeln für seine Rentabilität sind andere als die, nach denen seine Anlagen erhalten oder seine Dienstleistungen bereitgestellt werden. Und doch funktionieren sie gemeinsam und bilden ein einziges Unternehmenssystem.

Ein weiteres Beispiel: Ein Gedanke liegt auf einem anderen Level als die Neuronen im Gehirn, die diese Idee hervorbringen. Ebenso liegt die Sprache, die einen Gedanken ausdrückt, auf einer anderen Stufe des Prozesses als der Gedanke selbst. Regeln, die beschreiben, wie Ideen interagieren, sind auf einer anderen Stufe als jene, die festhalten, wie Neuronen feuern oder wie Wörter zusammenpassen, um diese Vorstellungen auszudrücken. Sie alle aber bilden Schlüsselelemente im System des menschlichen Geistes, der nicht ohne dieses Zusammenwirken existieren würde.

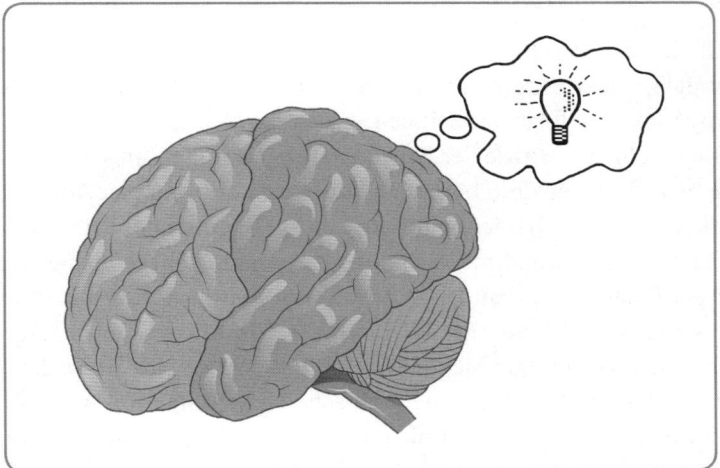

Abbildung 13: Eine Idee ist auf anderer Ebene angesiedelt als die Neuronen, die sie hervorbringen.

Im NLP bezeichnen wir das Konzept von Ebenen der Veränderung und Interaktion als neuro-logische Ebenen. Dabei geht es um eine Hierarchie von Prozessebenen, die die Handlungen und Interaktionen Einzelner oder einer Gruppe beeinflussen. Zu diesen Ebenen gehören – in absteigender Reihenfolge: 1) Identität, 2) Überzeugungen und Werte, 3) Fähigkeiten, 4) Verhalten sowie 5) Umgebung eines Systems. Eine sechste, gleichsam „spirituelle" Ebene kann als eine Art „relationales Feld" verstanden werden. Sie umfasst viele einzelne Identitäten und kann zu dem Gefühl beitragen, zu einem größeren System zu gehören, das über die eigene individuelle Identität hinausgeht.

1.7.1 Batesons Hierarchie der Logischen Typen und der Ebenen des Lernens

Das NLP-Modell der neuro-logischen Ebenen wurde inspiriert von Batesons Idee, dass es Hierarchien logischer Muster und Ebenen des Lernens gibt. Bateson stellte heraus, dass im Prozess des Lernens, der Veränderung und der Kommunikation natürliche Hierarchien zu finden seien, in die sich Informationen und Wissen klassifizieren ließen. Die Aufgabe jeder Ebene in dieser Hierarchie ist es, die Information der darunterliegenden Ebene zu organisieren. Und die Regeln zur Veränderung auf einer Ebene der Hierarchie unterscheiden sich von den Regeln, nach denen sich Veränderungen auf einer anderen Ebene vollziehen. Eine Veränderung auf einer unteren Ebene kann, muss aber nicht zwangsläufig die höheren Ebenen beeinflussen. Jede Veränderung auf einer höheren Ebene hat jedoch unbedingt Auswirkungen auf die unteren Ebenen, damit eben die Veränderung der höheren Ebene unterstützt wird.

Der Begriff der „Hierarchie" kam zuerst im 14. Jahrhundert in den englischen Sprachgebrauch und wurde in kirchlichen Zusammenhängen verwendet, um die „Anordnung und Rangfolge der heiligen Wesen" zu beschreiben, wie z. B. die „Ordnung der Engel". Später wurde der Begriff genutzt, um die Rangordnung im Klerus zu beschreiben. Der Begriff „Hierarchie" setzt sich aus den griechischen Wörtern *hieros* (stark, übernatürlich oder heilig) und *arche* (Beginn oder Prinzip) zusammen. Damit ist implizit die Annahme verbunden, dass jede höhere Ebene einer Hierarchie näher der Quelle oder dem Ursprung dessen steht, was heilig und kraftvoll ist. In diesem Sinne wird der Begriff „Hierarchie" späterhin gebraucht, um jede abgestufte oder in Reihenfolge gebrachte Serie zu bezeichnen, wie etwa die „Wertehierarchie" eines Menschen oder die hierarchische Reihenfolge von Auflagereaktionen einer Maschine. Wir assoziieren damit, dass die Elemente, die in der Hierarchie ganz oben stehen, auch „zuerst an der Reihe" oder „wichtiger" sind als die auf den tieferen Ebenen.

Der moderne Begriff der „Hierarchie" bezeichnet mehr als eine willkürliche Ordnung bestimmter Elemente in einer Reihenfolge. In den Naturwissenschaften und der Mathematik beispielsweise beschreibt *Hierarchie* „eine Reihe von geordneten Gruppen von Personen oder Dingen in einem System". Gewöhnlich weisen derartige Anordnungen „wenige Dinge oder nur eines an der Spitze auf und zunehmend mehr auf den unteren Ebenen", etwa wie eine umgekehrte Baumstruktur. Ein Beispiel aus der Informatik etwa ist eine Verzeichnishierarchie, wo jedes Verzeichnis weitere Dateien oder Verzeichnisse enthalten kann. Gleiches gilt für hierarchische Netzwerke oder die Hierarchie von Klassen im objektorientierten Programmieren.

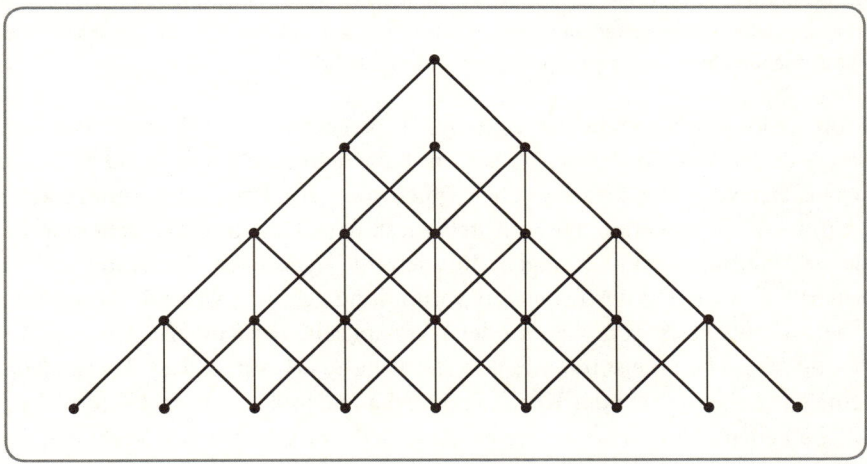

Abbildung 14: Hierarchien werden oft als Baumstrukturen dargestellt.

1.7.2 Russels logische Typen

Bateson leitete sein Konzept verschiedener Ebenen zur Klassifizierung von Kommunikation und Lernen von Bertrand Russels mathematischer Theorie der logischen Typen ab. Er bezeichnete dies in seinem Buch *Geist und Natur* (1979) als „das wichtigste Kriterium des Geistes". Die Theorie der logischen Typen besagt, dass eine Menge von Dingen nicht Element von sich selbst sein kann. Mit den Worten Gregory Batesons: „Unser Forschungsansatz beruht auf dem Teil der Kommunikationstheorie, den Russell die ‚Theorie der logischen Typen' genannt hat. Die zentrale These dieser Theorie besagt, dass zwischen einer Klasse und ihren Elementen eine Diskontinuität besteht. Die Klasse kann weder ein Element ihrer selbst sein noch kann eines ihrer Element die Klasse *sein*, da der für die Klasse gebrauchte Terminus *einer anderen Abstraktionsebene* – einem anderen logischen Typ – angehört als die auf die Elemente andwendbaren Termini."[16]

Ein Beispiel:

Eine Menge von geraden Zahlen kann nicht zugleich selbst eine gerade Zahl sein. Entsprechend ist die Klasse der Katzen selbst keine Katze. Ebenso kann eine lebende Katze nicht genauso behandelt werden wie die Klasse der Katzen. (Die Klasse der Katzen benötigt keine Milch oder Streu, ihre Mitglieder aber sehr wohl.) Sogar die Bezeichnung „Die Klasse aller Wörter" ist, obwohl sie aus Wörtern besteht, eindeutig nicht dasselbe wir die Klasse aller Wörter. Anders ausgedrückt: Die Auffassung der logischen Typen unterscheidet zwischen einer speziellen „Landkarte" und dem „Territorium", auf welches sich die Landkarte bezieht, also zwischen einer mentalen „Form" und deren „Inhalt".

Bateson stellte sein Konzept der logischen Typen erstmals 1954 in seinem Aufsatz *A Theory of Play and Fantasy* vor. „Spielen" habe demnach etwas damit zu tun, dass man zwischen verschiedenen logischen Typen von Verhalten und Kommunikationsakten unterscheiden könne. Bateson stellte fest, dass Tiere und Menschen, wenn sie spielen, oft Verhaltensmuster zeigen, die auch mit Aggression, Sexualität und anderen „ernsten" Aspekten des Lebens in Verbindung gebracht werden. Dies zeigt sich z. B. bei Kampfspielen von Tieren oder „Arztspielen" bei Kindern. Und doch sind Tiere und Menschen meist irgendwie in der Lage zu erkennen, dass das Spielverhalten eine ganz eigene Art oder Klasse von Verhaltensweisen darstellt und nicht „das wirkliche Leben". Um zwischen diesen verschiedenen Klassen von Verhalten unterscheiden zu können, sind nach Bateson auch verschiedene Typen von Botschaften erforderlich. Bateson bezeichnete sie als „Metabotschaften", also Botschaften über andere Botschaften, und stellte fest, dass sie von einem anderen logischen Typ sein mussten als der jeweilige Inhalt der Kommunikation. Er war der Ansicht, dass diese Botschaften „höherer Ebene" – welche normalerweise nonverbal übermittelt werden – entscheidend dazu beitragen, dass Tiere und Menschen überhaupt effektiv miteinander kommunizieren können.

Spielende Tiere übermitteln die Botschaft „dies ist ein Spiel" beispielsweise dadurch, dass sie mit dem Schwanz wedeln, ihren Körper entspannen, auf und ab hüpfen oder etwas anderes tun, um zu zeigen, dass das, was sie gerade tun, nicht für ernst gehalten werden soll. Der Biss ist ein spielerischer Biss und kein wirklicher. Untersuchungen des menschlichen Verhaltens zeigen ebenfalls, dass auch wir spezielle Signale senden, um den anderen wissen zu lassen, dass wir etwas spielerisch meinen und nicht ernst. In der Tat können wir verbal „meta-kommunizieren" und ankündigen: „Dies ist nur ein Spiel." Wir können lachen, zwinkern, den anderen anstupsen, in

---

16 Bateson: *Ökologie des Geistes,* S. 271.

einer anderen Tonlage sprechen oder etwas anderes Ungewöhnliches tun, um unsere Absicht zu offenbaren.

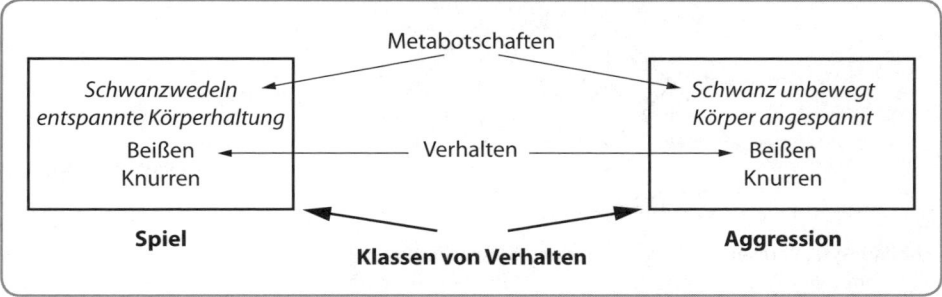

Abbildung 15: Das gleiche Verhalten (Knurren) kann zu zwei ganz verschiedenen Klassen von Verhalten gehören (Spiel oder Aggression). Zusätzliche Verhaltensweisen dienen als Meta-botschaften, um anzuzeigen, zu welcher Kategorie eine bestimmte Verhaltensäußerung gehört.

Bateson erkannte, dass viele Probleme und Konflikte aus einer Verwechslung oder Fehlinterpretation solcher Metabotschaften hervorgehen. Ein gutes Beispiel dafür seien die Schwierigkeiten, die Menschen aus verschiedenen Kulturen mit der Interpretation der jeweiligen Feinheiten der nonverbalen Kommunikation der anderen Kultur hätten.

Später wandte Bateson das Konzept der logischen Typen zur Erklärung bestimmter Symptome schwerer psychischer Probleme und Geisteskrankheiten an. In seiner Schrift *Epidemiology of Schizophrenia* (1955) behauptete er, dass die Unfähigkeit, Metabotschaften richtig erkennen und interpretieren und zwischen verschiedenen Klassen oder logischen Typen von Verhalten unterscheiden zu können, die Ursache vieler scheinbar psychotischer oder „verrückter" Verhaltensweisen sei. Bateson berichtete von einem jungen Psychiatriepatienten, der in die Krankenhaus-Apotheke ging. Die Krankenschwester hinter dem Tresen fragte: „Kann ich Ihnen helfen?" Der Patient sei nicht imstande gewesen zu unterscheiden, ob diese Frage eine Bedrohung, eine sexuelle Annäherung, eine Ermahnung oder eine ernst gemeinte Nachfrage sein sollte.

Wenn jemand nicht in der Lage ist, derartige Unterscheidungen korrekt zu treffen, wird er, laut Bateson, immer wieder Verhaltensweisen zeigen, die der jeweiligen Situation nicht angemessen sind. Er verglich dies mit einer Telefonvermittlung, die nicht in der Lage ist, zwischen Landesvorwahl, Ortsvorwahl oder der Nummer für einen Anschluss zu unterscheiden. Die Teilnehmer werden immer wieder falsch verbunden. Obwohl alle Nummern (der Inhalt) korrekt sind, ist ihre Klassifizierung (die Form) durcheinandergeraten und führt zu Problemen.

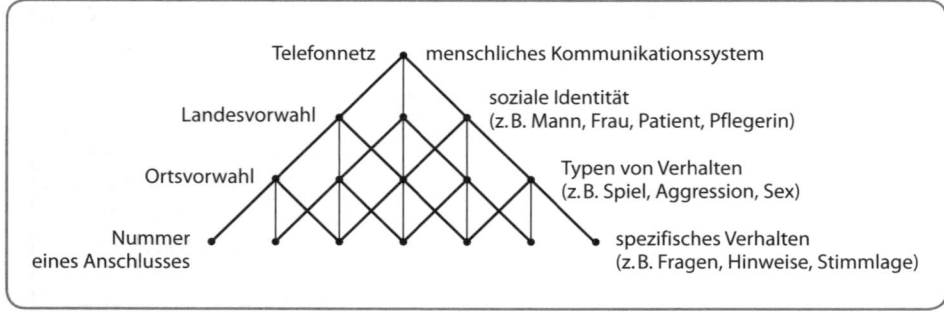

Abbildung 16: Bateson verglich die Hierarchie logischer Typen in der menschlichen Kommunikation mit den verschiedenen Klassen von Nummern in einem Telefonvermittlungssystem.

1.7.3 Korzybskis Ordnungen der Abstraktion

Batesons Klassifizierung der logischen Typen wurde auch von Alfred Korzybski beeinflusst, dem Begründer der Allgemeinen Semantik. Korzybski betonte, dass man zwischen verschiedenen Ordnungsstufen der Abstraktion unterscheiden müsse. Dazu zählen etwa die Unterscheidung zwischen dem, was wir sehen (unserer inneren Abbildung), und den äußeren Reizen sowie der Unterschied zwischen den verbalen Landkarten und der inneren Darstellung, die sie zeigen wollen. Innere Darstellungen sind abstrakter, aber umfassender als die äußere Realität, die sie darstellen. Ebenso sind die verbalen Beschreibungen abstrakter und potenziell umfassender als die inneren Abbildungen, für die sie stehen.

Weitere Beispiele für die Differenzierung verschiedener Ordnungen der Abstraktion sind a) Beschreibungen von Erfahrungen und b) Schlussfolgerungen, die aus diesen Erfahrungen und den Beschreibungen dieser Erfahrungen gezogen werden. Ferner zwischen Beschreibungen *über* Beschreibungen, zwischen Schlussfolgerungen, die aus anderen Schlussfolgerungen gezogen werden, zwischen Gefühlen, die man über andere Gefühle hat, oder zwischen den Abstraktionen einer Person und den Abstraktionen einer anderen Person.

Bateson kombinierte das Konzept der Ordnungen der Abstraktion mit der Hierarchie der Klassen, um verschiedene Ebenen des Lernens und der Veränderung bei Menschen und Tieren zu identifizieren. Jede Ebene synthetisiert und integriert Prozesse der darunterliegenden Ebene und hat daher einen größeren Einfluss auf uns. In *The Logical Categories of Learning and Communication* (1964) erweiterte er das Konzept der logischen Typisierung, um damit verschiedene Muster und Phänomene des Lernens und der Kommunikation zu erklären. Er definierte zwei grundlegende Muster oder Ebenen des Lernens, die in jedem Veränderungsprozess berücksichtigt werden müssen: Lernen I als Konditionierung nach dem Muster Reiz-Reaktion sowie Lernen II oder *Deutero*-Lernen, bei dem der größere Kontext des Reizes erkannt wird, um die Bedeutung des Reizes richtig einzuschätzen.

Ein einfaches Beispiel für Lernen II zeigt sich bei Labortieren, die „testerfahren" werden. Sie lernen neue Aufgaben immer schneller, wenn diese zu einer bestimmten *Klasse* von Verhaltensweisen gehören.

Ein Tier beispielsweise, welches in einem Vermeidungsverhalten trainiert wird, lernt neue Arten des Vermeidungsverhaltens immer schneller. Wenn es jedoch reaktive Verhaltensweisen lernen soll, wie beispielsweise Speichelfluss beim Ertönen einer Glocke, wird es langsamer sein als ein Tier, das zuvor in dieser Verhaltensklasse trainiert wurde. Ebenso wird ein Tier, das in der Pawlow'schen Technik konditioniert wird, sehr schnell das Speicheln zu neuen Geräuschen, Farben usw. erlernen, jedoch langsamer darin sein, Objekte mit Stromstößen zu vermeiden.

Bateson wies darauf hin, dass diese Fähigkeit zum Erlernen von Mustern oder Regeln ein anderer „logischer Typ" des Lernens ist als die simple Verstärkung einer Reiz-Reaktions-Sequenz, mit der man spezielle einzelne Verhaltensweisen erlernt. Sie gehört zu einer anderen „Ordnung der Abstraktion". Bateson betonte zum Beispiel, dass die Verstärkung des Verhaltens „Erforschen" (eine Methode zum Erlernen des Lernens) bei Ratten anders erfolgen muss als die Anleitung zum „Testen" eines bestimmten Objektes (der Lerninhalt des Erforschten). In *Ökologie des Geistes* (S. 365 f.) notierte er: „Man kann eine Ratte (positiv oder negativ) verstärken, wenn sie ein besonders fremdes Objekt erkundet, und sie wird dementsprechend lernen, sich ihm zu nähern oder es zu meiden. Aber der Zweck der Erkundung besteht ja darin, Informationen darüber zu erhalten, welchen Objekten sie sich nähern und welche sie vermeiden soll. Die Entdeckung, dass ein gegebenes Objekt gefährlich ist, ist daher ein *Erfolg* bei der Aufgabe, Informationen zu sammeln. Der Erfolg wird die Ratte nicht davon abhalten, auch in Zukunft andere fremde Objekte zu erkunden."

Unbekannte Objekte werden also allein aus dem Grund erforscht, um herauszufinden, ob sie gefährlich sind oder nicht. Wird eine Ratte bestraft, wenn sie sich einem bestimmten fremden Objekt nähert, so wird sie dies nicht davon abhalten, in Zukunft andere fremde Objekte mit dem Ziel zu untersuchen, ob diese sicher sind.

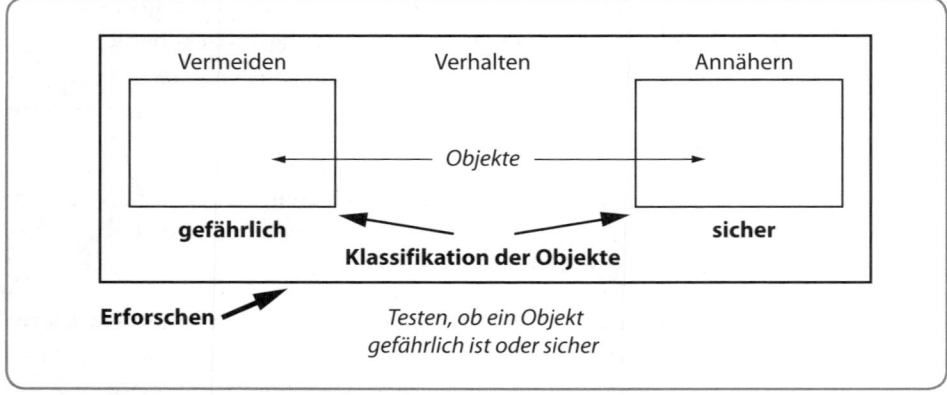

Abbildung 17: Nach Bateson liegt die Untersuchung, ob ein Objekt sicher ist oder nicht, auf einer anderen Ebene des Lernens als das Vermeiden eines Objektes, das sich als gefährlich erwiesen hat, bzw. die Beschäftigung mit einem als sicher erkannten Objekt.

Die „Erforschung" eines Objektes, ob es sicher ist oder nicht und ob sich die Ratte also annähern kann oder es meiden sollte, stellt also eine andere Ordnung der Abstraktion dar und liegt auf einer anderen Ebene des Lernens als das bloße Vermeiden eines als unsicher erkannten Objektes. Die Fähigkeit, etwas erkunden, eine Unterscheidung treffen oder kreativ werden zu können, liegt auf einer höheren Lernebene als die speziellen Verhaltensweisen, die diese Fähigkeiten ausmachen. Auf dieser höheren Ebene gelten eine andere Dynamik und andere Regeln der Veränderung.

Auch unsere Fähigkeit, etwas Gelerntes zu verallgemeinern, funktioniert anders als das ursprüngliche Lernen. Schauen wir uns den Vorgang an, wie jemand das Schreiben lernt. Die meisten Leser werden es vermutlich so erlernt haben, dass sie mit einer Hand mühsam die einzelnen Finger-, Hand- und Armbewegungen trainiert haben, mit denen man die einzelnen Buchstaben zu Papier bringt. Einmal beherrscht, kann dieses grundlegende Muster dann aber viel schneller auf andere Körperteile und Kontexte übertragen werden. Bestimmt kann jeder von uns ein gut erkennbares „A" mit der Zehe in den Sand schreiben oder mit dem Ellbogen an die Wand reiben. Oder wir könnten mit einem Stift zwischen den Zähnen ein erkennbares Abbild des Buchstaben auf eine Leinwand zeichnen.

Worum es hier geht, ist, dass die Gruppen von Knochen und Muskeln, mit denen wir unsere Füße, Zehen, Ellbogen und den Hals bewegen, sehr verschieden sind von denen in unseren Händen und Fingern. Und doch können wir das einmal Gelernte auf andere Körperteile übertragen und nutzen. Damit haben wir es offensichtlich mit einer anderen Lernebene zu tun als bei einer bloßen Reiz-Reaktions-Konditionierung.

1.7.4 Ebenen des Lernens

Bateson nutzte die Theorie der logischen Typen und der verschiedenen Ordnungen der Abstraktion, um mehrere verschiedene Lernebenen zu identifizieren (*Ökologie des Geistes*, S. 379). Jede von ihnen kann Veränderungen und Verfeinerungen auf den jeweils tiefer liegenden Ebenen auslösen.

> **Lernen null** ist durch die *spezifische Wirksamkeit der Reaktion* [z. B. ein bestimmtes Verhalten in einer bestimmten Umgebung – RD], charakterisiert, die – zu Recht oder zu Unrecht – keiner Korrektur unterliegt.

> **Lernen I** ist *Veränderung in der spezifischen Wirksamkeit* der Reaktion durch Korrektur von Irrtümern der Auswahl innerhalb einer Menge von Alternativen.

> **Lernen II** ist die *Veränderung im Prozess des Lernens I,* z. B. eine korrigierende Veränderung in der Menge der Alternativen, unter denen die Auswahl getroffen wird, oder es ist eine Veränderung in der Art und Weise, wie die Abfolge der Erfahrung betont wird.

> **Lernen III** ist *Veränderungen im Prozess des Lernens II,* z. B. eine korrigierende Veränderung im System der Mengen von Alternativen, unter denen die Auswahl getroffen wird.

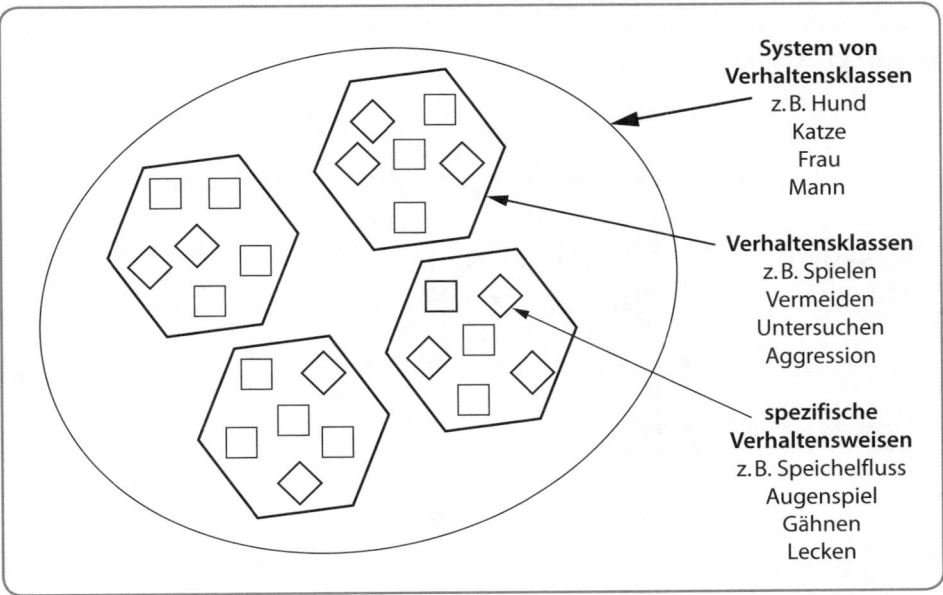

Abbildung 18: Die verschiedenen Lernebenen beziehen sich auf Veränderungen in verschiedenen Verhaltensklassen

Nehmen wir Batesons frühere Analogie des Telefonvermittlungssystems: *Lernen null* wäre demnach eine automatische Wahlwiederholung, die immer die gleiche Nummer wählt, egal ob sie eine Person erreicht oder nicht. *Lernen I* würde eine Korrektur der jeweiligen Telefonnummer bewirken (Veränderung eines bestimmten Verhaltens). Dem *Lernen II* entspricht eine Korrektur der Ortsvorwahl (Verschiebung in der Klassifikation von Objekten oder Verhaltensweisen – z. B. von „sicher" und „spielerisch" zu „gefährlich" oder „beschützend"). *Lernen III* bedeutet dann eine korrigierende Veränderung in der Landesvorwahl (das umfassendere System der Klassifizierung).

Über diese drei Ebenen hinaus deutete Bateson ebenfalls die Möglichkeit eines *Lernens IV* an– einer Lernebene, die nach seiner Überzeugung nicht von einem einzelnen Individuum einer Spezies gemeistert werden kann, sondern nur kollektiv von einer Gruppe oder einer Spezies als Ganzer. Lernen IV würde die Verankerung völlig neuer Verhaltensweisen mit sich bringen, die in *kein* aktuell bestehendes System von Verhaltensklassen passen. Lernen IV wäre eine wirklich revolutionäre Art des Lernens, die die Erschaffung völlig neuer Archetypen oder Verhaltenssysteme mit sich bringen würde.

Als unsere Vorfahren damit begannen, sich auf zwei Beinen fortzubewegen und später die menschliche Sprache entwickelten, trafen sie weder eine Auswahl aus einer Menge bestehender Alternativen noch modellierten sie eine andere bereits existierende Spezies. Sie begannen mit etwas völlig Neuem, das unsere Rolle auf diesem Planeten revolutionieren sollte.

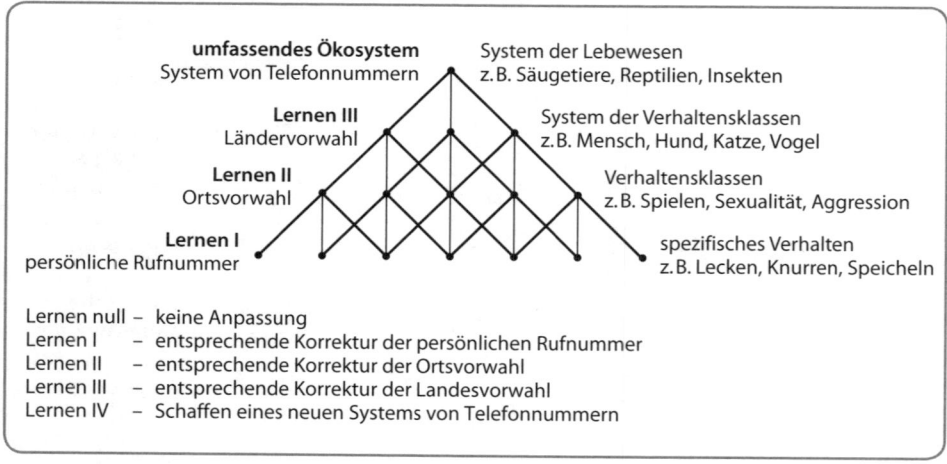

Abbildung 19: Eine Analogie für Batesons Ebenen des Lernens wäre die Korrektur von Teilen einer Telefonnummer, um die gewünschte Person zu erreichen.

Als Beispiel dafür, wie diese verschiedenen Ebenen funktionieren können, betrachten wir die Situation von Pawlow und seinen Hunden. Pawlow entdeckte, dass er seine Hunde so konditionieren konnte, dass sie beim Ertönen einer Glocke speicheln. Dies erreichte er durch wiederholtes Läuten einer Glocke während des Fütterns. Die Hunde lernten, das Läuten der Glocke mit der Fütterung zu verknüpfen. Bald brauchte Pawlow nur noch die Glocke zu läuten und die Hunde begannen zu speicheln, selbst wenn es kein Futter gab.

Nach Batesons Konzept der verschiedenen Ebenen des Lernens ist der erste Akt des Speichelns beim Füttern ein Fall von *Lernen null*. Es handelt sich um eine vorprogrammierte, instinktive Reaktion. Sie ist angeboren und kann nur mit Mühe oder überhaupt nicht verändert werden.

Die Ausweitung der Speichelreaktion vom Sehen und Riechen des Futters hin zum Hören der Glocke liefert ein Beispiel für *Lernen I*. Durch Wiederholung und Verstärkung lernt der Hund, die spezielle Reaktion des Speichelns (im Gegensatz zu anderen Reaktionen wie Gähnen, Lecken, Blinzeln usw.) mit dem speziellen Reiz einer bestimmten Glocke zu assoziieren.

Beim *Lernen II* müsste eine „Veränderung der *Menge* der Alternativen, aus denen ausgewählt wird", erfolgen. Für unseren Hund, der gerade gelernt hat, beim Klang einer Glocke zu speicheln, würde dies bedeuten, dass er seine Reaktion auf die Glocke komplett ändern und beispielsweise bellen oder weglaufen müsste, statt einfach nur mehr oder weniger zu speicheln. Das Speicheln gehört zur Menge seiner Fress-Verhaltensweisen. Andere Mengen von Verhaltensweisen wären „Spielen", „Vermeiden", „Untersuchen" oder „Aggression". Eine Verschiebung auf dieser Ebene wäre offensichtlich komplexer als im Lernen I.

Lernen III würde eine noch größere Veränderung mit sich bringen. Bateson nannte es „eine Veränderung im System der Mengen von Alternativen, aus denen ausgewählt wird". Ein Hund z. B. stellt ein „System" von Verhaltensmengen oder Alternativen dar. Andere Tiere (Katzen, Vögel, Menschen, Wölfe usw.) wären die davon verschiedenen Systeme. Um ein Lernen III zu erreichen, müssten Pawlows Hunde beim Läuten der Glocke plötzlich von „hunde-ähnlichem" zu „katzen-ähnlichem" Verhalten wechseln (miauen, Bäume hochklettern usw.). Offenbar wäre das ziemlich anspruchsvoll und, wie Bateson hervorhob, für erwachsene Exemplare der meisten Spezies so gut wie unmöglich (obwohl es für Kinder ein ganz normaler Spaß ist, Tiere wie Hunde, Katzen oder Vögel nachzuahmen).

Beim *Lernen IV* käme es zur Entwicklung einer neuen Art von Lebewesen oder zumindest zu einer signifikanten evolutionären Entwicklung (wie das Wachsen von Flügeln oder die Entwicklung eines größeren Gehirns) bei einer bereits bestehenden

Spezies. Eine solche Entwicklung würde dann vollkommen neue Verhaltensweisen erlauben.

In Batesons Konzept stellt ein einfacher mechanischer Reflex einen Fall von „Lernen null" dar. Hierzu zählen auch Gewohnheiten, Suchtverhalten und andere Muster, die fixiert und nicht veränderbar erscheinen. Lernen null ist bei vielen Menschen und Organisationen der Normalzustand. Viele unserer Verhaltensweisen werden zu unbewussten und automatischen Gewohnheiten, die es uns schwer machen, uns an Veränderungen unserer Umwelt anzupassen und uns erfolgreich auf sie einzustellen. Oft führt dies zu Stillstand, Widerstand, Selbstgefälligkeit und Ineffizienz.

Verhaltensorientierte Konditionierung, psychomotorisches Lernen, Prozess-Reengineering oder stufenweise Verbesserungen der Qualität sind allesamt Beispiele für korrektive Veränderungen im Sinne des *Lernen I,* wie es sich bei einzelnen Menschen und ganzen Organisationen vollzieht. Beim Lernen I handelt es sich im Wesentlichen um Verhaltensflexibilität, um die Aktualisierung und Verbesserung von bereits vorhandenen Handlungsweisen. Lernen I fördert man am besten, indem man andere dabei unterstützt, eine bessere „Metakognition" zu entwickelt, also ein vertieftes Gewahrsein der eigenen Handlungen, inneren Erlebnisse und Denkprozesse. Dies geschieht über einfache Coaching- und Lehrmethoden wie kontrastive Analyse und Feedback.

Die Veränderung höherer Prozessebenen – *Lernen II* – richtet sich auf Strategien, Werte und Prioritäten – auf Operationen, über die ganze Mengen von Alternativen gesteuert werden. Wenn also ein Unternehmen etwa beschließt, sich mehr auf den Service als auf die Produkte zu konzentrieren, so erfordert dies groß angelegte Veränderungen in Prozessen und Verhaltensweisen. Wahrscheinlich werden sogar ganz neue Verhaltensweisen und Prozesse geschaffen werden müssen, die nach externen Vorbildern modelliert werden können.

Ein Beispiel für Veränderungen auf der Ebene Lernen II bei einer einzelnen Person wäre etwa der abrupte Wechsel von einem erforschenden Verhalten hin zu einem vermeidenden oder von Aggression hin zu Erforschung und Spiel. Um eine solche unmittelbare und dramatische Wendung zu vollziehen, müssen sich grundlegende Überzeugungen und Werte ändern. Wenn jemand glaubt, dass eine bestimmte Situation „gefährlich" ist, wird er eher zu einem „Vermeidungs"-Verhalten neigen und nicht zu einem „Spiel"-Verhalten. Wer hingegen davon ausgeht, dass ein bestimmter Kontext „sicher" ist, wird sich kaum für „Kampf" oder „Flucht" entscheiden.

Der rapide Rückgang in der Zahl der Fluggäste nach den Flugzeugentführungen vom 11. September 2001 ist ein gutes Beispiel hierfür. Es gab keine allmähliche Veränderung, hervorgerufen durch höhere Flugpreise oder schlechteren Service (ein Beispiel für Lernen I), sondern es kam zu einem plötzlichen und raschen Umschwung, da man das Fliegen jetzt nicht mehr „sicher" fand. Offenbar sind die Folgen von Lernen II wesentlich unmittelbarer und weitreichender als die von Lernen I.

Wenn man in der Lage ist, „Metapositionen" einzunehmen, lassen sich Lernen-II-Wechsel unterstützen: Man betrachtet sich selbst dissoziiert, reflektiert die eigenen Handlungen in ihrem Kontext und im Vergleich zu anderen „Mengen von Alternativen" – eine Hauptzielsetzung des Mentoring.

Bei *Lernen III* schließlich geht es um „Imprinting" und Persönlichkeitsentwicklung, um die Veränderung ganzer „Systeme" von alternativen Verhaltensweisen. Bei der Verschiebung solcher „Systeme" vollziehen sich eigentlich immer Veränderungen auf der Ebene der Identität. Unser Verhaltensspektrum wird erweitert um Möglichkeiten, die außerhalb unserer bisherigen Rolle und außerhalb der uns bislang zur Verfügung stehenden Verhaltensalternativen liegen. Das Internet und die „New Economy" z. B. zwangen viele Unternehmen zu völlig neuen Ansätzen in Management und Marketing; dabei mussten sie sich nicht selten weit über ihre bisherige Komfortzone hinauswagen.

Lernen III kann mit Methoden des Modellierens und durch Leistungsvergleich unterstützt werden und indem man anderen gegenüber die „zweite Position" einnimmt. Diese Maßnahmen helfen uns, die Grenzen unserer gegenwärtigen Vorstellung von „Ich" und Identität zu überwinden. Mit den Worten von Gregory Bateson: „In dem Maße, wie ein Mensch Lernen III erreicht, ... wird sein ‚Selbst' eine Art Irrelevanz annehmen." Er ergänzte, dass Veränderungen auf der Ebene von Lernen III ausgesprochen schwierig seien und dass „schon der Versuch, auf die Ebene III zu gelangen, gefährlich sein kann, und einige werden daran scheitern. Diese werden von der Psychiatrie oft als psychotisch etikettiert ..."[17]

„Geniestreiche" weisen häufig Eigenschaften des *Lernen IV* auf. Es handelt sich dann um beispiellose und transformative Vorgänge, revolutionäre Veränderungen in unserer Sicht der Welt und der Art und Weise, wie wir mit ihr interagieren. In der Welt der Technologie des Silicon Valley unterscheidet man oft zwischen „evolutionären" und „revolutionären" Technologien. Als evolutionär gilt, was eine signifikante Verbesserung bereits bestehender Technologien bewirkt, was ihre Funktionalität oder ihre Eigenschaften in bedeutender Weise ausweitet oder zu einer Integration mit anderen Technologien führt. Revolutionäre Technologien hingegen schaffen komplett neue Industriezweige oder verändern grundlegend die Art und Weise, wie wir miteinander arbeiten und kommunizieren. Die Erfindungen von Druckerpresse, Automobil, Flugzeug, Radio, Fernsehen, Computer und Internet können jeweils als

---

17 Bateson: *Ökologie des Geistes*, S. 393 ff.

revolutionäre technologische Durchbrüche bezeichnet werden. Bateson vermutete, dass die plötzlichen Einsichten eines Lernen IV sich sehr wahrscheinlich in einer Art Inspiration oder Offenbarung ereignen, deren Quellen außerhalb des Individuums in dem größeren uns umgebenden System oder dem „Feld" liegen. Bateson sprach hier auch von dem „größeren Geist" oder dem „Muster, das alles verbindet". Der Zugang zum Lernen IV setzt eine starke Verbindung zum Unbewussten voraus, in Zuständen des „Nicht-Wissens", der meditativen „Wachheit" und des „aktiven Träumens", in denen man fokussiert und zugleich offen sein muss für alle Möglichkeiten, die sich zeigen, ohne sie sofort zu bewerten oder zu interpretieren. In diesen besonderen Zuständen können wir unbewusst Kontakt zu den Potenzialen des größeren „Umfelds" oder „Geists" um uns herum aufnehmen (siehe das Kapitel über den *Feld-Geist*).

Wir können Batesons Theorie der Ebenen des Lernens in folgender Weise zusammenfassen:

Lernen null bedeutet *keine Veränderung*. Es zeigt sich in sich wiederholenden Verhaltensweisen, in denen Individuen, Gruppen oder Organisationen stecken geblieben sind, gleichsam gefangen in einem Käfig von Gewohnheiten, Widerstand und Trägheit.

Lernen I beschreibt graduelle, *schrittweise Veränderungen*. Dazu gehören Korrekturen und Anpassungen, eine Flexibilisierung und Ausweitung bestehender Verhaltensweisen. Auch wenn dies dazu beitragen kann, die Fähigkeiten eines Individuums oder einer Gruppe oder Organisation zu erweitern, bleiben diese weiterhin „im Käfig". Innerhalb dieser Begrenzung können sie bestehende Prozesse und Fähigkeiten verbessern oder neue etablieren.

Lernen II ereignet sich als rasche *diskontinuierliche Veränderung*. Es umfasst den deutlichen Wechsel hin zu einer vollkommen neuen Kategorie oder Art von Verhalten. Im Kern handelt es sich dabei jedoch um den Wechsel von einem „Käfig" in einen anderen. Typisch sind hier Veränderungen auf der Ebene von Strategien, Werten oder Prioritäten.

Lernen III bedeutet *evolutionären Wandel*. Charakterisiert wird dieser durch grundlegende Veränderungen, die über die Grenzen der aktuellen Identität eines Individuums, einer Gruppe oder Organisation hinausgehen. Hier wird nicht nur „der Käfig" verlassen, sondern gleich das ganze „Gebäude", in dem er steht. Rollenwechsel, Wechsel in der Marke oder Identität gehören hierher.

Lernen IV vollzieht sich als *revolutionärer Wandel* und bedeutet das Erwachen zu etwas völlig Neuem, Einzigartigem und Transformativem. Auf der Ebene des Lernens IV verlassen Individuum, Gruppen oder Organisationen den „Käfig" und das „Gebäude" und betreten eine ganz neue Welt. Sie entwickeln völlig neue Verhaltensweisen, Technologien oder Fähigkeiten, die die Tür zu bislang unbekannten und unerforschten Möglichkeiten aufstoßen.

Ziehen wir einen Vergleich zur Welt der Computer: Daten, die in einem Computer gespeichert sind, liegen auf der Ebene des Lernens null. Sie sind einfach da, verändern sich nicht und können immer wieder genutzt werden, ganz gleich, welche Programme auf dem Computer laufen. Würde man ein Rechtschreibprüfungsprogramm über diese Daten laufen lassen, so wäre das ein Lernen I. Ein Rechtschreibprogramm nimmt Korrekturen innerhalb einer bestimmten Datenmenge vor.

Handelt es sich bei den zu prüfenden Daten nicht um Textdateien, sondern um Geschäftszahlen, die aktualisiert werden müssen, dann würde keine noch so häufige Aktivierung des Rechtschreibprogramms zu den richtigen Korrekturen führen. Vielmehr müsste der Nutzer zu einer Tabellenkalkulation oder einer Buchhaltungssoftware wechseln. Beim Lernen II wechseln wir aus dem Käfig einer Anwendung in den Käfig einer anderen.

Manchmal ist ein Computer nicht für ein gewünschtes Programm geeignet, weshalb man den Rechner oder das Betriebssystem wechseln muss. Das wäre dann Lernen III.

Lernen IV wäre gegeben, wenn man eine völlig neue Maschine entwickeln würde, zum Beispiel einen molekularen Rechner, der auf Enzymen und DNA-Molekülen anstelle von Silikon-Mikrochips laufen würde.

1.8 Das Modell der neuro-logischen Ebenen im NLP

Das NLP-Modell der neuro-logischen Ebenen (Dilts 1994, 1999, 2000, 2005) ist eine Adaption von Batesons Theorie. Auch hier gibt es verschiedene Ebenen, die – entsprechend den von Bateson definierten – unsere Beziehungen und Interaktionen mit der Welt beeinflussen und gestalten:

Spirituell	Vision und Zweck	Für wen? Wofür?
A. Wer ich bin *Identität*	Mission	Wer?
B. Mein Glaubenssystem *Sinn und Werte*	Erlaubnis und Motivation	Warum?
C. Meine Fähigkeiten *Strategien und Zustände*	mentale Landkarten und Pläne	Wie?
D. Was ich tue oder getan habe *Verhaltensweisen*	Aktionen und Reaktionen	Was?
E. Meine Umgebung *äußerer Kontext*	Chancen und Hindernisse	Wo und wann?

Der grundlegendste Einfluss auf unsere Beziehungen und Handlungen geht von unserer gemeinsamen *Umwelt* aus, also davon, *wann* und *wo* die Handlungen und Beziehungen in einem System oder einem Unternehmen stattfinden. Umweltfaktoren bestimmen den Kontext und die Beschränkungen, unter denen Menschen agieren. Die Umgebung eines Unternehmens z. B. setzt sich zusammen aus der geografischen Lage seiner Niederlassung, den Gebäuden und den Einrichtungen, die den „Arbeitsplatz" definieren; aus der Ausstattung der Büros und Produktionsstätten usw. Zusätzlich zu den Umweltfaktoren, die Einfluss auf den Menschen in einem Unternehmen ausüben, kann man auch den Einfluss untersuchen, den die Menschen in diesem Unternehmen auf ihre Umgebung ausüben: zu welchen Ergebnissen sie kommen oder welche Produkte sie erzeugen.

Auf der nächsten Ebene können wir die speziellen *Verhaltensweisen* und Handlungen einer Gruppe oder eines einzelnen Menschen untersuchen: *was* eine Person oder eine Organisation in einer bestimmten Umgebung macht. Was sind die speziellen Arbeits-, Handlungs- oder Kommunikationsmuster? Auf Organisationsebene kann Verhalten durch allgemeine Verfahrensvorschriften definiert werden. Auf individueller Ebene wird es bestimmt durch bestimmte Arbeitsroutinen und -gewohnheiten oder jobbezogene Aktivitäten.

Die darauffolgende Prozessebene betrifft die Strategien und *Fähigkeiten*, die den Handlungen eines Menschen oder einer Organisation in ihrem Umfeld eine spezifische Richtung geben. Es geht also darum, *wie* sie ihr Verhalten in einem speziellen Kontext gestalten und lenken. Bei einem Individuum betrachten wir hier seine kognitiven Strategien und Fähigkeiten zu lernen, sich zu erinnern, Entscheidungen zu treffen oder kreativ zu werden. All das kann einem Menschen dabei helfen, ein bestimmtes Verhalten zu zeigen oder bestimmte Ziele zu erreichen. Die Fähigkeiten auf Organisationsebene zeigen sich in der vorhandenen Infrastruktur, die die Kommunikation, Innovation, Planung und Entscheidungen unter den Mitarbeitern eines Unternehmens unterstützt.

Darüber liegt die Prozessebene der *Werte* und *Überzeugungen*, die die Motive und Richtlinien für die Strategien und Fähigkeiten bereitstellen, mit denen wir unser Verhalten in der Umwelt steuern. Hier geht es darum, *warum* wir bestimmte Dinge unter den gegebenen äußeren Umständen tun. Unsere Werte und Überzeugungen liefern die Bestätigungen (*Motivation* und *Erlaubnis*), die bestimmte Fähigkeiten und Verhaltensweisen fördern oder hemmen. Werte und Überzeugungen bestimmen, welche Bedeutung Ereignissen zugeschrieben wird. Sie sind der Kern unseres Urteilsvermögens und unserer Kultur.

Werte und Überzeugungen sind zugleich das Herzstück der *Identität*, von Individuen und von Organisationen. Unsere Identität stiftet das *Wer* hinter den Fragen nach dem Warum, Wie, Was, Wo und Wann. Die Prozesse auf der Identitätsebene prägen unsere Vorstellungen von unserer Rolle und Aufgabe, im Hinblick auf unsere Vision ebenso wie im Hinblick auf die größeren Systeme, denen wir angehören. Identität können wir uns als Komposition zweier komplementärer Elemente vorstellen: dem Ego und der Seele. Das *Ego* strebt nach Überleben, Bestätigung und persönlichen Zielen. Die *Seele* sucht sinnvolle Ziele und eine Mission, danach, für andere einen Beitrag zu leisten. Wenn diese beiden Kräfte miteinander in Einklang stehen, entstehen ganz natürlich Charisma, Leidenschaft und Präsenz.

Eine Mission definiert sich typischerweise über den Beitrag, den jemand in einer spezifischen Rolle für andere in einem größeren System erbringt. Die Identität oder Rolle eines Menschen orientiert sich an wenigen wichtigen Werten und Überzeugungen, die seine Prioritäten bestimmen. Diese wiederum werden unterstützt durch eine Reihe von Fertigkeiten und Fähigkeiten, die erforderlich sind, um bestimmte Werte und Überzeugungen zu manifestieren. Unsere Fähigkeiten wiederum fördern vielfältige Verhaltensweisen und Handlungsmöglichkeiten, die uns erlauben, unsere Werte in zahlreichen Kontexten zu verwirklichen.

Und dann gibt es da noch eine Ebene, die man als die *spirituelle* Ebene bezeichnen kann, auf der wir wahrnehmen, dass wir zu größeren Systemen gehören und an ihnen teilhaben. Wir können sie auch als die Ebene der „Trans-Mission" bezeichnen, bei der es um unser Gespür dafür geht, *für wen* oder *für was* wir etwas tun. Von hier aus erhalten unsere Handlungen, Fähigkeiten und Überzeugungen ihren tieferen Sinn.

Das Zusammenspiel dieser Ebenen orientiert sich an Batesons Ebenen des Lernens:

- Eine Verhaltensreaktion auf einen speziellen Reiz aus der Umgebung bezeichnen wir als Reflex oder Gewohnheit – Lernen null.

- Wollen wir unser Verhalten korrigieren, um ein bestimmtes Ergebnis zu erzielen, müssen wir dieses Verhalten mit etwas verknüpfen, das über die bloßen Stimuli aus der Umgebung hinausgeht. Es kann dies eine mentale Landkarte, ein Plan oder eine Strategie sein. Wir trainieren dafür eine bestimmte Fähigkeit oder lernen eine neue: Lernen I.

- Die Entwicklung unserer Fähigkeiten wird von unseren Überzeugungen und Werten vorangetrieben. Sie klassifizieren und ordnen unsere mentalen Landkarten, unsere Verhaltensweisen und unsere Umgebung und verbinden all das mit unseren Emotionen und Motivationsstrukturen: Lernen II.

- Veränderung von Überzeugungen und Werten erfordern die Verbindung mit einem System (einer Identität), das über diese Überzeugungen und Werte und Werte, die diese Identität unterstützen, hinausreicht: Lernen III.

- Und zuletzt: Um eine Veränderung des Systems der Identität zu erreichen, muss dieses System transzendiert und Verbindung mit dem größeren „System der Systeme" (oder „Feld" oder „Geist") aufgenommen werden: Lernen IV.

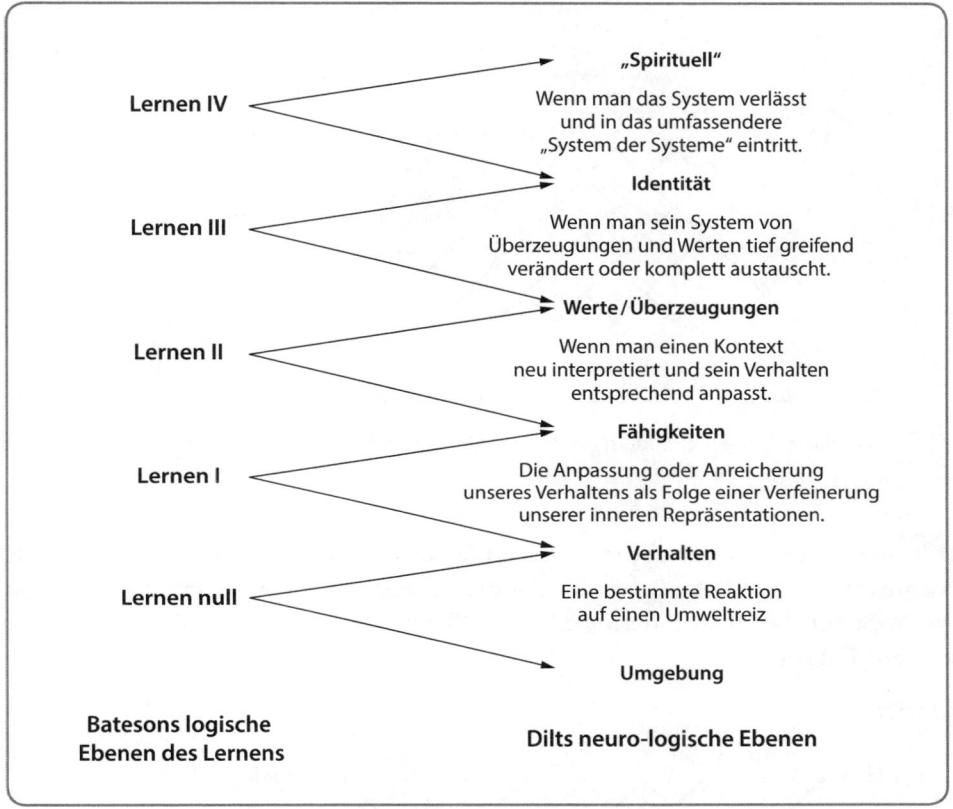

Abbildung 20: Die Beziehung zwischen Batesons Ebenen des Lernens
und den neuro-logischen Ebenen

In dieser Hierarchie bezieht sich jede Ebene auf Gruppen von Phänomenen oder Erfahrungen der jeweils darunterliegenden Ebene. Eine Identität entwickelt und reflektiert sich innerhalb einer bestimmten Gruppe von Überzeugungen und Werten. Jede Überzeugung und Wertvorstellung wiederum bezieht sich auf eine ganze Gruppe von Fähigkeiten. Jede Fähigkeit beeinflusst wieder eine Gruppe von Verhaltensweisen und jede einzelne Verhaltensweise bezieht sich letztlich auf bestimmte Cluster von Umgebungsfaktoren. Somit kann das System der Ebenen als umgekehrte Baumstruktur dargestellt werden.

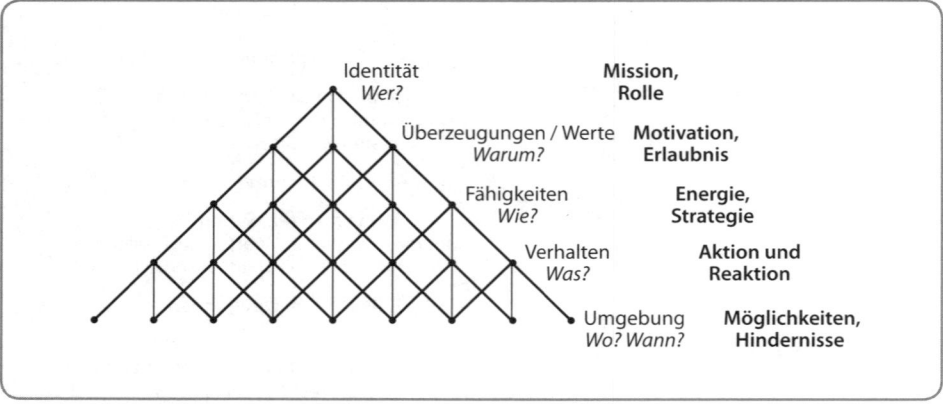

Abbildung 21: Die neuro-logischen Ebenen können als Abfolge von geordneten Gruppen in Form einer umgekehrten „Baumstruktur" dargestellt werden.

Wenn wir die Ebene des „Geistes", das umfassende „Feld", erreichen, können wir die Baumstruktur umdrehen, sodass sie aufwärts zeigt wie die Äste eines Baumes. Das verweist auf die aufeinanderfolgenden größeren Systeme und „Felder", von denen wir ein Teil sind.

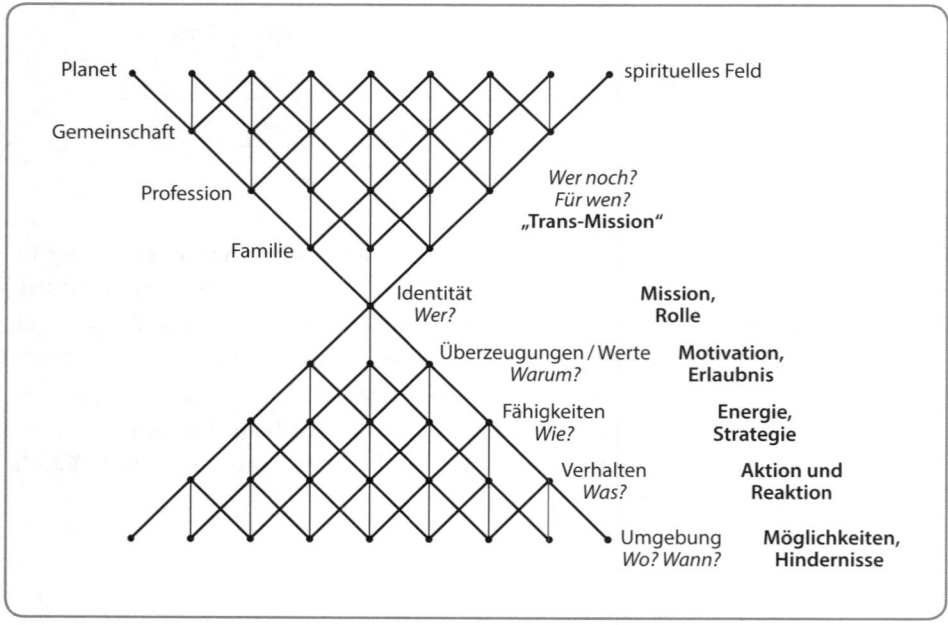

Abbildung 22: Gesamtsystem der neuro-logischen Ebenen

1.8.1 Mengenlehre

Diese Perspektive der neuro-logischen Ebenen als Hierarchie von geordneten Gruppierungen führt uns zur Mengenlehre und Bertrand Russells ursprünglicher Theorie der Logischen Typen. Die *Mengenlehre* ist ein Zweig der Mathematik, der auf der Annahme basiert, dass jede Sammlung von Objekten oder Phänomenen als eine „Menge" bezeichnet werden kann. So kann man von der „Menge" der geraden Zahlen sprechen, der Autos, der Menschen mit braunem Haar, der Farben, der Verhaltensweisen, der NLP-Praktizierenden, der Ideen oder gar der Menge aller Mengen. Die Mengenlehre untersucht die Beziehungen zwischen diesen Mengen. Sie nahm ihren Anfang mit den Arbeiten von Georg Cantor im 19. Jahrhundert, aber ihre Wurzeln reichen zurück bis zu Platon und der Logik des Aristoteles. Die Mengenlehre findet Anwendung in der Logik, der Informatik und in anderen Zweigen der Mathematik, darüber hinaus aber auch in der Psychologie und Verhaltensforschung.

Im Sinne der Mengenlehre kann jedes Phänomen oder jede Gruppe von Phänomenen letztlich als eine Menge oder eine Sammlung von Mengen betrachtet werden, die wiederum zu einer größeren Menge gehören. Jede Menge kann auf zwei verschiedene Weisen definiert werden. Die aufzählende Mengenschreibweise listet einfach alle Elemente der fraglichen Menge auf. Die beschreibende Mengenschreibweise definiert in einer Regel, welche Elemente Teil der gewünschten Menge sind und welche nicht (ähnlich dem von Aristoteles formulierten logischen Syllogismus).

Eine Grundregel der Mengenlehre besagt, dass eine Menge aus zahlreichen „Teilmengen" zusammengesetzt sein kann. Als Formel ausgedrückt besagt diese Regel: „Ist jedes Element der Menge A auch ein Element der Menge B, so ist Menge A eine Teilmenge von B.. Sind also alle Elemente der Menge A (die Menge der Kartoffeln) auch in der Menge B enthalten (der Menge Gemüse), so ist Menge A (die Kartoffeln) eine Teilmenge der Menge B (Gemüse).

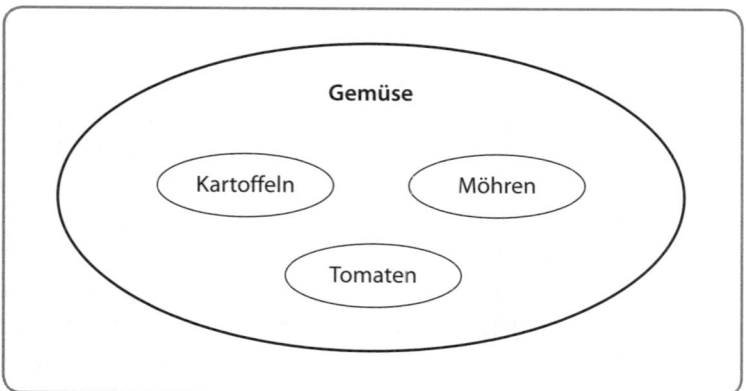

Abbildung 23: Mengen können aus anderen Teilmengen bestehen.

Entsprechend gilt: Wenn eine Menge A aus allen Handlungen besteht, die mit dem Mischen von Ölfarben zu tun haben, und eine Menge B aus allen Vorgängen, bei denen Farbe mit einem Pinsel auf eine Leinwand aufgetragen wird, und wenn alle Verhaltensweisen von A und B auch in der Menge C des Malens enthalten sind, dann sind A und B Teilmengen von C.

Hieraus folgt, dass sich Mengen in mehrere, in sich geordnete Teilmengen zerlegen lassen, was eine der Grundlagen des Modells der neuro-logischen Ebenen ist. Jede Prozessebene integriert Elemente der darunterliegenden Ebene in geordnete Gruppen von Teilmengen. Zum Beispiel:

a. Verhaltensweisen beziehen sich auf eine bestimmte Menge von Objekten in der Umgebung

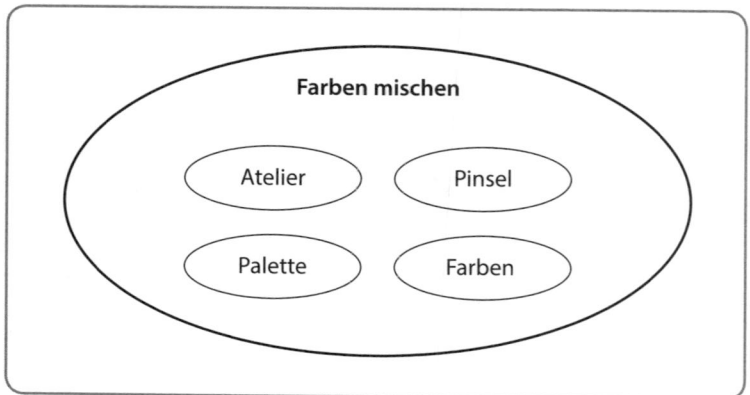

Abbildung 24: Verhaltensweisen beziehen sich auf Teilmengen der umgebenden Elemente.

b. Fähigkeiten koordinieren bestimmte Verhaltensweisen (und die Teile der Umgebung, auf die sie sich beziehen).

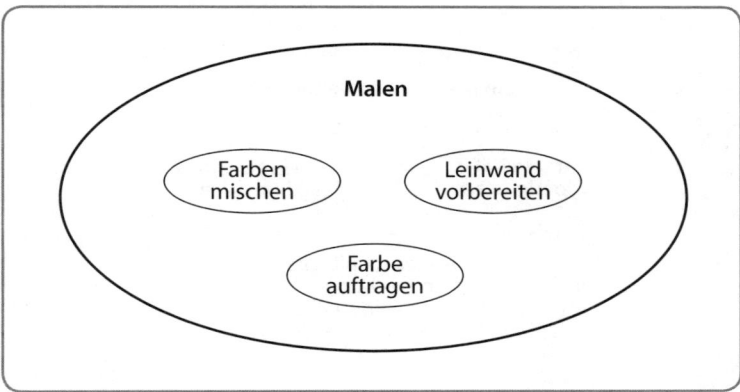

Abbildung 25: Fähigkeiten setzen sich aus den Teilmengen
bestimmter Verhaltensweisen zusammen.

c. Überzeugungen und Werte beziehen sich auf Mengen von Fähigkeiten (und die Verhaltensweisen, die diese Fähigkeiten einschließen).

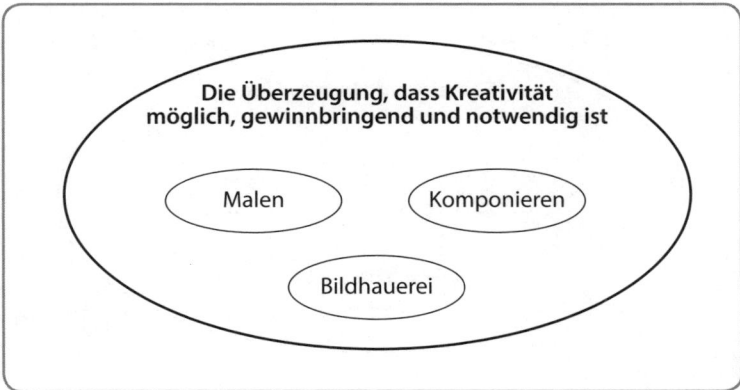

Abbildung 26: Überzeugungen und Werte beziehen sich auf bestimmte Teilmengen von Fähigkeiten.

d. Identität umschließt eine Menge von Überzeugungen und Werten (samt der darin enthaltenen Fähigkeiten, Verhaltensweisen und Umgebungsfaktoren).

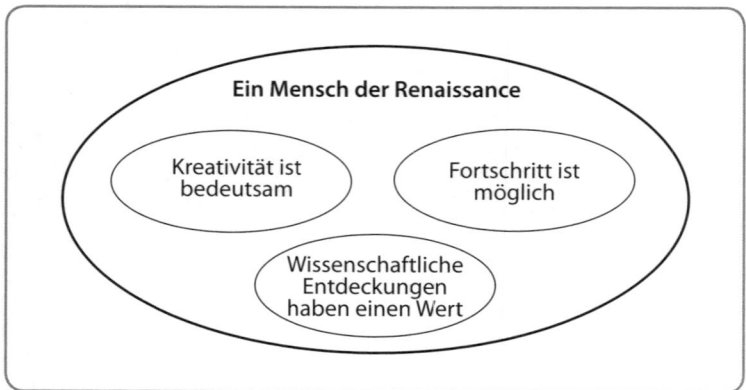

Abbildung 27: Eine bestimmte Identität besteht aus einer Menge von Überzeugungen und Werten einschließlich der entsprechenden Fähigkeiten und Verhaltensweisen.

e. Die spirituelle Erfahrung in Gestalt von Vision und Lebenssinn vereint eine Reihe von Identitäten.

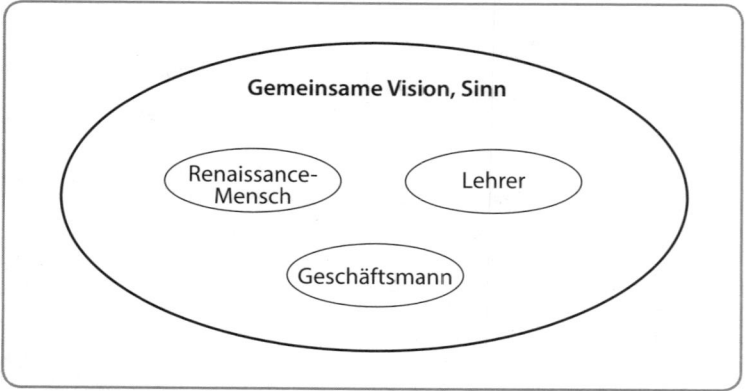

Abbildung 28: Vision und Sinn integrieren Teilmengen von Identitäten.

1.8.2 Neuro-logische Ebenen als zusammenwirkende Hierarchie

Batesons Ebenen des Lernens und die neuro-logischen Ebenen des NLP sind natürlich mehr als einfach nur ein „Hoch-Chunken" von Mengen auf der Basis logischer
Inklusion. Jede Ebene funktioniert, indem sie die Beziehungen und Aktivitäten der
jeweils darunter liegenden Ebene einbezieht und mit ihnen arbeitet. Veränderungen
oder Aktivitäten auf jeder Ebene werden auch die darüber liegende Ebene beeinflussen.

In einem Thesenpapier vom November 1976 (veröffentlicht in *Roots of NLP,* 1983)
schlug Robert Dilts eine Unterscheidung zwischen Logischen Typen und Logischen
Ebenen vor. *Logische Typen* wären demnach hierarchische Klassen, basierend auf
einer Hierarchie von Teilmengen. *Logische Ebenen* hingegen seien Hierarchien von
Funktionen: Operationen auf einer Ebene beeinflussen und ordnen die Elemente der
nächsttieferen Ebene.

Betrachten wir einige Beispiele:

Die Geschwindigkeit eines Autos ist eine Funktion der Veränderung der zurückgelegten Strecke im Verhältnis zu der Zeit (*Umgebung*).

Das Betätigen des Gaspedals oder der Bremsen eines Autos stellt ein *Verhalten* dar, welches
die Geschwindigkeit verändert.

Die *Fähigkeit*, eine Geschwindigkeitsbegrenzung einzuhalten, funktioniert über den Abgleich
einer mentalen Landkarte mit der eigenen Wahrnehmung in der Weise, dass wir hieraus eine
Vorstellung gewinnen, wie wir unseren Fuß auf den Pedalen bewegen wollen.

Die Tatsache, dass wir eine Geschwindigkeitsbeschränkung einhalten, folgt daraus, dass wir
das Einhalten des Gesetzes für einen *Wert* halten und der *Überzeugung* sind, dass es Konsequenzen hat, wenn man dies nicht tut. Wenn dies alles für uns keinen Wert hätte, hielten wir
uns nicht daran, selbst wenn wir dazu in der Lage wären.

Die *Identität*, ein „guter Fahrer" zu sein, ist eine Funktion der Integration aller vorhergehenden Ebenen.

Die Entwicklung eines neuen Verkehrsmittels (Flugzeug, Helikopter, Space Shuttle usw.) setzt
voraus, dass es gemeinsame Visionen, Absichten und Handlungen des umfassenden Systems
(*Feld*) von Ingenieuren und Verkehrsteilnehmern gibt.

Die Tasten eines Klaviers, sein Klang und die Noten auf dem Blatt bilden die *Umgebung*.

Das Betätigen einer Klaviertaste ist ein *Verhalten*.

Noten lesen und die eigenen Finger so koordinieren zu können, dass daraus Musik entsteht,
ist eine *Fähigkeit*.

> Musik zu schätzen, sie zu beurteilen und auszuwählen sowie die nachhaltige Motivation, zu üben und sich zu entwickeln, setzen entsprechende *Überzeugungen und Werte* voraus.
>
> Die *Identität* eines „Musikers" zu entwickeln verlangt die Koordination aller vorherigen Ebenen.
>
> Die Entwicklung einer neuen Musikrichtung (klassischer Jazz, Rock'n'Roll usw.) geschieht in der kollektiven Zusammenarbeit vieler Musiker (*Feld*).

Diese Beispiele beschreiben eine grundlegend andere Art von Aufbau als die einfache logische Inklusion – obwohl beiden Formen einige Aspekte gemeinsam sind. Der Unterschied liegt eben darin, dass Aktivitäten auf einer Ebene die Elemente der nächsttieferen Ebene verändern.

Man kann jedes *Verhalten* als mathematische Funktion beschreiben, etwa als f(x). „X" bezeichnet hier einen Aspekt der Umgebung, und die Funktion „*f*" steht für eine Handlung, einen Algorithmus oder ein Programm, welches auf die Umgebung einwirkt. *X* kann zum Beispiel eine Klaviertaste sein. Die Funktion *f* könnte bedeuten: „Drücken der Taste mit einem Finger". All unsere Handlungen erfordern ein Zusammenspiel mit unserer Umgebung: Klavierspielen, Auto-, Ski- oder Fahrrad fahren oder mit jemandem reden.

Fähigkeiten wiederum sind Prozesse, die unser Verhalten beeinflussen und es koordinieren. Es ist eine Sache, eine Klavier- oder Computertaste zu betätigen, und eine ganz andere, Mozart zu spielen oder wie Shakespeare zu schreiben. Diese Beziehung kann mathematisch als $f'(f(x))$ dargestellt werden. Hier ist f' eine Funktion, die mit den Prozessen, die durch *f(x)* definiert wurden, arbeitet. Anders formuliert, können wir die Beziehung als (Fähigkeit (Verhalten (Umgebung))) beschreiben. Dies bedeutet: Fähigkeiten sind Funktionen, die *mit* Verhalten *arbeiten*, das wiederum *mit* Teilen der Umgebung *arbeitet*.

Eine andere Möglichkeit, formal die Ebene der Fähigkeiten zu beschreiben, ist: *f(y,x)*, wobei *y* für ein Verhalten steht, *x* für einen Teil der Umgebung und *f* für die Funktion oder das Programm, das alles koordiniert.

Hieraus ergibt sich weiterhin, dass es sich bei *Überzeugungen und Werten* um Funktionen handelt, die auf unsere Fähigkeiten einwirken: $f''(f'(f(x))$. Identität wiederum operiert mit unseren Überzeugungen und Werten, und so fort. Die komplette Funktionshierarchie lässt sich so darstellen:

Feld (Identität (Werte / Überzeugungen (Fähigkeiten (Verhalten (Umgebung))))).

1.8.3 Veraltete Verhaltensmuster mithilfe von Batesons Ebenen des Lernens anpassen

Das folgende Format verwendet Gregory Batesons Logische Ebenen des Lernens sowie einige Aspekte der neuro-logischen Ebenen, um veraltete oder ineffiziente Verhaltensmuster zu identifizieren und anzupassen. Hierbei bewegen wir uns systematisch vom Lernen null bis hinauf zum Lernen IV.

Lernen I, II und III sind wie die Sprossen einer Leiter, die uns ermöglichen, die Stufe des Lernens IV zu erreichen. Der Prozess soll demonstrieren, wie sich Entwicklungen und Perspektivwechsel vollziehen lassen, indem wir auf jeder Stufe die Einsichten und Erfahrungen der vorherigen Stufe anwenden.

ÜBUNG

Und so funktioniert es:

1. Erinnern Sie sich an eine problematische Situation oder Beziehung, in der Sie wiederholt in alte Verhaltensmuster zurückfallen, obwohl diese ineffektiv sind (Lernen null). Assoziieren Sie sich in die Situation hinein und leben Sie sie innerlich noch einmal nach. Erleben Sie im Rollenspiel genau die Verhaltensreaktionen, die Sie normalerweise in dieser Situation zeigen. Identifizieren Sie exakt die Struktur oder das Musters der Angewohnheit, beispielsweise dass und wie Sie anderen die Schuld zuschieben, nachgeben, starr werden, sich klein machen oder versuchen, sich unsichtbar zu machen. Machen Sie sich bewusst, welche Verhaltenskomponenten dazugehören. Achten Sie insbesondere auf körperliche Signale wie Haltung, Bewegung, Körperspannung oder Atem.

2. Treten Sie nun einen Schritt zurück und nehmen Sie Abstand von dieser Situation. Reflektieren Sie Ihr(e) Verhaltensmuster. Welche psychischen und körperlichen Reaktionen erkennen Sie bei sich? Probieren Sie aus, welche anderen Reaktionsweisen Ihnen zur Verfügung stehen (Lernen I). Üben Sie im Rollenspiel, wie sich Ihr bisheriges Verhalten variieren lässt, beispielsweise indem Sie es übertreiben, herunterspielen oder modifizieren.

3. Treten Sie jetzt noch einen weiteren Schritt zurück und wechseln Sie in die „Beobachterposition", von der aus Sie sich selbst in dieser Situation beobachten können.
   a. Achten Sie darauf, wie Sie die Situation bisher eingeordnet haben (z. B. als gefährlich, ernst, dringend, bedrohlich usw.). Wie war Ihre Überzeugung bezüglich dieser Situation?
   b. Erinnern Sie sich nun an eine weitere Situation zu einer anderen Zeit, in der Sie völlig anders und viel ressourcenvoller agieren konnten (Lernen II) – beispielsweise ruhig, akzeptierend, offen oder fokussiert. Assoziieren Sie sich in eine Situation hinein, in der Ihnen diese andere Klasse von Verhaltensweisen zur Verfügung stand.

    c. Bauen Sie eine „Glaubens-Brücke" zur Problemsituation: Welche tiefe Überzeugung hatte Ihnen das ressourcenreiche Verhalten in der zweiten Situation ermöglicht? Welche Überzeugung brauchen Sie mithin, damit Sie diese neue Kategorie von Verhaltensweisen in der Problemsituation zur Verfügung haben?

    d. Gehen Sie nun noch einmal in die Problemsituation und agieren Sie so, als ob diese neue Überzeugung und das damit assoziierte neue Verhalten in der Problemsituation zur Verfügung stünden. Was wäre jetzt anders?

4. Treten Sie nun einen weiteren Schritt zurück. Betrachten Sie sich selbst von außen. Überlegen Sie, welche Auswahl an Verhaltensmustern Ihnen bislang im Leben zur Verfügung steht. Wie wäre es, wenn Sie auf ein völlig anderes System von Verhaltensweisen zurückgreifen könnten – mithin eine andere Identität (Lernen III) hätten?

    a. Stellen Sie sich eine Person, ein Tier oder ein anderes Wesen vor mit einer komplett anderen Verhaltensstrategie als der Ihren. Erfinden Sie ein Rollenvorbild für dieses Verhaltenssystem und assoziieren Sie sich komplett in dieses andere Wesen hinein (zweite Position). Falls nötig, nutzen Sie eine Glaubensbrücke, um in die Wahrnehmungsposition dieses Vorbilds einsteigen zu können. Welche Überzeugung brauchen Sie, um sich ganz in dieses Vorbild hineinzuversetzen?

    b. Aus der Innenperspektive dieses Rollenvorbilds: Welche Metapher haben Sie für sich als diese Figur? Welche „Berufung" haben Sie in der Rolle dieses Vorbilds? Gab oder gibt es jemanden in Ihrem Leben, der Ihnen helfen könnte, die Begrenzungen Ihrer Wahrnehmung, wer Sie sind, auszuweiten? Kehren Sie nun gedanklich in die Problemsituation zurück und tun Sie, „als ob" Sie diese andere Person wären, und setzen Sie die eben kreierte Metapher und Berufung ein.

5. Treten Sie nun auch aus der Ebene des Lernens III hinaus. Begeben Sie sich in den Zustand des „Nicht-Wissens", in dem Sie ganz bei sich sind und offen für alle Möglichkeiten, ohne diese zu beurteilen oder zu interpretieren. Öffnen Sie sich für das, was Gregory Bateson als das „Muster, das verbindet" bezeichnete oder auch als den „größeren Geist". Einstein sprach hier von den „Gedanken Gottes" und dem „Universum". Erinnern Sie sich an eine Person in Ihrem Leben, die etwas Tiefes in Ihnen hat wecken und Ihre Sichtweise auf die Welt des Möglichen hat erweitern können. Finden Sie einen Anker oder ein Symbol für diesen Zustand. Mit diesem Anker und in dem geankerten Zustand kehren Sie nun durch alle Ebenen des Lernens zurück in die ursprüngliche Problemsituation – und dort handeln Sie spontan! Was könnten Sie jetzt tun, das *keinem* der Ihnen bislang bekannten Verhaltenssysteme entstammen würde? (Lernen IV).

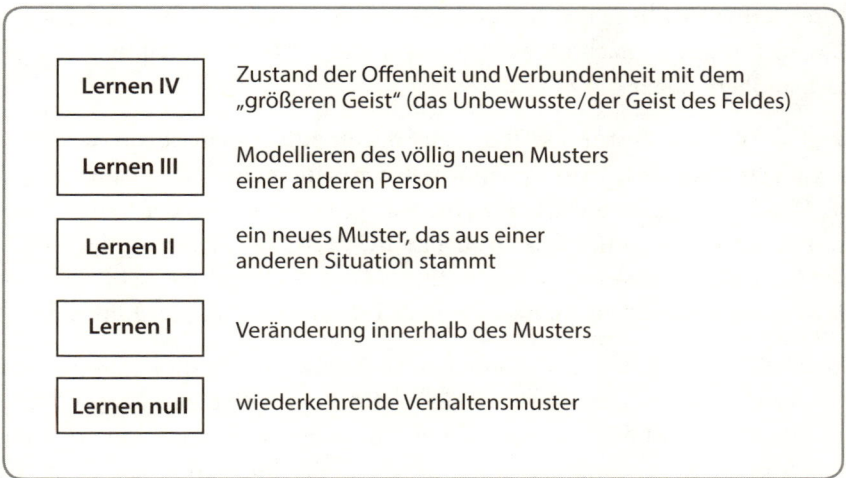

Abbildung 29: Verhaltensänderung mithilfe der Ebenen des Lernens

1.8.4 Koestlers Holarchien

Im Laufe seines Forscherlebens wandte Bateson seine Theorie der Logischen Typen auf viele weitere Aspekte des Verhaltens und biologische Aspekte des Lebens an. Weit über eine mathematische Theorie hinausgehend, hielt er das Entstehen logischer Typen für ein Naturgesetz. Er bestand darauf, dass ein Gewebe, das aus einer großen Menge von Zellen besteht, eben von einem anderen logischen Typ sei als einzelne Zellen. Die Eigenschaften des Gehirns sind andere als die der Gehirnzellen. Allerdings können sich beide gegenseitig durch indirektes Feedback beeinflussen: Die Aktivität des Gehirns mit seinen synaptischen Verbindungen kann das Verhalten einzelner Gehirnzellen beeinflussen – wie wiederum die Aktivität der einzelnen Gehirnzellen zur Gesamtfunktion des Gehirns beiträgt. Insofern kann eine Zelle auch auf sich selbst über den Weg der Gehirnfunktion einwirken.

Neben dieser „hierarchischen" Gliederung kann man bei solch klassifikatorischen Ebenen auch von „Holarchien" sprechen. Arthur Koestler prägte den Begriff *Holarchie*, um zu beschreiben, wie sich natürliche und soziale Systeme über mehrere Ebenen hinweg integrieren. In seinem Werk *Der Göttliche Funke* (1966) erklärte er: „Ein lebender Organismus oder eine soziale Gemeinschaft stellen kein bloßes Aggregat elementarer Teilchen oder elementarer Prozesse dar. Vielmehr bilden sie eine verbundene Hierarchie von halb autonomen Sub-Ganzheiten, die wiederum aus Sub-Sub-Ganzheiten bestehen, und so weiter. Insofern weisen die funktionalen

Einheiten auf jeder Ebene der Hierarchie sozusagen zwei Gesichter auf: Sie agieren als Ganzheit, wenn sie nach unten verweisen, und zugleich als Teil im Hinblick auf die nächsthöhere Ebene."

Wenn also ein Etwas bestimmte Teile einer darunterliegenden Ebene zu einem größeren Ganzes integriert, wird es damit selbst zu einem Teil der darüber liegenden Ebene. Wasser beispielsweise ist eine einzigartige Ganzheit aus der Verbindung von Wasserstoff und Sauerstoff. Zugleich aber kann Wasser Teil anderer größerer Einheiten werden, beispielsweise im Orangensaft, im Ozean oder im menschlichen Körper. Somit ist Wasser sowohl ein Ganzes als auch Teil anderer größerer Einheiten.

Der Transformationslehrer und Autor Ken Wilber beschreibt diese Zusammenhänge in seinem Werk *Eine kurze Geschichte des Kosmos* (1998) so: „Arthur Koestler prägte den Begriff „Holon" für Gebilde, die in sich eine Einheit und zugleich Teil eines anderen Ganzen sind. Betrachten wir die Dinge und Prozesse dieser Welt näher, so wird schnell deutlich, dass sie alle nicht nur für sich bestehende Ganzheiten darstellen, sondern immer auch Teil von etwas anderem sind. Sie sind Ganzes / Teile. Sie sind Holons.

Ein ganzes Atom ist beispielsweise ein Teil eines ganzen Moleküls. Und dieses Molekül ist Teil einer ganzen Zelle, die wiederum Teil eines gesamten Organismus ist usw. Jede dieser Einheiten kann also nicht als Ganzes *oder* als Teil betrachtet werden, sondern stellt immer zugleich beides dar: Teil und Ganzheit."

Nach Wilber *inkludiert* jedes neue Ganze die Teile der darunterliegenden Ebene und *transzendiert* sie zugleich. Für eine Holarchie bedeutet dies aber auch, dass sich die höheren Ebenen eines Systems nicht vollständig realisieren lassen, wenn darunter liegende Ebenen fehlen oder unvollständig sind. Die tieferen Ebenen bilden die notwendigen Bausteine aller höheren Ebenen.

Das menschliche Herz, zum Beispiel, stellt in sich ein vollständiges System von Ventilen, Blutgefäßen und Muskeln dar – und ist ebenso Teil des größeren Systems des menschlichen Körpers. Auf direkte oder indirekte Weise beeinflusst das Herz alle anderen Subsysteme des Körpers (Augen, Magen, Nieren, das autonome Nervensystem usw.) und wird zugleich von diesen beeinflusst. In ähnlicher Weise bildet der menschliche Körper selbst wieder ein Subsystem der größeren Systeme von Familie, Gesellschaft oder Natur.

Gleichzeitig bestehen Subsysteme ihrerseits aus weiteren Subsystemen: aus Molekülen, Atomen und subatomaren Partikeln, die die Grundbausteine unserer physischen Welt sind.

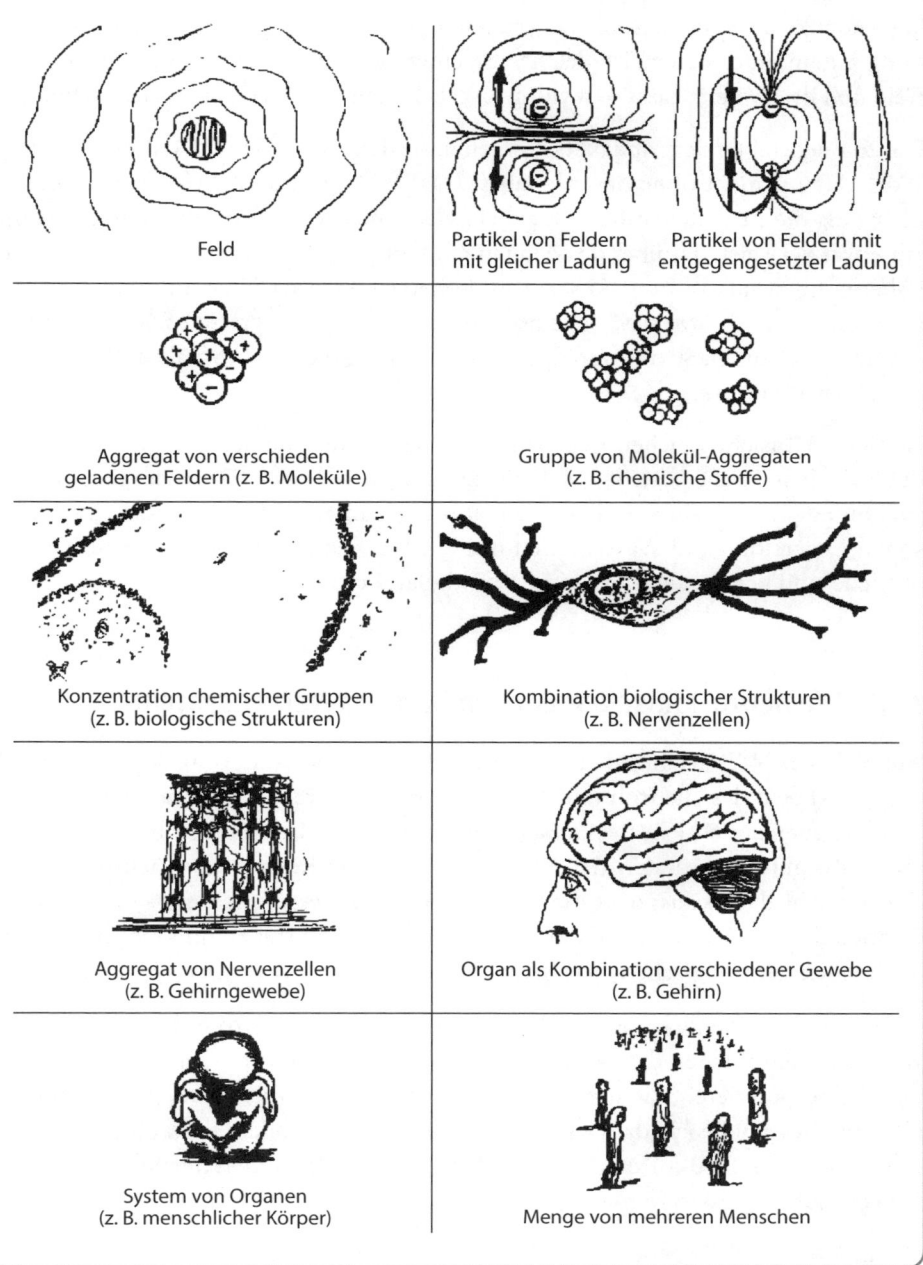

Feld

Partikel von Feldern mit gleicher Ladung

Partikel von Feldern mit entgegengesetzter Ladung

Aggregat von verschieden geladenen Feldern (z. B. Moleküle)

Gruppe von Molekül-Aggregaten (z. B. chemische Stoffe)

Konzentration chemischer Gruppen (z. B. biologische Strukturen)

Kombination biologischer Strukturen (z. B. Nervenzellen)

Aggregat von Nervenzellen (z. B. Gehirngewebe)

Organ als Kombination verschiedener Gewebe (z. B. Gehirn)

System von Organen (z. B. menschlicher Körper)

Menge von mehreren Menschen

Abbildung 30: Unser Universum bildet einen ökologischen Zusammenhang von Systemen, die sich ihrerseits als Subsysteme zu immer größeren Systemen integrieren.

Diese Tatsache, nämlich dass Geist, Körper, Gesellschaft und Universum eine Ökologie komplexer Systeme und Subsysteme bilden, die in gegenseitiger Wechselbeziehung miteinander stehen, ist gleichzeitig einer der wichtigsten Grundsätze des NLP.
Kein Teil des Systems lässt sich völlig losgelöst vom Rest des Systems betrachten.

Die 26 Buchstaben des Alphabets können ohne das Wort „Heim" existieren, aber das
Wort „Heim" nicht ohne das Alphabet. Das Wort „Heim" steht auf einer höheren
Ebene als die Buchstaben des Alphabets, da es mehrere Buchstaben integriert und
auf etwas verweist, das über das Alphabet hinausgeht. Ebenso stehen Sätze auf einer
höheren Ebene als Wörter; Absätze auf höherer Ebene als Sätze und Kapitel wiederum höher als Absätze usw. Jede höhere Ebene bildet ein größeres Ganzes, weil es
die vorhergehenden Strukturen umschließt und zugleich mehr ist als die Summe der
einzelnen Strukturen.

In dieser Hinsicht gleichen sich Batesons Ebenen und die neuro-logischen Ebenen
des NLP. Jede Ebene besteht aus den Beziehungen zwischen Teilen der darunter liegenden Ebene und transzendiert diese, um eine umfassendere Struktur zu schaffen,
so wie Sauerstoff- und Wasserstoffatome ein Wassermolekül bilden. Diese Ebenen-
Modelle sind beides: „hierarchisch" und „holarchisch".

1.8.5 Die neuro-logischen Ebenen und das Nervensystem

Aus Sicht des NLP macht jede Ebene des Lernens, der Veränderung oder der Interaktion eine Form des „neurolinguistischen Programmierens" aus. Die neurolinguistischen Ebenen des NLP beziehen Batesons Ebenen der Klassifikation und des Lernens
auf bestimmte Aktivitäten des Nervensystems. Das Konzept der neuro-logischen
Ebenen geht davon aus, dass die verschiedenen Prozessebenen mit jeweils eigenen
Formen der neurologischen Organisation in Beziehung stehen und die jeweils tiefer
reichenden neurologischen „Kreisläufe" mobilisieren.

Bateson selbst betonte in seiner *Ökologie des Geistes* (S. 328), dass die Hierarchie der
verschiedenen Ebenen des Lernens mit einer Hierarchie von Kreisläufen im Großhirn korrespondiere, „die wir im Endhirn erwarten können – oder sogar müssen.
[...] Überdies glaube ich, dass wir mit der Klassifizierung oder Hierarchie von neurophysiologischen Strukturen rechnen sollten, die mit den anderen beiden Klassifizie-
rungen isomorph sein werden."

Die neuro-logische Ebene, die mobilisiert wird, wenn jemand auf der Ebene seiner
Mission oder Identität herausgefordert wird, liegt wesentlich tiefer als die Ebene, die
angesprochen wird, wenn man seine Hand bewegt. Um seine Umgebung wahrzunehmen, kann man seine Sinnesorgane passiv anpassen. Um aber in einer Umgebung

aktiv zu sein, müssen weitere Bereiche des Nervensystems mobilisiert werden. Bei noch komplexeren Handlungen wie dem Tanzen oder Autofahren müssen nochmals umfassendere Bereiche des Nervensystems aktiviert werden. Eine noch umfassendere neurologische Koordination ist erforderlich, wenn Überzeugungen und Werte in Bezug auf Fähigkeiten, Verhaltensweisen und die Umgebung herausgebildet werden (einschließlich solcher Dinge wie „Bauchgefühl" oder der Wahrnehmung „mit dem Herzen"). Ein Gefühl des Selbst entsteht aus der kompletten Mobilisation aller Ebenen des Nervensystems. Allgemein gesprochen: Je höher die Prozessebene, desto umfassender der Einsatz des Nervensystems.

Für einen Menschen stellt sich die *Umgebung* dar als Sammlung von Faktoren wie Landschaft, Wetterbedingungen, Nahrung, Umgebungsgeräusche und so weiter. Neurologisch betrachtet, bezieht sich unsere Wahrnehmung der Umgebung auf Informationen, die von unseren Sinnesorganen und dem peripheren Nervensystem geliefert werden. Wir betrachten unsere Umgebung mit den Augen, erfassen Geräusche mit den Ohren, gebrauchen unsere Nase, um Gerüche wahrzunehmen, und spüren die Temperatur über unsere Haut. Um im Gleichgewicht zu bleiben, machen wir viele subtile und unbewusste Anpassungen. Wir reagieren auf Veränderungen des Lichts und der Geräusche und wir stellen uns auf Temperaturveränderungen ein. Das periphere Nervensystem befördert also im Wesentlichen Informationen über die Umgebung zum Gehirn und vom Gehirn zurück. Es produziert Sinneseindrücke und reine Reflexe.

Der Begriff *Verhalten* bezieht sich auf die körperlichen Aktionen und Reaktionen, über die wir mit anderen Menschen und der Umgebung interagieren. Neurologisch gesehen, ist unser Verhalten nach außen das Ergebnis der Aktivität unseres motorischen Nervensystems (bestehend aus pyramidalem System und Kleinhirn). Das nicht reflexhafte Verhalten des psychomotorischen Systems vollzieht sich auf einer tieferen neurologischen Ebene als die der Steuerung der Sinnesorgane. Das psychomotorische System koordiniert unsere physischen Handlungen und bewussten Bewegungen.

Die Ebene der *Fähigkeiten* hat mit unseren mentalen Strategien und Landkarten zu tun, die wir entwickeln, um bestimmte Verhaltensweisen zu lenken. Zwar sind einige unserer Verhaltensweisen nur einfache reflexartige Reaktionen auf die Reize unserer Umgebung. Meistens jedoch handeln wir aufgrund „mentaler Landkarten" und anderer interner Prozesse, die sich auf unseren Geist zurückführen lassen. Diese Erfahrungsebene geht deutlich über die Wahrnehmung der unmittelbaren Umgebung hinaus. So können wir uns etwa Vorstellungen von Dingen machen, die in der uns gerade präsenten Umgebung überhaupt nicht vorkommen. Wir können uns an Unterhaltungen erinnern, die vor Jahren stattgefunden haben, oder uns Ereignisse vorstellen, die erst in einigen Jahren stattfinden werden. Handlungen ohne leitende innere Landkarte oder Strategie sind bloß reflexartige Reaktionen, Gewohnheiten oder Rituale. Auf der Ebene der Fähigkeiten jedoch können wir Verhaltensweisen auswählen und so anpassen, dass sie sich in einem breiten Spektrum von Situationen einsetzen lassen. Über unsere Fähigkeiten beherrschen wir also ganze Klassen von Verhaltensweisen: Wir wissen, *wie* ein bestimmtes Ziel unter ganz verschiedenen Umständen erreicht werden kann.

In unserem Gehirn spielen dabei Wahrnehmungssystem, motorisches System und zerebraler Kortex zusammen. Im Kortex (den kleinen grauen Zellen) werden sensorische Informationen in Form von mentalen Landkarten repräsentiert, mit anderen mentalen Repräsentationen vereint oder imaginativ neu kombiniert, und schließlich mit geeigneten Handlungen und Reaktionen verbunden. Untersuchungen von Affenhirnen haben gezeigt, dass die Affen selbst mit einem verletzten oder gänzlich entfernten motorischen Kortex immer noch jedes beliebige Verhalten ausführen können. Jedoch fehlt ihnen nun die Fähigkeit, einzelne Handlungselemente zu größeren zusammenhängenden Handlungssträngen zu koordinieren.

Die Entwicklung unserer Fähigkeiten erfordert – im Vergleich aller neuro-logischen Ebenen – sicherlich die intensivsten kognitiven Leistungen. Sie werden typischerweise begleitet von halb bewussten Mikro-Bewegungen, den „Zugangshinweisen" (accessing cues). Hierzu zählen unter anderem die Augenbewegungen, Beschleunigung oder Verlangsamung der Atemfrequenz, leichte Veränderungen der Körperhaltung oder der Stimmlage.

Auf der Ebene der *Werte und Überzeugungen* geht es um tief verankerte Urteile und Einschätzungen über uns selbst, andere und die uns umgebende Welt. Sie sind der Kern menschlicher Motivation und Kultur und bestimmen, welche Bedeutung bestimmte Ereignisse für uns haben. Unsere Überzeugungen und Werte wirken als Motivation und Erlaubnis verstärkend und fördern oder hemmen auf diese Weise bestimmte Fähigkeiten und Verhaltensweisen. Überzeugungen und Werte erfragt man mit „warum?".

Neurologisch gesehen, stehen unsere tief verankerten Überzeugungen mit Aktivitäten des limbischen Systems und des Hypothalamus im Mittelhirn in Verbindung. Das limbische System unterstützt sowohl unsere Emotionen wie unsere Langzeiterinnerungen. Obwohl das limbische System stammesgeschichtlich wesentlich „primitiver" ist als das Großhirn, spielt es doch eine entscheidende Rolle bei der Integration der Informationen aus der Hirnrinde sowie bei der Regulierung des *autonomen Nervensystems*. Dieses kontrolliert so grundlegende Körperfunktionen wie den Herzschlag, die Körpertemperatur oder die unwillkürliche Kontraktion der Pupillen. Weil unsere Überzeugungen in diesen tief liegenden Gehirnstrukturen verankert sind, wirken sie sich auf grundlegende Körperfunktionen aus, die wiederum unbewusst viele unserer alltäglichen Reaktionen beeinflussen. In der Tat erkennen wir die Tatsache, dass wir wirklich von etwas überzeugt sind, genau daran, dass es eine begleitende physiologische Reaktion gibt. Uns „klopft das Herz", unser „Blut kocht" oder es „kribbelt uns unter der Haut". Dies sind alles Effekte, die wir durchaus nicht willkürlich erzeugen können. Sie können mit einem „Lügendetektor" aufgezeichnet werden, um herauszufinden, ob jemand die Wahrheit sagt oder nicht. Denn wir zeigen jeweils unterschiedliche physiologische Reaktionen, wenn wir glauben, was wir sagen, oder wenn wir unehrlich und inkongruent sind.

Wegen dieser engen Verbindung zwischen Überzeugungen und tieferen physiologischen Funktionen können Beliefs wirkungsvoll im Bereich der Gesundheit und des Heilens eingesetzt werden (wie z. B. im Falle des Placebo-Effektes). Erwartungen, die aus unseren Überzeugungen entstehen, beeinflussen die tiefere Neurologie und können dramatische physiologische Auswirkungen haben. Es gibt den Fall einer Frau, die ein Baby adoptierte. Weil sie so sehr davon überzeugt war, dass „Mütter" ihren Säuglingen Milch geben müssen, begann sie tatsächlich Milch zu produzieren, um ihr adoptiertes Kind zu stillen.

Die Ebene der *Identität* bezieht sich auf unser Gefühl dafür, *wer* wir sind. Unsere Identität ordnet unsere Überzeugungen, Fähigkeiten und Verhaltensweisen zu einem zusammenhängenden System. Darüber hinaus setzt sie uns in Beziehung zu den größeren umgebenden Systemen, von denen wir ein Teil sind. Hieraus beziehen wir dann die Vorstellung unserer Rolle, Aufgabe oder Mission im Leben.

Auf neurologischer Ebene steht unsere Identität mit der Gesamtheit des Nervensystems in Beziehung, einschließlich tiefer Strukturen wie der Retikulärformation, einem ausgedehnten Neuronennetzwerk im Hirnstamm. Von dort reichen zu Kernen verdichtete Zellbündel in verschiedene Zonen der Hirnrinde hinein. Unter anderem reguliert die Retikulärformation unseren Wachzustand. Eine Verletzung im Bereich des Mittelhirns kann zum Koma führen, während im Gegensatz dazu größere Bereiche der Hirnrinde ohne Verlust des Bewusstseins zerstört werden können.

Darüber hinaus bestehen Beziehungen zwischen unserem Gefühl für Identität und dem Immunsystem, dem endokrinen System sowie weiteren lebenserhaltenden Funktionen, weshalb Veränderungen oder Transformationen unserer Identität tief greifende und beinahe unmittelbar auftretende Auswirkungen auf unsere gesamte Physiologie haben können. Medizinische Untersuchungen haben gezeigt, dass Menschen mit multiplen Persönlichkeiten (Putnam 1984) dramatische Veränderungen zeigen, wenn sie zwischen den verschiedenen Identitäten wechseln. So zeigen die verschiedenen verkörperten Persönlichkeiten zum Beispiel gänzlich unterschiedliche Gehirnwellenmuster. Einige Menschen mit multiplen Persönlichkeiten besitzen mehrere Brillen mit verschiedenen Stärken, da ihr Sehvermögen mit jeder Identität wechselt. Andere wiederum leiden unter Allergien in einer Persönlichkeit und sind beschwerdefrei in einer anderen. Ein sehr interessantes Beispiel lieferte eine Frau, die in einem Krankenhaus wegen ihrer Diabetes behandelt wurde. Zum Erstaunen ihrer Ärzte zeigte sie keinerlei Krankheitssymptome, sobald die Persönlichkeit ohne Diabeteserkrankung gerade dominierte (Goleman 1985).

Erfahrungen auf der *spirituellen* Ebene betreffen unser Gefühl, grundsätzlich Teil von etwas Größerem zu sein, das über unser Selbst hinausgeht. Spirituelle Erfahrung ist, um mit Gregory Bateson zu sprechen, die Aufmerksamkeit für „das Muster, das verbindet". Als Individuen bilden wir ein Subsystem dieses größeren Ganzen. Spirituelle Erfahrungen befassen sich mit Fragen von Sinn und mit der Lebensaufgabe. Es geht um das „Für wen?" und „Für was?" Vermutlich hatte Bateson diese Ebene im Sinn, als er von Lernen IV sprach.

Neurologisch gesehen, stiften spirituelle Erfahrungen eine Art von „Beziehungs-feld" zwischen unserem eigenen Nervensystem und dem der anderen. Es entsteht dann eine Art größeres gemeinsames Nervensystem. Interaktionen auf dieser Ebene werden gerne als Mannschaftsgeist, Gruppengeist oder als kollektives Bewusstsein bezeichnet. Hier finden wir schließlich auch Zugang zum Nervensystem bzw. den informationsverarbeitenden Prozessen anderer Wesen, wie auch zum „Geist" unserer Umgebung.

Zusammengefasst lässt sich das eben Gesagte so ausdrücken: Die neuro-logischen Ebenen integrieren die folgenden Hierarchien von neurophysiologischen Kreisläufen:

Spirituell: *Feld* – einzelne Nervensysteme, die zusammen ein größeres System bilden

A. Identität: *Nervensystem als Ganzes* – tiefe, lebenserhaltende Funktionen (z. B. Immunsystem, endokrines System und Retikulärformation)

B. Überzeugungen und Werte: *limbisches* System *und autonomes Nervensystem* (z. B. Herzschlag, Pupillenerweiterung) – unbewusste Reaktionen

C. Fähigkeiten: *Kortikale Systeme* – halb bewusste Handlungen (z. B. Augenbewegungen, Körperhaltung)

D. Verhaltensweisen: *motorisches System (pyramidales System und Kleinhirn)* – bewusste Handlungen

E. Umgebung: *peripheres Nervensystem* – Sinnesempfindungen und reflexartige Reaktionen

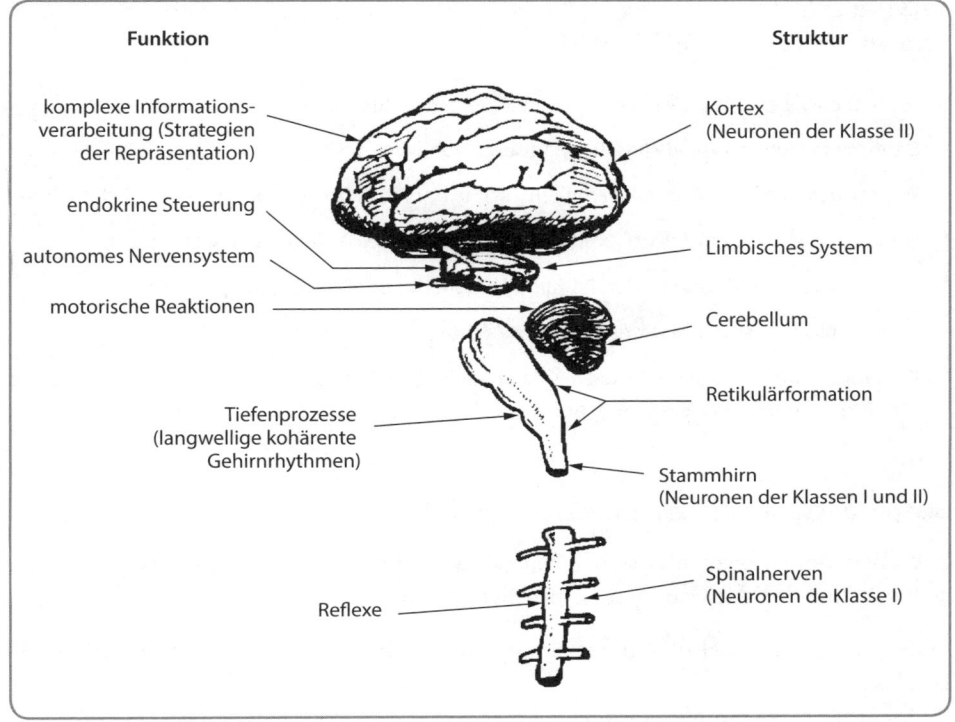

Abbildung 31: Hierarchie der neuronalen Systeme

1.8.6 Neuro-logische Ebenen und Sprache

Bei allen wichtigen Modellen des NLP, so natürlich auch beim Konzept der neuro-logischen Ebenen, ist nicht nur ein neurologischer, sondern auch einen linguistischer Aspekt gegeben. Letzteren erkennt man oft an unserem intuitiven Sprachgebrauch. Vergleichen wir zum Beispiel folgende Aussagen:

Der Gegenstand in deiner Nähe ist gefährlich.

Dein Verhalten in diesem speziellen Zusammenhang ist gefährlich.

Deine Unfähigkeit, Situationen richtig zu beurteilen, ist gefährlich.

Deine Überzeugungen sind gefährlich.

Du bist ein gefährlicher Mensch.

Immer wird eine Aussage über bestimmte Gefahren getroffen. Intuitiv spüren wir aber, dass sich der „Raum" oder Assoziationsbereich von Aussage zu Aussage erweitert und auch der emotionale Effekt der Aussagen wird zunehmend intensiver. Zu sagen, man hätte etwas Gefährliches getan, ist etwas ganz anderes als der Vorwurf, man sei „ein gefährlicher Mensch".

> Versuchen Sie es selbst. Stellen Sie sich vor, jemand würde Ihnen Folgendes sagen:
>
> Deine *Umgebung* ist (blöd / hässlich / außergewöhnlich / schön).
>
> Wie du dich in dieser Situation *verhalten* hast, war (blöd / hässlich / außergewöhnlich / schön).
>
> Du hast wirklich (k)ein *Talent*, (blöd / hässlich / außergewöhnlich / schön) zu sein.
>
> Was du *glaubst* und *wertschätzt*, ist (blöd / hässlich / außergewöhnlich / schön).
>
> *Du* bist (blöd / hässlich / außergewöhnlich / schön).
>
> Fällt Ihnen auf, wie auch hier wieder das gleiche Urteil ausgesprochen wird, allerdings mit jeweils umfassenderer Bezugsebene?

Beispielaussagen auf verschiedenen neuro-logischen Ebenen

Die folgenden Aussagen liefern Beispiele, wie verschiedene neuro-logische Ebenen sich mit verbalen Äußerungen ansprechen lassen.

Unterschiedliche Reaktionen auf einen Schüler, der ein schlechtes Diktat geschrieben hat:
A. Identität – *Du bist ein dummer Kerl.*
B. Glaube – *Wenn du nicht richtig schreiben kannst, wirst du in der Schule versagen.*
C. Fähigkeiten – *Du beherrschst einfach die Rechtschreibung nicht.*
D. Spezifisches Verhalten – *Du hast bei diesem Diktat schlecht abgeschnitten.*
E. Umgebung – *Der Lärm in diesem Raum stört bei Klassenarbeiten.*

Selbstaussagen eines Alkoholikers mit verschiedenen Bezugsebenen:
A. Identität – *Ich bin Alkoholiker und werde es immer bleiben.*
B. Glaube – *Ich muss trinken, um ruhig und normal bleiben zu können.*
C. Fähigkeiten – *Ich scheine mein Trinken nicht kontrollieren zu können.*
D. Spezifisches Verhalten – *Ich habe auf der Party zu viel getrunken.*
E. Umgebung – *Wenn ich mit meinen Freunden zusammen bin, trinke ich gern ein oder zwei Gläser.*

Selbstaussagen eines Menschen, der gerade erfahren hat, dass er an Krebs erkrankt ist:
A. Identität – *Ich bin ein Krebsopfer.*
B. Glaube – *Es ist eine trügerische Hoffnung, das Unvermeidbare nicht zu akzeptieren.*
C. Fähigkeiten – *Ich bin nicht in der Lage, gesund zu bleiben.*
D. Spezifisches Verhalten – *Ich habe einen Tumor.*
E. Umgebung – *Der Krebs greift mich an.*

Aussagen von jemandem, der sich ein gesundheitliches Ziel gesetzt hat:

A. Identität – *Ich bin ein gesunder Mensch.*

B. Glaube – *Wenn ich gesund bin, kann ich anderen helfen.*

C. Fähigkeiten – *Ich weiß, was ich für meine Gesundheit tun kann.*

D. Spezifisches Verhalten –*Ich tue manchmal Dinge, die gut für meine Gesundheit sind.*

E. Umgebung – *Die Medizin hat mich geheilt.*

Sprachmuster der neuro-logischen Ebenen

Nachfolgend eine Übersicht über verbale Muster, die auf die verschiedenen neuro-logischen Ebenen verweisen.

Die Sprache der *Umgebungsebene* bezieht sich auf konkrete beobachtbare Merkmale oder Details unserer Umgebung: das weiße Papier, die hohen Wände, die Größe des Raums usw. Eindrücke aus der Umgebungsebene übersetzen sich in neutrale, aber detailreiche und sinnesorientierte Beschreibungen:

- *Ich probierte einen saftigen, roten Apfel.*
- *Ich sah, wie ein dunkelblaues Auto mit hoher Geschwindigkeit davonfuhr.*
- *Ich hörte einen sehr hohen Ton, der vom Verstärker kam.*
- *Der Schwamm war kalt, nass und weich.*

Die Sprache der *Verhaltensebene* bezieht sich auf konkretes Verhalten und beobachtbare Handlungen. Es wird beschrieben, wie jemand etwas tut, wie er geht, spricht oder sonst wie agiert. Diese Beobachtungen werden mit konkreten, sinnesorientierten, aktiven Verben und Adverbien ausgedrückt:

- *Er ging die Straße hinunter.*
- *Sie winkte mir zu.*
- *Sie standen alle auf.*
- *Er schubste seine Schwester.*

Die Ebene der *Fähigkeiten* wird erkennbar durch Wörter wie „wissen", „können", „denken" usw. Prozesse der Fähigkeitsebene werden typischerweise mit Redewendungen beschrieben, die im Meta-Modell des NLP als unbestimmte Verben bezeichnet werden, z. B. produzieren, kommunizieren oder denken.

- *Ich verstehe, was du meinst.*
- *Das kann ich gut nachvollziehen.*
- *Sie kann ein Flugzeug fliegen, Auto fahren, ein Instrument spielen, einen Stuhl reparieren.*

Sprachliche Äußerungen des *Glaubens* und der *Überzeugungen* erfolgen häufig in Form von Urteilen, Regeln oder Ursache-Wirkungs-Zusammenhängen: „Wenn ... dann"; „Man sollte ..."; „Wir müssen ..." Es wird mehr verallgemeinert als auf der Fähigkeitsebene und klassische Urteilsworte wie *gut, schlecht, ethisch, positiv* oder *unfreundlich* zeigen sich. Typisch sind zudem sogenannte Nominalisierungen wie *Erfolg, Liebe, Anerkennung, Leistung, Macht*; ferner behauptete Ursache-Wirkungs-Zusammenhänge wie *machen, zwingen, verursachen*, modale Operatoren wie *sollen* und *müssen* sowie verallgemeinernde Quantoren wie *immer, nie, jemals, niemand* oder *alle*.

- *Nichts wird wieder so sein, wie es einmal war.*
- *Wohlerzogene Kinder soll man sehen, aber nicht hören.*
- *Übung macht den Meister.*
- *Wir haben alles versucht, aber nichts hat funktioniert.*

Die Sprache der *Identitätsebene* geht einher mit Äußerungen wie „Ich bin eine ..." oder „Er ist ein ..." Ihre Kennzeichen sind starke Verallgemeinerungen und ein hoher Grad von Abstraktion. Auch symbolische oder metaphorische Ausdrücke spielen eine wichtige Rolle. Denn paradoxerweise offenbaren Menschen in konkreten Beschreibungen oft weniger von sich als in Symbolen und Analogien. Beschreibe ich mich selbst, zum Beispiel, als einen „weißen Mann, der dunkle Jeans trägt, auf einem Holzstuhl sitzt, am Computer schreibt und eine Tasse Tee trinkt", so habe ich wirklich sehr wenig über mich selbst mitgeteilt. Wenn ich mich jedoch als jemanden charakterisiere, der „sich als Pionier versteht, gern neues Terrain erforscht und sich langweilt, wenn er zu lange an einem Ort bleibt", so habe ich eine Beschreibung gegeben, die zwar nicht wortwörtlich genau ist, doch wesentlich mehr über mich aussagt und viel genauer erkennen lässt, „wie ich ticke".

- *Ich bin wie ein Leuchtturm.*
- *Er ist ein verbitterter Mensch.*
- *Sie sind wie Tiere.*
- *Sie ist unser Sonnenschein.*

Auch die Sprache der *spirituellen Ebene* entfaltet sich überwiegend in Form von Symbolen und Metaphern, wie beispielsweise in den Parabeln von Jesus. Nach Gregory Bateson ist die Sprache des Heiligen notwendigerweise eine nicht-wörtliche. Das, was „heilig" und „bedeutungsvoll" ist, findet sich normalerweise nicht in der wörtlichen Interpretation bestimmter Ereignisse, sondern in deren tieferen Strukturen.

Bateson nahm dafür immer wieder gern als Beispiel ein altes englisches Kirchenlied. Maria und Josef sind auf dem Weg nach Bethlehem. Maria ist hochschwanger und müde von der Reise. Also machen sie mit dem Esel am Straßenrand Rast. Maria, von der langen Reise etwas gereizt, sagt zu Josef: „Ich bin hungrig. Finde bitte etwas zu essen für mich." Josef, nicht weniger gereizt und erschöpft, antwortet: „Lass doch denjenigen, der dich geschwängert hat, dir etwas zu essen besorgen." Da neigt sich ein in der Nähe stehender Kirschbaum herab und bietet Maria die Kirschen von seinen Zweigen an.

Worauf Bateson hinauswollte, war dies: Käme jetzt der Einwand: „Moment mal, im ersten Jahrhundert gab es in Palästina überhaupt keine Kirschbäume", hätte derjenige den Sinn dieser Legende klar verpasst. Nimmt man die Geschichte wörtlich, zerstört man ihre tiefere Bedeutung, denn jede wörtliche Interpretation verdeckt den eigentlichen Sinngehalt dieser Art von Geschichten. Als Jesus über den Sämann auf dem Feld sprach, wollte er keinen Vortrag über Landwirtschaft halten.

Verschiedene Ebenen von Fragen

Die natürliche Hierarchie der neuro-logischen Ebenen verstehen wir ebenfalls ganz intuitiv, wenn wir die Fragepronomen verwenden. Jeder kennt die sechs elementaren W-Fragen: Wo, wann, was, wie, warum und wer.

- Umgebung: *Wo? Wann?*
- Verhalten: *Was?*
- Fähigkeiten: *Wie?*
- Glaubenssätze und Überzeugungen: *Warum?*
- Identität: *Wer?*
- Spiritualität und Sinn erschließen sich mit den Fragen *„Für wen?"* oder *„Für was?"*

In vielen Gesprächen bewegen wir uns oft ganz intuitiv durch die verschiedenen neuro-logischen Ebenen. Ich gebe einem Kind eine Liste mit Wörtern (das *Was*) und erkläre ihm, dass es am Ende der Woche dazu einen Rechtschreibtest geben wird (das *Wo* und *Wann*). Das Kind fragt zurück: *„Wie* kann ich mir denn all die Wörter merken?" Ich schlage ihm vor, mit den Augen nach oben und links zu schauen und sich dabei innere mentale Bilder der betreffenden Wörter vorzustellen (dies beantwortet die Wie-Frage). Jetzt könnte das Kind weiterfragen: *„Warum* kann mir das dabei helfen, mir die Wörter zu merken?" Ich könnte ihm antworten, dass man meiner Überzeugung nach Wörter richtig schreiben kann, wenn man sich an ihr Aussehen erinnert, und dass die vorgeschlagene Technik ihm dabei hilft. Das Kind könnte dann noch auf die Identitätsebene gehen und fragen: „Und dann bin ich eine gute Schülerin?"

Dasselbe intuitive Muster zeigt sich auch in den folgenden Dialogen:

ARZT: „Ich möchte gern einen Termin mit Ihnen für nächste Woche in meiner Praxis vereinbaren. Am besten am Mittwochnachmittag. Es wird etwa 45 Minuten dauern."

PATIENTIN: „Einverstanden. Um was geht es?"

ARZT: „Ich möchte einen Glukosetoleranz-Test durchführen."

PATIENTIN: „Wie machen Sie das?"

ARZT: „Sie müssen eine sehr süße Flüssigkeit trinken, dann etwas warten, und dann werden wir eine Blutprobe entnehmen und feststellen können, wie gut Ihr Stoffwechsel den Zucker verarbeitet."

PATIENTIN: „Warum muss ich diesen Test machen?"

ARZT: „Weil Ihr letzter Bluttest einen erhöhten Blutzuckerspiegel zeigte. Und wir glauben, dies könnte ein Hinweis auf einen Schwangerschaftsdiabetes sein."

PATIENTIN: „Heißt das, Sie glauben, ich bin Diabetikerin?"

ARZT: „Nicht unbedingt. Viele Frauen haben während der Schwangerschaft einen höheren Blutzuckerwert."

VORGESETZTE: „Können wir uns am nächsten Dienstagnachmittag in meinem Büro treffen?"

MITARBEITER: „Gern. Um was geht es bei diesem Meeting?"

VORGESETZTE: „Ich möchte mit Ihnen die Präsentation für die kommende Woche vorbereiten."

MITARBEITER: „Wie soll die Vorbereitung vonstattengehen?"

VORGESETZTE: „Ich dachte, wir besprechen, in welcher Reihenfolge wir Informationen präsentieren wollen, und schauen, ob wir weiteres Anschauungsmaterial benötigen."

MITARBEITER: „Wieso? Glauben Sie, dass es schwierig wird, die Zuhörer von unserem Standpunkt zu überzeugen?"

VORGESETZTE: „Auf jeden Fall glaube ich, dass es gut ist, die entscheidenden Punkte auf verschiedene Art und Weise zu präsentieren."

MITARBEITER: „Aha. Möchten Sie mich dabei hauptsächlich in der Rolle des Mitentwicklers sehen oder soll ich eher die Rolle eines Advocatus Diaboli spielen?"

VORGESETZTE: „Sie sollten sich vielleicht in die Rolle der Zuhörer versetzen, um die Präsentation aus deren Sicht zu beurteilen."

In bestimmten Gesprächen werden auch spirituelle Themen angesprochen, etwa der Art, welchem höheren Zweck unser Leben dienen kann. Gelegentlich geht es dabei um Leben und Tod. In seiner berühmten Gettysburg-Ansprache zur Einweihung eines neuen Soldatenfriedhofs beschäftigte sich Abraham Lincoln fast ausschließlich mit diesen Fragestellungen: „Wir sind zusammengekommen, um einen Teil dieses Feldes jenen als letzte Ruhestätte zu weihen, die hier ihr Leben gaben, damit diese

Nation leben möge." Damit macht Lincoln eine klare Aussage, „für wen" und „für was" die Versammlung zusammengekommen ist. Die Betonung dieser tiefen neuro-logischen Ebene wird noch deutlicher in Lincolns abschließenden Worten: „Es ist vielmehr an uns, geweiht zu werden der großen Aufgabe, die noch vor uns liegt – auf dass uns die hier geehrten Toten mit verstärkter Hingabe erfüllen für die Sache, der sie selbst das höchste Maß an Hingabe erwiesen haben. Auf dass wir hier einen heiligen Eid schwören, dass diese Toten nicht vergebens gefallen sein mögen – [...] auf dass die Regierung des Volkes, durch das Volk und für das Volk nicht von dieser Erde verschwinden möge."

Die Ebenen und der Gebrauch nonverbaler Metabotschaften

Auf welcher Ebene eine bestimmte Botschaft angesiedelt ist, kann auch durch non-verbale Metabotschaften kommuniziert werden. Beachten Sie zum Beispiel den Un-terschied in der Bedeutung der folgenden Aussagen. Die kursiv hervorgehobenen Wörter markieren jeweils die Betonung des Satzes

- „Du solltest *das* hier nicht tun."
- „Du *solltest* das hier nicht tun."
- „*Du* solltest das hier nicht tun."

Je nach Betonung ergeben sich unterschiedliche Intentionen des Satzes, die jeweils andere Ebenen ansprechen: Du (Identität) solltest (Glaube / Überzeugung) das (Ver-halten) hier (Umgebung) nicht tun (Fähigkeiten). Vom Fehlen oder Vorhandensein solcher Metabotschaften hängt es häufig ab, wie eine Aussage interpretiert wird und ob sie richtig interpretiert wird oder nicht.

Wenn etwa eine Autoritätsperson feststellt: „DU hast die Regeln nicht respektiert", wird dies vermutlich als Aussage mit Bezug zur Identitätsebene verstanden. Sagt die-selbe Person jedoch: „Du hast die REGELN nicht respektiert", dann wird anschei-nend nicht die Identitätsebene, sondern die Verhaltensebene angesprochen.

1.8.7 Reframing von Erfahrungen: mithilfe der Sprache die neuro-logischen Ebenen wechseln

Im Zusammenhang mit den verschiedenen neuro-logischen Ebenen kann man die Sprache nutzen, um Menschen zu helfen, aus festgefahrenen Zuständen herauszu-kommen und ihre Erfahrungen zu reframen. *Eine* wirksame Art und Weise dabei ist folgende: Man stuft eine Eigenschaft oder Erfahrung von einer neuro-logischen Ebene auf eine andere ein (man trennt beispielsweise die *Identität* einer Person von ihren *Fähigkeiten* oder ihrem *Verhalten*). Negative Bewertungen der Identität resultieren oft daraus, dass man bestimmte Verhaltensweisen oder die mangelnde Fähigkeit, bestimmte Ergebnisse auf der Verhaltensebene zu erzielen, als Aussagen über die eigene Identität interpretiert. Sobald man eine Negativbewertung der Identität in eine Aussage über Verhalten oder Fähigkeiten zurückverwandelt, lässt die mentale und emotionale Wirkung auf die Person stark nach.

Ein Beispiel:

Eine Frau ist vielleicht bedrückt, weil sie Krebs hat, und bezeichnet sich selbst als „Krebsopfer". Das könnte man verbal „reframen" und ihr entgegnen: „Sie sind kein *Krebsopfer* (A = Identität), Sie sind ein normaler Mensch, der die *Fähigkeit* noch nicht entwickelt hat, *die Körper-Geist-Verbindung* in vollem Umfang zu nutzen (B = Fähigkeit)." Das kann ihr helfen, ihre Einstellung zu der Erkrankung zu verändern, sich anderen Möglichkeiten zu öffnen und sich selbst als am Heilungsprozess beteiligt zu sehen.

Genauso könnte man einen Glaubenssatz reframen wie: „Ich bin ein Versager." Man könnte den Gesprächspartner darauf aufmerksam machen: „Sie sind keineswegs ein ‚Versager', Sie beherrschen nur noch nicht alle Komponenten, die es zum Erfolg braucht." Auch diese Umdeutung verschiebt das einschränkende Urteil auf der Identitätsebene in einen Rahmen, innerhalb dessen man proaktiv sein und etwas lösen kann.

Sobald man etwas auf eine andere neuro-logische Ebene einstuft, verändern sich Bedeutung und Wirkung. Solche Reframes lassen sich in folgenden Schritten gestalten:

a. Identifizieren Sie das negative Identitätsurteil (**A**):
Ich bin ―――――――――― (z. B. „Ich bin *eine Last für andere*.")

b. Ermitteln Sie eine spezielle Fähigkeit oder ein solches Verhalten, die entweder mit dem gegenwärtigen Zustand oder mit dem erwünschten Zustand zusammenhängen und im Identitätsurteil angedeutet sind (**B**):
Die Fähigkeit ―――――――――― (z. B. „die Fähigkeit, Probleme selbst zu lösen").

c. Ersetzen Sie das negative Identitätsurteil durch die Fähigkeit oder das Verhalten:
Vielleicht **sind Sie** *nicht* ―――――――――― (negative Identität, z. B. „eine Last für andere"), *Sie haben nur noch nicht* **die Fähigkeit** ――――――――――
(spezielle Fähigkeit oder spezielles Verhalten, z. B. „Probleme selbst zu lösen").

Auch durch die stimmliche Betonung oder andere nonverbale Metabotschaften (im Beispiel oben durch Fettdruck gekennzeichnet) lässt sich der Wechsel der neuro-logischen Ebenen unterstreichen.

1.9 Das S.C.O.R.E.-Modell

Robert Dilts und Todd Epstein entwickelten 1987 das S.C.O.R.E.-Modell. Darin beschrieben sie einen intuitiv angewandten Prozess, um Probleme zu definieren und Interventionen zu entwickeln. Dieses Modell resultierte aus einer Reihe von Supervisionsseminaren, die sie zu NLP-Anwendungen hielten. Dilts und Epstein fiel auf, dass sie konsequent anders an ein Problem herangingen als die fortgeschrittenen NLP-Schüler, sodass sie effizienter und effektiver an die Wurzel eines Problems herankamen. Die beiden Männer erkannten, was sie intuitiv machten, was aber in keiner der bereits bestehenden NLP-Techniken und keinem NLP-Modell präzise beschrieben war.

Der traditionelle NLP-Ansatz zur Problemlösung orientierte sich bis dahin daran: 1) einen gegenwärtigen Zustand oder „Problemzustand" zu definieren; 2) einen erwünschten Zustand oder ein Ziel festzulegen und dann 3) die Lösungsschritte oder Lösungsverfahren zu ermitteln und durchzuführen, die den Menschen idealerweise dabei helfen würden, den Problemzustand aufzulösen und den erwünschten Zustand zu erreichen. Dilts und Epstein stellten fest, dass sie beim Sammeln von Informationen die verschiedenen Bestandteile der Problemlösung konsequent in kleinere Einheiten unterteilten. Wenn sie den „Problemzustand" bestimmten, unterschieden sie stets zwischen den „Symptomen", die das Problem kennzeichneten, und den „Ursachen" dieser Symptome. Wenn es darum ging, erwünschte Zustände und Ziele zu benennen, erschien es ihnen wichtig, zu unterscheiden zwischen dem speziellen „Verhaltensziel", das den erwünschten Zustand ausmacht, und den langfristigen „Auswirkungen" (die oft nicht auf der Verhaltensebene lagen), den vorweggenommenen Folgen dieses Ziels. Außerdem bemerkten Dilts und Epstein: Es war wichtig, die Techniken von den tieferen „Ressourcen" zu trennen. Denn die Techniken waren gewissermaßen Mittel zum Zweck, die maßgeblichen Ressourcen zu mobilisieren und zu aktivieren, um *die* Lösung zu finden, die die Probleme transformiert und die erwünschten Ziele erreicht.

Die Buchstaben „S.C.O.R.E." stehen für diese zusätzlichen Unterscheidungen, die Dilts und Epstein trafen: **S**ymptoms (Symptome), **C**auses (Ursachen), **O**utcomes (Ziele), **R**esources (Ressourcen) und **E**ffects (Auswirkungen). Nach dem Modell muss man zumindest um diese Grundbestandteile wissen und sie in jedem Veränderungsprozess oder jeder Heilung thematisieren.

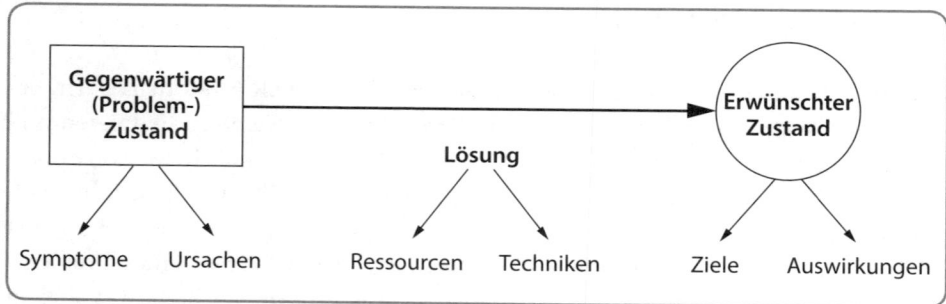

Abbildung 32: Das S.C.O.R.E.-Modell nimmt unter Beachtung des traditionellen NLP-Modells zur Problemlösung „Gegenwärtiger Zustand – Erwünschter Zustand" zusätzliche Unterscheidungen vor.

Interessant ist festzustellen, dass der Begriff *score* im Englischen mehrere passende Bedeutungen hat. Das Wort kommt vom altnordischen Wort *skor*, das „kerben" oder „schneiden" bedeutet. Das Merriam-Webster's Dictionary definiert „score" (Punktestand, Ergebnis, Treffer, Kerbe) als „eine Markierung, die als Startpunkt oder Ziel genutzt wird" oder als „einen Vermerk beim Buchführen". Wenn in einem Spiel oder Sportwettkampf etwa der Punktestand vermerkt wird, dann dient das dazu, den jeweiligen Spielstand anzuzeigen (z. B. „Istzustand Pirates" – 0, „erwünschter Zustand Daredevils" – 4).

Ein „score" ist also eine Möglichkeit, den Überblick über den Verlauf eines Ereignisses oder einer Interaktion zu behalten. Eine Musikpartitur (musical score) ist beispielsweise die Beschreibung einer Filmmusik oder der Musik für eine Theaterproduktion. Der „score" eines Tanzes beschreibt eine Tanzchoreografie und ist in einer speziellen Tanzschrift aufgezeichnet. Der Begriff wird sogar verwendet in der Bedeutung „die absolut unausweichlichen Tatsachen einer Situation". Man sagt beispielsweise, jemand „wisse Bescheid" (know the score), wenn er alle maßgeblichen Aspekte einer bestimmten Situation versteht.

„Score" wird auch verwendet, um eine Leistung (in einem Spiel oder Test) anzugeben oder die herausragende Qualität, und zwar entweder absolut in den erreichten Punkten oder im Vergleich zu einem Standard. „Score" kann auch den Vorgang des Erreichens bezeichnen. Es ist der Begriff für ein Ziel, einen Lauf oder Touchdown in den verschiedensten Spielen oder Wettbewerben, in denen es darum geht, Punkte zu sammeln. Es bezeichnet sogar einen allgemeinen Erfolg, wenn man etwas Wünschenswertes erreicht.

Das S.C.O.R.E.-Modell des NLP beinhaltet in gewissem Maß all diese Bedeutungen. Genau genommen besteht der eigentliche Zweck, Informationen zu sammeln und zu einem S.C.O.R.E. zu ordnen, darin, „die Geschichte zu erzählen", die Geschichte eines Weges vom gegenwärtigen Zustand zu einem erwünschten Zustand. Ähnlich dem „score" einer Theaterproduktion muss jeder Bestandteil des S.C.O.R.E. bei einem Problem als ein gewisses sinnvolles Ganzes zusammenhängen. Somit ist das S.C.O.R.E.-Modell mehr als eine Liste analytischer Kategorien. Es definiert die minimal notwendigen Informationen, die man braucht, um ein Gefühl zu bekommen für die „Veränderungsgeschichte", die zum Lösen eines bestimmten Problems notwendig ist.

1.9.1 „Bescheid wissen" – die einzelnen Bestandteile des S.C.O.R.E. kennen

Um die S.C.O.R.E.-Unterscheidungen besser zu verstehen, lohnt es sich, über folgende Fragen nachzudenken: Was ist ein Problem? Was macht etwas zu einem Problem? Welche wesentlichen Bestandteile eines Problems muss man definieren, um es erfolgreich lösen zu können?

Als Erstes ist wichtig zu erkennen: Wenn Sie kein **Ziel** haben, haben Sie kein Problem. Wenn Sie nirgendwo anders sein wollen als da, wo Sie sind, haben Sie kein Problem. Ja, oft ruft der Prozess, sich ein Ziel zu setzen, erst ein Problem hervor. Ein „Problem" ist der Unterschied zwischen Ihrem gegenwärtigen und Ihrem erwünschten Zustand, wozu auch die Themen gehören, mit denen Sie sich beschäftigen müssen, um den erwünschten Zustand zu erreichen.

Ziele lassen sich unter anderem mit folgenden Fragen elizitieren: *Was genau ist Ihr Ziel? Wovon wollen Sie mehr? Wenn Sie bekommen könnten, was Sie wollen, was wäre es?*

Während man sich auf einen erwünschten Zustand zubewegt, tauchen die **Symptome** in Form von Einschränkungen, Widerständen und Störungen auf, die verhindern, dass man das Ziel erreicht. Die Symptome sind normalerweise der offensichtlichste Aspekt eines Problems. Körperliche Symptome zeigen sich oft als Schmerz, Schwäche oder mangelnde Beweglichkeit. Psychische Symptome treten auf in Form von inneren Konflikten und inneren emotionalen Kämpfen. Typische Symptome in einem Unternehmen oder einem Betrieb wären ein Gewinn- oder Produktivitätsrückgang oder nachlassende Motivation.

Symptome lassen sich ermitteln mit Fragen wie: *Was ist das Problem? Was läuft schief oder macht Ihnen Mühe? Was wollen Sie ändern? Was hält Sie davon ab, das zu bekommen, was Sie wollen, oder so zu sein, wie Sie wollen?*

Natürlich bedeutet erfolgreiches Problemlösen, die tieferen **Ursachen** eines bestimmten Symptoms oder einer Symptomgruppe zu finden und aufzulösen. Das Symptom allein zu behandeln wird nur vorübergehend Erleichterung bringen. Ursachen sind oft weniger offensichtlich, umfassender und eher systemischer Art als das jeweilige Symptom, das sich aktuell zeigt. Körperliche Schmerzen können beispielsweise von äußerlich nicht sichtbaren Faktoren herrühren wie unzureichender Durchblutung, Virusinfektionen oder inneren Wunden. Innere emotionale Kämpfe können die Folge einschränkender Glaubenssätze sein (Gedankenviren), unterdrückter Erinnerungen oder einer Verzerrung der mentalen Landkarten und Repräsentationen. Ein Gewinn- oder Produktivitätsrückgang kann aus Faktoren resultieren, die zu tun haben mit dem Wettbewerb, dem Unternehmen, der Führung, einer Veränderung des Marktes, einer Veränderung in der Technologie, den Kommunikationskanälen oder etwas anderem. Was Sie als Ursache identifizieren, bestimmt, wo Sie die Lösung suchen.

Nach Aristoteles gibt es vier verschiedene Arten von Ursachen. *Vorausgehende* (frühere) Ursachen hängen mit Wirkungsketten zusammen, deren Wurzeln in der Vergangenheit liegen. *Zwingende* Ursachen wirken als Grenzen oder Gelegenheiten, die im „Hier und Jetzt" auftauchen. *Finale* Ursachen hängen mit vorweggenommenen künftigen Folgen und Zielen des gegenwärtigen Handelns zusammen. *Formale Ursachen* haben mit der Art und Weise zu tun, wie wir laufende Ereignisse wahrnehmen, einordnen und filtern. Wenn man die Ursachen eines Symptoms gründlich untersuchen will, muss man mehrere dieser Bereiche prüfen.

Die positiven Absichten oder Sekundärgewinne, die ein bestimmtes Symptom mit sich bringt, können eine weitere wichtige „Ursachen"-Art darstellen. Die „Ursache" für ein emotionales Symptom wie Ärger könnte zum Beispiel Selbstschutz sein oder ein Setzen von Grenzen. Körperliche Symptome rufen „Sekundärgewinne" hervor wie Zuwendung und Aufmerksamkeit oder sie dienen als gute „Ausrede". Mangelnde Motivation kann eine Möglichkeit darstellen, etwaigen Stress und mögliches Versagen zu vermeiden. Diesen wichtigen Bereich möglicher Ursachen übersehen Problemlöser oft.

Zusammenfassend lassen sich Ursachen also untersuchen und feststellen durch Fragen wie: *Woher kommt das Symptom? Was löst das Symptom aus oder was ruft es hervor? Was geschah kurz bevor oder zu der Zeit, als das Symptom erstmals auftrat? Was erhält das Symptom aufrecht? Was hindert Sie daran, das Symptom zu verändern? Was ist die positive Absicht hinter dem Symptom – welchem Zweck dient es? Gibt es irgendwelche positiven Folgen, die aus diesem Symptom resultieren oder resultiert haben?*

Die erwünschten **Auswirkungen**, die es gibt, wenn man ein bestimmtes Ziel erreicht, können bei der Problemdefinition ebenfalls wesentlich sein. Ein spezielles Ziel ist im Allgemeinen ein Schritt auf dem Weg zu längerfristigen Auswirkungen (die im NLP manchmal als Metaziele bezeichnet werden). Entscheidend ist, dass die Lösung eines Problems mit den längerfristigen erwünschten Auswirkungen kompatibel ist. Mitunter kann die Art und Weise, wie man ein Ziel erreicht, durchaus mit dem Erreichen einer längerfristigen Zielsetzung kollidieren, das heißt, man kann „die Schlacht gewinnen, aber den Krieg verlieren".

Fragen zu den Auswirkungen sind etwa: *Was würde passieren, wenn Sie Ihr Ziel erreichen würden? Was wird Ihnen das bringen, wenn Sie Ihr Ziel erreichen? Was werden Sie als Nächstes tun oder was wird als Nächstes geschehen, nachdem Sie Ihr Ziel erreicht haben werden?*

Ein allgemeiner „Problemraum" lässt sich also definieren durch die Beziehung zwischen dem Ziel, der Art der Symptome, die die Zielerreichung behindern, den Ursachen dieser Symptome und den längerfristigen erwünschten Auswirkungen der Zielerreichung. Um die **Ressourcen** zu finden, die zu einer wirksamen Lösung bei einem bestimmten Symptom führen, muss man die Ursachen des Symptoms kennen, das Ziel und die letztendliche erwünschte Wirkung. Gelegentlich unterscheiden sich die Ressourcen, die man braucht, um den Problemzustand anzugehen, von denen, die zum Erreichen des Ziels nötig sind (etwa ein Aspirin gegen die „Zipperlein" und Bettruhe für „mehr Energie"). Ein andermal wirkt eine einzige Ressource positiv auf die gesamte Problemsituation ein. Nützlich ist jedoch, die Ressourcen zu suchen, die sowohl (a) das Symptom und seine Ursachen angehen als auch (b) helfen, das erwünschte Ziel mit seinen Auswirkungen zu erreichen.

Ressourcen lassen sich mit Fragen identifizieren wie folgenden: *Was (Verhalten, Zustand, Fähigkeit, Überzeugung, Unterstützung etc.) haben Sie, das Ihnen hilft, Ihr Ziel zu erreichen* (Ihr Problem zu lösen)? *Haben Sie es schon einmal geschafft, ein Ziel wie dieses zu erreichen* (oder ein Problem wie dieses zu lösen)? *Was haben Sie damals gemacht? Kennen Sie jemanden, der schon einmal so ein Ziel erreicht hat* (oder so ein Problem gelöst hat)? *Was hat diese Person gemacht? Wenn Sie Ihr Ziel schon erreicht hätten* (Ihr Problem schon gelöst hätten) *und zurückblickten, was würden Sie sehen, haben Sie zur Zielerreichung getan? Welche anderen Wahlmöglichkeiten haben Sie, um die positive Absicht oder die Folgen des Problems beizubehalten, die es Ihnen dennoch gestatten, Ihren erwünschten Zustand zu erreichen?*

Techniken sind lineare Strukturen, um bestimmte Ressourcen für eine bestimmte Gruppe von Symptomen, Ursachen und Zielen zu ermitteln, auf sie zugreifen und sie anwenden zu können. Eine Technik an und für sich ist keine Ressource. Eine Technik ist nur in dem Maße wirksam, in dem sie auf Ressourcen zugreift und diese anwendet; und zwar solche Ressourcen, die in geeigneter Weise das ganze System einbeziehen, das durch die anderen S.C.O.R.E.-Elemente definiert ist.

Je nachdem, wie spezifisch oder allgemein eine Problemsituation ist, können bestimmte Techniken und Ressourcen zu einem sofortigen Ergebnis führen oder nur ein Zwischenschritt sein auf dem Weg zu einem Ergebnis. Manche Lösungen erfordern vielleicht viele verschiedene Ressourcen, die im Laufe von Monaten oder Jahren eingesetzt werden. Die Symptome, Ziele, Ursachen und möglichen Auswirkungen zu definieren ist ein fortlaufender Prozess.

Zusammenfassend beinhaltet die Fähigkeit zur wirksamen Problemlösung nach dem S.C.O.R.E.-Modell: den „Problemraum" zu definieren und mögliche Bereiche des „Lösungsraums" zu ermitteln, indem man die Beziehung zwischen folgenden Elementen herstellt:

1. **Symptome** – üblicherweise die auffallendsten und am stärksten bewussten Aspekte eines derzeitigen Problems oder Problemzustands.
2. **Ursachen** – die zugrunde liegenden Faktoren, die dafür zuständig sind, dass die Symptome entstanden und fortbestehen. Sie sind üblicherweise weniger offensichtlich als die Symptome, die sie hervorrufen.
3. **Ziele** – der bestimmte Zustand oder die Verhaltensweisen, die an die Stelle der Symptome treten werden.
4. **Ressourcen** – die zugrunde liegenden Elemente (Fähigkeiten, Werkzeuge, Überzeugungen etc.), die dafür sorgen, dass die Ursachen der Symptome vergehen und dass man die erwünschten Ziele erreicht und aufrechterhält. Techniken wie Six-Step-Reframing, Change History, Ankern etc. sind Strukturen, um bestimmte Ressourcen einzusetzen.
5. **Auswirkungen** – die längerfristigen Auswirkungen davon, dass man ein bestimmtes Ziel erreicht. Spezielle Ziele sind im Allgemeinen Trittsteine, um eine längerfristige Auswirkung zu erreichen.
   a. Positive Auswirkungen sind oft der Grund oder die Motivation, sich überhaupt ein bestimmtes Ziel zu setzen.
   b. Negative Auswirkungen können Widerstand oder Probleme in der Ökologie hervorrufen.

Grundlegende S.C.O.R.E.-Fragen

Zu den grundlegenden Fragen, um das S.C.O.R.E. zu einem bestimmten Problem zu definieren, gehören:

1. Was ist bei diesem Problem das „*Symptom*"?
2. Was ist die „*Ursache*" des Symptoms bei diesem Problem?
3. Was ist das erwünschte „*Ziel*"?
4. Was wäre die längerfristige „*Auswirkung*", wenn Sie dieses Ziel erreichen?
5. Welche „*Ressource*" würde Ihnen helfen, die Ursache anzugehen?
6. Welche „*Ressource*" würde Ihnen helfen, das Ziel zu erreichen?

1.9.2 Das S.C.O.R.E.-Modell anwenden

Die Unterscheidungen des S.C.O.R.E.-Modells lassen sich unter anderem wirksam als Konzept entwickeln und anwenden, wenn man diese Bestandteile auf einer Time Line anordnet. Typischerweise sind die Symptome etwas, was man jetzt, in der Gegenwart, erlebt oder kürzlich erlebt hat. Die Ursachen dieser Symptome gehen den Symptomen in der Regel voraus. Das heißt, die Ursache eines Symptoms kommt auf der Time Line vor dem Symptom – entweder unmittelbar vor ihm oder vielleicht auch viel früher. Ziele treten im gleichen zeitlichen Rahmen auf wie die Symptome, denn man will das Symptom ja durch das Ziel ersetzen. Wenn das Symptom also in der Gegenwart auftritt, dann ist auch das Ziel in der Gegenwart oder in der ganz nahen Zukunft. Auswirkungen sind die längerfristigen Ergebnisse des Ziels. Sie liegen gewöhnlich in der kurz- bis langfristigen Zukunft. Ressourcen können aus jeder Zeit kommen. Eine Ressource kann etwas sein, was einem gerade widerfahren ist, was einem vor langer Zeit passiert ist, oder etwas, was einem in der eigenen Vorstellung in der Zukunft wiederfahren könnte. Bei der kreativen Problemlösung ermittelt man die Ressourcen hauptsächlich durch die Frage: „Was wäre, wenn ...?" und indem man so handelt „als ob".

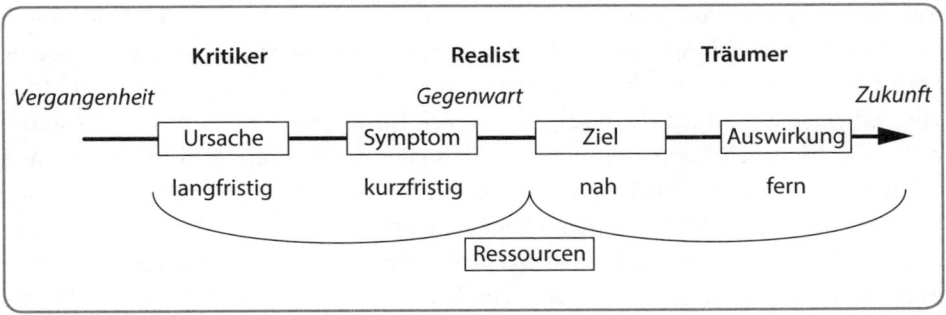

Abbildung 33: Die S.C.O.R.E.-Unterscheidungen auf einer Time Line angeordnet

Auswirkungen sind die Makroziele, die die spezifischen kurzfristigen Ziele prägen. Nicht immer wissen wir, wie sich einige Ziele auswirken werden, auswirken könnten oder sogar auswirken sollten. Manchmal muss man eine Ressource anwenden und erst ein Ziel erreichen, bevor man seine Auswirkungen untersuchen kann.[18]

---

18 Im Sinne der Disney-Imagineering-Strategie ist die nahe und ferne Zukunft der Bereich des „Träumers"; der aktuelle Ausdruck der Symptome und Ziele ist der Bereich des „Realisten"; frühere Ursachen und Probleme liegen im Bereich des „Kritikers".

1.10 Metaprogramm-Muster

Metaprogramme wurden in den späten 1970er-Jahren ein Bestandteil des NLP. Sie sind eine der grundlegenden Entwicklungen in der zweiten Generation des NLP. Zahlreiche Muster schlug ursprünglich Richard Bandler vor als Möglichkeiten, mit denen die Menschen die „Kohärenz" ihrer mentalen Programmierung aufrechterhielten (wie der Referenzstrahl in einem optischen Hologramm). Als Erste untersuchte Leslie Cameron-Bandler diese und weitere Muster (zusammen mit David Gordon, Robert Dilts und Maribeth Meyers-Anderson). Wie der Name schon andeutet, geht es bei *„Meta"*-Programmen *um* andere Programme. Metaprogramme sind die Programme, die andere Gedankenprozesse steuern und lenken. Insbesondere charakterisieren sie allgemeine oder typische Muster in den Strategien oder Denkstilen von Einzelpersonen, Gruppen oder Kulturen.

Sowohl die Metaprogramm-Muster als auch großenteils die derzeitigen NLP-Techniken zu den Submodalitäten rühren von dem Versuch her, die Funktionsweise kognitiver Strategien besser zu verstehen. Sie wurden vor allem entwickelt, um zu erklären, wie Menschen mit der gleichen kognitiven Struktur mitunter zu höchst unterschiedlichen Ergebnissen kommen können. Zwei Personen können beispielsweise eine Entscheidungsstrategie benutzen mit der Struktur: $V^c \rightarrow K^i$ (beide leiten also ihren Entscheidungsweg von Gefühlen aus konstruierten Bildern ab). Die eine Person könnte jedoch berichten: „Ich stelle mir mehrere Wahlmöglichkeiten bildlich vor und entscheide mich dann für die, die sich für mich richtig anfühlt." Die andere Person hingegen könnte jammern: „Ich stelle mir mehrere Wahlmöglichkeiten bildlich vor und fühle mich dann davon überwältigt und verwirrt." Als man also versuchte herauszufinden, was den Unterschied zwischen so verschiedenartigen Reaktionen hervorrief, entstand das Konzept der Metaprogramme. Weil die allgemeine Repräsentationsstruktur der Strategien im Wesentlichen die gleiche war, wurde postuliert: Die Unterschiede kämen von Mustern außerhalb der Strategie oder „meta", also über die Strategie (oder das innere Programm) hinausführend; das heißt von einem „Metaprogramm".

Metaprogramm-Muster und Submodalitäten bestimmen von einer bestimmten kognitiven Strategie dargestellte Merkmale von Erfahrungen und Informationen sowie ihre Beziehung zueinander. Metaprogramm-Muster beschäftigen sich mit den Merkmalen, die mit der erfahrbaren Substanz eines Bildes, einer Reihe von Wörtern oder eines Gefühlszustands zusammenhängen. Sie beeinflussen, wie wir Erfahrungen repräsentieren, sortieren und betonen. Und sie steuern, worauf wir unsere Aufmerksamkeit richten; dadurch wirken sie auf unsere Erfahrungen wie eine weitere Schicht von Filtern.

Im Gegensatz zu den Submodalitäten sind Metaprogramme abstrakter als unsere spezifischen Denkstrategien. Sie erklären, wie wir allgemein an ein bestimmtes Thema herangehen, aber nicht die Einzelheiten unseres Denkprozesses. Metaprogramm-Muster beschreiben die unterschiedlichen Arten, wie man einen „Problemraum" oder Bestandteile eines Problemraums angehen kann.

Wie andere NLP-Unterscheidungen lassen sich auch Metaprogramm-Muster unabhängig von Inhalt und Kontext einer Situation anwenden. Sie sind keine „Alles-oder-nichts"-Unterscheidungen, sondern können – in unterschiedlicher Gewichtung – miteinander auftreten.

1.10.1 Überblick über die Metaprogramm-Muster

Wenn man ein Problem oder ein Ziel angeht, kann man sich in erster Linie *auf* etwas *Positives zu*bewegen, *von* etwas Negativem *weg*bewegen oder man wählt eine Kombination aus beidem. Wenn man auf etwas Positives zugeht, heißt das, man strebt danach, die erwünschten Visionen, Ziele und Träume zu erreichen, was tendenziell Unternehmungssinn und „*Proaktivität*" fördert. Wenn man Negatives vermeidet, heißt das: Man versucht, mögliche Fehler und Probleme zu umgehen; das geht einher mit einer eher vorsichtigen, konservativen und „*reaktiven*" Herangehensweise beim Planen, Entscheiden und Problemlösen. Wer sich jedoch ausschließlich „auf etwas zubewegt", trifft vielleicht naive und möglicherweise riskante Entscheidungen. Wer sich nur „von etwas wegbewegt", kann übermäßig pessimistisch oder „paranoid" erscheinen. Gute Entscheidungen und Pläne beinhalten im Allgemeinen eine Kombination beider Möglichkeiten.

Das Metaprogramm-Muster *Chunk-Größe* gibt an, wie spezifisch oder allgemein ein Mensch oder eine Gruppe ein Problem oder einen Problemraum analysiert. Situationen lassen sich unterschiedlich *detailliert* (Mikro-Informationseinheiten) und *allgemeingültig* untersuchen (Makro-Informationseinheiten). Wieder verführt zu viel Augenmerk auf die Details Menschen dazu, das „große Bild" aus den Augen zu verlieren. Ähnlich kann ein Überbetonen des Allgemeinen die Fähigkeit einschränken und herabsetzen, „etwas zu Ende zu bringen", weil man die einzelnen Schritte nicht sieht.

Ziele und Probleme kann man auch im Hinblick auf die verschiedenen *Time Frames* untersuchen, ob sie also kurz-, mittel- oder langfristige Folgen haben. Der Time Frame, in dem ein Problem oder ein Ziel gesehen wird, beeinflusst in hohem Maße, wie es jeweils interpretiert und angegangen wird. Legt man zu viel Gewicht auf den *kurzfristigen* Erfolg, kann das zum Beispiel zu Problemen in der *langfristigen*

Ökologie führen (man kann also „die Schlacht gewinnen, aber den Krieg verlieren"). Blindheit gegenüber kurz- und mittelfristigen Bedürfnissen und Herausforderungen hingegen kann den Erfolg langfristiger Ziele gefährden („die Kette ist nicht stärker als ihr schwächstes Glied").

Man kann Ziele und Probleme auch charakterisieren im Hinblick auf *Vergangenheit*, *Gegenwart* oder *Zukunft*. Manche Menschen versuchen, Erfolge zu wiederholen oder Probleme zu vermeiden, die sie kürzlich hatten und die in ihrer Erinnerung noch frisch sind. Ein andermal streben Menschen danach, Ziele in der ferneren Zukunft zu erreichen oder Probleme dort zu vermeiden. Manche suchen eher in früheren Zeiten nach Lösungen als in der Zukunft. Ein gutes Beispiel hierfür ist der Unterschied zwischen dem früheren Staatschef der Sowjetunion, Michail Gorbatschow, und denen, die ihn stürzen wollten, bevor die Sowjetunion in den frühen 1990er-Jahren zerfiel. Der eine versuchte, sich auf die Zukunft vorzubereiten, während die anderen versuchten, die Vergangenheit zu bewahren.

Ein weiteres wichtiges Metaprogramm-Muster ist der *Bezugsrahmen oder Referenz*. Der NLP-Begriff *innere Referenz* beschreibt den Prozess, wenn sich jemand bei seinem Handeln hauptsächlich an den eigenen inneren Gefühlen, Repräsentationen und Kriterien orientiert und den Erfolg dieser Handlungen danach beurteilt. Das Gegenstück zur inneren Referenz kann die *äußere Referenz* sein. Hierbei verlagert man die Referenz oder den Hinweis auf den Erfolg einer Handlung oder Entscheidung *nach außerhalb*.

Ein Beispiel:

Wählt man einen Arbeitsplatz nach der inneren Referenz, dann erkundet man die eigenen Bedürfnisse und Wünsche und wählt eine Stelle danach aus, wie gut sie diesen Bedürfnissen und Interessen entspricht. Wenn man nach der äußeren Referenz auswählt, dann entscheidet man sich für einen Job, über den jemand anders etwas Positives gesagt hat, oder weil es der einzige ist, der angeboten wird.

Zu tun, was man tun „will", ist also eher von innerer Referenz geprägt. Zu tun, was man „tun muss" oder was man nach Aussage anderer „tun sollte", ist eher von äußerer Referenz geprägt. Zu erfolgreichem Handeln führt typischerweise eine Mischung aus innerer und äußerer Referenz.

Erfolg beim Erreichen eines Ziels oder beim Vermeiden eines Problems lässt sich danach beurteilen, ob man zwischen dem Ist- und dem Zielzustand „*matcht*" (nach Ähnlichkeiten sucht) oder „*mismatcht*" (nach Unterschieden sucht). Beim Matching konzentriert man sich auf das Erreichte, beim Mismatching betont man das Fehlende. Matching fördert eher die Wahrnehmung von Einheit und Übereinstimmung,

Mismatching hingegen kann Vielfalt und Innovation fördern. Wer zu viel *matcht,* erscheint leicht als unaufrichtig und erweckt den Eindruck, er lasse er sich leicht von der Meinung anderer beeinflussen. Wer zu viel *mismatcht,* wirkt schnell unsympathisch und überkritisch.

Probleme und Ziele lassen sich danach betrachten, ob es eine *Aufgabe* zu erledigen gilt oder ob es eher um Themen geht, die mit der *Beziehung* zu tun haben, wie „Kraft" und „Zuneigung". Der Schwerpunkt Aufgabe oder Beziehung kann eine bedeutsame Unterscheidung sein, um kulturelle und geschlechtsspezifische Unterschiede zu verstehen. Männer gelten z. B. oft als stärker auf Aufgaben hin orientiert, während man von Frauen häufiger sagt, ihnen seien Beziehungen wichtiger. Welche Sichtweise im Hinblick auf Aufgabe und Beziehung ausgewogen ist, diese Frage ist oft entscheidend in der Arbeit mit Gruppen oder Teams. Beim Erledigen einer Aufgabe kann man das Augenmerk auf Ziele, Vorgehensweisen oder Wahlmöglichkeiten richten. (Das allein kann zu höchst unterschiedlichen Herangehensweisen beim Planen oder Problemlösen führen: Eine Strategie, die sich an der Vorgehensweise orientiert, wird Wert darauf legen, dass „die Regeln eingehalten werden"; dagegen bedeutet ein Ansatz, der sich an Wahlmöglichkeiten orientiert, dass man möglichst viele Variationen findet.) Bei Beziehungsthemen können sich ganz unterschiedlich ausgeprägte Standpunkte zeigen. Entweder liegt die Betonung mehr auf dem eigenen Standpunkt, dem der anderen oder dem des größeren Systems (des Unternehmens, des Markts etc.).

Strategien zur Problemlösung können in unterschiedlichen Kombinationen *Vision, Handlung, Logik* oder *Emotion* betonen. Der *allgemeine Denkstil* einer Gruppe oder Kultur hängt oft davon ab, welche dieser kognitiven Strategien besonders hervorgehoben wird. In Vision, Handlung, Logik und Emotion kommen die Elemente einer bestimmten kognitiven Strategie eher allgemein zum Ausdruck, also in Visualisierung, Bewegung, verbalem Ausdruck und Gefühl. Der Denkstil ähnelt dem NLP-Konzept des „primären" oder „bevorzugten" Repräsentationssystems.

Zusammenfassung der wichtigsten Metaprogramm-Muster

1. **Herangehensweise an Probleme**
   a. auf das Positive zu
   b. weg vom Negativen

2. **Time Frame**
   a. kurzfristig – langfristig
   b. Vergangenheit – Gegenwart – Zukunft

3. **Chunk-Größe**
   a. große Einheiten – Allgemeines
   b. kleine Einheiten – Details

4. **Bezugsrahmen / Referenz**
   a. innere Referenz oder Referenz „selbst" – proaktiv
   b. äußere Referenz oder Referenz „andere" – reaktiv

5. **Art des Vergleichs**
   a. Matching *(Ähnlichkeiten)* – Übereinstimmung
   b. Mismatching *(Unterschiede)* – Konfrontation

6. **Herangehensweise an Probleme**
   a. Aufgabe (Leistung)
      1. Wahlmöglichkeiten – Ziele
      2. Vorgehensweisen – Handlungen
   b. Beziehung (Kraft, Zuneigung)
      1. selbst – *mein, ich, mir, mich*
      2. andere – *du, Sie, sein, ihr*
      3. Kontext / Zusammenhang – *wir, das Unternehmen, der Markt*

7. **Denkstil**
   a. Vision
   b. Handlung
   c. Logik
   d. Emotion

Auch die Kriterienhierarchie und die zentrale neuro-logische Ebene eines Menschen können als Metaprogramm-Merkmale betrachtet werden. Eine *Kriterienhierarchie* zeigt im Grunde, welche Prioritäten jemand bei einem Ziel oder Problem setzt, spiegelt die Wichtigkeit oder Bedeutung wider, die Menschen verschiedenen Handlungen und Erfahrungen zuschreiben. Kriterien sind im Wesentlichen Werte, die uns zum Handeln motivieren, etwa: Leistung, Kraft, Überleben, Effizienz, Übereinstimmung, Gewinn, Wachstum, Produktivität, Zuneigung, Qualität, Ökologie. Solche Kriterien bestimmen sehr stark andere Metaprogramm-Muster und sagen viel über diese aus. Menschen, bei denen „Leistung" hoch oben in der Kriterienhierarchie steht, orientieren sich wahrscheinlich stärker an Aufgaben als Personen, deren höchster Wert „Zuneigung" ist. Genauso ist es, wenn sich jemand auf „Kraft" konzentriert. Er ist wahrscheinlich proaktiver und hat eine stärkere innere Referenz als jemand, der „Übereinstimmung" betont usw.

Die neuro-logische Ebene des Fokus ergibt sich daraus, worauf Einzelne oder Gruppen üblicherweise die Aufmerksamkeit richten, wenn sie ein Problem lösen oder den Weg zu einem erwünschten Zustand planen. Das Augenmerk kann man richten auf:

   die Umgebung – *Wo? Wann?*
   Verhaltensweisen – *Was?*
   Fähigkeiten – *Wie?*
   Überzeugungen und Werte – *Warum?*
   die Identität – *Wer?*
   oder das System – *Wer noch? Für wen?*

Die besonders fokussierte neuro-logische Ebene bestimmt den Wirkungsbereich anderer Metaprogramm-Muster. Wenn man etwas in der Umgebung vermeidet, ist das etwas anderes, als wenn man auf der Identitätsebene zu vermeiden versucht, etwas zu sein. Verhaltensweisen zu *mismatchen* ist anders als Überzeugungen und Werte zu *mismatchen* usw. Es ist auch möglich, auf einer Ebene zu vermeiden, zu *mismatchen* oder eine innere Referenz zu haben, aber auf einer anderen Ebene auf etwas zuzugehen, zu *matchen* oder eine äußere Referenz zu haben. Ja, wenn man die neurologischen Ebenen des Fokus einbezieht, kann man oft scheinbare Widersprüche oder Paradoxa klären, die beim Identifizieren grundlegender Metaprogramm-Muster zutage treten (jemand kann beispielsweise auf einer Ebene „auf etwas zugehen" und auf einer anderen „etwas vermeiden").

1.10.2 *Metaprogramm-Gruppen und Gruppenprozesse*

Unterschiedliche Arten, an Probleme heranzugehen und sie zu lösen, zeichnen sich durch unterschiedliche Gruppen und Sequenzen von Metaprogramm-Mustern in verschiedenen „Mischungsverhältnissen" aus. Jemand konzentriert sich vielleicht zu 80 Prozent auf die Beziehung und zu 20 Prozent auf die Aufgabe und legt dabei die Betonung zu 70 Prozent auf die langfristige Wirkung und zu 30 Prozent auf die kurzfristige. Jemand anders richtet sein Augenmerk vielleicht zu 90 Prozent auf die Aufgabe und denkt hauptsächlich an die kurzfristigen Folgen.

Die verschiedenen Gruppen von Metaprogramm-Mustern decken offenkundig verschiedene Bereiche eines Problemraums ab. So gesehen gibt es keine „richtigen" und „falschen" Metaprogramme. Wie gut sie bei der Problemlösung wirken, hängt vielmehr von der Fähigkeit ab, wie man sie einsetzt, sodass sie den Raum abdecken, der notwendig ist, um angemessen mit einem Problem umzugehen oder um ein Ziel zu erreichen. Die unterschiedlichen Phasen der Walt-Disney-Strategie (Träumer, Realist und Kritiker) sind beispielsweise gekennzeichnet durch bestimmte Gruppen von Metaprogramm-Mustern:

Denkstil	Träumer	Realist	Kritiker
Ebene des Fokus	Was?	Wie?	Warum?
bevorzugte Repräsentation	Vision	Handlung	Logik
Herangehensweise	hin zu	hin zu	weg von
Time Frame	langfristig	kurzfristig	lang-/kurzfristig
Orientierung in der Zeit	Zukunft	Gegenwart	Vergangenheit/Zukunft
Referenz	innere – selbst	äußere – Umgebung	äußere – andere
Art des Vergleichs	Matching	Matching	Mismatching

Abbildung 34: Unterschiedliche Gruppen von Metaprogramm-Mustern ergeben in der Kombination unterschiedliche Denkstile.

Unterschiedliche Arten von Tätigkeiten erfordern unterschiedliche Einstellungen und Herangehensweisen. Manche Tätigkeiten verlangen oder betonen die Fähigkeit, sich auf die Mikroeinheiten und Details zu konzentrieren. Bei anderen muss man das große Bild sehen können. Auch in den verschiedenen Phasen des Planungs- oder Problemlösungsablaufs einer Gruppe oder eines Teams können unterschiedliche Denkstile gefragt sein. Deshalb sind bestimmte Einstellungen oder Gruppen von Metaprogramm-Mustern in den unterschiedlichen Stadien eines Gruppenprozesses mehr oder weniger nützlich. Eine stärkere Betonung der Ergebnisse als der Vorgehensweisen kann die Zusammenarbeit einer Gruppe zu den verschiedenen Zeiten fördern oder einschränken. In manchen Phasen muss man sich stärker darauf konzentrieren, eine Übereinstimmung zu finden, und in anderen Phasen ist es wichtig, unterschiedliche Sichtweisen anzuregen.

Für unterschiedliche Arten von Aufgaben haben die verschiedenen Denkstile und Herangehensweisen auch einen jeweils anderen Wert. Beim Brainstorming kann es beispielsweise förderlich sein, das Denken in Richtung auf das große Bild und einen längerfristigen Zeitrahmen zu lenken. Um Pläne und Vorgehensweisen auszuarbeiten, dürfte es hilfreicher sein, sich auf kurzfristiges Handeln zu konzentrieren. Bei analytischen Aufgaben ist es wahrscheinlich angebrachter, sich ganz logisch die Details der Aufgabe zu überlegen etc.

Unter diesem Gesichtspunkt geht es beim Leiten eines Gruppenprozesses hauptsächlich darum, die unterschiedlichen Metaprogramm-Muster der Gruppenmitglieder zu *pacen* und zu *leaden*, um die „fehlenden Bindeglieder" zu ergänzen und die Wahrnehmung des Problem- oder Lösungsraums zu erweitern.

Metaprogramm-Muster identifizieren

Metaprogramm-Muster lassen sich durch Hinweise in der Sprache in Form von Schlüsselwörtern und -wendungen erkennen.

Ein Beispiel:

Eine Teilnehmerin klagt während eines Kurses zu einem bestimmten Thema: „Ich habe keine Lust, mir so viel Mühe zu geben und diesen Stoff zu lernen, denn der ist bald veraltet und ich möchte meine Zeit nicht vergeuden." Eine solche Aussage verrät viel über die Metaprogramm-Muster, die da „am Werk" sind. Die Aussage weist darauf hin, dass die Teilnehmerin auf das „Fühlen" hin orientiert ist und sich beispielsweise darauf konzentriert, etwas als negativ Wahrgenommenes zu vermeiden („so viel Mühe" und „Zeit vergeuden"). Sie verwendet das Wort „ich", was auf eine starke Selbst-Referenz hinweist („ich habe keine Lust", „ich möchte nicht"). Die Aussage betont zudem die kurzfristige Zukunft („der ist bald veraltet") und das Allgemeine (die Teilnehmerin spricht von „diesem Stoff", statt bestimmte Aspekte des Stoffes zu nennen).

Metaprogramm-Muster lassen sich durch Fragen und Denkanregungen stimulieren. Sie werden oft als Ergebnis einer Selbsteinschätzung mit Multiple-Choice-Fragen eruiert, um die Präferenzen eines Menschen in einem bestimmten Kontext oder einer Situation zu ermitteln.

Ganz einfach und umfassend kann man die wichtigsten kognitiven Muster und Verhaltenshinweise mit der sogenannten „kontrastiven Analyse" ermitteln. So nennt man einen Prozess, bei dem man verschiedene Zustände, Repräsentationen, Landkarten, Durchführungsweisen oder Beschreibungen vergleicht, um „den Unterschied, der den Unterschied ausmacht" herauszufinden. Durch Vergleichen und Gegenüberstellen kann man Informationen erhalten, dank derer man die Struktur der Erfahrung besser verstehen kann.

Ein Beispiel:

Ein Mann erlebt sich in einem Kontext als kreativ, in einem anderen aber als unkreativ. Diese beiden Erfahrungen kann er dann im Hinblick auf die Unterschiede analytisch vergleichen. Er kann feststellen, wie sich die Gefühle unterscheiden, die Körpersprache, der Fokus der Aufmerksamkeit, die Überzeugungen und Werte, die Denkstrategien und die Hinweise aus der Umwelt. Indem ihm diese Hinweise und Unterschiede bewusst werden, kann er Lernstrategien anwenden, um Anteile der Erfahrungen zu verändern.

Die meisten „Utilisierungs"prozesse des NLP basieren auf der kontrastiven Analyse.

1.10.3 *Metaprogramm-Muster übertragen (mapping across)*

Metaprogramm-Muster elizitieren zu können bietet unter anderem den Vorteil, dass man deutlicher wahrnimmt, wie sie auf eine Kommunikation oder Interaktion wirken. Wie bei anderen kognitiven Fähigkeiten ziehen Menschen mitunter bestimmte Metaprogramm-Muster anderen vor. Und wie bei anderen Mustern kann das sowohl eine Stärke darstellen als auch Probleme hervorrufen.

Metaprogramm-Muster werden manchmal als eine Art NLP-„Persönlichkeitstheorie" betrachtet. In Wirklichkeit sind sie Unterscheidungen für Muster und Neigungen bei kognitiven Strategien; starre und unveränderliche Identitätsmerkmale sind sie nicht. Gruppen von Metaprogramm-Mustern können helfen, individuelle und kulturelle Unterschiede zu verstehen und zu beschreiben – und zwar ohne diese zu bewerten. Sie sind außerdem nützliche Werkzeuge, um Modelle für einen eigenen Denkstil oder eine Denkkultur zu entwickeln. Mit Metaprogramm-Mustern lässt sich ein allgemeiner Trend in einem bestimmten Kontext beschreiben. Sie sind jedoch immer flexibel und ständig in Entwicklung begriffen.

Metaprogamm-Muster hängen oft vom Kontext ab und können sich je nach Situation verändern. Wie andere NLP-Unterscheidungen können Metaprogramm-Muster von einer Situation auf eine andere transferiert oder „übertragen" (map across) werden, um eine Veränderung oder Verbesserung herbeizuführen. In der folgenden Übung werden mit einer einfachen kontrastiven Analyse Metaprogramm-Muster, die man aus einem ressourcenvollen Zustand oder einer solchen Situation elizitiert, identifiziert und dafür eingesetzt, um eine Herausforderung anzugehen.

ÜBUNG

1. Finden Sie eine Situation, in der es darum geht, eine Entscheidung zu treffen, ein Problem zu lösen oder in der Sie sich zu etwas motivieren möchten, das Ihrem Empfinden nach schwierig zu schaffen ist. Identifizieren Sie eine andere schwierige Situation, die der ersten ähnelt, die Sie aber bereits ressourcenvoll handhaben konnten.
2. Bestimmen Sie zwei Stellen im Raum für die verschiedenen Situationen und eine dritte Stelle für eine „Metaposition".
3. Assoziieren Sie sich nacheinander in die schwierige und in die ressourcenvolle Situation, um ein genaues Gefühl dafür zu bekommen, wie Sie beide in Ihrem Inneren unterschiedlich wahrnehmen.
4. Vergleichen Sie von der Metaposition aus die Metaprogramm-Muster, die in der jeweiligen Situation wirken. Worin unterscheiden sich die, die Sie in der ressourcenvollen Situation nutzen, von denen in der schwierigen Situation?
5. Begeben Sie sich in die ressourcenvolle Situation und konzentrieren Sie sich auf die wichtigsten Metaprogramm-Muster, die Sie in dieser Erfahrung anwenden. Setzen Sie einen Anker, sodass Sie leicht fühlen und sich erinnern können, wie es ist, aus diesen Metaprogrammen heraus zu handeln.
6. Begeben Sie sich nun in die schwierige Situation und übertragen Sie mithilfe Ihres Ankers die Metaprogramm-Muster aus der ressourcenvollen Erfahrung auf diese Situation. Nehmen Sie wahr, wie Sie die schwierige Situation nun anders und erfüllter erleben.

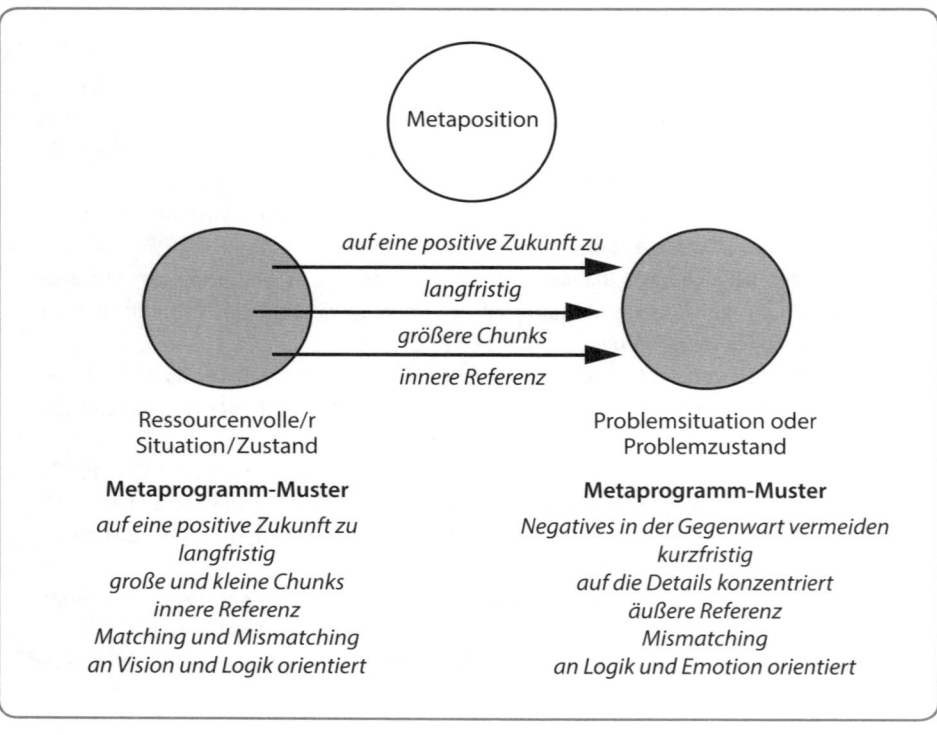

Abbildung 34: Metaprogramm-Muster lassen sich von einer Situation auf eine andere übertragen und helfen so, ein Gleichgewicht herzustellen.

1.11 Die einheitliche Feldtheorie des NLP: Ein Überblick über 30 Jahre NLP-Entwicklung

Die entscheidenden Entwicklungen der vorangehenden NLP-Generationen und ihr Beitrag zu unserem Verständnis des kognitiven Geistes lassen sich auch mit der – wie wir sie nennen – einheitlichen Feldtheorie des NLP zusammenfassen.

Albert Einstein suchte nach einer „einheitlichen Feldtheorie" für die Physik, die alle anderen physikalischen Theorien zu einem einzigen Modell dazu verbindet, wie das Universum funktioniert. Nach Einsteins Überzeugung war es möglich, einen Grundrahmen aufzustellen und Grundprinzipien herauszufinden, die die vielen verschiedenen Modelle und Theorien der Physik vereinigen. Ebenso gibt es auch in der Psychologie eine Fülle von Theorien, die alle unterschiedliche Sichtweisen und Techniken liefern. Sie alle können außerordentlich wirksam und lohnend sein, sind aber noch nicht zu einer einzigen einheitlichen Struktur vereinigt worden.

Wie der Name schon andeutet, begann das Neurolinguistische Programmieren selbst als eine Art einheitliche Feldtheorie – ein funktionierender Rahmen, der die Fachgebiete Neurologie, Linguistik und künstliche Intelligenz zusammenfasste. Mit dem NLP führten John Grinder und Richard Bandler diese Fachgebiete zusammen, sodass sie ein „Metamodell" ergaben – ein Modell für den Modelling-Prozess. Die Mission des NLP bestand darin, die „neurolinguistischen" Muster herauszufinden, die sich in vielen Bereichen menschlichen Handelns bewährt haben. Bevor es NLP-Unterscheidungen gab, wie Repräsentationssysteme, Zugangshinweise und Submodalitäten, und ganz bestimmt bevor es irgendwelche NLP-Techniken gab, existierte das Feld des NLP als eine Reihe von zentralen Vorannahmen über die Struktur subjektiver Erfahrung und ihre Auswirkungen auf die Interaktion von Menschen. Aus diesen Vorannahmen definierten sich die Philosophie und „Epistemologie" des NLP. NLP-Techniken und -Unterscheidungen entstanden als Ausdruck und Manifestation dieser zugrunde liegenden Prinzipien. Ja, die ursprünglichen Rollenvorbilder, von denen viele dieser Ausdrücke und Manifestationen stammten, begründeten die systemische Richtung in der Psychologie und Therapie: Gregory Bateson, Virginia Satir und Milton Erickson.

Die Grundprinzipien des NLP wurden also zu spezifischen Anwendungen weiterentwickelt und aus Gründen der Lehrbarkeit in kleinere „Einheiten" unterteilt. Dabei wurde NLP immer weniger als systemisches Modell gelehrt und immer stärker als ein linearer Ansatz mit schrittweisem Vorgehen auf der Ebene der Fähigkeiten. Dadurch ließen sich zwar die Fertigkeiten und Techniken rasch vermitteln, doch viel von der Ökologie und „Weisheit" des „größeren Bildes" ist dabei auf der Strecke geblieben.

Heute stellen viele NLP-Schüler fest, dass sie mühsam schauen müssen, wie all die zahlreichen Werkzeuge und Techniken, die sie gelernt haben, zusammenpassen.

Mitte der 1980er-Jahre begann einer der Autoren, Robert Dilts, eine einheitliche Feldtheorie des NLP zu entwickeln, die er laufend erweitert und weiterentwickelt hat. Auf einer Ebene geht es bei der einheitlichen Feldtheorie des NLP darum, wie alle NLP-Techniken zusammenpassen. Auf einer anderen Ebene thematisiert diese Theorie die Beziehung zwischen NLP und anderen Gedankensystemen; etwa wie der Einsatz von NLP im Erziehungswesen mit dem Einsatz von NLP in der Unternehmensführung zusammenhängt; oder mit dem Vorgehen bei wissenschaftlichen Entdeckungen, beim Programmieren von Computern oder in der Therapie.

1.11.1 Das SOAR-Modell

Wie Chomskys Modell der Transformationsgrammatik der Bezugsrahmen für die ersten NLP-Modelle und -Techniken war, so ist das SOAR-Modell der zugrunde liegende Bezugsrahmen für die einheitliche Feldtheorie des NLP.

Das SOAR-Modell ist ein Programmiermodell zur allgemeinen Problemlösung aus dem Bereich der künstlichen Intelligenz (KI). SOAR steht für State-Operator-And-Result (Zustand, Operator und Resultat). Damit definiert es den Grundprozess, wie man einen Weg von einem gegenwärtigen zu einem erwünschten Zustand findet und geht. Die Anwendung eines Operators verändert den Istzustand in eine Richtung entweder hin zu oder weg von einem Zielzustand. Die Ergebnisse dieser Anwendung von Operatoren werden als „Bedingung-Aktion"-Regeln gespeichert (die man auch als T.O.T.E.s bezeichnen könnte). Sie setzen sich aus folgenden Bestandteilen zusammen: a) Beweisen, um die maßgeblichen *Zustände* zu identifizieren, und b) aus *Operationen*, also Handlungen, mit denen diese Zustände in die gewünschte Richtung verändert werden.

SOAR wurde in den 1950er-Jahren von Allen Newell, Herbert Simon und Clifford Shaw entwickelt. Es wurde für Computerschachprogramme eingesetzt, die aus ihren eigenen Erfahrungen lernen, indem sie sich daran erinnern, wie sie Probleme lösten. Diese hervorragenden Schachprogramme sind bis heute die erfolgreichste Anwendung künstlicher Intelligenz (KI).

„Nach dem Modell finden alle mentalen Vorgänge, die auf eine vorgegebene Aufgabe verwendet werden, in einem kognitiven Rahmen statt, den man Problemraum nennt. Ein Problemraum wiederum besteht aus einer Reihe von Zuständen, die die Situation in einem beliebigen Moment beschreiben, und einer Reihe von Operatoren, die beschreiben, wie der Problemlöser die Situation von einem Zustand in einen anderen verwandeln kann. Beim Schach wäre der Problemraum zum Beispiel [die Reihe von Parametern, die] ‚ein Schachspiel' [definieren], [wie die zwei Spieler, das Schachbrett usw.]. Ein Zustand wäre in unserem Beispiel eine bestimmte Stellung der Figuren auf dem Schachbrett; ein Operator wäre ein erlaubter Zug. Der Problemlöser hat die Aufgabe, die Abfolge von Operatoren zu suchen, die ihn von einem vorgegebenen Ausgangszustand (sagen wir mit Figuren in der Anfangsstellung eines Schachspiels) zu einem vorgegebenen Lösungszustand bringen (der König des Gegners im Schachmatt)" (Waldrop 1988).

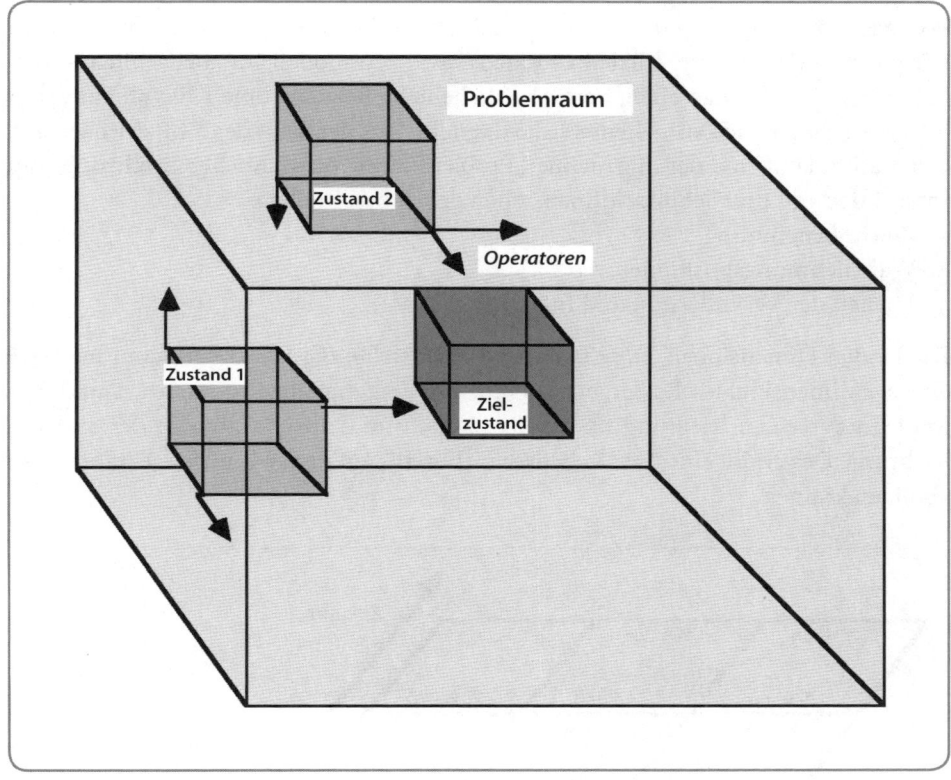

Abbildung 36: Zustände innerhalb eines Problemraums

Sobald diese Parameter definiert sind, muss der Problemlöser eine Leitstrategie formulieren, um die Abfolge von Operatoren zu finden, die ihn vom Ausgangszustand zum Zielzustand bringen. Das läuft nach einer Reihe von priorisierten Bedingung-Aktion-Regeln ab in Form von: „WENN du einen bestimmten Zustand wahrnimmst, DANN wende eine bestimmte Abfolge von Operatoren an."

Gerät der Problemlöser in eine Sackgasse, dann werden Sub-Ziele und Sub-Operationen (also Sub-TOTEs) erzeugt, die er sich dann als neue Bedingung-Aktion-Regeln merkt. Bei dieser Vorgehensweise beginnt der Problemlöser mit *Versuch und Irrtum* als Leitstrategie (Anfänger), geht dann über zum *Bergsteigeralgorithmus* (man tut das, was zum jeweiligen Zeitpunkt am besten erscheint) und gelangt dann zur *Mittel-Ziel-Analyse* (Experte).

1.11.2 NLP mit dem SOAR-Modell kombinieren

Wenn wir das SOAR-Modell mit den NLP-Unterscheidungen kombinieren, können wir ein praktisches und effizientes Experten-Systemmodell für menschliches Verhalten entwickeln, das einen vereinheitlichenden Bezugsrahmen für alle anderen NLP-Techniken und -Vorgehensweisen darstellt. Aus der Sicht des NLP der nächsten Generation lässt sich der allgemeine „Problemraum" menschlicher Erfahrung und Interaktion mit drei Schlüsseldimensionen genau beschreiben:
1. Zeitwahrnehmung
2. Wahrnehmungspositionen
3. Ebenen der Veränderung und Interaktion

Die beiden Dimensionen *Time Lines* und *Wahrnehmungspositionen* kann man auf ein zweidimensionales Raster projizieren mit Vergangenheit, Gegenwart und Zukunft in der einen Richtung und erste, zweite und dritte Position in der anderen Richtung. Das ergibt eine Art „Lebensschachbrett", auf dem wir unsere Erfahrungen abbilden können.

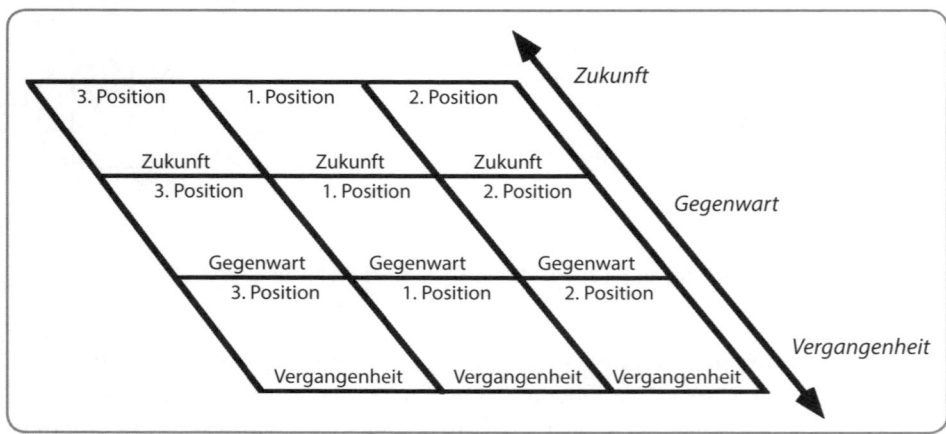

Abbildung 37: Zeitwahrnehmung und Wahrnehmungspositionen lassen sich in einem Raster anordnen, das eine Art „Lebensschachbrett" ergibt, auf dem wir unsere Erfahrungen abbilden können.

Diese drei „Zustands"-Dimensionen 1) Time Frame, 2) Wahrnehmungsposition und 3) Veränderungsebene und Interaktion kann man als dreidimensionale Matrix oder als „Arbeitsraum" darstellen, den folgende Abbildung veranschaulicht. In dieser Matrix kann man praktisch jede NLP-Intervention sehen und betrachten.

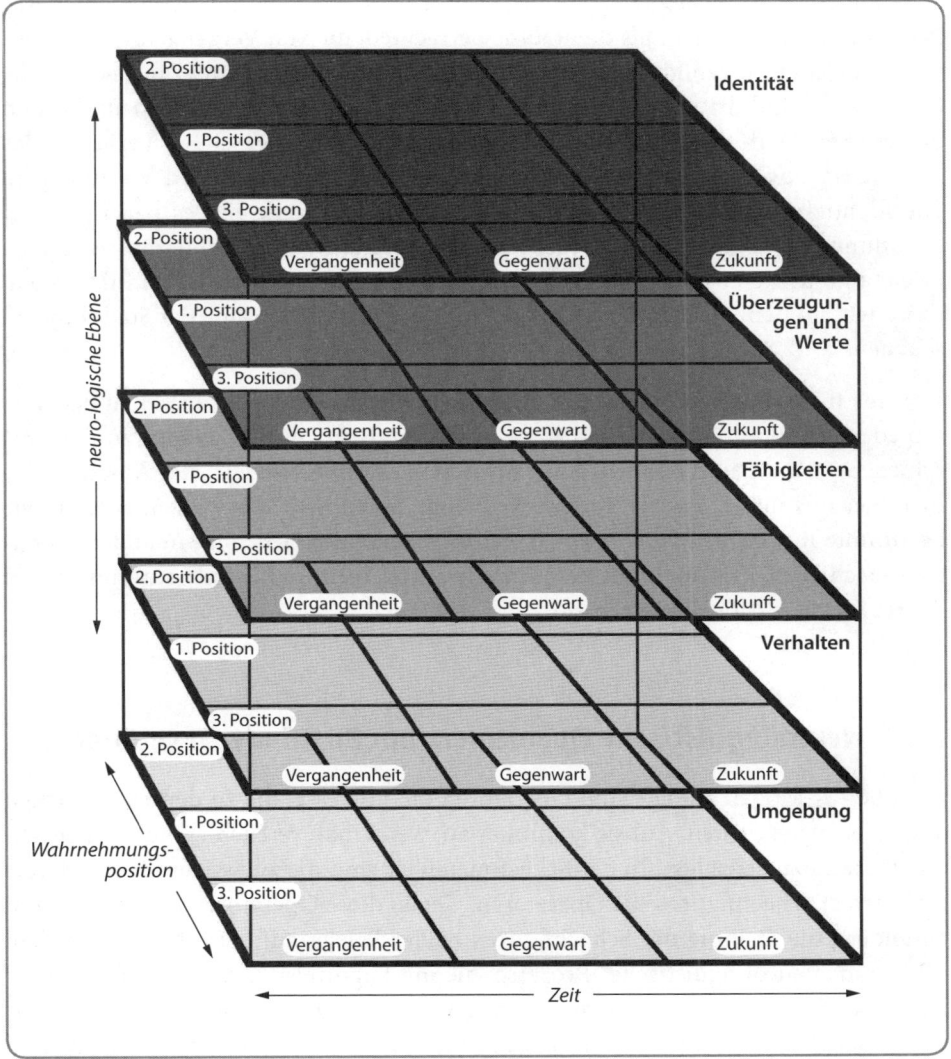

Abbildung 38: Das „Klettergerüst": ein konzeptueller Arbeitsraum für „Zustände" und NLP-Interventionen auf der Grundlage des SOAR-Modells

Dieser „Arbeitsraum" wird manchmal als das NLP-„Klettergerüst" bezeichnet, denn wenn man ihn kinästhetisch erlebt, erinnert er an ein Kinderspielgerät. Es ist so, als könnte man auf den verschiedenen Plattformen, die die verschiedenen Time Frames, Wahrnehmungspositionen und Erfahrungsebenen abbilden, herumklettern.

Eine andere gute Analogie für diesen Raum wäre ein Wohnhaus. Die einzelnen Wohnungen könnte man als die Räume betrachten, die von Vergangenheit, Gegenwart und Zukunft gebildet werden. In jeder Wohnung gäbe es drei Zimmer, für die erste, zweite und dritte Wahrnehmungsposition. Die verschiedenen Ebenen wären die Stockwerke des Gebäudes. Die Umgebung wäre das Erdgeschoss, Verhalten das nächste Stockwerk; dann würden Fähigkeiten, Überzeugungen und Werte folgen. Die Identität wäre die Dachwohnung. In jedem Stockwerk gibt es natürlich drei Wohnungen (Vergangenheit, Gegenwart und Zukunft) mit drei Zimmern (erste, zweite und dritte Position). Die spirituelle Ebene können wir in diesem Bild finden, wenn wir auf dem Hausdach stehen und auf die anderen Gebäude der Stadt hinausschauen.

Um uns in diesem Wohnhaus zu bewegen, brauchen wir die Schlüssel zu den verschiedenen Wohnungen und wir müssen wissen, wo sich die Zugänge zu den verschiedenen Zimmern befinden. Auch müssen wir wissen, wie wir zum Aufzug kommen, der uns in die oberen Stockwerke bringt. Sobald wir das wissen, können wir bestimmte Ressourcen aus verschiedenen Bereichen des Gebäudes in andere Bereiche verschieben. Mitunter müssen wir vielleicht auch einige Zimmer aufräumen und sauber machen, Möbel ersetzen etc.

1.11.3 Neurolinguistische Operatoren, um Zustände zu verändern

Dem SOAR-Modell zufolge sind Operatoren die Prozesse, die zu den tatsächlichen Veränderungen führen. Auf sie kommt es an, wenn man versucht, einen erwünschten Zustand zu erreichen. In der Schachmetapher sind die zulässigen Züge der verschiedenen Schachfiguren die Operatoren. Genau diese Operatoren bestimmen und verändern die Stellung der Schachfiguren beider Spieler auf dem Brett. Nach dem NLP sind „neurolinguistische" Prozesse, die mit kognitiven Strategien, der Physiologie und Sprachmustern zusammenhängen, die Hauptoperatoren, mit denen wir unser Denken und Verhalten verändern. Um effektiv zu sein, müssen alle Pläne und Techniken in spezifischen und beobachtbaren kognitiven, verbalen oder körperlichen Hinweisen und Mustern ausgearbeitet sein.

Repräsentationen wie „Ziel", „Veränderungsebene", „Wahrnehmungsposition" und „Zeit" sind kognitive Konzepte und Abstraktionen, die wir mental erschaffen. Als

Menschen sind wir nicht so ausgestattet, dass wir direkt „selbst", „andere", „Zeit" etc. wahrnehmen oder verändern. Vielmehr nehmen wir sie über „Echtzeit"-Operatoren in unserem Nervensystem wahr und verändern sie auch über diese, nämlich über unsere Sinne, unsere Sprache und unser körperliches Verhalten. Schon der Name „Neurolinguistisches Programmieren" beinhaltet diese drei Grundoperatoren für Veränderung.

„Neuro" – spezifische Sinnesrepräsentationen (und Submodalitäten)
„linguistisch" – Sprachmuster
„Programmieren" – physiologische Hinweise und Reaktionen

Menschen „operieren", also handeln in Echtzeit, wenn sie wahrgenommene Zustände mithilfe ihrer Sinne, ihrer Sprache und ihres körperlichen Verhaltens verändern. Das sind die einzigen Prozesse, die wir direkt beobachten und beeinflussen können. Letztlich liegt der Schlüssel für wirksames oder unwirksames Verhalten in diesen kognitiven, linguistischen und Verhaltensfähigkeiten, die bestimmen, in welchen Zuständen wir uns jeweils befinden.

Um in einem bestimmten Veränderungsprozess einzelne Schritte umzusetzen, müssen die Menschen spezifische Änderungen in ihrer kognitiven Erfahrung und ihrem körperlichen Verhalten vollziehen.

Ein Beispiel:

Angenommen, eine Frau will einen Problemzustand in Richtung eines Ressourcenzustandes verlagern, dann könnte sie so vorgehen: Sie entwirft ein mentales Bild von sich bei einer Gelegenheit, als sie sich zentriert und flexibel fühlte. Diesen erwünschten Zustand kann sie als „zuversichtlich" benennen und ihre Körperhaltung so verändern, dass sie sich stärker an die Körperhaltung des inneren Bildes angleicht. Diese „Mikro"-Operationen werden neurologische Veränderungen anregen, die den Zustand zu einem gewissen Grad verändern.

In jeder psychologischen Technik werden einzelne Schritte als solche spezifischen „neurolinguistischen" Prozesse definiert und vorausgesetzt.

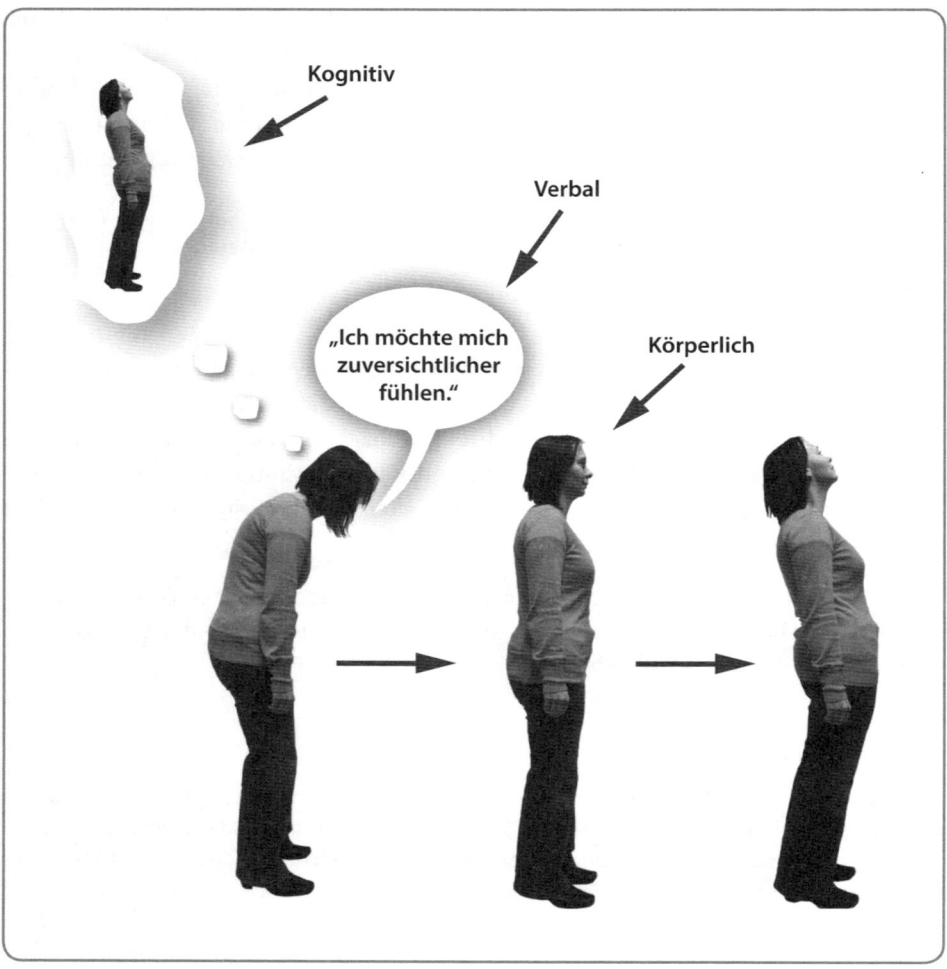

Abbildung 39: Spezifische kognitive Prozesse, Sprachmuster und Körperhinweise sind die „neurolinguistischen" Operatoren, durch die die Veränderungsschritte vollzogen werden.

So ist also jede Stelle im Arbeitsraum eines NLP-SOAR definiert durch eine spezifische Reihe von a) Sinnesrepräsentationen und Submodalitäten, b) sprachlichen Hinweisen und Mustern und c) Manifestationen und Ausdrucksformen im Verhalten.

Nachstehend sind die wichtigsten neurolinguistischen Operatoren zusammengefasst, über die man auf die drei bisher in diesem Kapitel vorgestellten Grunddimensionen des NLP-SOAR-Arbeitsraums einwirken kann.

Neurolinguistische Operatoren zur Veränderung der Zeitwahrnehmung

Um unser Erleben von Zeit und Zeitrahmen (Time Frames) zu verändern (Vergangenheit, Gegenwart und Zukunft), müssen wir die jeweils zugeordneten verbalen, sinnesspezifischen und körperlichen Muster verändern.

Vergangenheit: Aus neurologischer Sicht besteht unsere Vergangenheit aus bestimmten Erinnerungen und wird physiologisch Prozessen in der „rechten Gehirnhälfte" zugeordnet (diese sind bei Rechtshändern typischerweise durch Augenbewegungen und Gesten nach links charakterisiert). Erinnerungen sind im Allgemeinen „assoziierte" multisensorische Repräsentationen bestimmter Ereignisse. In der Sprache kommt die Vergangenheit zum Ausdruck in der Vergangenheitsform von Verben, z. B. „sah", „fühlte", „tat", „sprach".

Gegenwart: Neurologisch ist unser Erleben der Gegenwart in der laufenden Sinneserfahrung verankert. Weil die Gegenwart meist mit der unmittelbaren Sinneserfahrung einhergeht, ist die Physiologie, die mit dem Time Frame Gegenwart assoziiert wird, aktiv und auf die jeweiligen Umgebungsreize reagierend. In der Sprache kommt dieses Erleben durch Begriffe in der Gegenwartsform zum Ausdruck, z. B. „ich sehe", „fühle", „tue", „sage".

Zukunft: Neurologisch ist unsere Wahrnehmung der *Zukunft* ein Resultat von Imagination, Erwartung und Vorstellungskraft. Diese werden den Prozessen in der linken Gehirnhälfte zugeordnet (bei Rechtshändern sind sie durch Augenbewegungen und Gesten nach rechts gekennzeichnet). Kognitive Konstruktionen der Zukunft sind häufiger „dissoziiert" im Vergleich zu Repräsentationen der Gegenwart und Vergangenheit. Sprachlich kommen sie durch die Zukunftsform zum Ausdruck: „werde sehen", „werde fühlen", „werde tun", werde sagen" etc.

Erfahrungen, die in der weiter zurückliegenden Vergangenheit oder in der ferneren Zukunft wahrgenommen werden, gehen mit eher dissoziierten inneren Repräsentationen und physiologischen Hinweisen einher. Wenn man sich in die Vergangenheit assoziiert und sie erneut durchlebt oder in die Zukunft geht und so tut, „als ob" sie jetzt stattfände, dann bringt man beide stärker in die „Gegenwart" und die inneren Repräsentationen sowie die Physiologie werden stärker assoziiert und umfassender.

Neurolinguistische Operatoren zur Veränderung der Wahrnehmungspositionen

Die erste Position zeichnet sich durch „assoziierte" Sinnesrepräsentationen aus: Sie sehen, hören, fühlen, schmecken und riechen, was um Sie herum und in Ihnen vorgeht – aus Ihrer eigenen Sicht. Wenn Sie in der ersten Position sind, sehen Sie sich nicht selbst, sondern Sie sind in sich selbst und nehmen die Welt durch Ihre eigenen Augen, Ihre eigene Nase, Haut etc. wahr. Die Physiologie der ersten Position ist im Allgemeinen aktiv und beinhaltet Gesten zu sich selbst hin, wobei die Hände oft den Brustkorb oder die Körpermittellinie berühren. Sprachlich ist die erste Position gekennzeichnet durch Pronomina der ersten Person „ich" und „mich selbst", wenn man über die eigenen Gefühle, Wahrnehmungen und Ideen spricht.

In der *zweiten Position* versetzt man sich in die Perspektive eines anderen Menschen, wechselt über in dessen Körperhaltung; dabei steht, sitzt und bewegt man sich, wie dieser Mensch es tut. Man erlebt die Welt durch die Sinne des anderen Menschen und übernimmt seine Gedanken, Gefühle und Überzeugungen etc. In dieser Position ist man von sich selbst dissoziiert und in den anderen Menschen assoziiert, man sieht sich selbst aus dessen Blickwinkel. Wenn man die Sprache der zweiten Person verwendet, spricht man das eigene „Selbst der ersten Position" als „du / Sie" an (im Gegensatz zu „ich" oder „mir, mich").

In der *dritten Position* ist die Körperhaltung symmetrisch und entspannt und relativ unbewegt – als wäre man ein distanzierter Beobachter. Alle Repräsentationen der Erfahrung sind dissoziiert und man verwendet Pronomina der dritten Person wie „sie" oder „er", wenn man von dem Menschen spricht, den man beobachtet (auch von dem, der wie Sie aussieht, spricht und handelt).

In der *vierten Position* identifiziert man sich mit dem System oder der Beziehung selbst; sie ruft die Erfahrung hervor, Teil eines Kollektivs zu sein. Die vierte Position ist eine „Wir"-Position und sie ist charakterisiert durch die Verwendung der ersten Person Plural – „wir sind", „uns" etc. Auf der körperlichen Ebene kommt die vierte Position in den energetisch erlebten Eigenschaften zum Ausdruck, die durch die Interaktionen im System oder in der Beziehung hervorgerufen werden.

Neurologische Operatoren zur Veränderung der neuro-logischen Ebenen

Die Sprache auf der Ebene der *Umgebung* bezieht sich auf konkrete wahrnehmbare Merkmale oder Details im eigenen äußeren Umfeld, etwa „weißes Papier", „hohe Wände", ein „großes Zimmer" etc. Verbal fragt man nach Wahrnehmungen zur Umgebung mit „wo?" und „wann?". Der kognitive Fokus in der kontinuierlichen Sinneserfahrung ist auf die äußere Welt gerichtet. Die Körperbewegungen sind eher eingeschränkt und die Gesten deuten weg vom Körper (als würde man auf Gegenstände oder von der Umgebung ausgehende Reize deuten).

Die Sprache auf der Ebene des *Verhaltens* bezieht sich auf spezifische Verhaltensweisen und beobachtbare Handlungen: „tun", „gehen", „berühren", „sagen" etc. Diese

Art von Sprache beantwortet üblicherweise die Frage nach dem „Was?". Die Repräsentation ist stark sinnesspezifisch und konzentriert sich auf bestimmte Wahrnehmungen oder mentale Filme von Handlungen und Reaktionen. Auch diese sind stark kinästhetisch ausgerichtet, man ist sich der Muskeln und Bewegungen gewahr. Die physiologischen Muster auf dieser Ebene sind ebenfalls stark handlungsorientiert, wobei Beine, Arme und Hände auf Gegenstände einwirken oder auf Umgebungsreize reagieren (oder solche Bewegungen reproduzieren mit vorgestellten Gegenständen oder in vorgestellten Situationen).

Die Ebene der *Fähigkeiten* ist gekennzeichnet durch Wörter wie „wissen", „verstehen", „können", „denken" etc. Fähigkeiten sind mit der Frage „wie?" verbunden. Der kognitive Fokus richtet sich auf mentale Repräsentationen, die mit der Imagination und der Erinnerung zusammenhängen. Fähigkeiten werden in Form von inneren Bildern, Geräuschen, Gefühlen, Selbstgesprächen etc. entwickelt und repräsentiert. Die physiologischen Muster von Prozessen auf der Ebene der Fähigkeiten laufen häufig um den Kopf herum ab. Man deutet vielleicht auf Augen und Ohren oder berührt den Mund. Mentale Fähigkeiten und Strategien zeichnen sich auch durch vielfältige Mikro-Verhaltenshinweise aus, die im NLP als „Zugangshinweise" bekannt sind (Augenbewegungen, Veränderung der Stimmlage etc.).

Sprachmuster, die mit *Überzeugungen und Werten* zu tun haben, zeigen sich üblicherweise in Aussageformen wie Bewertungen, Regeln und Ursache-Wirkungs-Beziehungen, wie zum Beispiel: „wenn ..., dann ...", „man sollte ...", „wir dürfen nicht ...", „... führt zu ..." etc. Diese Muster gehen meist mit der Frage „warum?" einher. Weil Überzeugungen und Werte sich auf Beurteilungen und Bewertungen beziehen, die man über ganze Verhaltenskategorien abgibt, mangelt es den inneren Repräsentationen dieser Ebene im Allgemeinen an Details. Kognitiv leiten sich Überzeugungen und Werte viel stärker von den formalen Merkmalen innerer Repräsentationen ab (also von den Submodalitäten) als von deren Inhalt. Neurologisch sind Überzeugungen und Werte auch mit autonomen Körperabläufen verbunden (Herzfrequenz, Blutdruck, Atemfrequenz etc.), weshalb sie eine stärkere emotionale Grundlage haben. Geht es in Gesprächen um Überzeugungen, machen die Menschen oft Gesten in Richtung ihrer inneren Organe wie Herz und Magen.

Prozesse und Einschätzungen auf der Ebene der *Identität* stehen im Zusammenhang mit Ausdrucksweisen wie: „Ich bin ein ...", „Er ist ein ..." oder „Du bist ein ..." etc. Das sind meist Antworten auf die Frage „wer?". Sowohl die verbalen Beschreibungen wie auch die kognitiven Repräsentationen, die die Identität ausdrücken, sind häufig symbolisch oder metaphorisch (beispielsweise „Ich bin wie ein Leuchtturm", „Er ist ein verbitterter Mensch", „Sie sind Bestien", „Sie ist wie der Sonnenschein" etc.). Die Physiologie ist bei Verarbeitungsprozessen auf der Identitätsebene sehr stark und beherrschend. Wenn jemand mit der eigenen Identität in Kontakt ist und sie zum Ausdruck bringt, dann macht er in der Regel symmetrische Gesten, die in gewisser Weise den ganzen Körper einbeziehen.

Bei Prozessen auf der *spirituellen* Ebene greift man auf ein größeres Feld zu und ist mit ihm verbunden. Gewöhnlich bedeutet das, dass beim Denken sämtliche Muskeln völlig entspannt sind. Diese Art von Wahrnehmung führt oft zu einem trance-ähnlichen Zustand von Träumerei, in dem man:

- nur das periphere Sehen benutzt (im Gegensatz zum fovealen),
- sein Hören auf äußere Geräusche konzentriert (und jeglichen inneren Dialog ausschaltet),
- in einer entspannten Physiologie ist (keine übermäßige emotionale oder körperliche Anspannung).

Auch die Sprache der spirituellen Ebene ist häufig symbolisch und metaphorisch, wie die Gleichnisse Jesu. Es ist zwangsläufig eine nicht-wörtliche Sprache. Auf dieser Ebene liegt die Bedeutung nicht in den oberflächlichen Bezeichnungen von Gegenständen und Ereignissen, sondern in ihrer tieferen Struktur.

1.11.4 Modelling und Mapping im Rahmen der einheitlichen Feldtheorie des NLP

Die Unterscheidungen der einheitlichen Feldtheorie des NLP bieten einen wirkungsvollen Bezugsrahmen zum Elizitieren und Modellieren. Mit ihnen kann man die verschiedenen „Chunk-Größen" praktisch jedes kognitiven Vorgangs verfolgen und verknüpfen.

Dazu ein Beispiel:

Angenommen, eine Frau will modellieren, wie ein Trainer oder Berater eine Intervention in einem Training plant. Das Elizitieren beginnt oft damit, die „großen Einheiten" des zu modellierenden Prozesses oder der zu modellierenden Fähigkeit zu ermitteln. Dafür ist es nützlich, die Time Line und die Dimensionen der Wahrnehmungspositionen konkret in einem NLP-SOAR-Raum anzuordnen. So kann man sich in den relevanten Bereich dieses Raums hineinbegeben, um die Struktur des Prozesses zu ermitteln. Und dabei kann man jedes Stadium der Fähigkeit oder Strategie definieren und nachvollziehen.

ÜBUNG

Den Weg einer Veränderung verfolgen

1. Denken Sie an eine wichtige Veränderung in Ihrem Leben, die Sie in der Vergangenheit vollzogen und Ihrem Gefühl nach erfolgreich bewältigt haben.
2. Verfolgen Sie Ihren Weg durch den NLP-SOAR-Arbeitsraum zurück. Am besten legen Sie dafür im Raum ein Raster aus mit Markierungen für Vergangenheit, Gegenwart und Zukunft und erste, zweite und dritte Position. Wenn Sie sich die Strategie ins Gedächtnis rufen, mit der Sie die frühere Veränderung geschafft haben, dann durchlaufen Sie ganz konkret die verschiedenen Bereiche des NLP-SOAR-Raums, die daran beteiligt waren.

Als Beispiel:

Vielleicht kamen Sie 1) an einen Punkt, an dem Ihre damalige Situation unerträglich geworden war. 2) Sie überlegten dann von einer Beobachterposition aus, was Sie in der Zukunft erreichen wollten. Daraufhin 3) planten Sie die Schritte, die Sie unternehmen mussten, indem Sie Ihre gegenwärtige Situation betrachteten. Danach 4) suchten Sie Rat bei einem Freund oder Mentor. Sie erinnerten sich 5) an Ressourcen aus Ihrer Vergangenheit und unternahmen danach 6) die notwendigen Schritte, um Ihr Ziel zu erreichen.

Diesen Weg der Veränderung könnten Sie folgendermaßen mappen:

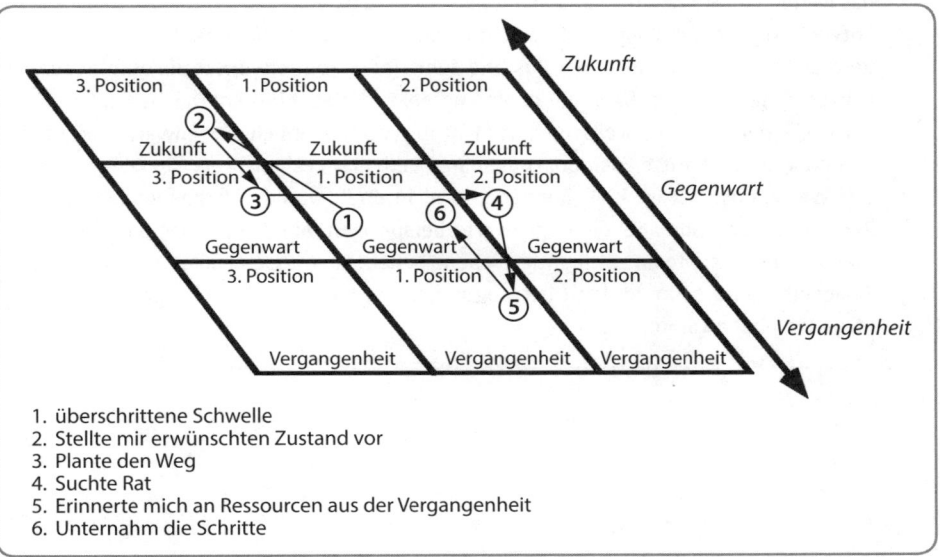

1. überschrittene Schwelle
2. Stellte mir erwünschten Zustand vor
3. Plante den Weg
4. Suchte Rat
5. Erinnerte mich an Ressourcen aus der Vergangenheit
6. Unternahm die Schritte

Abbildung 40: Den Weg einer Veränderung mit dem NLP-SOAR-Raum mappen

Die spezifischen T.O.T.E.s und Muster neurolinguistischer Operatoren können Sie für jede dieser Schlüssel-„Einheiten" oder jeden Schritt detailliert ermitteln. Wieder kann man den SOAR-Raum auslegen und damit die Details der Strategie elizitieren; oder man kann andere unterstützen, die Schritte dieses Prozesses zu befolgen und zu lernen. So können Lernende die entsprechenden Felder des SOAR-Raums durchlaufen und jeden einzelnen Schritt wie beschrieben ausprobieren.

ÜBUNG

Durch die Veränderung SOARen

Mit den Unterscheidungen der einheitlichen Feldtheorie des NLP und des SOAR-Raums können Sie den Weg von einem Istzustand zu einem Zielzustand planen und aufzeichnen. Statt in die Vergangenheit zu schauen und einen Weg zu modellieren, den wir bereits erfolgreich zurückgelegt haben, schauen wir, wohin wir in der Zukunft wollen, und entwickeln Modelle möglicher Wege, die uns dahin bringen.

1. Identifizieren Sie einen gegenwärtigen Zustand oder einen Problemzustand und einen erwünschten zukünftigen Zustand.
2. Bestimmen Sie den Istzustand und den Zielzustand innerhalb der „Problemraum"-Unterscheidungen, wie sie der „Arbeitsraum" definiert, der sich aus der Kombination von NLP und SOAR-Modell ergibt.
   Ein Beispiel: Der Problemzustand ist, dass Sie in einem alten Identitätskonflikt mit einer Bezugsperson aus der Vergangenheit feststecken. Der erwünschte Zustand ist das Gefühl von Freiheit und Unabhängigkeit in der Zukunft.
3. Entwickeln Sie einen Weg mit 7 ± 2 Schritten durch den SOAR-Raum, der Sie vom gegenwärtigen zum erwünschten Zustand führt (oder vom erwünschten zum gegenwärtigen). Jeder Schritt kann nur in ein angrenzendes Feld führen. Das heißt, Sie ändern bei einem Schritt jeweils nur eine Richtung (Vergangenheit, Gegenwart, Zukunft; erste, zweite und dritte Position; Umgebung, Verhalten, Fähigkeiten, Überzeugungen und Werte, Identität etc.). Sie können also nicht direkt von der Vergangenheit in die Zukunft gehen und dabei die Gegenwart überspringen. Ähnlich können Sie nicht direkt von der Verhaltens- zur Identitätsebene gehen. Sie müssen zuerst zur Ebene der Fähigkeiten und dann zu den Überzeugungen und Werten gehen, bevor Sie auf die Identitätsebene kommen.

1.11.5 Das S.C.O.R.E.-Modell – einen Weg innerhalb eines Problemraums definieren

Die effizienteste Vorgehensweise beim Planen oder Problemlösen ist nach dem SOAR-Modell die schrittweise Annäherung. In den einzelnen Schritten ...

1. wird der Problemraum gründlich dahin gehend definiert, welche relevanten und bedeutsamen Elemente des Systems mit dem Problem oder Projekt zusammenhängen;
2. werden innerhalb des Problemraums der Ist- und der Zielzustand ermittelt sowie die verfügbaren Ressourcen;
3. wird die bevorzugte Abfolge konkreter Operatoren ausgewählt und angewandt, um Zugang zu den verfügbaren Ressourcen zu bekommen und um dem gewünschten Zustand näher zu kommen.

Aus Sicht des NLP der nächsten Generation haben alle wirksamen Techniken und Interventionen diese Struktur. Um einen erwünschten Zustand zu erreichen, muss man in der Lage sein, a) den gesamten Problemraum der wesentlichen Themen begrifflich zu erfassen, b) die maßgeblichen Zustände, die es in diesem Kontext zu erreichen oder zu meiden gilt, auf ihre Wirksamkeit hin einzuschätzen und c) die Abfolge der notwendigen Operatoren anzuwenden, um vom wahrgenommenen Istzustand zum ökologischsten und angemessensten Zielzustand zu gelangen, und das in Anbetracht des Zwecks und des allgemeinen Problemraums der Intervention.

Nach dem S.C.O.R.E.-Modell ist ein Weg durch einen bestimmten „Problemraum" definiert durch die Beziehung zwischen dem Ergebnis oder *Ziel*, der Art der *Symptome*, die der Zielerreichung im Weg stehen, den *Ursachen* dieser Symptome und den längerfristigen erwünschten *Auswirkungen* der Zielerreichung. Um die *Ressourcen* zu finden, die zu einer wirksamen Lösung eines bestimmten Symptoms führen, muss man die Ursachen des Symptoms kennen, das Ziel und die eigentlich erwünschte Auswirkung, die erreicht werden soll.

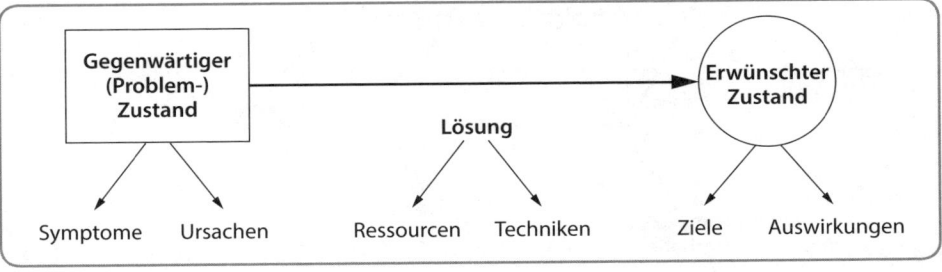

Abbildung 41: Das S.C.O.R.E.-Modell definiert die Unterscheidungen, die notwendig sind, um in einem bestimmten Problemraum einen Weg von einem Istzustand zu einem Zielzustand zu definieren.

In den Kontext des SOAR-Modells übertragen, wird jedes S.C.O.R.E.-Element definiert in Bezug auf die Ebenen der Veränderung, die Wahrnehmungspositionen und den Zeitrahmen, die die Beziehung zwischen selbst, anderen und den Zielen bestimmen, die diesen Zustand ausmachen. Ein Symptom, eine Ursache, ein Ziel, eine Auswirkung oder Ressource lassen sich definieren nach a) den damit verbundenen relevanten Personen, Blickwinkeln und Rollen, b) dem bzw. den maßgeblichen Time Frame(s) und c) den relevanten Ebenen der Interaktion und Veränderung (Umgebung, Verhalten, Fähigkeiten, Überzeugungen, Werte und Identität).

Die folgende Abbildung zeigt, wie man die verschiedenen S.C.O.R.E.-Unterscheidungen unter der Beachtung der im SOAR-Modell definierten mappen kann.

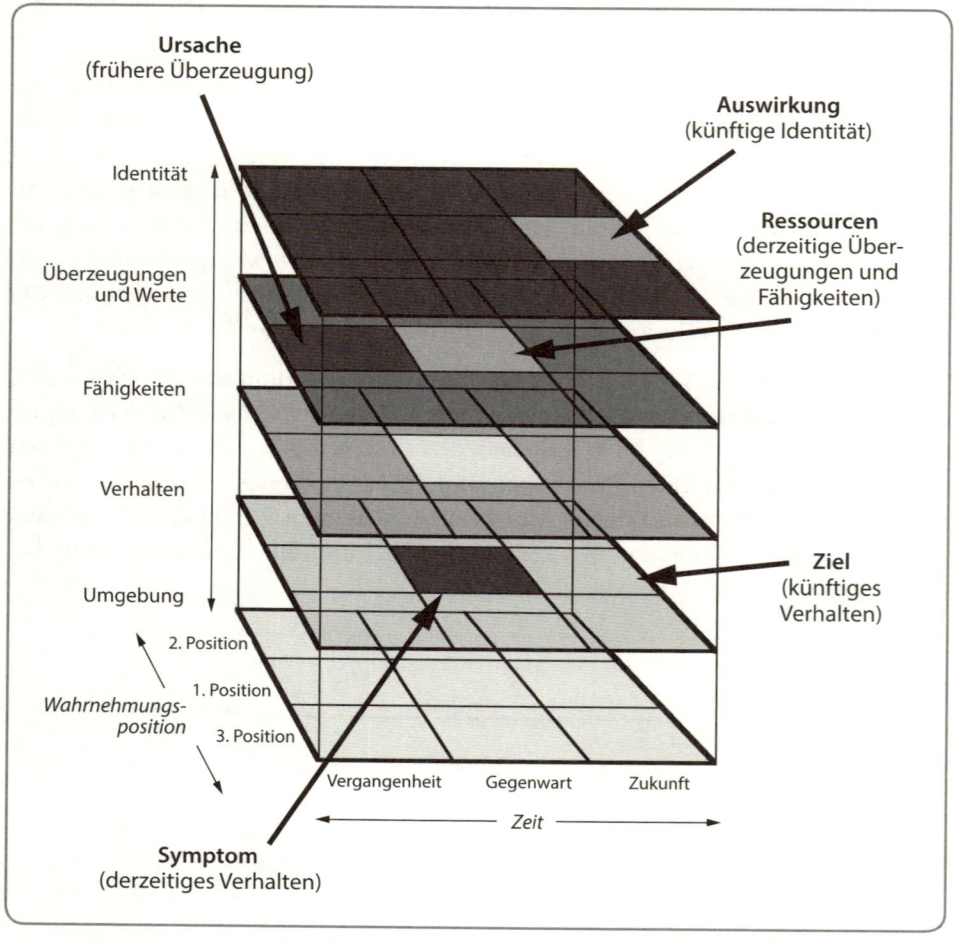

Abbildung 42: Die verschiedenen Elemente eines S.C.O.R.E. lassen sich auch unter Beachtung des SOAR-Raums definieren.

Nach der einheitlichen Feldtheorie des NLP sind alle Techniken im Grunde genommen Wege, die einige Aspekte dieses allgemeinen Arbeitsraums einbeziehen und andere außer Acht lassen. Der Schlüssel für die Wirksamkeit einer Technik liegt darin, ob sie alle Aspekte des Problemraums einbezieht, die anzugehen sind, oder ob sie das nicht tut. Die Verbindung von SOAR- und S.C.O.R.E.-Modell bietet eine wichtige Anleitung zur Entwicklung neuer, wirksamerer Techniken, denn sie bietet einen Überblick über die Bereiche möglicher „Problem"- und möglicher „Lösungs"-Räume. Sehr wenige NLP-Techniken nutzen beispielsweise ganz explizit die zweite Wahrnehmungsposition in der Zukunft.

Mit dem nachstehenden Arbeitsblatt können Sie verfolgen, welche Teile des NLP-SOAR-Raums bei einer bestimmten Intervention „mit im Spiel sind". (Sie können mit Farbstiften oder Markern kennzeichnen, welche Bereiche des SOAR-Raums für jede S.C.O.R.E.-Unterscheidung relevant sind.)

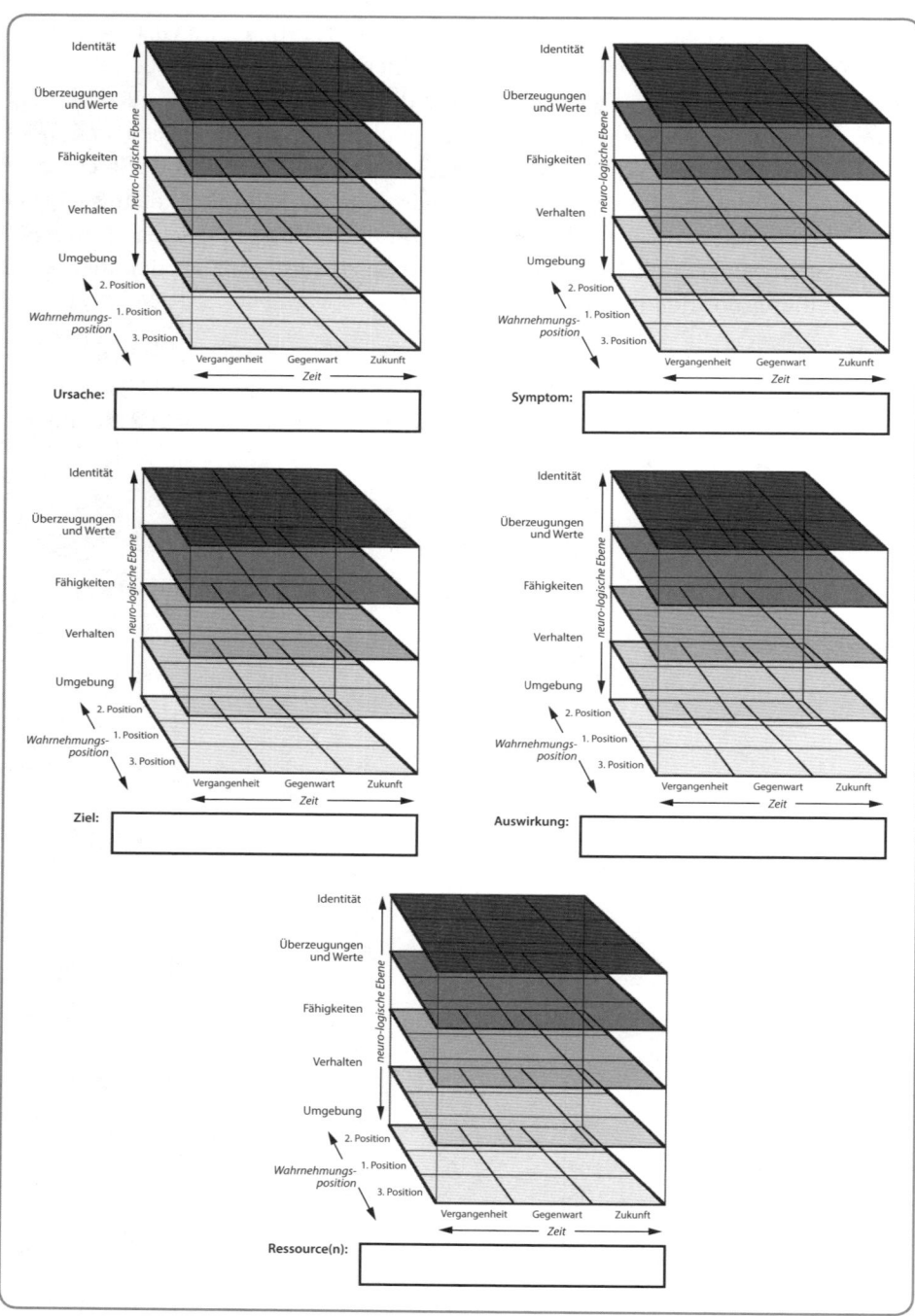

Abbildung 43: Mithilfe der NLP-SOAR-Unterscheidungen
die wesentlichen Aspekte einer Intervention verfolgen

1.11.6 Metaprogramm-Muster und die einheitliche Feldtheorie des NLP

Die Unterscheidungen der einheitlichen Feldtheorie des NLP und des SOAR-Arbeitsraums geben Ihnen einen wirkungsvollen Bezugsrahmen an die Hand, um Metaprogramm-Muster und Sorting-Styles zu verstehen und zu beeinflussen. Ihr Standort im SOAR-Arbeitsraum verändert ganz konkret das Metaprogramm, nach dem Sie handeln. Beispielsweise können Sie leicht darauf hinwirken, dass ein Mensch *In Time* oder *Through Time* ist, sich *von etwas weg* oder *zu etwas hin* bewegt, dass er sortiert von: „*Gegenwart in die* Vergangenheit", „*Vergangenheit in die Zukunft*" oder nach *selbst, anderen* oder *Kontext* usw. Diese Metaprogramm-Muster haben im Wesentlichen damit zu tun, wie sich jemand im SOAR-Arbeitsraum orientiert.

In Time zu sein bedeutet beispielsweise, dass man auf einer bestimmten Time Line assoziiert ist und in Richtung Zukunft blickt. *Through Time* bedeutet, man schaut von der dritten Position auf die Time Line und sieht sie von links nach rechts verlaufend statt von hinten nach vorn.

Hin zu einem bestimmten Verhalten, Belief oder Ereignis zu gehen heißt einfach, man betrachtet dieses Ereignis von dem jeweiligen Standpunkt innerhalb des SOAR-Raums aus. *Weg davon* zu gehen, würde bedeuten, ihm den Rücken zuzukehren.

Sortieren nach „*selbst*", bedeutet, sich in die erste Position zu assoziieren und andere Bereiche des Arbeitsraums anzusehen. Sortieren nach „*andere*" würde bedeuten, sich an die Stelle „zweite Position" zu begeben. Eine „äußere" Referenz, in der man nach „*Kontext*" sortiert, bedeutet, man begibt sich an die Stelle der dritten Position.

An der „*Aufgabe*" orientiert man sich, wenn man auf das eigene zukünftige Verhalten schaut. Umgekehrt bedeutet eine Orientierung an der „*Beziehung*", sich so hinzustellen, dass man eine Bezugsperson anblickt.

Die „Chunk"-Größe, auf die man seine Aufmerksamkeit richtet, ist im Wesentlichen eine Funktion der neuro-logischen Ebene, auf die man sich konzentriert. Die Informationen auf den Ebenen Umgebung und Verhalten basieren stärker auf Sinneseindrücken und sind spezifisch. Überzeugungen, Werte, Identität und spirituelle Wahrnehmungen sind zwangsläufig größere Chunks.

Aus Sicht des NLP der nächsten Generation und der einheitlichen Feldtheorie kann man jede Veränderungstechnik als eine Reihe von Metaprogramm-Veränderungen beschreiben, die, erfolgreich durchgeführt, das Metaprogramm des Klienten pacen und leaden und ihn dem gewünschten Zustand näher bringen. Wenn man etwa neues Verhalten generiert (New Behaviour Generator), geht man „auf" ein neues künftiges Verhalten „zu". Dabei ist die Referenz hauptsächlich bei einem „selbst".

Menschen, die nach einem Metaprogramm mit äußerer Referenz agieren und sich daran orientieren, „weg von" Problemen zu kommen, werden sich schwertun, die Bedeutung einer solchen Technik zu erkennen und die Schritte der Methode durchzuführen. Wenn man die persönliche Geschichte verändert (History Change), beginnt man im Gegensatz zum New Behaviour Generator damit, „hin zu" einer früheren Ursache eines Problems zu gehen. Für Menschen, die versuchen, überhaupt „weg von" dem Problem zu kommen, kann das beängstigend und schwierig sein. Sie empfinden vielleicht Widerstand gegen die Technik und es fällt ihnen schwer, sich überhaupt an etwas aus ihrer Vergangenheit zu erinnern. Auch History Change ist eine Vorgehensweise mit überwiegender „Selbst"-Referenz. Beim Reimprinting hingegen verlagert sich die Referenz von „selbst" zu „anderen" Bezugspersonen.

Die Menschen tun sich leichter mit Techniken, die ihre natürliche Metaprogramm-Konstellation pacen. Deshalb sprechen bestimmte Techniken – egal wie wirksam sie sein mögen – manche Menschen stärker an als andere. Für fortgeschrittene NLPler ist es nützlich, die Metaprogramm-Muster und den SOAR-Raum zu kennen, denn auf ihnen basieren die Schritte der verschiedenen NLP-Techniken.

1.11.7 Das Generative NLP-Format

Diesen Prozess entwickelte Robert Dilts in den 1990er-Jahren als konkrete Anwendung der „einheitlichen Feldtheorie des NLP". Der Prozess nutzt NLP und das SOAR-Modell, um etwas, das bereits eine Ressource ist, als solche zu verstärken. Das Generative NLP-Format orientiert sich nicht am „Problem", sondern an Ressourcen. Eine der Überzeugungen hinter dem Generativen NLP-Format lautet jedoch: Probleme, die so weit sind, sich mithilfe einer bestimmten Ressource lösen zu lassen, werden unwillkürlich von dieser Ressource angezogen und lösen sich leicht und sanft auf, wenn die Ressource ausreichend erweitert und verstärkt wurde. Sie brauchen also nicht damit zu beginnen, ein Problem zu identifizieren, und sich dann abmühen, eine Ressource zu finden, die hoffentlich zu einer angemessenen Lösung führt. Das Generative NLP-Format zielt darauf ab, den „Pool" an Ressourcen zu „erweitern" und zu „vertiefen". Das wiederum verändert Ihre innere Landschaft und so organisiert sich die Lösung des Problems von selbst.

Bei einer generativen Veränderung geht es im Grunde darum, Ressourcen zu entdecken, zu entwickeln, anzureichern, zu stärken und zu verfeinern. Es geht darum, die „Tiefenstruktur" einer Ressource zu finden und die Transformation zu fördern, dass diese Ressource in vielen anderen neuen Kontexten zum Einsatz kommt. Bildlich gesprochen geht es darum, Ressourcen im Ruhezustand zu finden und sie zu aktivieren, sodass sie leichter verfügbar und „holografisch" werden. Eine generative Veränderung bedeutet, Formen und Prozesse auf höheren Ebenen zu entwickeln, die schrittweise zu neuen Möglichkeiten hinführen.

Die generativen NLP-Anwendungen helfen Menschen, Probleme systemischer und organischer zu lösen und ihre Ziele ebenso zu erreichen. Wenn neue Ressourcen entdeckt, freigesetzt und entwickelt sind, dann tauchen die Probleme auf, die zur Lösung durch diese Ressourcen bereit sind, und lösen sich von selbst und mühelos auf.

ÜBUNG

Schritte des Generativen NLP-Formats

1. Erstellen Sie ein Raster, das eine Matrix aus Time Frame und Wahrnehmungspositionen abbildet:
Erste Position Zukunft – zweite Position Zukunft – dritte Position Zukunft
Erste Position Gegenwart – zweite Position Gegenwart – dritte Position Gegenwart
Erste Position Vergangenheit – zweite Position Vergangenheit – dritte Position Vergangenheit

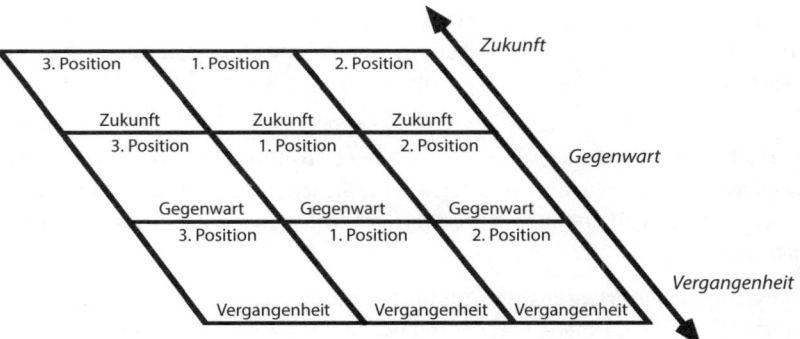

Abbildung 43: Räumliche Anordnung des Generativen NLP-Formats

2. Assoziieren Sie sich in das Areal, das für die erste Position Gegenwart steht. Identifizieren Sie eine neue Ressource, die Sie kürzlich entwickelt oder entdeckt haben.
3. Erleben Sie die Ressource in vollem Umfang an der Stelle der ersten Position Gegenwart.
4. Assoziieren Sie sich nun nacheinander in jede der diese umgebenden Positionen und nehmen Sie dabei die Ressource mit:
Erste Position Zukunft – zweite Position Zukunft – dritte Position Zukunft
Erste Position Gegenwart – dritte Position Gegenwart

Erste Position Vergangenheit – zweite Position Vergangenheit – dritte Position Vergangenheit.

a. Achten Sie darauf, um wie viel intensiver und umfassender Sie die Ressource erleben, wenn Sie sie an jede einzelne Stelle bringen.

b. Schauen Sie von jeder Stelle aus auf sich selbst in der ersten Position Gegenwart, denn Sie sind ja der Mittelpunkt der Ressource, und bieten Sie dem Selbst in dieser Position eine Botschaft oder eine Überzeugung an, die die Ressource noch weiter verstärken hilft.

c. Assoziieren Sie sich wieder in sich in das Selbst in der ersten Position Gegenwart und empfangen Sie die Botschaft von der anderen Wahrnehmungsposition. Erleben und beschreiben Sie aus der ersten Position Gegenwart, wie sich die Ressource verstärkt und angereichert hat im Hinblick auf Ihre Zielerreichung.

5. Wiederholen Sie diesen Vorgang, bis Sie sich in alle Stellen ringsum assoziiert haben.

Dazu ein Beispiel:

Angenommen, eine Frau hat sich die Ressource „praktischer Optimismus" ausgesucht. Wenn sie die Ressource an die Stelle der **ersten Position Zukunft** bringt, schaut ihr künftiges Selbst vielleicht das derzeitige Selbst an und übermittelt die Botschaft: *„Schätze das wert. Darum geht es in deinem Leben."*

Die Frau bringt dann die Ressource in die **zweite Position Zukunft**, indem sie sich in eine Bezugsperson in ihrer Zukunft versetzt. Aus der Sichtweise dieses zukünftigen anderen wendet sich die Frau vielleicht ihrem gegenwärtigen Selbst zu mit der Aussage: *„Ich bin dankbar. Danke, dass du mich Zuversicht lehrst."*

Die Ressource in die **dritte Position Zukunft** einzuführen bedeutet, sie der Betrachtungsweise hinzuzufügen, die jemand hat, der freundlich und weise auf die Zukunft der Frau blickt. Von diesem Blickwinkel aus könnte die Botschaft an ihr gegenwärtiges Selbst lauten: *„Nur zu. Du bist erfolgreich mit deiner Mission."*

Die Ressource in die **zweite Position Gegenwart** gebracht bedeutet, die Frau nimmt mit der Ressource den Standpunkt einer Bezugsperson ein, die derzeit in ihrem Leben eine Rolle spielt. Die Botschaft von diesem Menschen könnte sein: *„Wir sind stolz auf dich und du kannst auch stolz auf uns sein."*

In der **dritten Position Gegenwart** beobachtet man sich selbst in seiner aktuellen Situation. Mit der Ressource sagt die Frau aus dieser Perspektive vielleicht zu ihrem Selbst in der ersten Position: *„Bleib konzentriert. Alles wird gut."*

Um die Ressource in die **erste Position Vergangenheit** zu bringen, geht die Frau an eine Stelle, die eine frühere Zeit in ihrem Leben repräsentiert. Wenn das jüngere Selbst die Ressource bekommt, antwortet es vielleicht: *„Dein Engagement lohnt sich. Es lohnt sich immer."*

Die Ressource in die **zweite Position Vergangenheit** zu bringen heißt, sich in eine Bezugsperson aus ihrer persönlichen Vergangenheit zu versetzen. Der andere Mensch aus der Vergangenheit könnte mit der Ressource (auch wenn er sie damals in Wirklichkeit nicht hatte) die Botschaft senden: *„Du kannst machen, was du willst. Meinen Segen und meine Unterstützung hast du."*

Wenn man sich in die **dritte Position Vergangenheit** begibt, nimmt man den Standpunkt eines Menschen ein, der die eigene persönliche Vergangenheit mit verfolgt hat. Die Ressource lässt den Beobachter aus der Vergangenheit vielleicht sagen: *„Was du hast, ist heilig. Lass möglichst viele Menschen daran teilhaben."*

Es kann eine tief greifende und bereichernde Erfahrung sein, all diese Botschaften zu erhalten, und wir empfinden die Ressource vielleicht als viel wertvoller und intensiver als zuvor.

Mit folgendem Arbeitsblatt kann man während des Generativen NLP-Formats die Botschaften von den verschiedenen Positionen festhalten.

Arbeitsblatt Generatives NLP

Botschaft von der **ersten Position Zukunft**

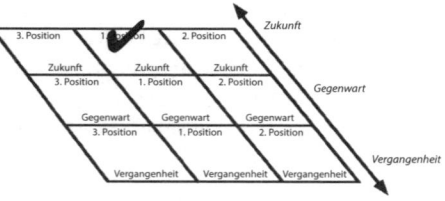

Botschaft von der **zweiten Position Zukunft**

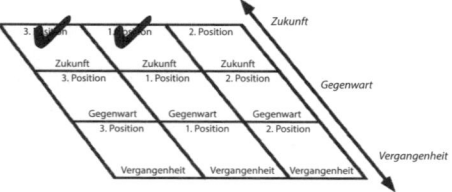

Botschaft von der **dritten Position Zukunft**

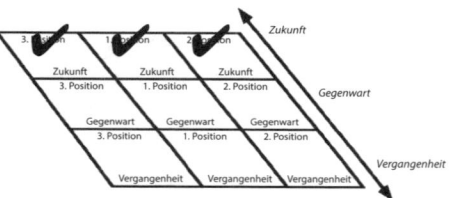

Botschaft von der **zweiten Position Gegenwart**

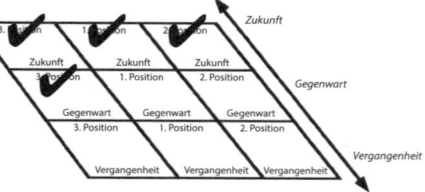

Botschaft von der **dritten Position Gegenwart**

Botschaft von der **ersten Position Vergangenheit**

Botschaft von der **zweiten Position Vergangenheit**

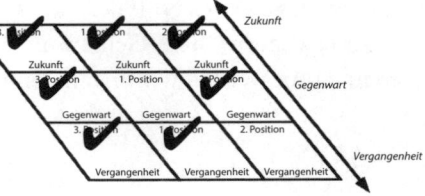

Botschaft von der **dritten Position Vergangenheit**

Schlussfolgerung

Man braucht die Modelle, Unterscheidungen und Beziehungen, die in der einheitlichen Feldtheorie des NLP definiert werden, nicht im Detail zu kennen, um NLP-Techniken und -Prinzipien wirkungsvoll anzuwenden. Doch wer sie erkennen, erfassen und anwenden kann, wird NLP wesentlich besser beherrschen.

Die einheitliche Feldtheorie stellt auch eine mögliche Quelle großer Freiheit, Flexibilität und Kreativität dar, weil sie den Praktizierenden gestattet, aus der „tieferen Struktur" der verschiedenen NLP-Techniken heraus zu handeln, wenn sie NLP anwenden.

Die Übungen in diesem Kapitel geben nur Einblick in einige wenige der zahlreichen Anwendungsmöglichkeiten des NLP-SOAR-Raums. Je vertrauter Sie mit dem SOAR-Modell und den NLP-SOAR-Unterscheidungen werden, desto besser werden Sie NLP und viele andere Bereiche Ihres Berufs- und Privatlebens verstehen und meistern. (Siehe die Einträge zum SOAR-Modell und zur einheitlichen Feldtheorie in *The Encyclopedia of Systemic NLP and NLP New Coding*.)

Neue Entdeckungen in den Kognitionswissenschaften wie in der Informationstheorie, der kognitiven Psychologie, der Psychoneuroimmunologie, den Neurowissenschaften und dem NLP decken gerade erst einige Geheimnisse des „Geistes" (mind) auf. Zur Mission des NLP der nächsten Generation gehört wesentlich, unsere Grenzen zu erweitern, diese Geheimnisse zu verstehen und sie praktisch anzuwenden. Genau damit werden wir uns in den nächsten Kapiteln eingehend beschäftigen.

2. | Der somatische Geist

Überblick über Kapitel 2:

2.10   Somatische Syntax

2.10.1 Darwins Denkpfad

2.10.2 Transformationsgrammatik

2.10.3 Der Körper als Repräsentationssystem

2.10.4 Die somatische Syntax anwenden

2.10.5 Übungen zur somatischen Syntax

    Übung 1: Eine Ressource in „Fleisch und Blut" übergehen lassen

    Übung 2: Das ressourcenvolle Muster verallgemeinern

    Übung 3: Das ressourcenvolle Muster anwenden

    Übung 4: Ressourcen modellieren mit der somatischen Syntax

    Übung 5: Den Umfang des Selbstausdrucks erweitern –
        somatische Syntax des Selbst

    Übung 6: Festgefahrene Zustände mit der somatischen Syntax
        transformieren

    Übung 7: Die nonverbale Kommunikation mit der
        somatischen Syntax verbessern

    Übung 8: Körpermetaphern erkunden, um die nonverbale Kommunikation
        zu verbessern

2.10.6 Das Format „somatisches Fraktal"

    Übung: Ein somatisches Fraktal für einen Ressourcenzustand entwickeln

2.11   Das Format Dancing S.C.O.R.E.

    Übung: Die Schritte des Formats Dancing S.C.O.R.E.

2.12   Die 5Rhythmen® von Gabrielle Roth

    Übung: Die Welle der Veränderung reiten

    Übung: Die 5Rhythmen° und Dancing S.C.O.R.E.

2.1 Einführung: Der somatische Geist

Soma ist das griechische Wort für „Körper". Der somatische Geist (somatic mind) ist das Bewusstsein in Ihrem Körper. Unsere Körperintelligenz ist unsere grundlegende Intelligenz. Nicht alle Lebewesen verfügen über ein kognitives Bewusstsein, aber alle lebenden Organismen brauchen einen somatischen Geist zum Überleben und zur wirkungsvollen Interaktion mit ihrer Umgebung. Der somatische Geist ist unser Säugetier-Geistesmodus und die Hauptform der Intelligenz bei kleinen Kindern.

Dem Körper wohnt ein ganzes Muster von Intelligenz und Weisheit inne, auf das man eingestimmt sein kann oder auch nicht. Sind wir mit unserem somatischen Geist in Kontakt, dann bewohnen wir unseren Körper. Das heißt, unser Gewahrsein ruht zum Teil im Körper. Da der Körper nur im gegenwärtigen Moment lebt und atmet, ist auch unser Gewahrsein zum Teil im gegenwärtigen Moment verankert, wenn wir mit unserem Körperwissen in Kontakt sind. Während wir unsere Aufmerksamkeit auf eine vorliegende Aufgabe, eine Interaktion, eine intellektuelle Beschäftigung oder auf etwas anderes richten, dem wir uns widmen wollen, haben wir Zugang zu einer unermesslichen und ressourcenreichen Fülle von Informationen, die unser Erleben dessen, was wir gerade erledigen, bereichern, wenn unser Gewahrsein gleichzeitig im Körper verankert ist mit all seinen sich ständig verändernden physischen Empfindungen und Gefühlen.

Wenn wir sagen, jemand ist „ganz im Kopf" oder „vom Körper abgeschnitten", dann weist das auf einen mangelnden Zugang zur reichen Welt der Körpererfahrung und Körperintelligenz hin. Wenn wir „in unserem Kopf" sind, bedeutet das gewöhnlich: Unsere Aufmerksamkeit hat uns weggeführt vom gegenwärtigen Moment des Gewahrseins unseres Körpers. Oft geht das mit bestimmten körperlichen und emotionalen Anzeichen einher: mit flachem oder beschleunigtem Atmen, schnellem Sprechen, Spannung in Schultern, Nacken und Gesicht, Emotionen, die in Richtung Angst und Unruhe gehen, sowie mit einem Gefühl von Stress oder Sich-Zusammenziehen.

Genau das Gegenteil ist der Fall, wenn wir gut im Körper und im gegenwärtigen Moment wurzeln. Dann sind wir körperlich eher entspannt, wir atmen langsamer und tiefer, empfinden Emotionen in Richtung innerer Frieden und ressourcenvolle Zustände wie entspannte Wachheit und gesteigerte Vitalität. Wie der Transformationslehrer Richard Moss betont, sind, wenn der Körper glücklich ist, die Emotionen meist positiv und der Geist ist ruhig.

Die subjektive Erfahrung einer Körperintelligenz gibt es in allen Kulturen und hat es zu allen Zeiten gegeben. In der Sprache spiegelt sie sich in Wörtern wider, die im NLP als „Organsprache" bekannt sind. *Die Organsprache* bezieht sich auf scheinbar metaphorische Aussagen oder idiomatische Wendungen über Körperteile oder Körperfunktionen.

Redensarten wie: „Ich hatte so ein Gefühl im Bauch", „Ich bin meinem Herzen gefolgt" oder: „Ich wusste es in meinem tiefsten Inneren" weisen auf andere Körperteile als das Gehirn hin, als wären diese auch zu einer Form von Intelligenz in der Lage. Wir bezeichnen etwas als „herzzerreißend"[19], „schwer zu verdauen", „herzbrechend" oder „gruselig" oder sagen, dass es uns „kalt den Rücken hinunterläuft". Doch von ihrer metaphorischen Bedeutung einmal abgesehen, sieht das NLP in Ausdrücken der Organsprache mehr als nur reine Redewendungen. Wie sinnesspezifische Aussagen („Ich verstehe [sehe], was du sagst", „Es ist nicht klar", „Das spricht mich an", „Es machte Klick", „Ich kam in Berührung mit ...", „Das fühlt sich richtig an" etc.) spiegelt auch die Organsprache oft tiefere „neurolinguistische" Muster und Prozesse wider, die uns Einblick in tiefere Strukturen dieser subjektiven Erfahrungen geben können. Diese Strukturen werden wir in diesem Kapitel untersuchen.

---

19 „Gut wrenching", wörtlich „den Bauch verrenkend" [Anm. d. Ü.].

2.2 Gefühlte Wahrnehmung (felt sense): Die subjektive Erfahrung unseres somatischen Geistes

Subjektiv wissen wir von unserem somatischen Geist durch das, was der Philosoph und Psychotherapeut Eugene Gendlin eine „gefühlte Wahrnehmung" (felt sense)[20] nennt, worauf seine Behandlungsmethode *Focusing* basiert. Gendlin behauptet: Der Austausch eines Lebewesens mit seiner Umgebung kommt unweigerlich vor dem eher abstrakten Wissen über seine Umgebung. Nach Gendlin ist Leben ein komplexer, geordneter Austausch mit der Umgebung und Leben selbst ist eine Art Wissen. Das abstrakte kognitive Wissen ist eine Entwicklung, die aus diesem eher grundlegenden Wissen entsteht, das die tiefere Struktur unseres bewussten Denkprozesses darstellt.

Mit anderen Worten, der somatische Geist ist der erste Geistesmodus (first mind) – er bildet die Grundlage für unsere übrigen Mentalfunktionen. Die Qualität und Effizienz unseres kognitiven Geistes hängt in hohem Maße von der Qualität des somatischen Geistes ab.

Nach Gendlin verschafft sich unser Körperwissen Geltung in Form einer subjektiven *gefühlten Wahrnehmung,* die sich, wie er behauptet, vom „Gefühl" im Sinne von Emotionen deutlich unterscheidet. Die gefühlte Wahrnehmung ist das eigene körperliche Gewahrsein des stattfindenden Lebensprozesses. Weil eine gefühlte Wahrnehmung von unserem lebendigen Austausch in der Welt herrührt, ist sie nicht distanziert oder abstrakt wie kognitive Konzepte; somit enthält sie weniger Tilgungen, Verzerrungen und Verallgemeinerungen. Eine gefühlte Wahrnehmung ist tatsächlich geordneter als das kognitive Denken und sie hat ihre eigenen Merkmale, die sich von denen der Logik unterscheiden. Sie ist eine Art Körperdenken, das recht genau und komplexer sein kann als kognitives Wissen. Diese Sichtweise ähnelt stark Milton Ericksons Vorstellung von einem weisen und intelligenten „Unbewussten" (unconscious mind).

Gendlin kam zu seinen Schlussfolgerungen durch eine Methode, die dem Modelling im NLP ähnelt. Mit einigen Kollegen untersuchte er Aufzeichnungen von Tausenden von Psychotherapiesitzungen, um herauszufinden, was bei erfolgreich verlaufenden Sitzungen „der Unterschied war, der den Unterschied machte".

---

20 Gendlins Begriff des „felt sense" wird häufig auch als „gefühlte Bedeutung" im Deutschen wiedergegeben. Dies wäre eine korrekte Übersetzung der älteren Bezeichnung „felt meaning", die Gendlin jedoch später in „felt sense" umbenannte. „Sense" lässt sich auch mit „Sinn" oder „Gefühl" übersetzen – und auch mit „Bedeutung". Um den Unterschied zu „felt meaning" hervorzuheben, wählen wir die Übersetzungsmöglichkeit „Wahrnehmung", die uns in diesem Kontext auch als viel passender erscheint (Anm. d. V.).

Erfolgreiche Klienten sprachen nicht viel und waren nicht besonders analytisch, wie ihm auffiel. Vielmehr gestatteten sie sich, Gefühle zu erleben und auszuhalten, die vage, verschwommen und unklar waren – selbst wenn sie unangenehm oder schmerzlich waren –, und sie ließen zu, dass sich diese Gefühle in der ihnen eigenen Zeit und auf ihre Art und Weise entwickelten. Die Klienten richteten ihre Aufmerksamkeit auf die unter ihren Problemen oder Themen liegenden innerlichen, im Körper gefühlten Empfindungen (die „tiefere Struktur"). Statt sich mental im Kreis zu drehen, blieben sie in Kontakt mit dem sich stets wandelnden Fluss ihres Erlebens, ohne von ihren Emotionen überwältigt zu werden. Sie wurden langsamer, nahmen sich die Zeit, ihre Gefühle zu spüren, und lauschten, welche Botschaften auch immer sie ihnen zu übermitteln versuchten.

Gendlin nannte diesen Prozess „Focusing" und entwickelte gut nachvollziehbare Schritte. So konnten andere lernen, sich auf ähnlich produktive Art und Weise ihren inneren Empfindungen zuzuwenden. Indem Gendlin die Aufmerksamkeit in den Körper hineinlenkte, versuchte er eindeutig, die Menschen anzuleiten, Zugang zu dem zu bekommen, was wir den somatischen Geist nennen; er sprach davon, „der Weisheit des Körpers zu vertrauen". Statt Lösungen nur mit unserem kognitiven Geist zu suchen, werden in diesem Prozess, Gefühle und Themen im Körper zu halten, andere Teile des Nervensystems angesprochen, ihr Wissen mitzuteilen und Lösungen zu finden. Um schwierige und komplexe Themen wirksam zu lösen, gilt also: Wir müssen mit der subtilen gefühlten Wahrnehmung des Lebens, die in unserem größeren Nervensystem enthalten ist, in Kontakt kommen, mit ihr arbeiten und aus ihr heraus sprechen.

Gendlins Arbeit ähnelt damit der Sichtweise des NLP der dritten Generation, wonach der Körper nicht nur eine Maschine ist, über die unser Kopf-Gehirn die Kontrolle ausübt. Auch unser Körper hat ein Gehirn, ja, in unserem Körper gibt es mehrere Gehirne. Das ist eine bedeutsame Erweiterung des „Neuro"-Anteils des Neurolinguistischen Programmierens.

2.3 Neurogastroenterologie und das Gehirn im Bauch

Eines der Gehirne im Körper ist das *Bauchgehirn* oder das *enterische Nervensystem* (*enterisch* bedeutet wörtlich „im Darm", vom griechischen Wort enteron für „Darm"). Das Bauchgehirn enthält 100 Millionen Neuronen – mehr als das Rückenmark. Die modernen Neurowissenschaften rechnen damit, dass das Nervensystem, das den Dickdarm und die anderen Verdauungsorgane im Bauch umgibt, ungefähr so differenziert und komplex ist wie das Gehirn einer Katze. Ja, es wird häufig das „zweite Gehirn" des menschlichen Körpers genannt.

In den letzten Jahren sind viele bedeutsame Details bekannt geworden, wie das enterische Nervensystem das Zentralnervensystem spiegelt. Dr. Michael Gershon, Professor für Anatomie und Zellbiologie am *Columbia-Presbyterian Medical Center* in New York, ist einer der Begründer eines neuen Fachgebiets in der Medizin, der „Neurogastroenterologie". In seinem Buch *The Second Brain*[21] behauptet Gershon, das Bauchgehirn spiele eine wichtige Rolle für die Gesundheit und das Glücksgefühl des Menschen sowie für Unbehagen und Unglücklich-Sein. Viele Magen-Darm-Beschwerden, wie Kolitis und Reizdarmsyndrom, gehen auf Probleme im enterischen Nervensystem zurück.

Das enterische Nervensystem hat die Aufgabe, jeden Aspekt der Verdauung zu steuern, von der Speiseröhre über den Magen zum Dünndarm und Dickdarm. Die Neurogastroenterologen sind auch der Ansicht, zwischen dem enterischen Nervensystem und dem Immunsystem gäbe es ein komplexes Wechselspiel.

---

21 Der vollständige Titel lautet: *The Second Brain: The Scientific Basis for Gut Instinct and a Groundbreaking New Understanding of Nervous Disorders of the Stomach and Intestines.* Dt.: *Der kluge Bauch: die Entdeckung des zweiten Gehirns.*

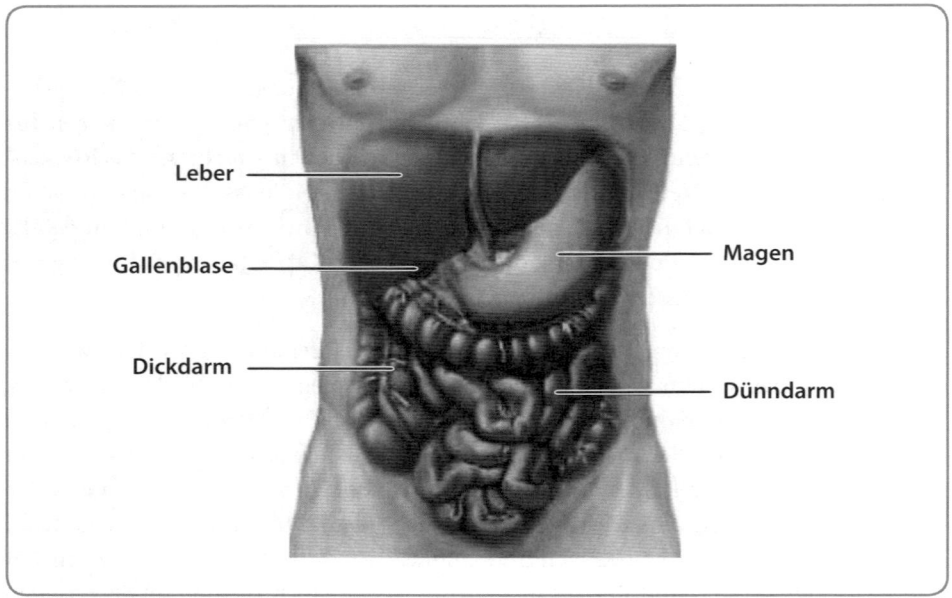

Abbildung 45: Das enterische Nervensystem steuert den Verdauungsprozess

In der Entwicklung der Säugetiere war das enterische Nervensystem zu wichtig, um im Kopf eines Neugeborenen angesiedelt zu sein und lange Verbindungen zum Bauch hinunter zu haben, so glauben Biologen. Neugeborene müssen von Geburt an essen und Nahrung verdauen. Deshalb scheint der Evolutionsprozess das enterische Nervensystem als unabhängiges Netz erhalten zu haben.[22] Es ist nur lose mit dem Zentralnervensystem verbunden und kann überwiegend eigenständig arbeiten, ohne Kontrolle durch das Gehirn.

Wie das Gehirn in unserem Kopf so sendet und empfängt das „Gehirn im Bauch" Impulse, speichert Erfahrungen und reagiert auf Emotionen – mit den gleichen Neurotransmittern wie die Gehirnzellen im Kopf. Das enterische Nervensystem befindet sich in den Gewebsschichten, die Speiseröhre, Magen, Dünndarm und Dickdarm auskleiden. Als eine einzige Einheit betrachtet, ist es ein Netz aus Neuronen, Neurotransmittern und Proteinen. Dieses Netz tauscht Botschaften zwischen einzelnen Nervenzellen aus, unterstützt Zellen wie die, die im Gehirn zu finden sind, und bil-

---

22 Es ist faszinierend festzustellen, dass sich in der menschlichen Embryonalentwicklung schon früh ein Zellverband bildet, den man als „Neuralleiste" bezeichnet. Ein Teil davon entwickelt sich weiter zum Zentralnervensystem, während ein anderer wandert und sich zum enterischen Nervensystem entwickelt. Nach Dr. Gershon werden die beiden Systeme erst später über den Vagusnerv verbunden.

det einen komplexen Schaltkreis, sodass es unabhängig agieren, lernen und sich erinnern kann und so das „Bauchgefühl" hervorruft.

Wir haben also die Entsprechung eines Katzengehirns im Bauch. Wenn alles nach seinem Willen geht, schnurrt es. Doch wenn es sich bedroht fühlt, faucht es „psssst"! Wenn das Zentralnervensystem eine bedrohliche Situation erlebt, schüttet es Stresshormone aus, die den Körper auf Kampf oder Flucht vorbereiten. Das enterische Nervensystem enthält viele sensorische Nerven, die durch diese Hormonausschüttung angeregt werden – daher die Erfahrung, die wir „Schmetterlinge im Bauch" nennen.

Neue Studien deuten auch darauf hin, dass – besonders früh im Leben erfahrener – Stress chronische Magen-Darm-Krankheiten verursachen kann. Ein Arzt berichtete sogar, bis zu 70 % der Patienten, die er wegen chronischer Magen-Darm-Erkrankungen behandele, hätten in der frühen Kindheit Traumata erlitten wie den Verlust eines Elternteils, eine chronische Krankheit oder den Verlust einer Bezugsperson.

Interessant ist festzustellen, dass traditionelle Kulturen auf allen Kontinenten den Bauch für eine heilige „Heimat der Seele" halten. Die japanischen Kampfkünste, die chinesische Heilkunst und die Tänze der Ureinwohner Amerikas, aus Afrika, Indien, Polynesien, des Nahen Ostens und des alten Europa kennen alle Übungen und Praktiken, um den Bauch zu stärken, um so die „Seelen-Kraft" in der Körpermitte zu erwecken.

Das Bauchzentrum, das die Japaner das *Hara* nennen, gilt in vielen Kampfkünsten und Heilmethoden als das körperliche und energetische Zentrum. Es wird als Ort der Kraft und Schwerkraft angesehen und beherbergt mehrere Körperorgane. Die Beine, die vom *Hara* ausgehen, stellen den Kontakt zur Erde her und sorgen für Verwurzelt-Sein und gleichzeitig für Beweglichkeit. Außerdem wird das *Hara* als Lebensquelle verstanden und eine Art „spiritueller Nabel". Das *Hara* zu kultivieren, führe zu Meisterschaft, Stärke, Weisheit und Gelassenheit, so glaubt man. In der japanischen Sprache bezeichnet das Wort *Hara* sowohl den Bauch als auch die Charaktereigenschaften, die sich entwickeln, wenn man die im Bauch konzentrierte „Lebenskraft" aktiviert.[23] Ein „Mensch des *Hara*" ist jemand, der kreativ, mutig, vertrauensvoll, absichtsvoll, integer und beständig lebt. *Hara no aru hito* bezeichnet in der wörtlichen Übersetzung einen Menschen mit „Zentrum" oder einen Menschen

---

23 Das Wort *Hara* kommt in mehreren japanischen Wendungen vor und verweist auf die Bedeutung des Bauchs für ein gutes und erfülltes Leben. „Bauchkunst" etwa bezeichnet jede Tätigkeit, die jemand perfekt und mühelos ausführt. „Ein großer Bauch" beschreibt einen Menschen, der geistig aufgeschlossen, gescheit, mitfühlend und großzügig ist. „Ein sauberer Bauch" bezeichnet einen Menschen mit einem reinen Gewissen. „Den Bauch bestimmen" bedeutet, die eigene Absicht klar zu definieren. Die „Bauchtrommel schlagen" heißt, ein zufriedenes Leben zu führen.

„mit Bauch". So jemand ist immer ausgeglichen, gelassen, großmütig und warmherzig. Er verfügt über Gelassenheit und ein unvoreingenommenes Urteil, er weiß, was wichtig ist, akzeptiert die Dinge, wie sie sind, und bewahrt sich das Gefühl für Ausgewogenheit. Dieser Mensch ist zu allem bereit, was ihm widerfährt. Wenn so jemand durch ausdauernde Disziplin und durch Üben zur Reife gelangt, dann, so sagt man, sei er *hara no dekita hito,* jemand, der „seinen Bauch vollendet hat".

Im Chinesischen wird das Bauchzentrum *Dantian* genannt. Der Begriff bezeichnet wörtlich übersetzt ein Feld, das bestellt werden muss für unsere Ernährung, um das Leben zu erhalten. Das bedeutet: Wenn ein Mensch sein Körperzentrum mit Bewegung und Atmung aktiviert, dann kommt er in Kontakt mit dem Zentrum seines Seins, seiner Seelenkraft und seiner inneren Quelle.

Ganz eindeutig spiegeln diese sprachlichen Wendungen die Einsicht und subjektive Erfahrung wider, wonach das „Gehirn im Bauch" ein wesentlicher Teil unserer Körperintelligenz und eine kraftvolle Ressource ist. Nachstehend finden Sie eine einfache Übung und Methode, mit der Sie den Zugang zu Ihrem Bauchgehirn pflegen können.

ÜBUNG

Zugang zum Bauchgehirn

1. Sitzen Sie bequem in Ihrer „Längs-" oder „Vertikalachse", mit aufrechter, aber entspannter Wirbelsäule; Ihre Füße berühren gleichmäßig den Boden. Legen Sie eine Handfläche auf Ihren Bauch, den Daumen auf Nabelhöhe, die anderen Finger darunter. Legen Sie Ihre andere Hand in gleicher Höhe auf den unteren Rücken, genau gegenüber.
2. Entspannen Sie sich und atmen Sie tief in Ihren Bauch. Stellen Sie sich vor, wie ein Band vom Mittelpunkt Ihrer einen Hand zum Mittelpunkt der anderen Hand verläuft. Sehen Sie dieses Band, spüren Sie es und beschreiben Sie es für sich.
3. Finden Sie nun den Mittelpunkt dieses Bandes. Richten Sie Ihre Aufmerksamkeit einige Atemzüge lang auf diesen Mittelpunkt. Nehmen Sie wahr, welche Bilder und Empfindungen an diesem Punkt auftauchen. Lassen Sie eine gefühlte Wahrnehmung der Verbindung zu Ihrem Bauchgehirn aufsteigen (Bauchzentrum, *Hara, Dantian*). Das dürfte Ihnen ein Gefühl von Zentriertheit, Ruhe, Entspannung und Gleichgewicht vermitteln.

Wenn Sie auf diesem Weg Ihre Mitte finden, haben Sie einen Hauptzugang und Anker zu Ihrem somatischen Geist und der Weisheit des Körpers.

2.4 Neurokardiologie und das Gehirn im Herzen

Zusätzlich zu den Studien zum Gehirn im Bauch zeigen auch immer mehr Untersuchungen, dass das Herz nicht nur eine mechanische Pumpe ist. Das sich entwickelnde Fachgebiet der *Neurokardiologie* weist nach: Das Herz ist in Wirklichkeit ein hochkomplexes Zentrum, das in Eigenorganisation Informationen verarbeitet, mit seinem eigenen funktionellen „Gehirn", das mit dem Gehirn in unserem Kopf kommuniziert und dieses beeinflusst, und zwar über das Nervensystem, das Hormonsystem und über andere Wege. Über diese Wege wirkt die Herzaktivität tief greifend auf unsere Gehirnfunktion ein sowie auf die Funktion der meisten wichtigen Körperorgane; dadurch beeinflusst sie maßgeblich unseren inneren Zustand und letztlich unsere Lebensqualität.

Ähnlich wie das enterische Nervensystem ist das Herz aufgrund einer komplexen Verschaltung in der Lage, unabhängig vom Gehirn im Kopf zu agieren – zu lernen, sich zu erinnern und sogar zu fühlen und zu spüren. Das neueste Buch von Dr. J. Andrew Armour und Dr. Jeffrey Ardell mit dem Titel *Basic and Clinical Neurocardiology* bietet einen umfassenden Überblick über die Funktion des intrinsischen Nervensystems im Herzen und über die Rolle der zentralen und peripheren Nervenzellen bei der Steuerung der Herzfunktion.

Dr. Armour, einer der Pioniere der Neurokardiologie, hat gezeigt: Das Herz verfügt über ein komplexes intrinsisches Nervensystem, das so differenziert ist, dass man es als eigenständiges „kleines Gehirn" bezeichnen kann. Das Nervensystem des Herzens enthält ungefähr 40 000 Neuronen, sensorische Neuriten genannt, die zirkulierende Hormone und neurochemische Stoffe erkennen und die Herzfrequenz und die Druckverhältnisse wahrnehmen. Das Nervensystem des Herzens übersetzt die Informationen der Hormone, der chemischen Stoffe, der Frequenz und des Drucks in neurologische Impulse und sendet sie ans Gehirn.

Somit hat das Herz sein eigenes intrinsisches Nervensystem, das unabhängig vom Gehirn oder Zentralnervensystem arbeitet und Informationen verarbeitet. Deshalb funktionieren Herztransplantationen. Normalerweise kommuniziert das Herz mit dem Gehirn über Nervenfasern, die durch den Vagusnerv und die Wirbelsäule verlaufen. Nach einer Herztransplantation werden diese Nervenverbindungen recht lange nicht wiederhergestellt, falls überhaupt. Doch das transplantierte Herz kann in seinem neuen Wirt funktionieren, weil es über ein intaktes intrinsisches Nervensystem verfügt.

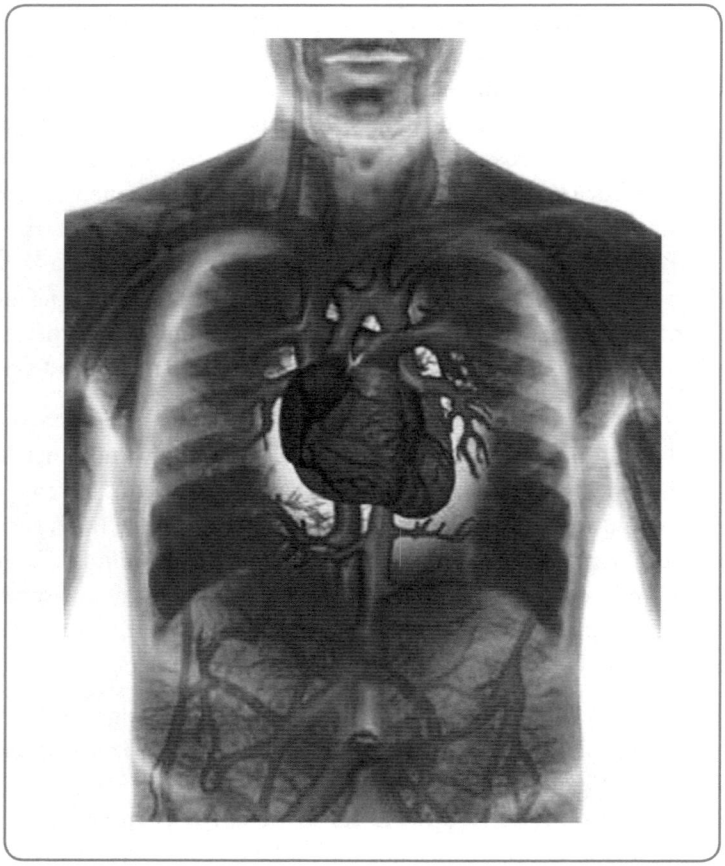

Abbildung 46: Das Herz hat sein eigenes intrinsisches Nervensystem, das unabhängig vom Gehirn arbeitet

Ja, die Erfahrungen vieler Patienten mit transplantiertem Herzen liefern faszinierende Einsichten in die Leistungsfähigkeit des Herzgehirns, Erinnerungen zu speichern und Verhalten zu beeinflussen. Ein Beispiel dafür, das Ihnen zu denken geben könnte, ist der folgende Fall, den Dr. Mario Alonso Puig schildert. Seit mehr als 25 Jahren ist er spezialisiert auf allgemeine Chirurgie und Erkrankungen des Verdauungsapparats. Er ist Fellow in der Chirurgie an der *Harvard University Medical School und Mitglied der American Association for the Advancement of Science*[24].

---

24 Amerikanische Vereinigung zur Förderung der Wissenschaften.

Vom Herzen kommend

Dr. Puig berichtet: Nach seiner Genesung begann der Patient, ungewohnte Verhaltensweisen zu zeigen. Er hatte das Verlangen nach Nahrungsmitteln, die er vorher nie gemocht hatte. Er stellte fest, dass er ganz verrückt war nach Musik, die ihm vorher nicht gefallen hatte. Er fühlte sich zu Orten hingezogen, an die er sich nicht bewusst erinnern konnte.

Das alles war ihm ein großes Rätsel, bis man sich mit den Lebensmustern des Herzspenders beschäftigte. Die Forscher stellten fest: Die Nahrungsmittel, nach denen es den Herzempfänger gelüstete, waren die Lieblingsspeisen des Spenders. Der Spender war Musiker gewesen, der die Musik gemacht hatte, nach der der Empfänger jetzt ganz verrückt war. Und an den Orten, zu denen es den Empfänger zog, hatten für den Spender bedeutende Ereignisse stattgefunden. Aufgrund der strengen Vertraulichkeit hatten weder der Patient noch die Ärzte vorher Zugang zu Informationen über den Spender und seine persönliche Geschichte. Wie es scheint, wurden seine Vorlieben irgendwie durch das Spenderherz übertragen.

Die Familie des Herzens

Das ist nur eines von vielen Beispielen. Claire Sylvia ist auch Herztransplantationspatientin und hat ein Buch über ihre Erfahrungen geschrieben mit dem Titel *A Change of Heart* (1997) (dt. *Herzensfremd*). Sie erhielt, so schreibt sie, am 29. Mai 1988 das Herz eines jungen Mannes, der im Alter von 18 Jahren bei einem Motorradunfall ums Leben gekommen war. Schon bald nach der Operation merkte sie einige deutliche Veränderungen in ihren Einstellungen, ihren Gewohnheiten und ihrem Geschmack. Sie ertappte sich dabei, wie sie männlicher handelte und die Straße entlangstolzierte (so lief sie als Tänzerin normalerweise nicht). Sie entwickelte ein Verlangen nach Nahrungsmitteln wie grünem Paprika und Bier, die sie vorher nicht gemocht hatte. Silvia begann sogar immer wieder von einem rätselhaften Mann namens „Tim L." zu träumen, den sie als ihren Spender empfand. Wie sich herausstellte, war er das auch. Als sie die „Familie ihres Herzens", wie sie es nannte, traf, erfuhr sie, dass der Spender tatsächlich Tim L. geheißen hatte und dass alle Veränderungen, die sie in ihren Einstellungen, ihrem Geschmack und ihren Gewohnheiten erlebte, diejenigen des Spenders widerspiegelten.

Dr. Paul Pearsal schildert in seinem Buch *The Heart's Code* (1998) (dt. *Heilung aus dem Herzen*) weitere frappierende Beispiele von 73 Fällen, in denen bei Herztransplantationen die Persönlichkeit, Erinnerungen und das Wissen der Spender zum Teil auf die Empfänger übertragen wurden, wie es scheint.

Das Herz kennt den Mörder

In einem Fall erhielt ein achtjähriges Mädchen das Herz einer Zehnjährigen, die ermordet worden war. Die Empfängerin landete in der Praxis eines Psychiaters, weil sie von Albträumen über den Mörder der Spenderin gequält wurde. Nach ihrer eigenen Aussage wusste sie, wer der Mann war. Nach einigen Sitzungen beschloss der Psychiater, die Polizei zu informieren. Nach den Beschreibungen des Mädchens wurde der Mörder gefasst. Der Mann wurde aufgrund von Beweisen überführt, zu denen das Mädchen als Erste Hinweise gegeben hatte: die Tatzeit, die Waffe, die Kleidung, die er trug, was sein Opfer ihm sagte. Alle Aussagen des Mädchens stellten sich als wahr heraus.

Unbekannte Süßigkeiten

In einem anderen Beispiel wurde das Herz eines achtjährigen jüdischen Jungen, der bei einem Autounfall starb, einem drei Jahre alten arabischen Mädchen eingesetzt, das an einer gefährlichen Herzkrankheit litt. Sobald das Mädchen nach der Operation aus der Narkose aufwachte, fragte sie nach einer typischen jüdischen Süßigkeit, von der sie nicht wissen konnte, dass es die tatsächlich gibt.

Diese Beispiele scheinen zu bestätigen: Das Herz ist viel komplexer und interessanter als nur ein Muskel, der Blut pumpt. Ähnlich dem Bauch haben Menschen das Herz schon immer subjektiv als ein wichtiges Zentrum des Wissens und Fühlens erlebt. Einige der frühesten bekannten Zivilisationen, wie die griechische, die mesopotamische und die babylonische, bezeichnen das Herz als Hort der Intelligenz. Der griechische Philosoph Aristoteles machte das Herz als wichtigstes Körperorgan und den Ursprung der Nerven aus. Bei seinen Beobachtungen an Küken stellte er fest, dass sich das Herz als erstes Organ bildet. Aristoteles glaubte, es sei der Sitz der Intelligenz, der Bewegung und der Empfindung – das Zentrum der Vitalität im Körper.

2.4.1 HeartMath

Heute arbeiten verschiedene Gruppen an Möglichkeiten, sich die Intelligenz des „Gehirns im Herzen" zunutze zu machen, vor allem das HeartMath-Institut in Boulder Creek, Kalifornien. Mit dem Argument, „das Herz ist der machtvollste Generator rhythmischer Informationsmuster im menschlichen Körper", behaupten die Forscher des HeartMath-Instituts: „Als entscheidender Knotenpunkt in vielen miteinander agierenden Körpersystemen hat das Herz eine einzigartige Stellung als kraftvoller Eintrittspunkt in das Kommunikationsnetz, das Körper, Denken (mind), Emotionen und Seele (spirit) verbindet."

Bringt man den HeartMath-Ansatz auf den Punkt, kommuniziert das Herz mit Gehirn und Körper hauptsächlich auf vier Wegen:

1. Neurologisch über die Weiterleitung von Nervenimpulsen über den Vagusnerv und die Wirbelsäule.
2. Biophysikalisch über den Puls. Das Herz sendet Energie aus in Form einer Blutdruckwelle, die auch als Blutvolumenpuls (BVP) bekannt ist. Diese Welle versorgt die Körper- und Gehirnzellen mit einer mehr oder weniger großen Blutmenge. Die elektrische Aktivität der Gehirnzellen ändert sich nachweislich, wenn sich die Blutdruckwelle ändert.
3. Biochemisch über die Ausschüttung von Neurotransmittern und Hormonen wie Atriopeptin.
4. Energetisch über elektromagnetische Felder, die der Herzschlag erzeugt. Das EKG, mit dem man die Herzfrequenz misst, registriert beispielsweise ein vom Herzen erzeugtes elektrisches Signal. Dieses Signal kann man überall im Körper auffangen und es durchdringt den Raum um uns. (Auf dieses Konzept eines energetischen Einflusses kommen wir in Kapitel 3 über den Feld-Geist ausführlicher zu sprechen.)

Die Untersuchungen und Methoden von HeartMath richten das Augenmerk hauptsächlich darauf, einen Zustand psychophysiologischer Kohärenz herzustellen. Die Wissenschaftler betonen, dass die neuesten Untersuchungen in den Neurowissenschaften bestätigen: Emotion und Kognition kann man sich am besten als getrennte, aber sich gegenseitig beeinflussende Funktionen oder Systeme vorstellen, von denen jedes seine eigene Intelligenz hat. Unsere Untersuchungen zeigen, dass der Schlüssel zu einer erfolgreichen Integration von Kopf (mind) und Emotionen darin liegt, die Kohärenz (also die geordnete und harmonische Funktion) in beiden Systemen zu erhöhen und sie wieder zu koordinieren.

Eine höhere Kohärenz zeigt sich als geordneteres und effizienteres Funktionieren des Nerven-, Herzkreislauf-, Hormon- und Immunsystems, so nehmen die HeartMath-Forscher an. Deshalb fördern sie einen Zustand, den sie *psychophysiologische Kohärenz* nennen – ein Zustand mit einem hohen Maß an Gleichgewicht, Harmonie und Synchronisation in und zwischen den kognitiven, emotionalen und physiologischen Prozessen. Ihre Untersuchungen belegen, dass dieser Zustand einhergeht mit hoher Leistungsfähigkeit, weniger Stress, besserer emotionaler Stabilität und zahlreichen Vorteilen für die Gesundheit.

Die Methoden von HeartMath konzentrieren sich vor allem auf eine Besonderheit der Herzfunktion, „innere Kohärenz" genannt, die mit positiven inneren Gefühlszuständen Hand in Hand geht, wie sich gezeigt hat. Physiologisch wird die innere Kohärenz in der sogenannten Herzfrequenzvariabilität (HFV) gemessen. Problematische und unproduktive Gefühlszustände, wie Ärger und Frustration, äußern sich üblicherweise in einem eher ungeordneten und gezacktem Herzfrequenzmuster. Aufrichtige, positive Gefühlszustände hingegen wie Wertschätzung gehen im Allgemeinen mit einer geordneteren Herzfunktion einher. Den Unterschied veranschaulicht folgende Abbildung von der HeartMath-Website.

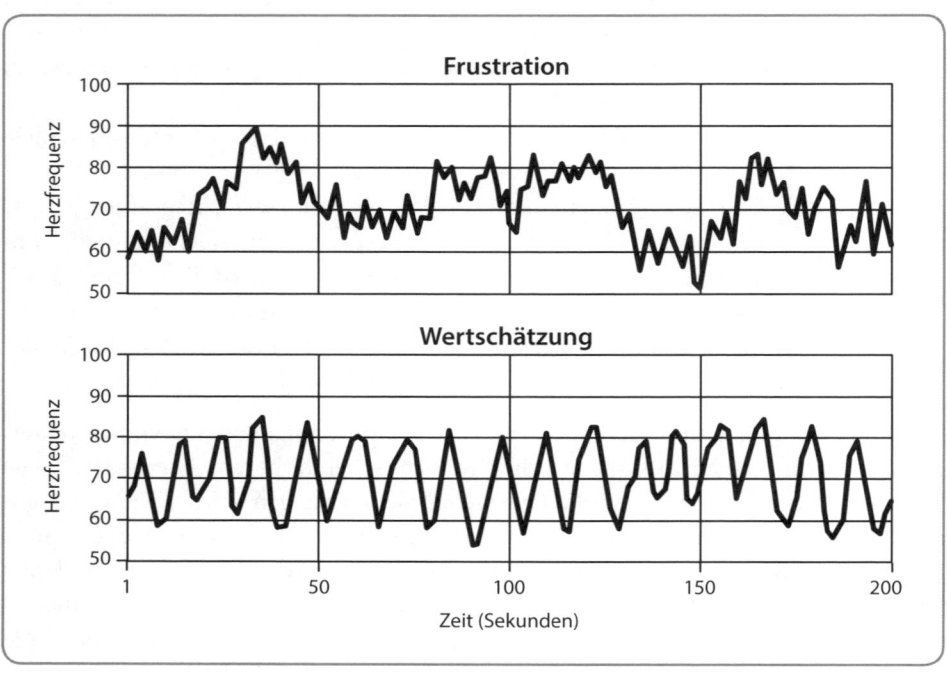

Abbildung 47: Unterschiede zwischen einem inkohärenten und einem kohärenten Herzrhythmus, die mit unterschiedlichen Gefühlszuständen auftreten

HeartMath hat eine Reihe einfacher Methoden entwickelt, um den Menschen zu helfen, sich mit der intuitiven Intelligenz des Herzgehirns zu verbinden und sie zu nutzen. Dann können sie bessere Entscheidungen treffen und aus der Weisheit des Herzens heraus mit Kopf (mind) und Emotionen besser umgehen. Ausführlich sind diese Techniken sowie die wissenschaftlichen Informationen dazu in dem Buch The *HeartMath Solution* (1999) von Doc Childre und Howard Martin zu finden (dt. *Die HerzIntelligenz-Methode*). Diese Methoden haben Parallelen zu vielen grundlegenden NLP-Formaten.

Die Grundtechnik schlechthin heißt *Freeze Frame*. Sie dauert nur eine einzige Minute und kann unsere Wahrnehmung signifikant verändern. Besonders nützlich ist sie in Stresssituationen oder in Situationen, die wir als Herausforderung empfinden. Nachstehend eine einfache Zusammenfassung der einzelnen Schritte:

HeartMath-Technik: Freeze Frame
1. Verlagern Sie Ihre Aufmerksamkeit weg von Ihrem Kopf und konzentrieren Sie sich auf Ihre Herzgegend. Bleiben Sie mindestens zehn Sekunden lang mit Ihrer Aufmerksamkeit an dieser Stelle und atmen Sie dabei normal weiter.
2. Erinnern Sie sich an ein positives Erlebnis oder ein positives Gefühl in Ihrem Leben und erleben Sie es so intensiv wie möglich noch einmal. Sehen Sie es, hören Sie es und stimmen Sie sich vor allem auf die gefühlte Wahrnehmung ein, um es vollständig erneut zu erleben.
3. Fragen Sie dann Ihr Gehirn im Herzen: „Was kann ich in dieser Situation tun, um sie zu verändern?" Oder: „Was kann ich tun, um den Stress zu minimieren?"
4. Lauschen Sie der Antwort Ihres Herzens.

Selbst wenn Sie innerlich nichts hören, fühlen Sie sich wahrscheinlich ruhiger und entspannter. Die Antwort kommt vielleicht überhaupt nicht in Worten, sondern in Form eines Bildes oder einer gefühlten Wahrnehmung. Vielleicht wird Ihnen etwas bestätigt, das sie schon wissen, oder Sie erleben eine neue Sichtweise und können die Situation dadurch ausgeglichener betrachten.

Cut-Thru ist eine andere HeartMath-Technik, die darauf abzielt, Menschen zu unterstützen, mit ihren Emotionen besser zurechtzukommen. Ziel ist, die Fähigkeit zu entwickeln, komplexe, bereits lange Zeit bestehende emotionale Reaktionen zu „durchtrennen" (cut thru) und festgefahrene Zustände dynamisch zu transformieren und durch sie hindurchzugehen.

HeartMath-Technik: Cut-Thru
1. Machen Sie sich bewusst, was Sie zu diesem Thema oder zu dieser Situation empfinden, indem Sie Ihre Aufmerksamkeit auf Ihr Herz richten.
2. Betrachten Sie diese Situation aus einer Beobachterposition. Tun Sie so, als wäre es das Problem eines anderen Menschen. Denken Sie über sich selbst in den Formen der dritten Person, also als „er" oder „sie" statt „ich" oder „mich". Welchen Rat würden Sie sich selbst geben, wenn Sie Ihr eigener Coach oder Beobachter wären?
3. Stellen Sie sich vor, alle verzerrten Gefühle oder jede aus dem Gleichgewicht geratene emotionale Energie in Ihr Herz zu bringen. Lassen Sie die Gefühle bzw. die Energie im Herzen gleichsam einweichen, wie in einem warmen Bad, sodass sie sich entspannt, integriert und verwandelt. Üben Sie, Ihr Herz die Arbeit für Sie ausführen zu lassen.

Die Cut-Thru-Technik will Menschen dabei unterstützen, schwierige Gefühle zu akzeptieren, auszuhalten und zu transformieren, statt sie zu unterdrücken.

Bei einer dritten Methode, *Heart Lock-In,* geht es darum, das Herz auf einer tieferen Ebene wahrzunehmen, um sich körperlich, mental und spirituell zu regenerieren.

HeartMath-Technik: Heart Lock-In
1. Verlagern Sie Ihre Aufmerksamkeit weg vom Kopf und auf Ihr Herz und lassen Sie sie dort ruhen.
2. Erinnern Sie sich an Gefühle von Liebe, Verbundenheit oder Fürsorge, die Sie für einen Menschen empfinden, bei dem Ihnen das leichtfällt. Konzentrieren Sie sich auf ein Gefühl der Wertschätzung oder Dankbarkeit für jemanden oder etwas Positives. Üben Sie, fünf bis fünfzehn Minuten lang bei diesem Gefühl zu bleiben.
3. Senden Sie dieses Gefühl der Liebe oder Wertschätzung sich selbst und anderen.

Mehr über die Untersuchungen, Methoden und Programme von HeartMath finden Sie auf deren Website: ↗ http://www.heartmath.org.

2.5 Der Atem

Die Atmung beeinflusst die Qualität und Effizienz des kognitiven und des somatischen Geistes ebenfalls maßgeblich. Über den Atem führen wir dem Körper, dem Nervensystem und dem Gehirn Sauerstoff zu. Säugetiere und andere lebende Organismen brauchen Sauerstoff, um energiereiche Moleküle wie Glukose zu verstoffwechseln und so Energie freizusetzen. Durch den Atem scheiden wir auch Kohlendioxid und andere Gase aus dem Körper aus.

Die *Lungen* sind bei Menschen das primäre Atmungsorgan. Unsere Lungen reichern das Blut mit Sauerstoff an, wenn es sie auf seinem Weg zurück zum Herzen passiert. Wenn das Blut ins Herz gelangt, wird es zum Gehirn und dann durch den übrigen Körper gepumpt. Auf seinem Weg durch Gehirn und Körper gibt es Sauerstoff an die Organe ab. Das Blut enthält nur noch sehr wenig Sauerstoff und ist von dunkler und matter Farbe, kurz bevor es wieder in die Lungen gelangt. Dort wird es mit Sauerstoff angereichert und sieht wieder hellrot aus.

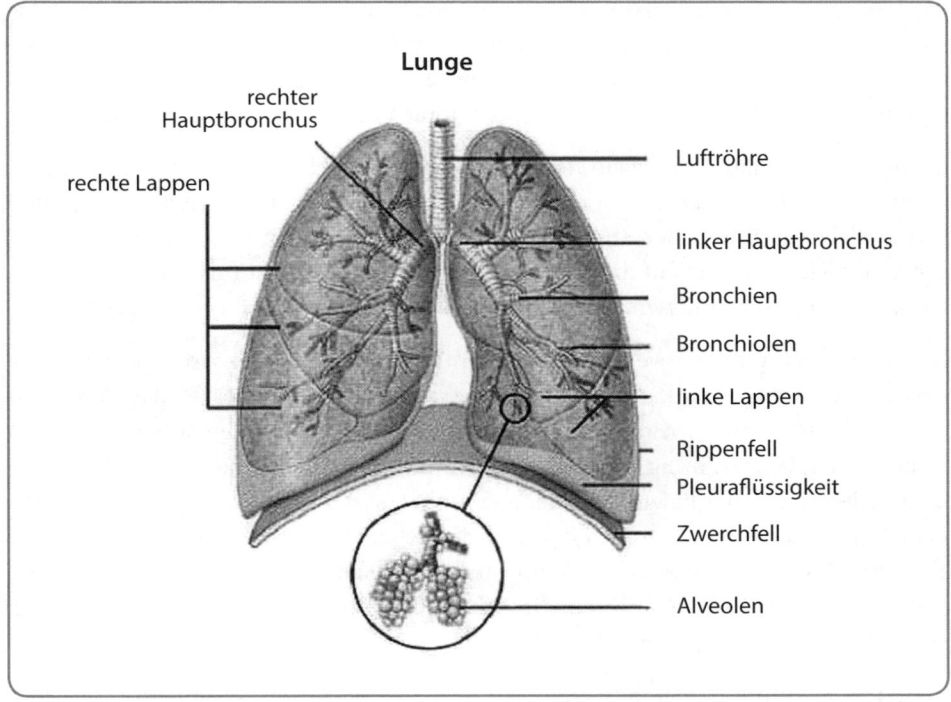

Abbildung 48: Die Anatomie der Lungenflügel

Am Atmungsvorgang sind folgende Organe beteiligt: Mund, Nase und Nasenlöcher, Rachen, Kehlkopf, Luftröhre, Bronchien und Bronchiolen, Zwerchfell, Lungenflügel und die äußersten Zweige des Atmungsbaumes wie die Kapillaren und die Alveolen – die winzigen Gefäße, in denen der Gasaustausch mit dem Blut stattfindet. Menschen haben zwei Lungenflügel, der linke ist in zwei Lungenlappen unterteilt, der rechte in drei Lappen. Insgesamt umfassen beide Lungenflügel ungefähr 2400 km an Atemwegen und 300 bis 500 Millionen Alveolen. Würde man alle Kapillaren, die die Alveolen umgeben, auseinanderziehen und in einer Linie auslegen, dann wäre diese etwa 380 km lang. Die Lunge ist also ein sehr kompliziertes und komplexes Organ, das uns mit unserer Umwelt verbindet.

Atmen ist lebensnotwendig. Wir können nur sehr kurze Zeit leben, ohne zu atmen, bevor es zu ernsthaften Schäden kommt. Die übliche Atemfrequenz bei Erwachsenen im Ruhezustand liegt bei 10 bis 20 Atemzügen pro Minute, wobei das Einatmen ein Drittel der Atemzeit in Anspruch nimmt. (Der medizinische Fachbegriff für normales, entspanntes Atmen ist *Eupnoe*.)

Auch für eine optimale Leistungsfähigkeit, sowohl mental als auch körperlich, ist das Atmen unerlässlich. Bei vermehrtem Energieverbrauch, bei Anstrengung, Konzentration, Aufmerksamkeit und Gewahrsein brauchen Körper, Gehirn und Nervensystem mehr Sauerstoff, wir müssen also tiefer atmen und voll ein- und ausatmen.

Bei der so genannten *Überlebensatmung* (der zum Überleben notwendigen Minimalatmung) atmet ein Mensch gerade so viel, dass er den nächsten Atemzug machen kann. Viele von uns atmen so, ohne sich dessen bewusst zu sein. Um Bestleistungen zu erzielen und um auf die ganze Intelligenz und Weisheit unseres somatischen Geistes zuzugreifen, müssen wir tiefer atmen als bei der Überlebensatmung.

Die Atmung ist eine der wenigen Körperfunktionen, die, in gewissen Grenzen, bewusst gesteuert werden kann und unbewusst abläuft. Bewusstes Atmen gehört zu vielen Formen von Meditation, Yoga und anderen Gewahrseinsübungen. Beim Schwimmen, Herztraining, Sprech- oder Stimmtraining lernt man, die Atmung zu kontrollieren, anfangs bewusst, später aber unbewusst, zu Zwecken, die über das reine Überleben und die „Aufrechterhaltung des Lebens" hinausgehen. Beim Üben von Tai-Chi-Quan beispielsweise kombiniert man aerobes Training mit der Atmung; dadurch trainiert man die Zwerchfellmuskulatur und eine effiziente Körperhaltung, wodurch man die Körperenergie besser nutzt.

Viele alte Kulturen haben den Atem mit einer „Lebenskraft" verbunden. Im Alten Testament heißt es, Gott hauchte dem Lehm den „Lebensatem" ein, um Adam zu einer lebendigen Seele zu machen. Im Alten Testament heißt es auch, der Atem kehrt zu Gott zurück, wenn ein Mensch stirbt. Die Wörter „Geist / Seele" (spirit), „Qi / Chi" und „Psyche" hängen alle mit dem Phänomen Atem zusammen.

Aus Sicht vieler bedeutender spiritueller und philosophischer Welttraditionen versorgt unser Atem nicht nur den physischen Körper mit dem notwendigen Sauerstoff und anderen Gasen, sondern er liefert auch, wenn wir uns dessen bewusst sind, andere „Energien" (d. h. Prana, Qi), die wir brauchen, um unseren „feinstofflichen Körper" oder unsere Seele zu nähren. Nach dieser Sichtweise ist der Atem unsere wichtigste Verbindung mit unserer Umgebung, da wir den Atem mit dem Universum austauschen. Wenn wir ausatmen, geben wir der Welt unseren Geist (spirit) durch unseren Atem. Wenn wir einatmen, empfangen wir durch unseren Atem den Geist von der Welt.

Was immer wir über unsere Seele und unseren Geist (spirit) glauben, unser Atem und unsere Art zu atmen sind eng mit allen Aspekten unseres Seins verknüpft.

Es überrascht deshalb auch nicht, dass es in vielen traditionellen Ansätzen Methoden zur Erhöhung der Bewusstheit gibt, die auf bewusstem Atmen basieren. Der Atem begleitet uns von unserem ersten Einatmen bei der Geburt bis zu unserem letzten Ausatmen im Moment unseres Todes. Das Atmen findet immer im gegenwärtigen Moment statt; deshalb ist der Atem ein ausgezeichneter Anker, um unser Gewahrsein auf eine bestehende und dauerhafte Verbindung mit unserer Körperintelligenz zu lenken. Sobald wir uns einfach ein paar Sekunden Zeit nehmen und unsere Aufmerksamkeit auf die Atembewegung im Körper richten, lockert der sequenzielle Denkprozess des Verstandes, der im Allgemeinen unsere Aufmerksamkeit dominiert, seinen Griff, der Körper entspannt sich zu einem gewissen Grad und wir können dann das, was immer wir gerade tun, präsenter und ressourcenvoller tun, wir sind stärker mit uns selbst und mit unser Körperintelligenz in der Gegenwart verbunden.

Eine ganz einfache Atemübung:
Beobachten Sie Ihre Atmung in vielen unterschiedlichen Lebenssituationen. Seien Sie sich beim Einatmen einfach gewahr, dass Sie einatmen. Seien Sie sich beim Ausatmen einfach gewahr, dass Sie ausatmen. Probieren Sie diese Übung ungefähr zehn Minuten am Stück und mindestens dreimal täglich. Sie hilft Ihnen, sich von Ihren automatischen Gedanken und emotionalen Reaktionen zu befreien. Dadurch können Sie empfänglicher und klarer im gegenwärtigen Moment leben. Vielleicht finden Sie diese Übung besonders nützlich in Momenten, in denen Sie ängstlich oder wütend sind.

Um ein Gefühl dafür zu bekommen, nehmen Sie sich doch gleich jetzt einen Moment Zeit und richten Sie Ihre Aufmerksamkeit auf Ihre Atmung. Spüren Sie, wie die Luft durch Ihre Nasenlöcher einströmt und Ihr Körper sich beim Einatmen ausdehnt. Spüren Sie, wie die Luft durch Ihre Nasenlöcher oder durch Ihren Mund ausströmt und die damit einhergehende Muskelspannung beim Ausatmen nachlässt. Atmen Sie in dem Rhythmus, der sich natürlich einstellt, und spüren Sie mit leichter Neugier die Empfindungen, die das Atmen in Ihrem Rumpf hervorruft. Bleiben Sie mit Ihrer Aufmerksamkeit beim Ihrem Atem, bis sich Ihr innerer Zustand Ihrem Gefühl nach verändert. Wenn Sie bereit dazu sind, richten Sie Ihre Aufmerksamkeit wieder auf das, womit Sie vorher beschäftigt waren (z. B. diese Seite zu lesen). Lassen Sie dabei Ihr Gewahrsein zum Teil bei Ihrem Atem bleiben. Nehmen Sie auch wahr, ob Sie irgendeinen Widerstand (Ungeduld, Frustration, Skepsis, „das mache ich später") dagegen empfinden, Ihre Aufmerksamkeit einen Moment lang Ihrem Atem zu widmen. Ihr kognitiver Geist, also Ihr „Kopf", rebelliert vielleicht dagegen, sein Tun zu unterbrechen, aber Sie können ihm versichern, dass Sie gleich weitermachen.

Der buddhistische Mönch und spirituelle Lehrer Thich Nhat Hanh schlägt eine andere einfache Atemübung vor, die diese grundlegende Übung erweitert, indem er beim Einatmen und Ausatmen einige Wörter hinzufügt:

„Beim Einatmen (atmen Sie ein) *bin ich gelassen."*
„Beim Ausatmen (atmen Sie aus) *lächle ich."*

Sie können auch folgende Sätze sagen:
(Atmen Sie ein) *„Ich ruhe im gegenwärtigen Moment ..."*
(atmen Sie aus) *„... und ich weiß, dieser Moment ist wunderbar."*

Eine weitere einfache, aber kraftvolle Atemübung heißt „Quadrat-Atmung":
1. Atmen Sie ein und zählen Sie dabei bis vier.
2. Halten Sie inne und zählen Sie dabei bis vier.
3. Atmen Sie aus und zählen Sie dabei bis vier.
4. Halten Sie inne und zählen Sie dabei bis vier.
5. Wiederholen Sie die Schritte.

Achten Sie auf den Unterschied, wenn Sie das Tempo wechseln. Und nehmen Sie wahr, wo Ihr Atem im Körper hinströmt, durch die Lungen, unter die Arme und in den Rücken etc. Folgen Sie Ihrem Atem mit Ihrem Gewahrsein.

2.5.1 Somato Respiratory Integration™ (SRI)

Den Prozess Somato Respiratory Integration™ (SRI) hat Donald Epstein entwickelt, der Begründer von Network Chiropractic bzw. Network Spinal Analysis (NSA). Diese Technik ist in dem Buch *The 12 Stages of Healing* beschrieben (dt. 12 Phasen der Heilung). Die Übungen zielen darauf ab, das Gehirn durch den Atemprozess wieder mit dem Körper und seiner Körperintelligenz zu verbinden. Epstein meint dazu: „Diese Übungen verbinden die Atmung mit dem Gewahrsein für den Körper und seine natürlichen Rhythmen. Sie helfen den Menschen, den eigenen Körper umfassender zu erleben; sie verändern den Bewusstseinszustand sofort in eine Richtung, die das Vertrauen in den Körper-Geist (body-mind) und den Heilungsprozess fördert und gleichzeitig zu mehr Frieden und Wohlbefinden verhilft."

Hier als Beispiel eine von Epsteins Übungen, die als Phase 1 des SRI-Prozesses bekannt ist (insgesamt gibt es zwölf Phasen).

ÜBUNG

Phase 1 des SRI-Prozesses

1. Legen Sie sich auf den Rücken oder setzen Sie sich hin. Berühren Sie das obere Ende des Brustbeins mit beiden Händen, Ihre Handflächen zeigen dabei zum Körper. Atmen Sie dabei langsam und sanft durch die Nase ein und durch den Mund aus. Atmen Sie nur so tief ein, bis Sie das Gefühl haben, Ihr Atem geht synchron mit dem Rhythmus, in dem sich Ihr Brustkorb hebt. Atmen Sie nur so tief aus, bis Sie den Rhythmus spüren, in dem sich Ihr Brustkorb senkt. Lokalisieren Sie, wo die Bewegung stattfindet, und atmen Sie nur in den Bereich unter Ihren Händen. Lassen Sie keine Bewegung in anderen Körperbereichen zu. Machen Sie das einige Atemzüge lang.
2. Machen Sie nun die gleiche Übung mit den Händen am unteren Ende Ihres Brustbeins, über dem Zwerchfell. Atmen Sie hier genauso. Legen Sie dann Ihre Hände auf Ihren Bauch (in die Nähe des Nabels) und wiederholen Sie die Übung. Denken Sie daran, nur sanft in die Stelle unter Ihren Händen zu atmen. Nehmen Sie wahr, an welchen Stellen das am leichtesten geht und wo sich bei Ihnen das Gefühl von Frieden und Wohlbefinden einstellt; an welchen Stellen Ihnen das schwieriger erscheint oder wo irgendwelche unangenehmen Gefühle hervorgerufen werden.
3. Finden Sie die Stelle, die sich am besten anfühlt und auf die Sie Atem und Bewegung am leichtesten konzentrieren können. Legen Sie Ihre Hände wieder auf diese Stelle, atmen Sie sanft und tief und lassen Sie den Frieden, den Sie dort spüren, sich in all die Bereiche ausbreiten, in denen Sie ein Unbehagen verspürten.

4. Sobald Sie die „Verbindung" mit der Stelle des Friedens und Wohlbefindens gefunden haben und Atem und Bewegung nur in diesen Bereich lenken können, berühren Sie abwechselnd diese Stelle und die des Unbehagens und atmen jeweils in die Stellen hinein. Wenn Sie die unangenehme Stelle berühren, sollten Sie versuchen, den Atem so nah wie möglich an diese Körperstelle zu lenken und dabei zu stöhnen oder das Geräusch dieser Stelle zum Ausdruck zu bringen – das Geräusch, das diese Stelle gern von sich geben würde, wenn sie sprechen könnte.

5. Nachdem diese Stelle das Geräusch von sich gegeben hat (nicht länger als 30 Sekunden an dieser Stelle des Unbehagens), legen Sie Ihre Hände wieder auf die Stelle der Verbindung, des Wohlbefindens und des Friedens. Wechseln Sie einige Minuten lang zwischen dem Bereich der Verbindung oder des Friedens und dem des Unbehagens hin und her (meist bis zu zehn Minuten). Nehmen Sie wahr, ob Sie sich behaglicher oder insgesamt wohler fühlen oder ob die Geräusche zwischen beiden Stellen sich zu verbinden scheinen.

Weitere Informationen zu SRI, Donald Epstein und Network Spinal Analysis finden Sie unter: ↗ http://www.associationfornetworkcare.com.

2.6 Die Wirbelsäule

In der Anatomie des Menschen ist die *Wirbelsäule* (das Rückgrat) eine Säule und Stütze, die das Rückenmark beherbergt und schützt. Sie besteht aus sieben Halswirbeln, zwölf Brustwirbeln und fünf Lendenwirbeln, dem Kreuzbein und dem Steißbein. Die Rippen sind rückenseitig an der Brustwirbelsäule befestigt.

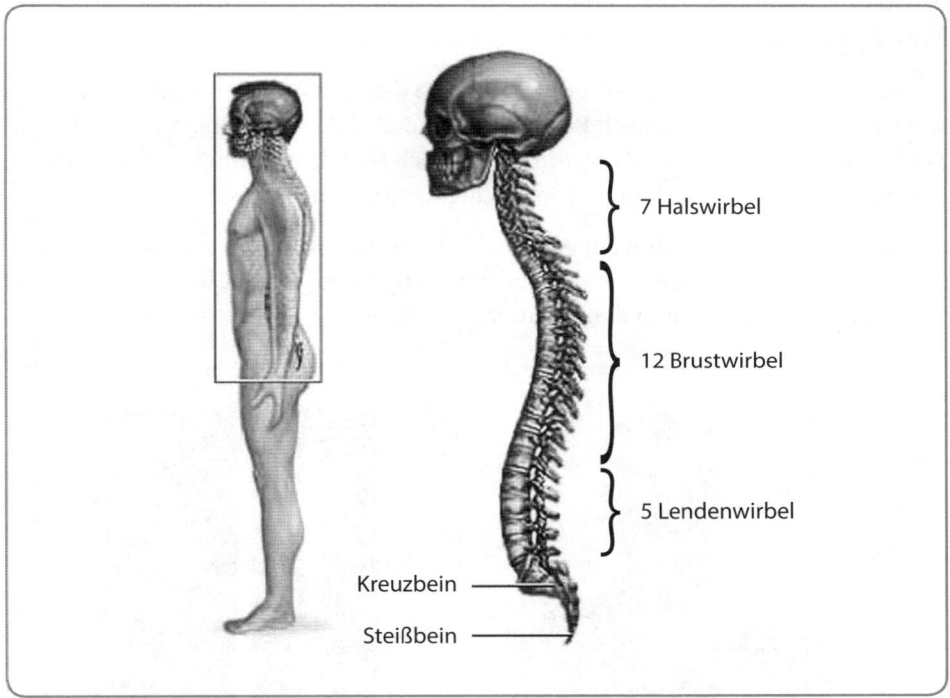

7 Halswirbel

12 Brustwirbel

5 Lendenwirbel

Kreuzbein

Steißbein

Abbildung 49: Die Wirbelsäule des Menschen

Das Rückenmark ist ein Strang aus Nervengewebe und Stützzellen, ungefähr fingerdick, das sich vom Gehirn die ganze Wirbelsäule hinunterzieht. Diese Nerven sind in Hirnhauthüllen eingebettet und von Rückenmarksflüssigkeit umgeben. Diese wirkt wie ein Puffer, damit die Nerven nicht an die Innenseite der Wirbelsäule stoßen.

Das Rückenmark verzweigt sich an jedem Abschnitt der Wirbelsäule in paarige Nervenäste außer am ersten Halswirbel. Diese Nervenäste treten an beiden Seiten der Wirbelsäule an den Stellen zwischen den einzelnen Wirbeln aus.

Die Zervikalnerven (Halsnerven) ziehen in die Schultern, die Arme, den Nacken und die Hände. Diese Nerven kontrollieren auch die Funktion des Halses, der Nasennebenhöhlen, der Nase, der Schilddrüse, der Lymphknoten und des Zwerchfells.

Die *Thorakalnerven* (Brustnerven) ziehen in den mittleren Rücken zu den Muskeln, den Geweben und inneren Organen. Diese Nerven sind zuständig für das Oberflächengewebe an Ellenbogen, Händen und Fingern. Sie sind außerdem zuständig für Brustkorb, Abdomen, Herz, Lunge, Leber, Magen, Bauchspeicheldrüse, Milz, Nebennieren, Nieren und Dünndarm.

Die *Lumbalnerven* (Lendennerven) sind für die Koordination der Muskeln im unteren Rücken, der Oberschenkel, Beine, Waden und Füße zuständig. Nerven, die von den Lumbalnerven abzweigen, kontrollieren auch Dickdarm, Blinddarm, Harnblase, Prostata und die männlichen und weiblichen Geschlechtsorgane.

Die *Sakralnerven* (Kreuznerven) befinden sich im Bereich von Kreuzbein und Steißbein. Die hier austretenden Nerven sind zuständig für Gesäß, Hüften, Oberschenkel und Beine sowie Rektum und Strukturen im Becken.

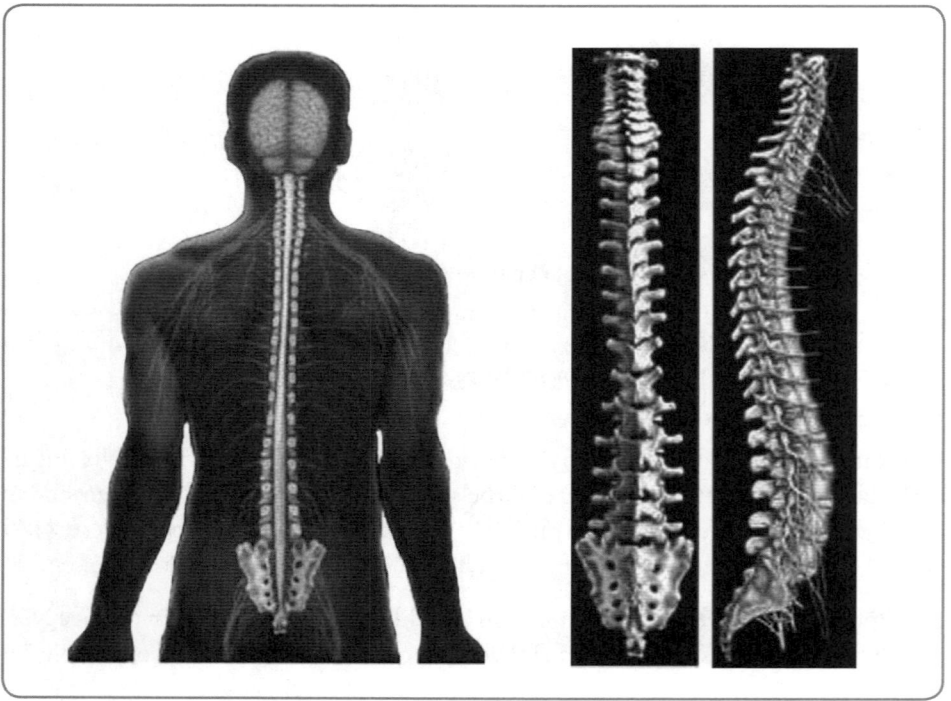

Abbildung 50: Das Rückenmark tritt zwischen den einzelnen Wirbeln aus der Wirbelsäule aus.

Das Rückenmark ist also der Hauptweg, über den Informationen fließen und der das Gehirn, das periphere Nervensystem und den übrigen Körper verbindet. Seine Funktion besteht hauptsächlich darin, Nervensignale zwischen dem Gehirn und dem ganzen Körper auszutauschen, doch es enthält auch neuronale Schaltkreise, die eigenständig zahlreiche Reflexe kontrollieren. Somit hat das Rückenmark drei Hauptfunktionen:

1. Es leitet motorische Signale, die vom Gehirn das Rückenmark hinabziehen, weiter und sendet sie aus.
2. Es sammelt und übermittelt sensorische Informationen, die von der Körperperipherie das Rückenmark hinauf zum Gehirn gelangen.
3. Es dient als Koordinationszentrum für bestimmte Reflexe.

Wie Bauch und Herz so hat auch das Rückenmark einige vom Gehirn unabhängige Funktionen.

Mein Vorschlag: Alle Nervenfasern des Körpers verlaufen durch die Wirbelsäule. Die Stellung der Wirbelsäule und das Maß an Spannung auf das Rückenmark beeinflussen in hohem Maß, wie Körper und Nervensystem arbeiten. Schäden an den Nerven können Schmerz verursachen, Kribbeln, Taubheitsgefühle oder eine Schwäche in dem Gebiet, in dem der Nerv verläuft. Eine Schädigung des Rückenmarks selbst kann in jedem betroffenen Abschnitt zahlreiche Symptome hervorrufen, von Lähmungserscheinungen über Taubheitsgefühle bis zum Zusammenbruch von Körperfunktionen. Probleme an den Thorakalnerven können beispielsweise Asthma, Allergien, Geschwüre und Nierenprobleme hervorrufen.

2.6.1 Körperhaltung

Wer sich schon einmal mit Kampfkünsten oder Yoga beschäftigt hat oder wer verschiedene Methoden der Körperarbeit erlebt hat, die sich auf die Struktur und Bewegung des Körpers konzentrieren (Osteopathie, Alexander-Technik, Feldenkrais etc.), weiß, dass unsere Körperhaltung und unsere Art, uns zu bewegen, unser Innenleben widerspiegelt. Und umgekehrt können wir unseren inneren Zustand beeinflussen, indem wir unseren Körper bewusst wahrnehmen. Wir können also einen immer besseren Zugang zu unserer Körperintelligenz entwickeln, indem wir uns unserer Körperhaltung immer stärker bewusst werden. In jedem einzelnen Moment können wir unsere Aufmerksamkeit auf unseren physischen Körper richten und uns unserer Körperhaltung gewahr werden. Das richtet unsere Aufmerksamkeit auf den gegenwärtigen Moment aus und verlangsamt wieder den sequenziellen Denkprozess im Kopf, der uns leicht vom Kontakt mit dem Körper ablenkt. Wir können wahrnehmen, wie wir unsere Wirbelsäule vielleicht unnötig anspannen und in der Folge einen übermäßigen Verbrauch von Energie zurückfahren. So sind wir ressourcenvoller und energiegeladener im Hier und Jetzt.

ÜBUNG

Der Körperhaltung Aufmerksamkeit schenken

Werden Sie sich, ohne irgendetwas an Ihrer Haltung zu verändern, bewusst, wie Sie jetzt gerade sitzen (oder stehen). Nehmen Sie sich die Zeit, Ihren Körper zu „besuchen": Schultern, Nacken, Gesicht, Wirbelsäule, Bauch, Brust, Hüften und jeden anderen Körperteil, der nach Ihrer Aufmerksamkeit ruft. Nehmen Sie wahr, wo vielleicht übermäßige Spannung sitzt (die Nackenmuskeln sind zusammengezogen) oder wo es an Vitalität mangelt (eingesunkener Brustkorb, runde Schultern). Erlauben Sie Ihrem Körper, seine Haltung leicht auszugleichen. Unterstützen Sie Ihren Körper dabei mit dem Atem. Lassen Sie mit dem Ausatmen los, was zusammengezogen oder angespannt ist, indem Sie behutsam „durch diese Stellen ausatmen". Lassen Sie den Einatem sanft die Stellen mit Atem füllen, denen es an Energie mangelt, um sie zu tonisieren. Forcieren Sie nichts, gestatten Sie Ihrem Körper vielmehr, einen ressourcenvolleren, ausgeglicheneren Zustand zu finden, indem Sie „mit ihm atmen".

Hilfreich mag auch die Vorstellung sein, Ihr Brustkorb hebt sich und dehnt sich aus. Bringen Sie die Mitte Ihrer Brust nach oben und spüren Sie dabei, wie sich Ihre Herzgegend öffnet. Stellen Sie sich gleichzeitig vor, wie Ihre Wirbelsäule länger wird. Spüren Sie, wie Ihr Kopf sanft und sachte nach oben gezogen wird, als wäre in der Mitte des Scheitels eine Schnur befestigt. Denken Sie „Kopf frei" und spüren Sie, wie Ihr Nacken länger wird und Ihr Kinn leicht nach unten und innen geht. Spüren Sie die Freiheit im Okzipitalgelenk, wo Wirbelsäule und Schädel verbunden sind. Stellen Sie sich Platz zwischen allen Wirbeln die ganze Wirbelsäule hinunter vor.

Stellen Sie sich weiter vor, wie am unteren Ende Ihrer Wirbelsäule Kreuzbein und Steißbein über den Körper hinaus weitergehen und sich in Richtung Boden ausdehnen, als wäre die Wirbelsäule in eine Art „Känguruschwanz" verlängert, der bis zum Boden reicht. Das kann sich so anfühlen, als würde Ihr unterer Rücken gedehnt und sich der Beckenraum insgesamt entspannen. Wenn es Ihnen hilft, malen Sie sich aus, dass sich dieser „Schwanz" immer weiter ausdehnt, wie eine Wurzel, immer tiefer in die Erde hinein. Forcieren Sie auch hier nichts und nehmen Sie weiterhin die Empfindungen in Ihrem Körper wahr. Wenn Sie bereit dazu sind, dann richten Sie Ihre Aufmerksamkeit wieder auf Ihre vorige Tätigkeit. Bleiben Sie jetzt mit Ihrem Gewahrsein zum Teil bei der gefühlten Wahrnehmung Ihres physischen Körpers. Nehmen Sie wahr, wie sich Ihr innerer Zustand verändert hat, dadurch dass Sie Ihrer Wirbelsäule und Ihrer Körperhaltung Aufmerksamkeit geschenkt haben.

2.6.2 Network Spinal Analysis™ (NSA)

Ein gutes Beispiel für die Arbeit mit der Wirbelsäule als Teil eines größeren somatischen Geistes ist *Network Spinal Analysis™*. Entwickelt hat sie Dr. Donald Epstein, dessen Prozess *Somato Respiratory Integration™* (SRI) im Abschnitt über den Atem beschrieben ist. Anfangs arbeitete Dr. Epstein nach der herkömmlichen chiropraktischen Vorgehensweise, doch zu seiner Überraschung stellte er fest: Eine ganz leichte Berührung oben und unten an der Wirbelsäule kann die ganze Wirbelsäule anregen, sich selbst neu auszurichten. Diese sanfte Berührung ging oft mit einer tiefen Atmung und mit Wellenbewegungen einher und die in der Wirbelsäule festgehaltene Spannung löste sich auf. Dadurch verbesserte sich die Lebensqualität der Patienten insgesamt.

Als Epstein die Wirbelsäule als Hauptzugang zu einer umfassenderen Körperintelligenz nutzte, erkannte er: Bei dieser nicht-linearen Annäherung an einen Zustand des Wohlbefindens führte eine kleine Veränderung in der Physiologie – unter den richtigen Bedingungen – zu einer überproportionalen Wirkung auf die Gesundheit und das Wohlbefinden der Menschen. Um eine signifikante Änderung in der Physiologie zu erreichen, ist also keine starke Kraftanwendung nötig. Vielmehr stellte er fest, dass eine kräftige Berührung diesen Prozess sogar behindern konnte. Er nannte diesen Ansatz *Network Spinal Analysis™*, um ihn von den eher traditionellen chiropraktischen Methoden zu unterscheiden.

NSA geht davon aus, dass der Körper nicht nur eine Maschine ist und das Rückenmark nicht nur ein Strang elektrischer Kabel, die Körper und Gehirn verbinden. Bei seiner Arbeit mit dieser Methode stellte Epstein fest: Erinnerungen an Wunden aus der Kindheit, Unfälle oder andere körperliche oder psychische Traumen sind oft als Anspannung und Energiemuster in der Wirbelsäule und anderen Körperteilen gespeichert. Diese in der Spannung festgehaltene Energie ähnelt starken Sprungfedern. Im Laufe der Zeit manifestiert sie sich körperlich in festen Muskeln, fixierten Gelenken und in einem Widerstand gegen uneingeschränkte Körperbewegung, in Depression und flacher Atmung. Sie manifestiert sich auch als Schmerz und Krankheit.

Die Fähigkeit unseres somatischen Geistes, Energie aufzunehmen, zirkulieren zu lassen und aufzulösen, beeinflusst in Verbindung mit unserer jetzigen und früheren Konditionierung in hohem Maß unsere Gesundheit und die Art und Weise, wie wir eine gegebene Situation interpretieren und darauf reagieren. Energie, die nicht frei fließen kann, führt im Laufe der Zeit zu Anspannung. Wird diese Energie freigesetzt (oder verwandelt sie sich von einem blockierten in einen freieren Zustand), dann steht sie für Heilung, Kreativität und andere generative Tätigkeiten zur Verfügung.

Die Schwere der Symptome, die Dauer oder der Grad einer Erkrankung bestimmen nicht an sich schon, wie gewichtig die zur Heilung notwendigen Maßnahmen sein müssen. Wenn das Nervensystem im richtigen Zustand eine kleine Änderung wahrnimmt, kann es die gespeicherte Energie und Spannung loslassen. Dann kann der Körper diese Energie für konstruktive Zwecke wie Heilung und Transformation nutzen.

Ein persönliches Beispiel:

Als 14-Jähriger zog sich Robert Dilts bei einem Wasserskiunfall eine Rückenverletzung zu. Der daraus resultierende gestauchte Wirbel und der strukturelle Schaden am Knochen im unteren Rücken verursachten fast 30 Jahre lang Schmerzen, Schwäche und Haltungsprobleme im unteren Rücken. Nach einigen wenigen Sitzungen mit einem NSA-Practitioner, Dr. John Amaral aus Santa Cruz, verschwanden die Symptome. An ihre Stelle trat ein Gefühl von mehr Energie, Vitalität und Durchhaltevermögen, das zum Zeitpunkt der Arbeit an diesem Buch schon seit über zwölf Jahren anhält.

NSA-Behandler arbeiten mit Methoden wie z. B. Ausrichten und Einstellen der Wirbelsäule oder Atemübungen.[25]

---

25 Wenn Sie „Network Spinal Analysis" in Verbindung mit „deutsch" in eine Suchmaschine eingeben, finden Sie Praxen im deutschsprachigen Raum, die dieses Verfahren anwenden.

2.7 Die Füße

Unsere Füße sind ein weiterer Körperteil, dem eine wesentliche Rolle zukommt, wenn wir auf die Intelligenz unseres somatischen Geists zugreifen und optimieren wollen. Wir halten unsere Füße oft nicht für einen wichtigen Teil unseres Nervensystems, dennoch beeinflussen sie stark, wie unser Körper und Geist arbeiten und mit der Welt um uns interagieren.

Wie bereits erwähnt, erweitern die Beine nach Ansicht einiger Traditionen das *Hara* oder Bauchgehirn, indem sie durch die Füße eine Verbindung mit der Erde herstellen und so Verwurzelung und Beweglichkeit gewährleisten. Physiologisch beeinflussen die Sinneseindrücke der Füße unser Gleichgewicht und unsere Körperhaltung in hohem Maß. Wenn wir stehen, sind unsere Füße der Hauptverbindungspunkt zur Erde. Unsere Körperhaltung hängt vollkommen davon ab, welchen Kontakt unsere Fußsohlen mit der Oberfläche unter uns haben.

Ähnlich wie die Handflächen sind auch die Fußsohlen aufgrund der zahlreichen Nervenenden äußerst berührungsempfindlich. Diese sind notwendig für die ständigen kleinen Anpassungen, durch die wir unser Gleichgewicht und unsere Haltung aufrechterhalten. Wenn wir uns also unserer Fußsohlen stärker gewahr sind, verbessern sich unsere Stabilität, unser Gleichgewicht und unsere Beweglichkeit. Moshe Feldenkrais berührte manchmal eine halbe bis eine Stunde lang sanft die Fußsohlen eines Menschen, der auf dem Rücken lag. So verhalf er ihm zu einer besseren Körperhaltung und zu einem stabileren und ausgeglicheneren Gang.

Bei Bedarf können die Füße fast alles, was unsere Hände machen. Menschen, die ihre Arme und Hände verloren haben (vor allem wenn es früh im Leben der Fall war), können oft lernen, fast alles, was Menschen mit ihren Händen machen, mit ihren Füßen auszuführen, z. B. essen, trinken, mit einem Stift schreiben, am Computer tippen, Auto fahren etc. Faszinierende und inspirierende Videobeispiele sind im Internet bei Youtube zu finden. Suchen Sie nach Barbara Guerra (Mutter ohne Arme) und Jessica Parks.

Alternative Gesundheits- und Heilmethoden wie Reflexzonentherapie behaupten, die unterschiedlichen Areale der Fußsohle entsprächen allen Körperteilen, Drüsen und Organen. Reflexzonentherapie, auch Fußreflexzonentherapie genannt, basiert auf der Vorstellung, alle Körperteile spiegelten sich auf den Händen und Füßen wider. Wenn man auf bestimmte Stellen an den Händen oder Füßen Druck ausübe, könne das in anderen Körperteilen eine therapeutische Wirkung hervorrufen.

In den Fußreflexzonen eines Menschen zeigt sich seine allgemeine Anspannung, die aus einer lebenslangen Anpassung an Stress resultiert. Stresshinweise in den Füßen sind für den Reflexzonentherapeuten wie eine Straßenkarte. Wo immer Stressanzeichen an einem Fuß zu finden sind, weisen sie darauf hin, dass sich Stress und seine Auswirkungen bereits in den entsprechenden Körperteilen ansammeln.

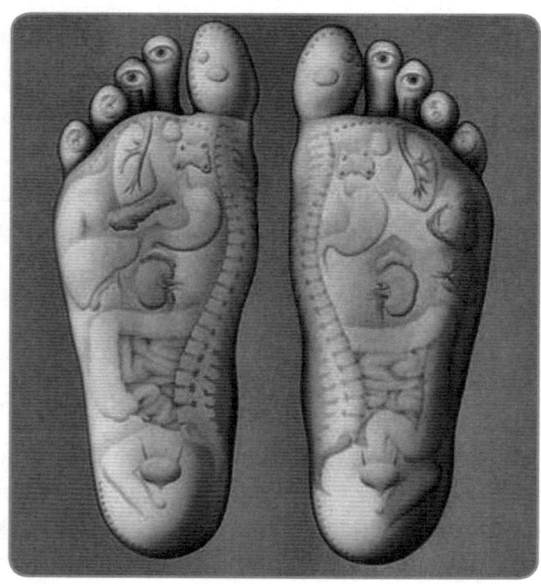

Abbildung 51: Die verschiedenen Zonen auf den Fußsohlen gemäß der Reflexzonentherapie

Auf einer anderen Ebene ist unser Nervensystem großenteils dahin gehend vorprogrammiert, unser Überleben durch Reflexe in verschiedenen Körperteilen zu sichern. Unsere Fähigkeit, uns zu bewegen, gehört wesentlich zu unserem Überleben. Sie ist ein notwendiger Bestandteil von „Flucht" und „Kampf"; und wir brauchen unsere Füße, um uns zu bewegen. Sind diese zu lange nicht geerdet, aus dem Gleichgewicht oder eingeengt, kann unser Überleben auf dem Spiel stehen.

Die meisten Nerven in unserem Körper, deren Aufgabe es ist wahrzunehmen, wie wir uns im Raum bewegen, befinden sich in den Gelenken. Neben dem Schädel und den Händen gehören die Füße zu den Körperteilen mit den meisten Gelenken. Wenn unsere Gelenke steif werden oder beeinträchtigt sind, können die zu Gelenken gehörenden Knochen ihrer Aufgabe nicht mehr nachkommen, nämlich unsere Bewegung zu unterstützen. Das übrige Körpersystem deutet das als Signal der Bedrohung.

Aus dem Gleichgewicht geratene oder unbewegliche Gelenke weisen unseren Körper auf ein Problem oder eine Bedrohung hin. In Bezug auf die Füße spiegelt sich diese subjektive Erfahrung in der „Organsprache" wider, in Wendungen wie: „Ich fand keinen Halt", „Ich muss lernen, auf eigenen Füßen zu stehen", „Ich bekam kalte Füße" etc.

Um stabil und im Gleichgewicht (körperlich und emotional) zu sein, müssen unsere Füße fest auf dem Boden stehen, was nicht immer so einfach ist, wie es klingt. Oft vernachlässigen wir unsere Füße und behandeln sie nicht besonders aufmerksam. Hohe Absätze, allzu enge oder ausgetretene Schuhe und Schuhe, die das Fußgewölbe nicht ausreichend unterstützen, das alles kann einen natürlichen Fuß verformen und für ihn Anspannung und Unbeweglichkeit mit sich bringen. Dadurch, dass sich die Sehnen und Muskeln zusammenziehen, geraten die Füße schließlich aus dem Gleichgewicht und werden instabil.

Ungeerdete und instabile Füße können zu Fehlstellungen im ganzen Körper führen und so überall im Körpersystem Spannung auslösen. Diese Spannung kann Schmerzen in den Beinen, Knie- und Hüftprobleme, Beschwerden im unteren Rücken, im Nacken und den Schultern und sogar Kopfschmerzen verursachen. Aufgrund dieser Spannung können Sie Ihr Leben als ungeerdet, unsicher und unausgewogen empfinden und haben nicht vollen Zugang zum gesamten Potenzial Ihrer Körperintelligenz.

Gabrielle Roth, die die 5Rhythmen entwickelt hat, legt größten Wert auf die Füße. Das Grundprinzip ihrer Transformationsarbeit durch Bewegung lautet: „Folge deinen Füßen." Die Teilnehmer sind aufgefordert, barfuß zu tanzen, um die Füße zu befreien, um das Gefühl zu stärken, mit der Erde in Kontakt und in ihr verwurzelt zu sein, und um die Bewegungsfähigkeit zu verbessern.

ÜBUNG

Übung zum Entlasten der Fußzentren

Durch das Dehnen und Massieren der Muskeln und Sehnen an den Fußsohlen sorgen Sie für eine stabilere und festere Grundlage zum Gehen. Dadurch vermeiden Sie mögliche Probleme mit den Knien, den Hüften und dem unteren Rücken.

Wenn Sie die drei Fußzentren entlasten (Ballen, Außenrist und Ferse), können Ihre Füße wieder vollständigen Kontakt zum Boden finden, was die Stabilität und das Gleichgewicht im ganzen Körper wiederherstellt.

Gehen Sie nach folgenden drei Schritten vor, um die Fußzentren wieder ins Gleichgewicht zu bringen und um sie zu stabilisieren. Üben Sie dabei starken Druck aus:

4. **Ballen:** Legen Sie Ihre Finger über Ihren Fußballen. Atmen Sie ein. Atmen Sie aus und ziehen Sie dabei Ihre Finger über den Ballen und zwischen den Zehen hindurch, während Sie den Fuß strecken. Wiederholen Sie diese Streichbewegung dreimal.

5. **Außenrist:** Legen Sie Ihre Finger an die Fußsohle auf das weiche Gewebe oder den rosa Bereich am Fuß. Atmen Sie ein. Atmen Sie aus und ziehen Sie dabei Ihre Finger zur Außenseite des Fußes, während Sie den Fuß nach innen drehen. Wiederholen Sie auch diese Bewegung dreimal.

6. **Ferse:** Legen Sie Ihre Finger auf das weiche Gewebe vor der Ferse. Atmen Sie ein. Atmen Sie aus und ziehen Sie Ihre Finger über die Fersenoberfläche, während Sie Ihren Fuß beugen, sodass die Zehen in Richtung Himmel zeigen. Wiederholen Sie diesen Vorgang dreimal.

Stehen Sie auf und laufen Sie herum, sobald Sie einen Fuß stabilisiert haben. Ihre Fußzentren sollten sich beim Auftreten auf dem Boden größer und breiter anfühlen, weshalb Sie sich stärker im Gleichgewicht, stabiler und stärker mit der Erde verbunden fühlen dürften. Auch Ihr Fußgewölbe könnten Sie als höher wahrnehmen.

Wiederholen Sie dann die Schritte am anderen Fuß.

2.8 Der Homunkulus auf dem Kortex – der Körper im Gehirn

Bisher haben wir die verschiedenen Aspekte des Nervensystems im Körper selbst betrachtet, die unsere Körperintelligenz ausmachen – das Gehirn bzw. die Gehirne im Körper. Der sogenannte Homunkulus ist eine Repräsentation dessen, wie unser Gehirn den Körper wahrnimmt, was unser Körpergewahrsein ebenfalls beeinflusst. Der Homunkulus auf dem Kortex gibt die relative Anzahl der Gehirnzellen in der Großhirnrinde wieder, die die Aufgabe haben, die verschiedenen Körperteile zu fühlen und sie agieren zu lassen. Der Homunkulus bildet den Anteil der Zellen ab, der jedem Körperteil zugeordnet ist. Anders ausgedrückt: Der Homunkulus ist eine Landkarte des relativen Anteils der verschiedenen Körperteile auf der Großhirnrinde. Er spiegelt auch die kinästhetische Eigenwahrnehmung (Propriozeption) wider, wie sich der Körper in Bewegung anfühlt.

Manche Körperteile sind mit zahlreichen sensorischen und motorischen Zellen in der Großhirnrinde verbunden. Diese Körperteile sind auf dem Homunkulus größer abgebildet. Ein Körperteil mit weniger sensorischen und / oder motorischen Verbindungen zum Gehirn wird so dargestellt, dass er kleiner erscheint. Zum Beispiel erscheint der Daumen, den man bei Tausenden komplexen Abläufen braucht, viel größer als der Oberschenkel, der nur relativ einfache Bewegungen ausführt.

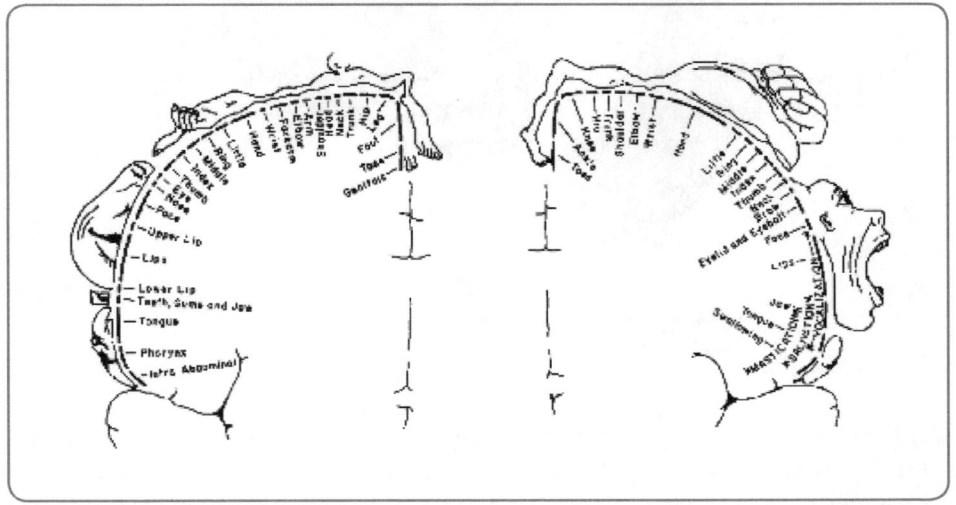

Abbildung 52: Der Homunkulus auf der Großhirnrinde zeigt die relative Anzahl sensorischer und motorischer Zellen im Gehirn, die für die verschiedenen Körperteile „zuständig" sind.

Auf diesem kortikalen Homunkulus basieren unser mentales Modell von unserem Körper und unser körperliches Selbstbild – also der Körper im Gehirn. Er spiegelt unser kognitives, bewusstes Gewahrsein unseres Körpers wider sowie die damit verbundenen Tilgungen, Verallgemeinerungen und Verzerrungen.

Würden wir diese Repräsentation in einen realen Körper umwandeln, käme ein grotesk entstellter Mensch heraus mit überproportional großen Händen, Lippen und einem übergroßen Gesicht im Vergleich zum übrigen Körper.

Abbildung 53: Der menschliche Körper, wenn er so aussähe,
wie er auf dem kortikalen Homunkulus abgebildet ist.

Der Homunkulus auf dem Kortex ist ein sehr eindrückliches Beispiel für den Unterschied zwischen „Landkarte" und „Gebiet". Wir haben sowohl einen tatsächlichen Arm als auch die innere Repräsentation des Gehirns von diesem Arm (die Landkarte und das Gebiet). Sie sind nicht das Gleiche und genau dieser Unterschied führt dazu, dass Menschen „Phantomempfindungen" haben oder Körperteile „negativ halluzinieren" und sie als fehlend wahrnehmen, obwohl sie vorhanden sind.

Die Form, in der unser Gehirn den Körper wahrnimmt, entspricht nicht der des tatsächlichen Körpers und sie ist auch nicht der Körper, den unser somatischer Geist wahrnimmt. Zu unserem tatsächlichen Bauch und der Wahrnehmung des Gehirns vom Bauch kommen noch die Empfindungen des enterischen Nervensystems vom Bauch hinzu. Was Gendlin als „gefühlte Wahrnehmung" (felt sense) unseres Körpers bezeichnete, umfasst eindeutig mehr als den Homunkulus, der die rein somatische und die kortikale Wahrnehmung einbezieht.

Für unseren somatischen Geist und den kognitiven Geist haben die verschiedenen Körperteile und Aspekte unseres Körpers und unserer Physiologie naturgemäß unterschiedliche Priorität. Die Großhirnrinde ist hauptsächlich damit beschäftigt, Informationen zu verarbeiten, die über die Telezeptoren hereinkommen; das sind die auf die äußere Welt ausgerichteten Sinne. Unser somatisches Nervensystem kümmert sich um unsere innere Welt.

Die Großhirnrinde hat sich beim Menschen von allen Gehirnteilen als letzter entwickelt. Ihre Strukturen und Aufgaben sind somit jünger als die Anteile unseres Nervensystems mit älteren Wurzeln (wie das Nervensystem im Bauch, im Herzen, das Rückenmark, das „Reptiliengehirn" etc.). Die nur beim Menschen vorkommende Großhirnrinde hat sich entwickelt, um uns im Austausch mit unseren Mitmenschen, unserer Kultur und unserer Umwelt zu unterstützen. Deshalb legt der Homunkulus so großen Wert auf unsere Hände, Lippen, Zunge etc. Mit diesen Körperteilen kommunizieren und handeln wir in unserer äußeren Welt. Der Homunkulus auf der Großhirnrinde ist eine Abbildung von uns selbst, die auf die Mitmenschen, die Kultur und die Umwelt ausgerichtet ist.

Auch gibt es Anhaltspunkte, dass unsere im Leben gemachten Erfahrungen diesen Homunkulus prägen. Denn der Homunkulus auf dem Kortex entwickelt sich im Laufe der Zeit und ist, wie gezeigt werden konnte, bei jedem Menschen anders. Im Gehirn eines Kleinkindes ist die Hand im Homunkulus anders abgebildet als im Gehirn eines Konzertpianisten. Und mit großer Wahrscheinlichkeit werden bei den zuvor erwähnten Personen, die Arme und Hände verloren und gelernt haben, mit ihren Füßen zu essen, zu schreiben und Auto zu fahren, die Füße im motorischen Homunkulus viel mehr Raum einnehmen als bei Menschen, die beide Arme und Hände haben und benutzen.

Als wichtige Konsequenz ergibt sich daraus: Wie stark wir uns eines Körperteils gewahr sind und wie wir es nutzen, kann – in Grenzen – dessen Abbildung auf dem Homunkulus im Gehirn verändern. Übungen, wie sie in diesem Buch vorgestellt werden, könnten folglich die neurolinguistische Struktur unseres Gehirns verändern (und vielleicht anderer Teile unseres Nervensystems). Das kann uns helfen, unseren Körper und uns selbst als ausgeglichener und einheitlicher wahrzunehmen.

2.8.1 Den subjektiven Homunkulus erforschen

Unser Homunkulus auf dem Kortex spiegelt sich in unserem *subjektiven Homunkulus* wider – darin, wie wir selbst unseren Körper wahrnehmen. Wenn Sie Ihre Aufmerksamkeit selbstbeobachtend in Ihren Körper richten, stellen Sie zweifellos fest, dass einige Körperteile spontan in Ihrem Gewahrsein stärker in den Vordergrund treten als andere. Wenn Sie Ihren subjektiv empfundenen Homunkulus erkunden, bedeutet das, zu spüren, welche Teile Ihres Körpers Sie zu einem bestimmten Zeitpunkt mehr oder weniger bewusst wahrnehmen. Dadurch bekommen Sie viel Feedback über Ihre Beziehung zu verschiedenen Körperteilen und darüber, was in Ihrem somatischen Geist so vorgeht.

Wenn Sie einen Moment innehalten und gleich jetzt Ihre Aufmerksamkeit auf Ihren Körper richten, welche Körperteile (z. B. Wirbelsäule, Hände, Augen, Bauch, Becken etc.) erregen da am leichtesten Ihre Aufmerksamkeit? Denken Sie daran: Der Homunkulus ist kein Register emotionaler Reaktionen, vielmehr hat er mit den körperlichen Empfindungen und Bewegungen zu tun.

Manche Körperteile sind vielleicht überhaupt nicht in Ihrem Gewahrsein. Gibt es Körperteile (Fußsohlen, Ohrläppchen, Ellenbogen, Lungen, linke Großzehe etc.), die Sie diesmal gar nicht bewusst wahrgenommen haben?

Aufschlussreich und nützlich kann es sein, Ihren subjektiven Homunkulus jeweils dann auszuwerten, wenn Sie unterschiedliche innere Zustände erleben oder unterschiedliche Leistungen bringen. Probieren Sie doch als Beispiel dafür folgende Übung:

ÜBUNG

Körperwahrnehmung

1. Erinnern Sie sich an eine Gelegenheit, als Sie sich in einem ressourcenarmen Zustand befanden (als Sie feststeckten, verwirrt oder beunruhigt waren) oder eine schlechte Leistung an den Tag legten.
2. Durchleben Sie die Erfahrung so vollständig wie möglich. Werden Sie sich dabei gewahr, welche Körperteile am stärksten in den Vordergrund treten. Welche spüren Sie am intensivsten? Welche spüren Sie am detailliertesten? Gibt es Verzerrungen? Welche Körperteile sind im Hintergrund? Scheinen manche Bereiche zusammenzulaufen oder erscheinen sie auf der Gefühlsebene ununterscheidbar? Welche nehmen Sie überhaupt nicht wahr?
3. Machen Sie Ihren Kopf frei und lassen Sie diesen Zustand aus Ihrem Körper los.

4. Finden Sie eine Erfahrung, in der Sie in einem ressourcenvollen Zustand (zuversichtlich, entspannt, kreativ, zentriert etc.) oder sehr leistungsstark waren.
5. Versetzen Sie sich so intensiv wie möglich in diese Erfahrung. Seien Sie sich wieder gewahr, welche Körperteile am stärksten im Vordergrund stehen. Welche spüren Sie am intensivsten oder am detailliertesten? Welche Körperteile sind im Hintergrund? Welche nehmen Sie überhaupt nicht wahr?
6. Machen Sie Ihren Kopf frei und reflektieren Sie über die Unterschiede, die den Unterschied ausmachen. Stimmen Sie sich wieder auf den gegenwärtigen Moment ein, wo Sie beide Erfahrungen überdenken und die Unterschiede in Ihrer Körperwahrnehmung ausmachen können zwischen dem ressourcenvollen und dem ressourcenarmen Zustand oder zwischen der schwachen und der starken Leistung.

Solche Erkundungen verhelfen Menschen oft zu sehr interessanten Erkenntnissen. Es ist faszinierend festzustellen, dass sich unser wahrgenommenes Körperbild manchmal recht drastisch ändern kann. Menschen mit einer Substanzabhängigkeit nehmen ihren Körper und ihre Anatomie beispielsweise meist ganz verzerrt wahr, wenn sie nach der Substanz verlangen. Solche Körperverzerrungen sind ein Hinweis, dass jemand nicht in vollem Umfang und auf die ganze Kraft seiner Körperintelligenz und all seine Ressourcen zugreifen kann. Diese Verzerrungen wirken in der Form, dass sie uns daran hindern, uns vollkommen mit unserem Körper zu verbinden. Dadurch setzen sie eine Art Abwärtsspirale oder einen Teufelskreis in Gang, wodurch wir in den Problemzustand geraten.

Es ist interessant, solche Problemzustände genauer zu untersuchen und die im subjektiven Homunkulus vorhandenen Tilgungen, Verzerrungen und Verallgemeinerungen zu reduzieren. Hier zwei mögliche Erkundungen:

Problemzustände erkunden
1. Versetzen Sie sich wieder in die oben untersuchte ressourcenarme Erfahrung oder in die Situation, in der Sie eine schwache Leistung zeigten, aber bleiben Sie mit Ihrem Gewahrsein stärker im ganzen Körper. Inwiefern nehmen Sie den Zustand oder die Situation subjektiv anders wahr?
2. Falls sich ein bestimmter Körperteil besonders verzerrt anfühlt oder so, als sei er gar nicht da, üben Sie, diesem Teil gleichbleibend viel Aufmerksamkeit zu schenken. Behalten Sie das gleiche Maß an Gewahrsein bei, während Sie in die Erfahrung hinein- und aus ihr herausgehen.

Ein weiteres sehr interessantes Beispiel dafür, wie sich das Körpergewahrsein auswirken kann, ist folgende Version der Vordergrund-Hintergrund-Technik.

Der somatische Vordergrund-Hintergrund-Prozess – die einzelnen Schritte:

1. Identifizieren Sie eine automatisch ablaufende einschränkende Reaktion, die in einem klar definierten Kontext auftritt und überprüfbar ist *(z. B. Angst vor einer Präsentation)*.

2. Assoziieren Sie sich so weit in eine spezielle Begebenheit der einschränkenden Reaktion, dass Sie erleben, wie diese sich auf Ihre Physiologie auswirkt.
   a. Nehmen Sie introspektiv Ihr Körperbild (den subjektiven Homunkulus) bei dieser Erfahrung wahr. Stellen Sie fest, was im *„Vordergrund"* Ihres Gewahrseins ist, also welche Körperteile und -empfindungen bei dieser einschränkenden Reaktion **am stärksten** vergrößert erscheinen *(z. B. Gewahrsein von Herzklopfen und ein angespannter Kiefer)*.
   b. Identifizieren Sie, was in diesem Zustand im *„Hintergrund"* oder neutral ist. Achten Sie also darauf, welcher Körperteile Sie sich bei dieser Erfahrung nicht gewahr sind, die nicht beteiligt zu sein scheinen *(z. B. Fußsohlen, Ohrläppchen, linker Ellenbogen)*.

3. Finden Sie ein ressourcenvolles *Gegenbeispiel*, also eine Gelegenheit, bei der Sie die einschränkende Erfahrung hätten haben können oder „sollen", Sie sie aber nicht hatten. Falls es kein Gegenbeispiel gibt, dann suchen Sie eine Erfahrung, die der einschränkenden in jeder Hinsicht so nahe wie möglich kommt, in der Sie aber keine einschränkende Reaktion erlebten. Assoziieren Sie sich in diese Erfahrung *(z. B. als Sie vor einer Gruppe neuer Bekannter einen Witz oder eine Geschichte erzählten)*.
   a. Achten Sie wieder darauf, welcher Körperteile Sie sich **am stärksten** gewahr sind (Vordergrund) *(z. B. ein Gefühl von Energie in der Wirbelsäule und Gelassenheit im Bauch)*.
   b. Bestimmen Sie auch, was im *Hintergrund* ist, was neutral oder in Ihrem subjektiven Körpergewahrsein gar nicht vorhanden ist *(z. B. Knie, Fußsohlen und Ohrläppchen)*.

4. Finden Sie beim Nachdenken über beide Beispiele einige Körperteile, die *sowohl* in der problematischen *als auch* in der ressourcenvollen Erfahrung im Hintergrund sind oder fehlen *(z. B. kleine Zehe und linker Ellenbogen)*.

5. Kehren Sie zu der ressourcenvollen Erfahrung zurück und assoziieren Sie sich ganz in die gefühlte Wahrnehmung hinein. Dehnen Sie in diesem ressourcenvollen Zustand Ihr Körpergewahrsein aus, damit sich Ihr ganzer Körper ausgeglichen anfühlt, besonders die Körperteile, die Sie in Schritt 4 ermittelt haben *(z. B. kleine Zehe und linker Ellenbogen)*.

6. Gehen Sie jetzt zurück zur einschränkenden Erfahrung. Versetzen Sie sich ganz in sie hinein, doch richten Sie diesmal Ihre Aufmerksamkeit auf die Körperteile, die bisher bei beiden Zuständen im Hintergrund waren *(z. B. kleine Zehe und linker Ellenbogen)*. Dann dürften Sie erleben, wie sich die problematische Reaktion

sofort von selbst auflöst oder sich in eine positivere und ressourcenvollere Erfahrung verwandelt.

Weitere Informationen und eine umfassendere Version des Vordergrund-Hintergrund-Prozesses finden Sie in *The Encyclopedia of Systemic NLP* (2000).

2.9 Biofeedback

Mithilfe von *Biofeedback* können Sie ebenfalls eine engere Verbindung mit dem Körpergewahrsein und der Körperintelligenz entwickeln. „Biofeedback" bedeutet: Die Anwender bekommen Feedback (hör- oder sichtbar) zu einer bestimmten biologischen oder körperlichen Reaktion, sodass sich kognitive und körperliche Prozesse stärker verbinden können. Diese Prozesse sind im Allgemeinen solche, die im unwillkürlichen oder „autonomen" Nervensystem ablaufen, etwa Herzschlag, Gefäßreaktionen (oft indirekt als Hauttemperatur gemessen), Gehirnwellen und Aktivität der Poren und Schweißdrüsen (gemessen an den elektrischen Hautreaktionen).

Das autonome Nervensystem besteht aus zwei Hauptästen, dem Sympathikus und dem Parasympathikus. Der *Sympathikus* steuert unsere Kampf / Flucht-Reaktionen und andere Überlebensstrategien. Er wirkt generell anregend. Der aktivierte Sympathikus beschleunigt den Herzschlag, erhöht die Atemfrequenz, regt den Adrenalinausstoß an, verringert die Durchblutung der Körperperipherie und er öffnet die Poren, wodurch man stärker schwitzt etc. Grundsätzlich bereitet er den Körper auf „Aktion" vor. Diese Reaktionen sind Begleiterscheinungen von stimulierend faszinierenden Situationen und des durch Überlebensstrategien ausgelösten Stresses.

Der Parasympathikus beruhigt und entspannt den Körper stärker und ist zuständig für die Regenerationsfunktionen. Wenn der Parasympathikus aktiviert ist, verlangsamt sich der Herzschlag, die Atmung wird langsamer und tiefer, die Mikromuskeln um die Blutgefäße und die Kapillaren entspannen sich, es fließt mehr Blut in die Hände, Füße und in die Körperperipherie, die Schweißabsonderung lässt nach etc. Dadurch kann sich der Körper entspannen, Kräfte tanken und wieder Ressourcen aufbauen.

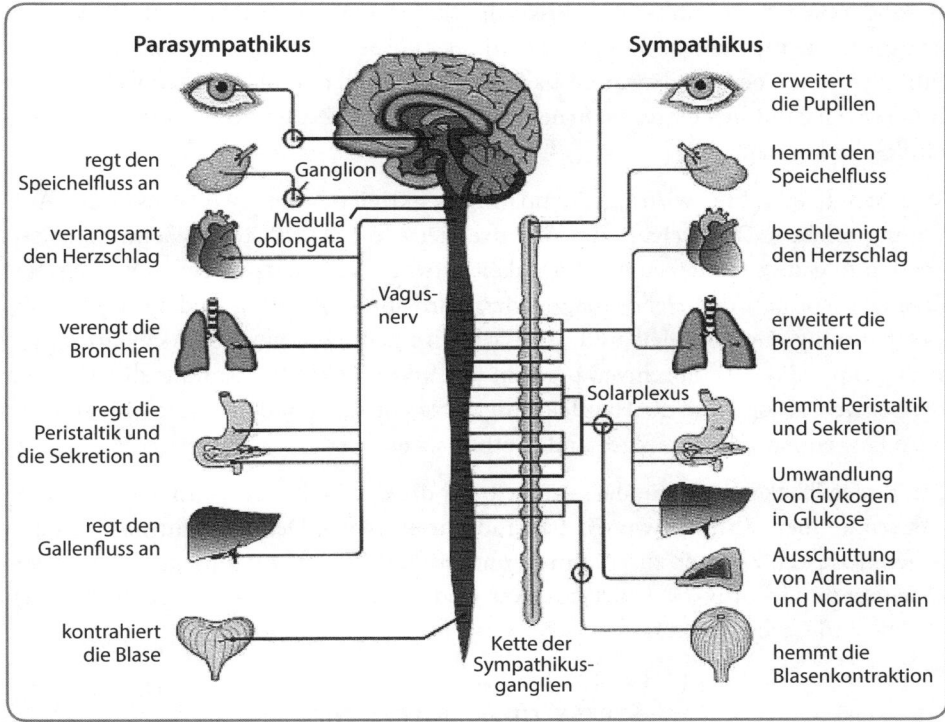

Abbildung 53: Das autonome Nervensystem ist in zwei Äste unterteilt: Sympathikus und Parasympathikus.

Mit Biofeedback lässt sich sehr wirksam die Beziehung zwischen dem kognitiven Geist und lebenswichtigen Körperfunktionen erkennen und erforschen (zwischen dem Zentralnervensystem und dem autonomen Nervensystem). Dadurch dass die „autonomen" Funktionen gemessen werden und das Ergebnis den Anwendern „als Feedback" als Ton oder Kurve zurückgemeldet wird, erkennen diese, wie sie den jeweiligen physiologischen Aspekt harmonisieren und beeinflussen können.

Umfangreiche Untersuchungen zu Biofeedback ergaben: Das „autonome" Nervensystem, von dem man glaubte, es würde sich vollkommen „selbst regulieren", reagiert überraschend stark auf den Einfluss des Zentralnervensystems.

Patienten mit körperlichen Problemen können enorm profitieren, wenn sie psychosomatische Techniken lernen, wie der Einsatz von Biofeedback gezeigt hat. Die Methode wird angewandt, um zahlreiche Körperreaktionen positiv zu beeinflussen, die Gesundheitsprobleme verursachen, etwa Kopfschmerzen, chronisch verspannte Muskeln nach Unfällen oder Sportverletzungen, Asthma, Bluthochdruck und Herzarrhythmien. In der Schmerzbehandlung wird es oft statt oder ergänzend zu Medikamenten eingesetzt.

Besonders wirksam unterstützte Biofeedback Anwender dabei, Stressauswirkungen abzumildern und häufiger Zustände optimaler körperlicher und mentaler Leistungsfähigkeit zu erleben. Und zwar deshalb, weil wir durch ein solches Feedback unseren inneren Zustand bewusster wahrnehmen und ihn so besser absichtlich positiv beeinflussen können.

Wie bereits erwähnt, wird der Sympathikus aktiviert, wenn wir Stress oder Aufregung erleben. Das steigert die Atemfrequenz, die Aktivität der Schweißdrüsen (und infolgedessen die Hautleitfähigkeit) sowie die Herzfrequenz. Die Herzfrequenzvariabilität, das Herzschlagmuster, wird ungleichmäßig und unregelmäßig. Entspannung, Gelassenheit und Stille jedoch resultieren aus der Aktivierung des Parasympathikus. Dadurch verlangsamt und vertieft sich die Atmung, die Aktivität der Schweißdrüsen und die Hautleitfähigkeit lassen nach und das Herzschlagmuster wird langsamer, gleichmäßiger und rhythmischer.

Mit Biofeedback lernen wir, dass und wie wir die Qualität unseres inneren Zustands steuern können, ähnlich wie wir Fahrradfahren lernen. Denn es hilft uns, unseren inneren Zustand besser zu erkennen und zu kalibrieren. Außerdem erfahren wir (bewusst und intuitiv), welche Gedanken und Handlungen diesen Zustand auslösen und beeinflussen.

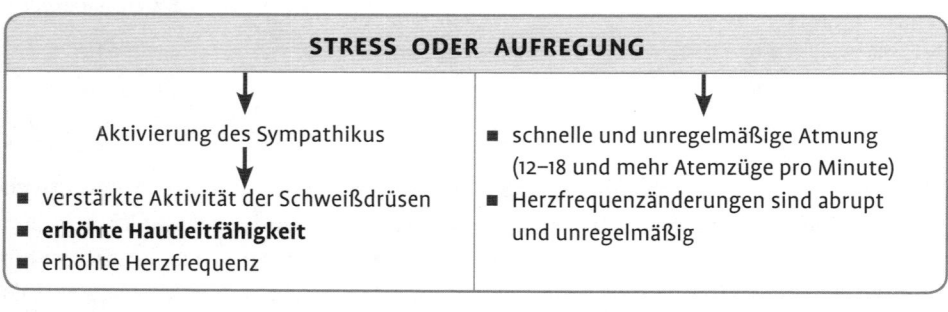

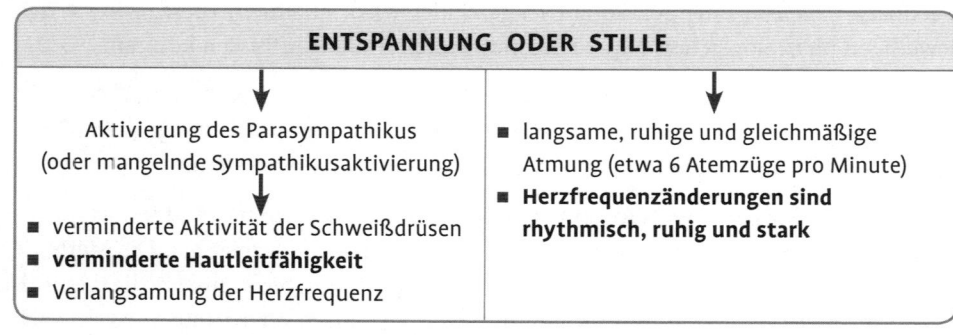

Abbildung 54: Häufig auftretende Körperreaktionen bei Stress oder Aufregung und bei Entspannung oder Stille

Die Trainingsmethoden beim Biofeedback sind relativ einfach, allerdings braucht man dazu das geeignete Instrumentarium. Zu Beginn muss die Anwenderin die Art von Feedback auswählen, die ihren Zielen am besten entspricht. Wenn man beispielsweise lernt, bestimmte Muskeln zu entspannen, kann das zwar bei vielen stressbedingten Erkrankungen etwas nützen, ist aber bei anderen körperlichen Problemen vielleicht nicht die wirksamste Behandlung. Eine ängstliche Patientin mit Tachykardie (schnellem Herzschlag) profitiert wahrscheinlich mehr davon, wenn sie lernt, ihre Herzfrequenz zu verlangsamen und in psychophysische Kohärenz zu bringen, als wenn sie lernt, Muskeln zu entspannen.

Sobald sie das gewünschte Feedback ausgewählt hat, wird der entsprechende Sensor bei der Anwenderin angelegt. Dieser misst die Informationen über die jeweilige Funktion des autonomen Nervensystems, übermittelt sie an einen Computer oder ein anderes Anzeigegerät und die Reaktion wird der Anwenderin zugänglich gemacht. Wenn die Anwenderin das Feedback bewusst wahrnimmt, registriert ihr Zentralnervensystem das – was wiederum das autonome Nervensystem beeinflusst. Dieser Einfluss ist gewöhnlich intuitiv, die Anwenderin nimmt ihn nicht bewusst wahr.

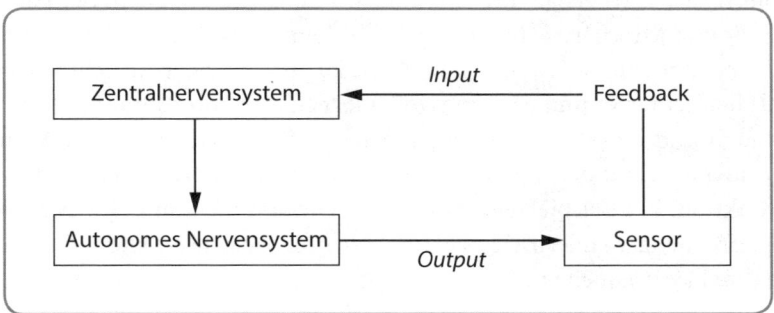

Abbildung 56: Ablauf beim traditionellen Biofeedback

Die Anwenderin bekommt entweder „binäres" oder „analoges" Feedback. Beim „binären" oder „digitalen" Feedback setzt man sich ein bestimmtes Ziel oder einen Schwellenwert für die autonome Reaktion. Sooft die Anwenderin in ihrer körperlichen Reaktion dieses Ziel erreicht oder diesen Schwellenwert überschreitet, weist ein Licht oder ein Ton sie auf ihren Erfolg hin. Das ist die Haupttrainingsmethode, um im EEG einen „Alpha-Zustand" herbeizuführen. Feedback gibt es immer dann, wenn die Anwenderin Gehirnwellen im „Alpha"-Bereich (8–12 Hz) produziert.

Beim „analogen" Feedback bekommt die Anwenderin fortlaufend Feedback über die jeweilige autonome Körperfunktion, etwa die Herzfrequenz, die Körpertemperatur oder den Hautwiderstand. So lernt sie, einen bestimmten autonomen Prozess genau zu beobachten und zu steuern, wodurch sie ihr eigenes inneres Feedback-System aufbaut.

Unabhängig davon, wie der Anwenderin das Feedback übermittelt wird: Im Laufe der Zeit entwickelt sie eine tief empfundene Verbindung mit grundlegenden Körperfunktionen und braucht kein Gerät mehr.

Genau genommen sind die Biofeedback-Prinzipien bei vielen NLP-Techniken „mit im Spiel", wenn der Therapeut / Coach / Berater oder Dozent als „Sensor" fungiert und den Klienten oder Lernenden Feedback über Aspekte ihres inneren Zustands gibt. Andere NLP-Techniken (wie Kalibrieren und die innere Bestandsaufnahme) helfen Menschen, ihre eigenen persönlichen Feedback-Mechanismen und -Fertigkeiten zu entwickeln.

2.9.1 NeuroLink und MindDrive

In den frühen 1980er-Jahren begann Robert Dilts damit, mithilfe der NLP-Prinzipien Biofeedback-Werkzeuge und -Methoden zu entwickeln, die in der patentierten NeuroLink- und MindDrive-Technologie gipfelten. Sein Ziel war, Anwendern Feedback auf einer anderen neurologischen Ebene zu geben. Seiner Ansicht nach würden die Menschen schneller und wirkungsvoller lernen, sich mit autonomen Funktionen zu verbinden und diese zu beeinflussen, wenn sie Feedback über das Ausmaß der hervorgerufenen Veränderung bekämen statt über den spezifischen Zustand dieser Körperfunktion. Ein Beispiel: Die Anwenderin bekam nicht nur eine Aufzeichnung ihrer Herzfrequenz, sondern sie bekam auch Feedback dazu, wie schnell und wie stark sie ihre Herzfrequenz *verändern* konnte.

Dieser Ansatz hat sich als wirksam erwiesen: Die Anwender konnten so die bewusste Harmonisierung und den Einfluss auf eine bestimmte autonome Funktion schneller spüren und dadurch die Geist-Körper-Verbindung (mind-body connection) stärken. Es stellte sich auch heraus, dass man mit diesem Ansatz bestimmte Geräte besser steuern kann, etwa Videospielgeräte oder Roboter, und zwar mit dem autonomen Nervensystem. Das wiederum führte zu Anwendungen, mit denen Menschen mit Schädigungen des Zentralnervensystems (wie Multipler Sklerose, zerebraler Lähmung, Rückenmarkverletzungen etc.) Computerspiele spielen und effizienter kommunizieren können. Daraus entwickelten sich auch verbraucherorientierte Videospiele, die per „Gedankenkontrolle" gespielt werden. Ein solcher Ansatz beschränkt sich somit nicht nur auf den therapeutischen Wert des Biofeedback, sondern die Menschen lernen damit auch, ihr Nervensystem und ihre Körperintelligenz zu entwickeln und zu nutzen.

2.9.2 Somatic Vision

Die neueste praktische Umsetzung dieses Ansatzes sind die Werkzeuge zur Geist / Körper-Integration von *Somatic Vision,* die Ryan DeLuz in Zusammenarbeit mit Robert Dilts entwickelt hat. Die Software von Somatic Vision läuft auf der Wild Divine „LightStone" Hardware. Sie misst die Herzfrequenz und die Hautleitfähigkeit (galvanische Hautreaktion GHR) und übermittelt die Werte an einen Laptop.

Die Software-Tools von Somatic Vision sammeln diese Körperwerte und stellen sie dar in Form von dynamischen Computergrafiken, 3D-Spielen, Kurven und Musik. Mithilfe dieser Werkzeuge können Anwender ihre bewusste Verbindung mit dem Körper vertiefen und feinabstimmen. Dadurch ist es möglich, zielgerichteter:

- Entspannung zu vertiefen
- Gleichgewicht und Vitalität wiederherzustellen
- körperliches und mentales Wohlbefinden zu steigern

Zu den Tools von Somatic Vision gehören unter anderem:

Particle Editor – Dieses Programm gibt fortlaufend Rückmeldung, indem es einzigartige, sich bewegende Teilchen anzeigt, die auf Veränderungen in Ihrem Körper reagieren. Sobald Sie Ihren Zustand verändern, ändert sich sofort die Aktivität auf dem Bildschirm; dadurch erkennen Sie, wie spezifische Empfindungen, Gefühle und Gedanken bestimmte grafische Veränderungen hervorrufen.

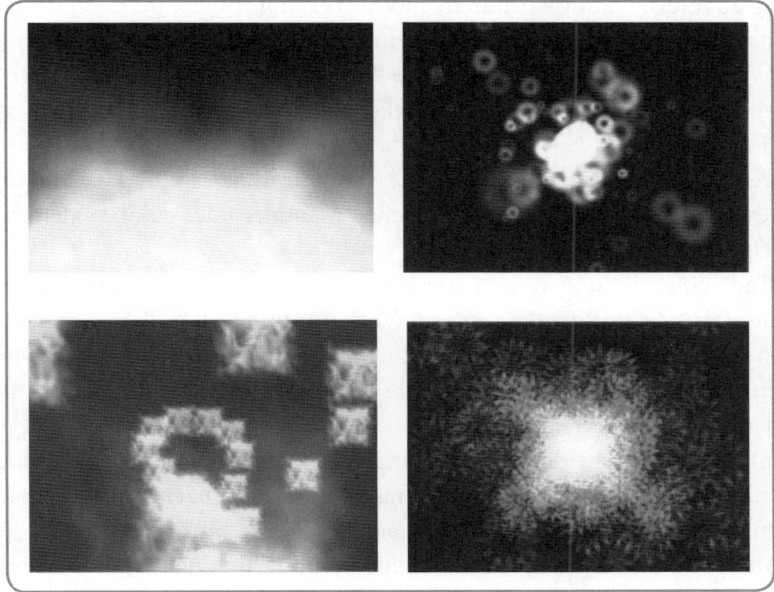

Abbildung 57: Bilder vom Biofeedback-Programm *Particle Editor* von Somatic Vision

Inner Tube und *Dual Drive* sind Echtzeit-3D-Spiele, bei denen Sie mithilfe Ihrer Herzfrequenz und Hautleitfähigkeit ein Raumschiff oder einen Geländewagen steuern. Die Geschwindigkeit des Fahrzeugs verändert sich mit Ihrem inneren Entspannungs- oder Erregungszustand. Je entspannter Sie sind, desto schneller fahren Sie. Das ist eine sehr unterhaltsame Art, den eigenen inneren Zustand kontrollieren zu lernen.

Abbildung 58: Ein Screenshot vom Somatic-Vision-3D-Spiel *Dual Drive*

NLPace ist ein Coachingwerkzeug (entweder für das Selbstcoaching oder für das Coaching anderer). Damit kann man subtile Veränderungen im mentalen, emotionalen und körperlichen Zustand wahrnehmen, sie verstehen und aufzeichnen. Mit diesem Werkzeug können Sie körperliche Veränderungen als Ergebnis einer Sitzung feststellen und verifizieren; gleichzeitig bekommen Sie während eines Prozesses fortlaufend Feedback:

1. Während einer Sitzung können Sie die Veränderungen in der Herzfrequenz und Hautleitfähigkeit verfolgen, als Anzeichen mentaler oder emotionaler Zustandsänderungen.

2. Am Ende einer Sitzung können Sie überprüfen, ob diese erfolgreich war, indem Sie die körperliche Reaktion auf ein Vorkommnis testen, das vorher schwierig oder beunruhigend war. Angenommen, Sie haben Angst davor, in der Öffentlichkeit zu sprechen, dann können Sie sich vorstellen, vor Publikum zu sprechen, und dabei auf Ihre Körperreaktion achten.

3. Wenn Sie sich entscheiden, eine Sitzung aufzunehmen, können Sie während der Sitzung auftretende Veränderungen analysieren – ergänzend zum eigenen Beobachten der Veränderung oder anstelle eigener Beobachtungen.

4. Anhand der Aufzeichnungen können Sie Veränderung über viele Sitzungen hinweg verfolgen.

Bei der Arbeit mit dem Coachingwerkzeug NLPace kann es nützlich sein, mit Entspannungstechniken zu experimentieren. Dabei können Sie das Messfeedback entweder direkt verfolgen oder später im Diagramm anschauen. Eine der folgenden Techniken dürfte Ihnen mit geschlossenen Augen leichter fallen (oder ohne auf die Anzeige zu schauen). Denn es ist für Sie zwar wichtig festzustellen, wie die Entspannungstechnik bei Ihnen wirkt, doch es kann Sie auch ablenken, falls Sie ständig die Veränderungen bewerten, statt sich ganz auf die innere Erfahrung zu konzentrieren.

Die nächste Entspannungsübung sollte mit dem Feedback der Software von Somatic Vision ausprobiert werden. Doch Sie profitieren genauso von der Übung, wenn Sie mithilfe Ihres nach innen gerichteten Gewahrseins Ihren Grad an Gelassenheit und Entspannung ermitteln.

ÜBUNG

Wie gelassen und entspannt sind Sie?

1. Lassen Sie störende Gedanken über Ihre Arbeit, über sich selbst, Ihre Beziehung etc. los.
2. Gestatten Sie sich, ganz sanft, entspannt, langsam und gleichmäßig zu atmen (versuchen Sie, ohne sich anzustrengen, beim Einatmen bis fünf oder sechs zu zählen und dann beim Ausatmen wieder bis fünf oder sechs).
3. Denken Sie an einen geliebten Menschen oder an etwas sehr Angenehmes. Vielleicht wollen Sie Ihre Augen einen Moment lang schließen und ganz in diesem Gefühl schwelgen. Nehmen Sie wahr, ob das irgendeine Veränderung auslöst, aber versuchen Sie nicht, eine herbeizuführen. Hegen Sie einfach die positiven Gefühle, Erinnerungen und die Wärme, die Sie im Zusammenhang mit diesem Menschen, Ort, Tier etc. empfinden.
4. Konzentrieren Sie sich darauf, alle Muskeln in Ihrem Körper immer stärker zu entspannen, vor allem Ihr Gesicht, den Nacken, die Schultern und auch die Zunge.
5. Stellen Sie sich vor, wie eine beruhigende Wärme durch Ihre Arme, Beine, Hände, Füße, durch Ihren Rücken, Bauch, Ihr Gesicht, Ihren Nacken und Kopf strömt.
6. Stellen Sie sich eine äußerst positive Situation vor oder stellen Sie sich vor, in einer erholsamen Umgebung zu sein. Erleben Sie die Situation oder die Umgebung so intensiv wie möglich.
7. Nehmen Sie die Empfindungen in Ihrem Körper wahr. Achten Sie darauf, wie sich Ihre Füße auf dem Boden anfühlen. Nehmen Sie wahr, wie sich Ihr schlagendes Herz anfühlt. Spüren Sie jeden Herzschlag im Brustkorb oder in den Fingerspitzen.
8. Gestatten Sie sich, positive Gefühle zu empfinden, wie Liebe, Freude oder tiefen Frieden.

Unsere Leistungsfähigkeit und unsere Fähigkeit, ein gesundes Leben zu führen, resultieren großenteils aus der sogenannten *adaptiven Steuerung*. Wir müssen beispielsweise unseren Stresspegel in einem gewissen „Toleranzband", einem Toleranzbereich halten oder die Konsequenzen tragen. Um gute Leistungen zu erzielen, muss ein Sportler Herzfrequenz, Blutdruck, Körpertemperatur etc. in einem bestimmten Toleranzbereich halten. Die Zeit oder die Weite, die er in seiner Disziplin erreicht, hängen davon ab, wie gut er im Toleranzbereich bleiben kann. Mit Biofeedback und Werkzeugen wie denen von Somatic Vision können wir wunderbar unsere Fähigkeit zur adaptiven Steuerung verbessern. Dadurch sind wir belastbarer und ressourcenvoller und können besser mit Stress und Erschöpfung (wie Jetlag) umgehen.

Weitere Informationen über Produkte von Somatic Vision finden Sie auf der Website: ↗ http://www.somaticvision.com.

2.10 Somatische Syntax

In Papua-Neuguinea gibt es ein altes Sprichwort, *„Wissen ist nur ein Gerücht, bis es im Muskel ist."* Dieser Spruch definiert eine der Grundvoraussetzungen der *somatischen Syntax.* 1993 entwickelten Judith DeLozier und Robert Dilts die Prinzipien und Methode der somatischen Syntax als Möglichkeit, die Verbindung zwischen somatischem und kognitivem Geist zu vertiefen und zu nutzen. Der Begriff „somatisch" leitet sich vom griechischen Wort „soma" ab, das „Körper" bedeutet. *Syntax* ist ein griechisches Wort mit der Bedeutung, „in Ordnung bringen" oder „anordnen, zusammenstellen".

Somatische Syntax hat mit „Körpersprache" zu tun. Sie hat damit zu tun, wie wir unsere Physiologie organisieren, um unsere Erfahrungen zu verarbeiten und zum Ausdruck zu bringen, und welche Bedeutung wir ihnen zuschreiben. Ähnlich wie das übrige NLP konzentriert sich die somatische Syntax stärker auf die Form, tiefere Ordnung und die Beziehungsmuster in unserer Körpersprache als auf ihren Inhalt. Die somatische Syntax kümmert sich weniger darum, welche Körperteile an diesen Prozessen beteiligt sind, als um ihre tiefere Struktur. Statt das Augenmerk auf körperliche Details zu richten, betont die somatische Syntax das allgemeine Muster und die allgemeine Organisation der Bewegung sowie die Bildung kognitiv-körperlicher (also Geist-Körper-) Ausdrucksformen. Nehmen Sie beispielsweise eine grundlegende Tiefenstruktur wie „öffnen". Wir können „unsere Augen öffnen". Wir können „unser Herz öffnen", „unsere Arme öffnen", „unseren Mund öffnen" etc.

Die somatische Syntax zielt hauptsächlich darauf ab, die „Weisheit des Körpers" zu aktivieren und zu nutzen. Der Autor Morris Berman drückt es in seinem Buch *Coming to Our Senses* so aus: *„Die westliche Wissenschaft, darunter auch Philosophie, Anthropologie und Geschichte, geht stillschweigend von der Auffassung aus, der Körper habe uns nichts zu sagen, habe kein Wissen und keine ‚Information'; ja, in der Praxis gebe es ihn gar nicht. Und doch ist das Leben des Körpers unser wirkliches Leben, das einzige, das wir haben."*

Ein Grundprinzip der somatischen Syntax besagt: Im Körper stecken Information, Weisheit und Wissen „im Muskel", „in Fleisch und Blut". Mit der somatischen Syntax können wir auf die volle Leistung „des Gehirns im Körper" zugreifen und sie nutzen.

Schon lange wird im NLP der Einfluss unserer Physiologie auf unsere Denkprozesse anerkannt. „Zugangshinweise" im Mikroverhalten wie die im NLP bekannten Augenbewegungsmuster spiegeln spezifische mentale Prozesse wider und lösen innere Vorgänge in den sensorischen Repräsentationssystemen aus. Durch solche körperlichen Hinweise können wir bestimmte Aspekte unserer kognitiven Strategien entdecken und fördern. Das ist eine der Grundlagen des Aspekts „Programmieren" im „Neurolinguistischen Programmieren".

Doch diese spezifischen Hinweise sind nicht die einzige Form der Geist-Körper-Verbindung. Disziplinen und Methoden wie Feldenkrais und die Alexander-Technik, Yoga, Aikido, Tai-Chi, Tanzen und Methoden der Transformation durch Bewegung wie die 5Rhythmen von Gabrielle Roth erkunden verschiedenste andere Wechselwirkungen zwischen Bewegung und mentalen Prozessen. Diese Disziplinen legen mehr Gewicht auf die systemische Natur unseres Körpers und konzentrieren sich stärker auf Muster und Art der Bewegung als auf einzelne beteiligte Körperteile. Bis zur Entwicklung der somatischen Syntax wurden in keiner NLP-Methode die „Ganzkörper"-Bewegungen, die ins menschliche Denken und in die Programmierungen mit hineinspielen, vollständig genutzt.

2.10.1 Darwins Denkpfad

Ein faszinierender Artikel in der Zeitschrift *Natural History* aus dem Jahr 1996 liefert ein einfaches, aber eindrucksvolles Beispiel für die Beziehung zwischen unserem somatischen Geist und unseren kognitiven Funktionen. Der Artikel ist im Wesentlichen eine Betrachtung über den Landsitz Charles Darwins (1809–1882), des englischen Biologen und Naturforschers. Seine Theorie, wonach Evolution durch natürliche Selektion erfolgt, hat unser Verständnis der Naturgeschichte revolutioniert und unsere Sicht der menschlichen Herkunft verändert. Darwin kaufte Downe House einige Jahre, nachdem er von seiner historischen Schiffsreise auf der HMS *Beagle* zurückgekehrt war. In den folgenden 20 Jahren arbeitete Darwin seine Theorien aus und setzte sie in Beziehung zu den Beweisen, die er gesammelt, und den Beobachtungen, die er gemacht hatte. Eben in Downe House schrieb er seine Klassiker *Origin of Species* (dt.: *Über die Entstehung der Arten*) und *Descent of Man* (dt.: *Die Abstammung des Menschen*).

Bei der Beschreibung des Landsitzes stellt der Verfasser des Artikels fest:
„*Schon bald, nachdem Darwin Downe bezogen hatte, legte er einen mit Sand bedeckten Weg an, bekannt als ‚Sandweg', der sich auch heute noch durch die schattigen Wälder schlängelt und dann an einem sonnigen, heckengesäumten Feld zurück zum Haus führt. Auf diesem Weg ging er täglich spazieren und er bezeichnete ihn als ‚meinen Denkpfad'. Oft legte er ein paar Kieselsteine am Zugang des Weges nieder und stieß mit seinem Spazierstock nach jeder gelaufenen Runde einen davon beiseite. Er konnte ‚Drei-Kiesel-Fragen' vorausberechnen, wie Sherlock Holmes ‚Drei-Pfeifen-Probleme' hatte, und sich dann wieder auf den Heimweg machen, wenn alle Steine weg waren.*"

Beim Lesen dieser Beschreibung kann man sich leicht vorstellen, wie Darwin gedankenverloren seinen Sandpfad entlangschlenderte und über Kernpunkte seiner Evolutionstheorie und der natürlichen Selektion nachsann. Die Tatsache, dass Darwin den Sandpfad seinen „Denkpfad" nannte, weist darauf hin, dass er seine Spaziergänge auf diesem Weg als wichtige Verbindung zu seinem Denkprozess erachtete. Aus NLP-Sicht würde eine faszinierende Frage lauten: „Was genau *ist* die Verbindung zwischen dem ‚Denken' und dem Gehen auf so einem Weg?"

Bewegung und Geist

Wie bereits erwähnt, interpretierte und nutzte der traditionelle NLP-Ansatz die Beziehung zwischen Gedanken und Verhalten, indem spezifische Kategorien von Körperbewegungen (wie Augenbewegungen, Atemmuster, Gesten, Gesichtsausdruck etc.) zu spezifischen mentalen Vorgängen in Beziehung gesetzt wurden. Das heißt, „Augenbewegung nach links oben geht mit visueller Erinnerung einher", „sich über das Kinn zu streichen, weist auf einen inneren Dialog hin", „langsameres, tieferes Atmen erleichtert den Zugang zu Gefühlen". Die NLP-*Zugangshinweise* konzentrieren sich meist auf sehr subtile Verhaltensweisen und befassen sich mit der eher flüchtigen Mikrostruktur unseres Denkprozesses.

Andererseits beeinflussen sich wiederholende Körperbewegungen und körperliche Aktivitäten, an denen größere Muskelgruppen beteiligt sind (wie Gehen, Schwimmen, Radfahren, Tennisspielen etc.), unsere allgemeine Verfassung. Damit bilden sie den eher allgemeinen Rahmen für unsere Denkprozesse.

Wie der Hinweis auf Sherlock Holmes Pfeife im Zitat über Darwins Denkpfad zeigt, ist die Vorstellung geläufig, wonach irgendwelche Formen sich wiederholende Tätigkeiten tiefer Kontemplation begünstigen. Neben seiner Pfeife soll die Figur Holmes auch Geige gespielt haben, wenn er an einem besonders kniffligen Aspekt eines Falls tüftelte.

Ähnliche Muster sind auch bei vielen berühmten nicht-fiktionalen Denkern zu finden. Ähnlich wie Holmes spielte auch Einstein in Zeiten produktiven Denkens Violine. In gewisser Weise sei das, so behauptete er, eine Erweiterung seines Denkens und helfe ihm, besonders knifflige Probleme zu lösen. Einstein segelte auch sehr gern regelmäßig und machte Berichten zufolge hastig Aufzeichnungen in sein Notizbuch, wann immer der Wind nachließ. Leonardo da Vinci spielte Lyra.[26] Wolfgang Amadeus Mozart hatte nach eigener Aussage viele seiner besten musikalischen Ideen,

---

26 Der einflussreiche Herzog Ludovico Sforza brachte Leonardo ursprünglich wegen seines Talents als Musiker, nicht als Maler, nach Mailand.

während er zu Fuß ging oder in einer Kutsche fuhr. Ähnlich wie bei Darwin waren auch bei anderen berühmten Denkern Spaziergänge fester Bestandteil in ihrem Tagesablauf, etwa bei Immanuel Kant.

Wir Autoren haben unser Körpertraining, das uns dabei hilft, den verzwickten Problemen und schwierigen Situationen kreativ zu begegnen und sie zu verarbeiten. Deborah Bacon Dilts tanzt beispielsweise regelmäßig die 5Rhythmen. Robert Dilts joggt jeden Morgen. Seine Laufstrecken waren „Geburtsstätte" und „Kinderstube" vieler Seminare, Softwareprogramme, Bücher und Artikel.

Uns ist aufgefallen: Die unterschiedlichen Bewegungsqualitäten der verschiedenen Aktivitäten scheinen jeweils andere Qualitäten im Geist hervorzurufen. Unterschiedliche „Ganzkörpermuster" helfen uns, wie es scheint, auf unterschiedliche Qualitäten der mentalen Verarbeitung zuzugreifen und sie zu integrieren. Das heißt, bestimmte Arten von Aktivitäten eignen sich besser, um bestimmte Ziele und Themen anzugehen.[27]

Als sich Robert Dilts eingehend mit dem Thema wirkungsvoller Führungsstil beschäftigte, interviewte er den Begründer einer großen skandinavischen Reederei. Selbst als älterer Mensch gab dieser an, er nutze unterschiedliche körperliche Aktivitäten, um unterschiedliche Probleme zu lösen. Bei bestimmten Themen spiele er Golf, um in die richtige geistige Verfassung für dieses Thema zu kommen. Bei anderen Problemen fahre er Rad, um erfolgreich darüber nachzudenken. Er wusste so genau, welche Physiologie er nutzen wollte, dass er sagte: „Zu diesem Problem kann man nicht Golf spielen. Dieses Problem erfordert Radfahren."

Da erscheint folgende Schlussfolgerung ganz natürlich: Muster körperlicher Aktivität regen Muster neurologischer Aktivität an und organisieren sie, und zwar nicht nur im Gehirn, sondern im ganzen Körper, und damit einhergehend organisieren sie die verschiedenen, in diesem Kapitel besprochenen Körperfunktionen. Fahrradfahren ist ein Beispiel für *eine* Art und Weise, einen bestimmten inneren Zustand hervorzurufen und aufrechtzuerhalten.

Ja, manche gehen sogar so weit, zu behaupten: Geist *ist* Bewegung und Weisheit und Intelligenz gehen aus dieser Bewegungsqualität hervor.

---

27 Machen Sie ein Experiment und probieren Sie es selbst aus. Suchen Sie sich drei verschiedene körperliche Aktivitäten aus, die rhythmisch und in gewissem Maß zyklisch oder sich wiederholend sind. Das können Sportarten sein oder Aktivitäten anderer Art. Denken Sie an ein bestimmtes Problem, das Sie zu lösen versuchen, und widmen Sie sich einer dieser Aktivitäten. Wenn Sie die Aktivität beendet haben, prüfen Sie, wie Sie das besagte Problem jetzt wahrnehmen. Gehen Sie mit den beiden anderen Aktivitäten genauso vor. Achten Sie darauf, welche Erkenntnisse bei jeder körperlichen Aktivität auftauchen.

2.10.2 *Transformationsgrammatik*

Die Entwicklung der somatischen Syntax ist wesentlich inspiriert von Noam Chomskys Theorien der *Transformationsgrammatik*, auf denen auch die Sprachmuster des Metamodells im NLP basieren. Nach Chomsky lassen sich Sinneserfahrungen und emotionale Erfahrungen (*Tiefenstrukturen*) durch verschiedene linguistische Beschreibungen ausdrücken (*Oberflächenstrukturen*). Anders ausgedrückt, wir können mit ganz unterschiedlichen Sätzen und sprachlichen Modalitäten die gleichen Gefühle und Ideen ausdrücken, etwa als wörtliche Beschreibung, als Gedicht, in einem Lied etc. Das ist als *generative Grammatik* bekannt.

Ein weiteres Merkmal der generativen Grammatik ist folgendes: Relativ wenige Wörter lassen sich auf verschiedene Arten und Weisen immer neu kombinieren und bilden so praktisch unendlich viele Wendungen. Ein Beispiel: Alle Ideen, die die Menschheit bisher zum Ausdruck gebracht hat (von Jesus über Shakespeare und Hitler zu Mutter Teresa, Madonna usw. wie auch die Ideen dieses Buches) lassen sich in der englischen Sprache mit einem Wortschatz von ungefähr 30 000 Wörtern ausdrücken.

Dieselben Wörter können verschiedene Bedeutungen und unterschiedlichen Sinn annehmen, je nach ihrer Anordnung und Beziehung zueinander. Die Wörter „Der Mann sah die Katze die Ratte jagen" können wir umstellen, wodurch wir eine jeweils andere Bedeutung bekommen: „Der Mann sah die Ratte die Katze jagen", „Die Katze sah den Mann die Ratte jagen", „Die Ratte sah den Mann die Katze jagen", „Die Katze sah die Ratte den Mann jagen" usw. Wenn wir bestimmte Wörter weglassen oder wiederholen, können wir sogar noch mehr Aussagen machen: „Der Mann sah die Ratte", oder: „Der Mann sah den Mann die Ratte jagen" etc. Worauf es ankommt: Viele verschiedene Dinge lassen sich mit derselben geringen Anzahl von Wörtern ausdrücken, die unterschiedlich angeordnet werden.

Ein Kernpunkt in der Theorie der Transformationsgrammatik ist das Konzept, wonach Tiefenstrukturen nach mehreren Transformationen in einen bestimmten Oberflächenausdruck überführt werden. Diese Transformationen wirken wie eine Art Filter auf die erlebten Tiefenstrukturen, die sie kundzutun versuchen. Nach Bandler und Grinder (2011) bringt es die Bewegung von der Tiefen- zur Oberflächenstruktur zwangsläufig mit sich, dass manche Aspekte der ursprünglichen Tiefenstruktur *getilgt*, *verallgemeinert* und *verzerrt* werden. Wenn wir sagen: „Die Katze jagte die Ratte", dann lassen wir beispielsweise aus, wie schnell, wie weit, in welcher räumlichen Umgebung gejagt wird, sowie die Farbe und Größe der Tiere etc.

Bandler und Grinder entdeckten, dass sie mit den Prinzipien der Transformationsgrammatik ein Modell intuitiver Vermutungen entwickeln konnten, das erfolgreiche Therapeuten anwandten, wenn sie ihren Klienten zuhörten und Fragen stellten. Bücher wie *The Structure of Magic* (dt.: *Kommunikation und Veränderung* und *Metasprache und Psychotherapie*) und *Patterns of the Hypnotic Techniques of Milton H. Erickson, M. D.* (dt.: *Patterns: Muster der hypnotischen Techniken Milton H. Ericksons*) beschreiben die von diesen Therapeuten angewandten therapeutischen Prozesse ausführlich in den Begriffen der Transformationsgrammatik. Bandler und Grinder stellten fest: Erfolgreiche Therapeuten hatten entscheidende intuitive Vermutungen, welche dieser Tilgungen, Verzerrungen und Verallgemeinerungen problematisch waren und wie sie mithilfe der Sprache die inneren Landkarten ihrer Klienten erweitern konnten.

Bandler und Grinder arbeiteten das Metamodell als Beschreibung der intuitiven Vermutungen der Therapeuten aus, die sie beobachtet hatten. Das Metamodell hat die Funktion, problematische Verallgemeinerungen, Tilgungen und Verzerrungen zu ermitteln. Dafür analysiert es die *Syntax* oder Form der Oberflächenstruktur und bietet ein Fragesystem, wodurch sich die erweiterte Repräsentation der Tiefenstruktur erreichen lässt. Das Metamodell geht davon aus, dass sprachliche Aussagen, die zwar im Alltagsgespräch „wohlgeformt" sind, es in der Therapie nicht unbedingt sind. Therapeuten (und andere professionelle Kommunikatoren) müssen bestimmte Informationen zu einer Tiefenstruktur im Klienten spezifizieren oder aufdecken, um den Klienten erfolgreich bei einer wirkungsvollen und ökologischen Veränderung zu unterstützen.

Das NLP hat die Konzepte „Tiefenstruktur" und „Oberflächenstruktur" erweitert, sodass diese nun über sprachliche Prozesse und Repräsentationen hinausgehen. Im NLP gehen wir davon aus, dass die Tiefenstruktur sich zusammensetzt aus grundlegenden sinnesspezifischen und emotionalen Erfahrungen – oder „Primärerfahrungen", die von den Sinneseindrücken aus der Welt um uns herum stammen. NLP-Techniken arbeiten mit der ganzen Bandbreite der „neurolinguistischen" Filter, die diese „Transformationen" vollziehen, indem sie auf unsere Primärerfahrung einwirken und ihr Sinn und Ausdruck verleihen. Auf diese Weise wendet die somatische Syntax die Prinzipien der gesprochenen Sprache auf die Körpersprache an.

Zur Beziehung zwischen Tiefen- und Oberflächenstruktur ein Beispiel:

Die meisten von uns haben gelernt, mit der rechten oder linken Hand zu schreiben. Sobald unsere Hand diese Fertigkeit gelernt hat, lässt sie sich auf andere Körperteile übertragen. Beispielsweise können wir leicht unseren Namen mit unserer linken Großzehe in den Sand schreiben oder Buchstaben malen, indem wir einen Stift in den Mund nehmen, obwohl sich die physischen Strukturen dieser Körperteile vollkommen unterscheiden. Die Tiefenstruktur der Buchstabenform ist nicht an einen bestimmten Körperteil gebunden. Sie kann auf viele Oberflächenstrukturen verallgemeinert werden.

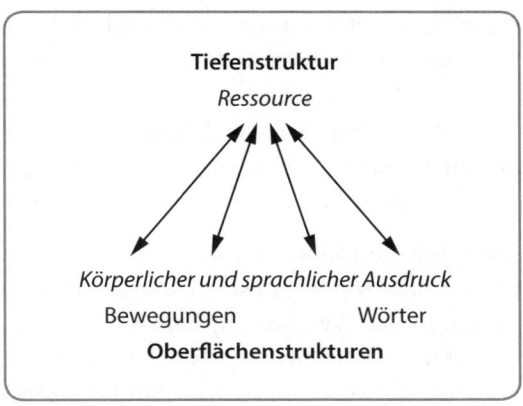

Abbildung 59: Verhältnis Tiefenstruktur – Oberflächenstrukturen

Die somatische Syntax nutzt im Wesentlichen die Körperbewegung, um den Ausdruck der Tiefenstruktur-Ressourcen zu stärken, zu integrieren und zu erweitern. Indem wir die physische Form und die Gestaltung der mit einem bestimmten Zustand einhergehenden Bewegungen erkunden, lernen wir, diesen Zustand besser auszudrücken oder in mehr Situationen zu zeigen – das macht uns flexibler. Dadurch hilft die somatische Syntax, unser Verständnis und unsere Fähigkeit zu vertiefen, Wissen zu nutzen, indem wir es mehr „in den Muskel" bringen, es also stärker verinnerlichen.

Weil wir über körperliche Bewegung über das Gehirn hinausgehend mehr Strukturen in unserem Nervensystem anzapfen, kann uns das Erforschen der somatischen Syntax auf einer anderen Ebene näher an bestimmte erlebte Tiefenstrukturen heranbringen. Wir können die somatische Syntax also auch einsetzen, um Teile der tieferen Strukturen wiederzufinden und auszudrücken, die durch sprachliche oder andere Ausdrucksformen getilgt oder verzerrt sein könnten. Die berühmte Tänzerin Isadora Duncan formuliert es so: „Wenn ich es sagen könnte, bräuchte ich es nicht zu tanzen."

2.10.3 Der Körper als Repräsentationssystem

Eine Annahme der vorangegangenen NLP-Generationen lautete: All unsere Informationen über die Welt um uns werden über die Sinne ans Gehirn vermittelt, wo sie zentral repräsentiert und verarbeitet werden. Ein Grundsatz der somatischen Syntax besagt: Der Körper ist selbst ein „Repräsentationssystem". Statt den Körper lediglich als eine Art mechanisches Gehäuse anzusehen, das eingehende und ausgehende Signale zum Gehirn hin- und von ihm wegleitet, betrachtet die somatische Syntax den Körper als Mittel, Informationen im „Bauchgehirn", im „Herzgehirn" und in anderen Strukturen des Nervensystems zu repräsentieren und zu verarbeiten.

Der somatischen Syntax zufolge können wir mit unserem Körper in gleicher Weise ein Modell der Welt erschaffen wie mit unseren anderen Repräsentationssystemen. Wesentliche Beziehungen in der Welt um uns herum und in unserer persönlichen Geschichte können wir durch die Beziehung zwischen Körperteilen darstellen. *Ein Beispiel:* Wie wir die Beziehung zwischen unserer Mutter und unserem Vater wahrnehmen, wird durch die Beziehung zwischen unserer linken und rechten Hand oder zwischen unserer Brust und unserem Bauch repräsentiert.

Alle Repräsentationssysteme können nicht nur Informationen einlesen, verarbeiten und ausgeben, sondern sie können Informationen auch mindestens auf zwei Arten darstellen: *wörtlich* und *im übertragenen Sinn.* Damit kann jedes unserer Repräsentationssysteme Landkarten erstellen, die entweder eine direkte Entsprechung oder eine eher metaphorische Verbindung mit dem Phänomen haben, das wir darstellen. Wir können uns also beispielsweise die weißen Zellen in unserem Körper bildlich so vorstellen, wie wir sie unter dem Mikroskop gesehen haben, oder dass sie aussehen wie Tintenfische oder Figuren in einem Videospiel. Ähnlich können wir von unserem Gehirn buchstäblich als von „einem Neuronennetz" sprechen oder im übertragenen Sinn, es sei „wie ein Computer". Ebenso können wir ein bestimmtes emotionales Symptom als eine bestimmte Gruppe kinästhetischer Körperempfindungen erleben oder als einen „Knoten" im Magen.

Als Repräsentationssystem hat unser Körper in ähnlicher Weise diese doppelte Fähigkeit. Wir können Bewegungen ausführen, die die „buchstäbliche" Reaktion auf eine bestimmte Situation sind, oder uns eher metaphorisch bewegen wie durch Tanz und Pantomime. Angst beispielsweise können wir ganz wörtlich darstellen, indem wir die körperlichen Auswirkungen nachmachen, die mit einem Angstgefühl einhergehen (etwa alle Muskeln im Schulter- und Nackenbereich anspannen), oder wir können sie im übertragenen Sinne darstellen, indem wir einen Arm über Kopf und Augen legen, als würden wir uns vor etwas Gefährlichem verstecken.

Wie es auch bei anderen Repräsentationsformen der Fall ist, sind die metaphorischen Darstellungen oft aussagekräftiger und eindrucksvoller als die „wörtlichen", weil sie vielschichtige Informationen übermitteln. Dem Anthropologen Gregory Bateson zufolge kommunizieren die meisten Säugetiere hauptsächlich über die Repräsentationsform, die durch die somatische Syntax zum Ausdruck kommt. Ein erwachsener männlicher Wolf kann einen anderen erwachsenen männlichen Wolf genauso behandeln, wie eine Mutterwölfin ihr Junges behandelt, als ein Zeichen der Annäherung oder der Dominanz.

2.10.4 Die somatische Syntax anwenden

Somatische Syntax bedeutet, dass wir aktiv erkunden, wie Bewegung uns helfen kann, Wissen *in* den Muskel *hinein*zubringen und dieses Wissen wieder aus dem Muskel zu ziehen. Somatische Syntax heißt, auf die „Weisheit des Körpers" zuzugreifen. Der somatischen Syntax zufolge können sich wiederholende Bewegungsformen den Rahmen für einen bestimmten Denkprozess bilden und so die Schlussfolgerungen beeinflussen. Moshe Feldenkrais wies auf Folgendes hin (*Body and Mature Behaviour*, 1949; dt.: *Der Weg zum reifen Selbst*): „Ein wiederkehrender emotionaler Zustand tritt immer mit einer Körperhaltung auf und mit dem vegetativen Zustand, mit dem er früher als Reiz gesetzt wurde. Wenn ein einzelner emotionaler Komplex aufgelöst ist, dann ist damit gleichzeitig eine höchst individuelle körperliche Gewohnheit aufgelöst."

Unser Körper und unser Nervensystem sind unser Basiswerkzeug, um unser Leben zu führen und unsere Zukunft zu erschaffen. Letztendlich muss die Verwirklichung unserer Gedanken und Träume ja auf irgendeine Art und Weise durch den Körper oder die Physiologie erfolgen. Unsere mentale Aktivität manifestiert sich in der Welt durch unsere Wörter, unseren Tonfall und Gesichtsausdruck, durch unsere Körperhaltung, Handbewegungen etc. Und die Art, wie wir diese Basiswerkzeuge des Lebens einsetzen, hängt stark davon ab, welche Körperübungen und Disziplinen wir praktizieren.

Zu einem gesunden, kreativen geistigen und körperlichen Leben gehört oft irgendeine Art von Bewegung, wie vorhin an Darwins Denkpfad verdeutlicht. Oder das Beispiel von Mozart, der schrieb, seine musikalischen Ideen seien „am besten und reichlichsten" in Zeiten der Bewegung geflossen, etwa wenn er „in der Kutsche fuhr oder nach einer guten Mahlzeit spazieren ging."

2.10.5 Übungen zur somatischen Syntax

Robert Dilts und Judith DeLozier entwickelten die folgenden Übungen als Möglichkeit, die somatische Syntax zu erforschen und anzuwenden: um die eigenen Ressourcen stärker zu entwickeln, ressourcenvolle Zustände anderer zu modellieren, erfolgreicher zu kommunizieren und problematische Reaktionen und „festgefahrene Zustände" zu überwinden.

ÜBUNG 1

Eine Ressource „in Fleisch und Blut" übergehen lassen

Mit dieser Übung lassen sich bestimmte Bewegungsmuster leichter identifizieren, die mit einem ressourcenvollen inneren Zustand einhergehen, besonders solche, die diesen Zustand verstärken oder abschwächen.

1. Identifizieren Sie einen Ressourcenzustand (kreativ, zuversichtlich, zentriert etc.), den Sie gerne öfter erleben würden.
2. Erleben Sie die Ressource mit allen Sinnen und identifizieren Sie jede spontane körperliche Ausdrucksform im Zusammenhang mit dem Ressourcenzustand (d .h. Körperhaltung, Atemmuster, Bewegungen, Gesten etc.).
3. Untersuchen Sie die Ordnung (Tiefenstruktur) der körperlichen Ausdrucksformen, indem Sie die „Syntax" (oder Form) verschiedener Bestandteile dieser Ausdrucksformen verändern (also die Qualität, Geschwindigkeit, beteiligte Körperteile, Abfolge, Richtung usw.).
4. Achten Sie darauf, welche dieser Veränderungen:
   a. den Zustand intensivieren,
   b. den Zustand abschwächen,
   c. den Zustand in einen anderen Zustand verwandeln.

ÜBUNG 2

Das ressourcenvolle Muster verallgemeinern

Diese Übung erleichtert Ihnen den Zugang zu einem bestimmten inneren Zustand, denn sie bettet zentrale Bewegungsmuster dieses Zustands in andere Tätigkeiten und Aktivitäten ein.

Suchen Sie sich drei geläufige Tätigkeiten oder „Makro"-Verhaltensweisen (z. B. gehen, etwas tragen, sitzen, schreiben). Für jede dieser Tätigkeiten:

1. Drücken Sie den Ressourcenzustand aus der vorangegangenen Übung zunächst bestmöglich körperlich aus.
2. Beginnen Sie die Tätigkeit (gehen, sitzen etc.) und passen Sie den Körperausdruck der Ressource an diese an (Atem, Haltung, Gesten, Bewegungen etc.), damit er sich ganz natürlich mit der Tätigkeit verbindet, sich ihr angleicht und Sie die Ressource vollständig erleben.

ÜBUNG 3

Das ressourcenvolle Muster anwenden

In dieser Übung übertragen Sie das Muster mit der Ressource, das Sie in den ersten zwei Übungen untersucht haben, auf Situationen, in denen es nützlich wäre (oder nützlich gewesen wäre).

1. Identifizieren Sie einen konkreten Kontext oder eine Situation, in dem oder der Sie die Ressource aus den vorangehenden Übungen gerne stärker nutzen würden.
2. Versetzen Sie sich innerlich in diese Situation, stellen Sie sich dabei vor, Sie seien tatsächlich in der Situation. Nehmen Sie Ihre Körperhaltung wahr, das Atemmuster und die Bewegungen, die spontan auftauchen, wenn Sie sich in die Situation begeben. Finden Sie einen körperlichen Ausdruck für Haltung, Atmung, Bewegung etc.
3. Beginnen Sie, den Körperausdruck der untersuchten Ressource mit dem Bewegungsmuster zu verschmelzen, das spontan mit dieser Situation einherging. Achten Sie darauf, was sich an Ihrer Haltung, Atmung und der Art der Bewegung ändert.
4. Passen Sie den Körperausdruck der Ressource an, sodass sie sich in die Situation integriert und optimal und elegant „dazu passt".
5. Nehmen Sie wahr, um wie viel anders und erfüllter Sie die Situation mit dem Ressourcen-Bewegungsmuster erleben.

ÜBUNG 4

Ressourcen modellieren mit der somatischen Syntax

In dieser Übung erforschen Sie, wie Sie mithilfe der somatischen Syntax ressourcenvolle Zustände anderer Menschen modellieren können.

1. Identifizieren Sie einen Ressourcenzustand (zuversichtlich, spielerisch, offen etc.), zu dem Sie gern leichter Zugang hätten.
2. Finden Sie eine Person (ein Rollenmodell), die diesen Ressourcenzustand leicht zum Ausdruck bringt.
3. Bitten Sie die Person, sich in den Ressourcenzustand zu versetzen, und beobachten Sie die spontanen Verhaltensweisen (Haltung, Gesten, Atemmuster etc.), die mit dem Zustand einhergehen.
4. Imitieren Sie die Ressourcenbewegung des Rollenmodells (reproduzieren Sie also aus Ihrer eigenen Sichtweise oder aus der ersten Position das Bewegungsmuster Ihres Vorbilds so genau wie möglich).
5. Schlüpfen Sie nun „in die Schuhe" des Rollenmodells (gehen Sie in die zweite Position) und wiederholen Sie die Bewegung (handeln Sie also, als wären Sie die andere Person, die dieses Bewegungsmuster zeigt).
6. Reflektieren Sie von einer Beobachterposition (dritte Position) über die Ressourcenbewegung. Was erfahren Sie über sich selbst, das Rollenvorbild und die Ressource?
7. Gehen Sie wieder zurück zu Ihrer eigenen Sichtweise (erste Position). Nehmen Sie dabei einen Aspekt der Ressource der anderen Person mit (Tiefenstruktur und / oder Oberflächenstruktur), der angemessen ist und Sie gleichzeitig bereichert. Drücken Sie ihn in einer Bewegung aus. Sie brauchen nicht das ganze Muster zu übernehmen und es auch nicht genau so auszuführen wie das Rollenvorbild. Passen Sie das Muster für sich an.

ÜBUNG 5

Den Umfang Ihres Selbstausdrucks erweitern – somatische Syntax des Selbst

Wenn wir unsere inneren Ressourcen durch den äußeren Ausdruck der somatische Syntax erkunden und erweitern, dann fühlt sich das anfangs manchmal unecht an, als würden wir „schauspielern". Mit der folgenden Übung können Sie den Umfang Ihres Ausdrucks erweitern, indem Sie Verhaltensausdruck und „Selbst"-Gefühl verknüpfen.

1. Identifizieren Sie eine Ressource, die Sie bei sich erkundet oder von jemand anderem modelliert haben, die Sie gern stärker zum Ausdruck bringen würden.
2. Versetzen Sie sich in einen inneren Zustand, in dem Sie sich zentriert, verbunden und ganz „Sie selbst" fühlen.

3. Erinnern Sie sich nun an das körperliche Ausdrucksmuster und die Bewegungsqualität des Ressourcenzustands, den Sie gern umfassender erleben und zum Ausdruck bringen würden, und führen sie diese aus. Erforschen Sie die Gestaltung und Syntax (Tiefenstruktur) dieser Bewegung oder Bewegungsqualität, indem Sie einzelne Aspekte verändern (also Geschwindigkeit, beteiligte Körperteile, Richtung etc.).

4. Nehmen Sie wahr, welche dieser Veränderungen:

   a. den Zustand intensivieren oder dazu beitragen, dass Sie sich mehr als „Sie selbst" fühlen;

   b. den Zustand abschwächen oder dazu beitragen, dass Sie sich weniger als „Sie selbst" fühlen;

   c. Sie in einen Zustand versetzen oder Sie eine Erfahrung machen lassen, den oder die Sie nicht benennen können (im Kasten unten mit „?" gekennzeichnet).

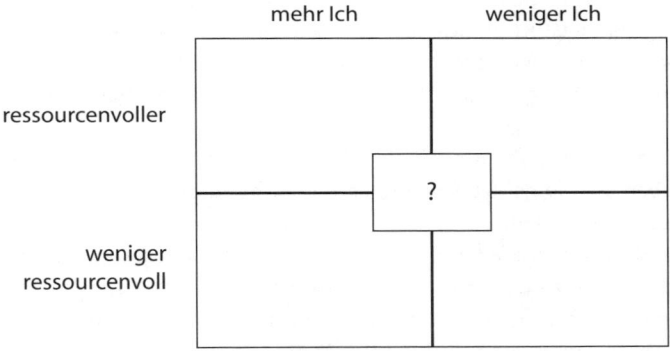

5. Falls eine bestimmte Bewegung Ihren Zustand abschwächt, ihn in einen anderen verwandelt oder Ihr Selbstgefühl schmälert, dann prüfen Sie, welche Veränderungen Sie in anderen Körperteilen vornehmen müssten, um den ursprünglichen Ressourcenzustand und das ursprüngliche Selbstgefühl wieder zu erfahren und aufrechtzuerhalten. *Ein Beispiel:* Falls Ihnen manche Gesten mit Ihren Händen oder Armen „gestellt" oder „unecht" vorkommen, was könnten Sie da an Ihrer Körperhaltung oder Ihrer Atmung oder anderswo verändern, sodass sich die gleichen Gesten authentischer und mehr wie „Sie selbst" anfühlen?

ÜBUNG 6

Festgefahrene Zustände mit der somatischen Syntax transformieren

Es gibt da eine alte Geschichte über zwei Schauspieler, die im Begriff sind, auf die Bühne zu gehen. Einer ist ein „alter Hase" mit viel Erfahrung. Der andere ist jung und unerfahren. Der Jüngere wendet sich an den Älteren und sagt: „Mensch, ich bin so nervös. Meinem Gefühl nach habe ich jede Menge ‚Schmetterlinge' im Bauch. Hast du mit deiner jahrelangen Erfahrung auch noch ‚Schmetterlinge' im Bauch?" Der ältere Schauspieler lächelt wissend und antwortet: „Durchaus. Ich habe immer noch Schmetterlinge vor einem Auftritt. Ich glaube nicht, dass sich das noch ändert. Als ich jünger war, setzten sie mir so zu, dass ich versuchte, sie zu töten. Im Laufe der Zeit aber habe ich gelernt, dass es viel besser ist, ihnen beizubringen, in Formation zu fliegen."

In der letzten Übung haben Sie vielleicht bestimmte Bewegungsmuster entdeckt, die sich zwar authentisch nach Ihnen anfühlen, mit denen Sie sich aber trotzdem ressourcenarm, festgefahren oder ängstlich fühlen. Mit der nächsten Übung können Sie festgefahrene oder ressourcenarme innere Zustände leichter in ressourcenvollere Ausdrucksformen transformieren. (Sie bringen also den „Schmetterlingen in Ihrem Bauch" bei, in Formation zu fliegen.)

1. Identifizieren Sie eine Situation, in der Sie einen Widerstand oder eine Beeinträchtigung erleben oder in der Sie feststecken und nicht Sie selbst, nicht verbunden und nicht ressourcenvoll sind.

2. Versetzen Sie sich mithilfe Ihrer Erinnerung und / oder Fantasie vollständig in die Erfahrung des festgefahrenen oder ressourcenarmen inneren Zustands. Machen Sie sich die Bewegungsmuster bewusst, die Ihr Körper beim Wechsel vom normalen oder neutralen in den festgefahrenen Zustand ausführte, und bringen Sie diese zum Ausdruck – also gebeugte Körperhaltung, eingeschränkter Atem, Spannung in Schultern, Armen oder Händen, mit dem Finger auf jemanden zeigen etc.

3. Treten Sie körperlich aus der Problemsituation heraus, behalten Sie aber die Physiologie des festgefahrenen oder ressourcenarmen Zustands bei. Zentrieren Sie sich innerlich und erkunden Sie die Syntax und Gestaltung (Tiefenstruktur) der Bewegung, indem Sie sie mehrmals ganz langsam und äußerst bewusst ausführen. Denken Sie währenddessen über die positive Absicht der Bewegung nach. Was versucht diese für Sie zu erreichen?

4. Merken Sie sich die positive Absicht dieser Bewegung und suchen Sie nach Möglichkeiten, diese Bewegung so auszuführen, dass sie Sie wieder in einen stärker zentrierten und ressourcenvolleren Zustand bringt. Verändern Sie dabei Ihren Körperausdruck jeweils nur so wenig wie möglich. Vermeiden Sie große Bewegungen oder große Veränderungen in der Körperhaltung, Atmung etc. Je subtiler die Bewegung und die Veränderung sind, desto besser.

5. Beginnen Sie im Körperausdruck des festgefahrenen Zustands und führen Sie ihn dann langsam und sachte einige Male so aus, dass Sie wieder in einen stärker zentrierten und ressourcenvolleren Zustand kommen, bis Sie das Gefühl haben, das neue Muster ist „im Muskel", in Fleisch und Blut übergegangen.

6. Versetzen Sie sich, sobald Sie dazu bereit sind, wieder in die Situation, in der Sie früher den festgefahrenen Zustand erlebt haben. Lassen Sie Ihren Körper und Ihren „somatischen Geist" intuitiv reagieren. Jetzt dürften Sie eine natürliche und spontane Veränderung in Ihrer Reaktion spüren.

ÜBUNG 7

Die nonverbale Kommunikation mit der somatischen Syntax verbessern

Mit der Körpersprache und der somatischen Syntax können wir wirkungsvoll unsere verbale Kommunikation unterstreichen und bereichern. Mit dieser Übung und den folgenden Übungen verbessern Sie Ihre Fähigkeit, lebendiger und wirkungsvoller zu kommunizieren.

1. Finden Sie eine Idee, ein Prinzip oder eine Botschaft, die oder das Sie anderen gern verständlich und erfolgreich mitteilen wollen. Formulieren Sie die Botschaft in einfachen und klaren Worten, z. B.: „Wissen ist nur ein Gerücht, solange es nicht im Muskel ist." Oder: „Es ist wichtig, die Körperweisheit mit unserem kognitiven Wissen zu verbinden."

2. Finden Sie für jedes Kernstück Ihrer Botschaft eine Geste oder einen Körperausdruck, die / der die Wörter begleitet. Stellen Sie sich vor, Sie wären ein Pantomime oder würden in Gebärdensprache sprechen. Wie würden Sie das, was Sie mit Worten sagen, mit Ihrem Körper sagen?

3. Sprechen Sie Ihre verbale Botschaft aus und machen Sie gleichzeitig Ihre nonverbalen Gesten und Äußerungen.

Ein Beispiel: „Wissen (deuten Sie mit Ihrem Finger an Ihren Kopf) ist nur ein Gerücht (wedeln Sie mit Ihren Händen über dem Kopf), solange es nicht im Muskel ist (legen Sie eine Hand oder beide Hände auf Ihren Körper und atmen Sie dabei tief ein)."

Ein weiteres Beispiel: „Es ist wichtig (strecken Sie beide Hände vor Ihrem Brustkorb aus, wobei die Handflächen zueinanderzeigen, und atmen Sie tief), die Weisheit des Körpers (legen Sie eine Hand auf den Bauch und die andere Hand auf Ihr Herz, während Sie tief einatmen) mit unserem kognitiven Wissen (legen Sie beide Hände an die Seiten Ihres Kopfes) zu verbinden (eine Hand umfasst die andere)."

ÜBUNG 8

Körpermetaphern erkunden, um die nonverbale Kommunikation zu verbessern

1. Suchen Sie sich eine Idee oder ein Thema aus, das Sie anderen gern verständlich und erfolgreich mitteilen wollen.
2. Finden Sie eine einfache Körpermetapher, mit der Sie diese Idee oder dieses Thema gut veranschaulichen können, z. B. bauen, fischen, kochen, einzäunen etc.
3. Drücken Sie das Thema oder die Idee verbal aus oder beschreiben Sie es / sie, während Sie gleichzeitig die Metapher mit Ihrem Körper darstellen. Erwähnen Sie die Metapher in Ihrer verbalen Darstellung oder Beschreibung nicht und beziehen Sie sie nicht ein.

2.10.6 Das Format „somatisches Fraktal"

Ein Fraktal ist ein komplexes geometrisches Muster, das man weiter unterteilen kann, und jeder einzelne Teil ist (zumindest annähernd) eine kleinere Ausgabe des Ganzen. Fraktale sind im Allgemeinen „selbstähnlich" (die Teile sehen aus wie das Ganze) und maßstabunabhängig (sie sehen ähnlich aus, unabhängig davon, wie nah man sie heranzoomt). Benoit Mandelbrot, der Entdecker der Mandelbrotmenge, prägte den Begriff „Fraktal" 1975. Der Begriff kommt vom Lateinischen „fractus", was „gebrochen" bedeutet. Weil Fraktale generell aus unregelmäßigen Kurven oder Formen bestehen, die sich in jeder Größenordnung wiederholen, lassen sie sich nur schwer mit der klassischen Geometrie darstellen; deshalb haben sie sich zu einem eigenen Zweig in der Mathematik entwickelt.

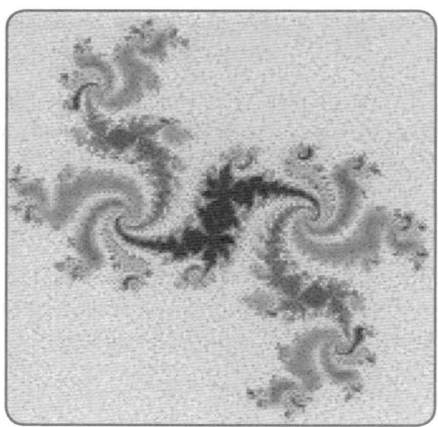

Abbildung 60: Der Fraktal-Drachen (Benoit B. Mandelbrot / IBM)

Viele mathematische Strukturen sind Fraktale, z. B. das Sierpinski-Dreieck, die Koch-Schneeflocke, die Peano-Kurve, die Mandelbrotmenge und der Lorenz-Attraktor. Fraktale beschreiben auch viele Gegenstände in der realen Welt, die keine einfachen geometrischen Formen haben, etwa Wolken, Berge, Wirbel und Küstenlinien. Viele Simulationen künstlichen Lebens benutzen fraktale Gleichungen als generativen „Motor".

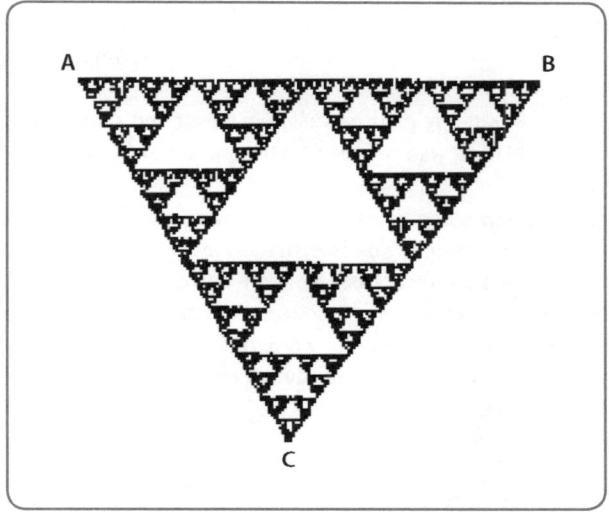

Abbildung 61: Das Sierpinski-Dreieck

Aus der Sicht des NLP sind Fraktale ein gutes Beispiel dafür, wie ein einfacher Prozess auf der Ebene der Tiefenstruktur ein komplexes Muster auf der Ebene der Oberflächenstruktur erzeugen kann. Viele Verhaltensweisen könnte man als Formen von „neurolinguistischen" Fraktalen betrachten. Tanz ist beispielsweise eine Art somatisches Fraktal. Viele Musikstücke sind eine Art akustisches Fraktal (denken Sie etwa an Ravels Bolero, an Pachelbels Kanon in D-Dur).

Die folgende Übung kombiniert die somatische Syntax mit den Prinzipien von Fraktalen, um persönliche Ressourcenzustände hervorzurufen und zu verstärken.

ÜBUNG

Ein somatisches Fraktal für einen Ressourcenzustand entwickeln

1. Identifizieren Sie einen Ressourcenzustand und assoziieren Sie sich in ihn (z. B. Kreativität, Zuversicht, Konzentration etc.).

2. Während Sie mit allen Sinnen „innerlich nachvollziehen", wie es ist, sich in diesem Zustand zu befinden, achten Sie auf ein Körpermuster oder eine Bewegungsqualität, das bzw. die mit dem Ressourcenzustand auftritt. Welche Empfindungen nehmen Sie wahr? Wo sind die in Ihrem Körper? Welche Muster und Bewegungsqualitäten haben die Empfindungen in Ihrem Körper?

3. Variieren Sie diese Bewegung ganz bewusst ein wenig und achten Sie darauf, wie Sie Ihr Ressourcengefühl dann wahrnehmen. So bekommen Sie leichter ein Gefühl für seine Tiefenstruktur.

4. Übertragen Sie das Bewegungsmuster und die Bewegungsqualität auf einen anderen Körperteil. Falls an der Bewegung beispielsweise die Arme beteiligt waren, dann übertragen Sie sie auf die Schultern. Passen Sie die Bewegung so weit an, bis sie Ihnen natürlich erscheint und Sie spüren, dass Sie den Ressourcenzustand erleben, weil Sie jetzt die Bewegung mit diesem anderen Körperteil ausführen.

5. Übertragen Sie die Ressourcenbewegung auf so viele Körperteile, wie Sie können (d. h. auf Gesicht, Füße, Augen, Atmung, Hüften etc.). Dadurch sollte Ihr ganzer Körper von der Ressource erfüllt sein.

2.11 Das Format Dancing S.C.O.R.E.

Die vorhergehenden Übungen wurden in vielen Aspekten speziell für die somatische Syntax ausgearbeitet, doch deren Prinzipien und Anwendung lassen sich an viele andere NLP-Techniken und -Modelle anpassen. Mit der somatischen Syntax kann man praktisch jeden Veränderungsprozess wirksam ergänzen und verstärken.

Das Format Dancing S.C.O.R.E. ist ein einfaches, aber eindrucksvolles Beispiel für die Anwendung der somatischen Syntax. Judith DeLozier hat es 1993 entwickelt, um mithilfe körperlicher Bewegung und räumlicher Anordnung die Intuition und die „Weisheit des Körpers" bestmöglich zur Problemlösung zu nutzen. Das Format Dancing S.C.O.R.E. kombiniert die Prinzipien der somatischen Syntax mit dem NLP-S.C.O.R.E.-Modell und fördert so eine kraftvolle Körper-Geist-Beziehung. Es greift auf tiefe Ressourcen zu, aktiviert sie und bahnt einen sich selbst organisierenden Weg zu einem Zielzustand.

Wie im Kapitel 1.7 dargestellt, stehen die Buchstaben „S.C.O.R.E." für: Symptome (symptoms), Ursachen (causes), Ziele (outcomes), Ressourcen (ressources) und Auswirkungen (effects). Das ist die Minimalinformation, auf die man bei jeglichem Veränderungsprozess eingehen muss.

1. Die *Symptome* sind typischerweise die auffälligsten und am stärksten bewussten Aspekte eines aktuellen Problems oder Problemzustands.
2. Die *Ursachen* sind die zugrunde liegenden Faktoren, die die Symptome entstehen lassen und aufrechterhalten. Sie sind im Allgemeinen weniger offensichtlich als die Symptome, die sie hervorrufen.
3. Die *Ziele* sind der spezielle Zustand oder die speziellen Verhaltensweisen, die an die Stelle der Symptome treten werden.
4. Die *Ressourcen* sind die grundlegenden Faktoren (Fertigkeiten, Werkzeuge, Überzeugungen etc.), die die Ursachen der Symptome beseitigen und die erwünschten Ziele erreichen und aufrechterhalten sollen.
5. Die *Auswirkungen* sind die längerfristigen Ergebnisse, wenn man ein bestimmtes Ziel erreicht hat.
   a. Positive Auswirkungen sind oft der Grund oder die Motivation, sich überhaupt ein bestimmtes Ziel zu setzen.
   b. Negative Auswirkungen rufen Widerstand oder Probleme in der Ökologie hervor.

Beim Dancing S.C.O.R.E. legt man jeden einzelnen S.C.O.R.E.-Bestandteil in einer Reihenfolge oder „Time Line" aus. Die Ursache des Symptoms stellt dabei den ersten Schritt in dieser Abfolge an einer Stelle dar, die für die Vergangenheit steht. Das Symptom kann man an einer Stelle platzieren, die für die Gegenwart steht oder einen gerade ablaufenden Time Frame. Das erwünschte Ziel würde man etwas entfernt von der Gegenwart auslegen, an einer Stelle, die den Time Frame in der Zukunft repräsentiert, in dem das Ziel erreicht werden soll. Und die Auswirkung würde man etwas weiter vom Ziel entfernt auslegen.

Wenn man mit konkreten Stellen im Raum arbeitet, hat das unter anderem den Vorteil, dass man die verschiedenen Bestandteile des S.C.O.R.E. leichter und eindeutiger „auseinanderklamüsern" und sie besser getrennt halten kann. Außerdem kann man bei diesem Vorgehen die physiologischen Muster spürbar und auf dem Wege der Erfahrung erkunden (etwa die Haltung, Atmung, Bewegung etc.), die mit dem jeweiligen Bestandteil verbunden sind.

Nach Webster's Dictionary ist ein Tanz „eine Abfolge von rhythmischen Bewegungen, die darauf abzielen, etwas sichtbar darzustellen durch eine Abfolge von Körperhaltungen und ein Beschreiben von Mustern durch Raum und Zeit". Tanz beginnt oft als einfacher emotionaler Ausdruck und nimmt dann Gestalt an – eine geplante Ordnung von Bewegungsmustern, die Raum, Abfolge und Rhythmus umfasst. Wenn ein bestimmtes körperliches Ausdrucksmuster seine eigene Schrittanordnung, Gesten und Dynamik hat, wird es ein spezieller Tanz.

Der Dancing S.C.O.R.E. bringt die machtvollen Ressourcen des Körperbewusstseins und der Körperweisheit in den Problemlösungsprozess ein.

ÜBUNG

Die Schritte des Formats Dancing S.C.O.R.E.

1. Denken Sie an einen Problemzustand oder eine Herausforderung, den oder die Sie bearbeiten möchten.
2. Legen Sie vier Positionen in einer Reihe aus, die für Ursache, Symptom, Ziel und erwünschte Auswirkung stehen im Zusammenhang mit dem Problem oder der Herausforderung, wie unten abgebildet:

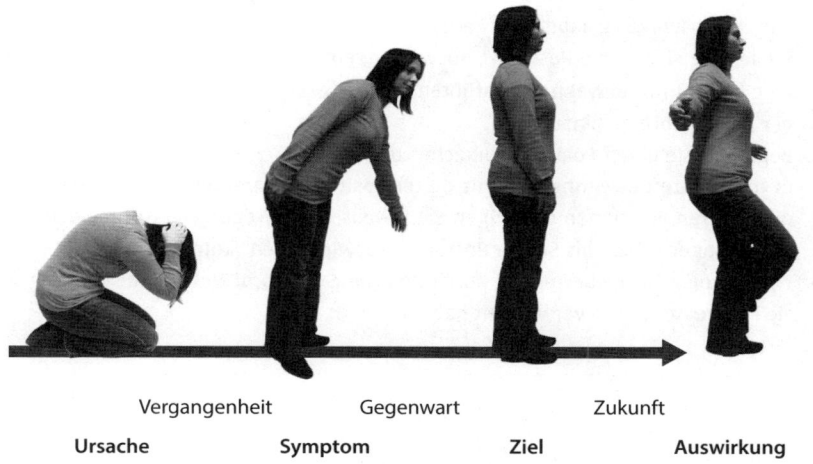

Vergangenheit	Gegenwart	Zukunft	
Ursache	**Symptom**	**Ziel**	**Auswirkung**

Abbildung 62: Räumliche Anordnung der Ausgangspositionen für den Dancing S.C.O.R.E.

3. Assoziieren Sie sich in die Erfahrung des körperlichen Symptoms, dabei ist Ihr Körper Ihr „Repräsentationssystem". Entwickeln Sie ein Bewegungsmuster, das dieses Symptom repräsentiert und zum Ausdruck bringt. Lassen Sie auch den inneren Zustand, den Sie in dieser Position erleben, sich erweitern und durch das Bewegungsmuster stärker zum Ausdruck kommen.
4. Treten Sie einen Schritt zurück in die Position „Ursache". Gestatten Sie dem Gefühl und der Bewegung, die mit dem Symptom einhergehen, Sie intuitiv zur Ursache dieses Symptoms zu führen. Drücken Sie die Ursache, wie Sie sie erleben, umfassend in einer Bewegung aus. (Achten Sie darauf, wie dieses Bewegungsmuster mit der Bewegung des Symptoms zusammenhängt.)
5. Wechseln Sie Ihren Zustand und treten Sie komplett aus der Problemerfahrung heraus, indem Sie körperlich zur Seite treten. Begeben Sie sich in die Ziel-Position und assoziieren Sie sich vollständig in die Erfahrung Ihres erwünschten Zustands. Stellen Sie diesen Zustand vollständig körperlich dar und drücken Sie ihn durch Ihre Körperbewegung aus.

6. Gehen Sie einen Schritt nach vorn in die Position „Auswirkungen" und spüren Sie, wie es sich anfühlt, wenn Sie Ihr Ziel erreicht haben. Bleiben Sie extra lange in diesem Zustand, um eine vollständige körperliche Repräsentation dieser erwünschten Auswirkungen zu erleben.

7. Durchlaufen Sie langsam, in der Ursache-Position beginnend, die ganze Abfolge. Wiederholen Sie dabei die Bewegungen, die mit jeder Position verbunden sind. Gehen Sie ganz langsam zwischen den Positionen Symptom und Ziel, um wahrzunehmen, wie Ihr Körper diese beiden Stellen intuitiv verbindet. Wiederholen Sie diesen Prozess mehrmals, bis Sie das Gefühl einer einzigen durchgängigen Bewegung von der Ursache zur Auswirkung haben (der Tanz).

8. Stellen Sie sich in die Position „Auswirkungen" und lassen Sie Ihren Körper intuitiv eine bestimmte Bewegung ausführen, die die geeignete Ressource darstellt, die Sie der „Tanz"-Abfolge hinzufügen.

9. Beginnen Sie in der Position „Ursache" und integrieren Sie die Ressourcenbewegung in die andere Bewegung, die mit dieser Position zusammenhängt. Durchlaufen Sie die anderen Positionen und fügen Sie jeweils die Bewegungsressource den anderen Bewegungen hinzu, bis Sie zur Position „Auswirkungen" kommen.

10. Wiederholen Sie die Bewegung durch Ursache, Symptom, Ziel und Auswirkung, bis Sie sie in eine Art „Tanz" verwandelt haben.

2.12 Die 5Rhythmen®[28] von Gabrielle Roth

Zu den reinsten Ausdrucksformen der somatischen Syntax gehört der Rhythmus. Im Zusammenhang mit dem Körper kann man *Rhythmus* definieren als „ein regelmäßiges, wiederholtes Bewegungsmuster". Im NLP betrachten wir diese sich wiederholenden Bewegungsmuster als körperliche Tiefenstrukturen, die unterschiedliche Wissens- und Verarbeitungsqualitäten in unserem somatischen Geist aktivieren und integrieren können. Unterschiedliche Rhythmen können als körperliche „Zugangshinweise" und „Metaprogramme" fungieren, die grundlegende Beziehungsmuster strukturieren.

Ähnlich wie die unterschiedlichen Arten von Gehirnwellen in unserer Großhirnrinde (also Alpha-, Beta-, Delta-, Theta-Wellen etc.) unterschiedliche Bewusstseinszustände in unserem kognitiven Geist hervorrufen, so bringen Rhythmen im Körper unterschiedliche Zustände des Gewahrseins hervor und lassen unseren somatischen Geist unterschiedlich arbeiten.

Die 5Rhythmen von Gabrielle Roth sind ein gutes Beispiel für die Transformationskraft von Rhythmus und somatischer Syntax. Sie sind das Ergebnis von Gabrielle Roths jahrelanger Beobachtung, wie sich Energie in Menschen und im Leben bewegt. In ihrem Buch *Sweat Your Prayers* (1997) (dt.: *Leben ist Bewegung: Tanz als Weg der Selbstbefreiung*) hebt sie hervor: „Energie bewegt sich in Wellen. Wellen bewegen sich in Mustern. Muster bewegen sich in Rhythmen. Ein Mensch ist alles: Energie, Wellen, Muster und Rhythmen."

Sie machte fünf Rhythmen aus – Flowing (Fließen), Staccato, Chaos, Lyrical (Lyrik) und Stillness (Stille) –, die eine Art „Metamodell" für Veränderung und Transformation bilden. Diese 5Rhythmen sind Ausdrucksformen „archetypischer" Energiemuster, die organisch in einer bestimmten Reihenfolge auftreten. Diese wiederum bildet ein größeres Muster oder eine *Welle*.

Die 5Rhythmen sind sowohl ein Satz Landkarten wie auch eine Bewegungspraxis. Als körperliche Erfahrung durchläuft der Körper die fünf Rhythmen der Welle und beginnt dabei im Rhythmus *Flowing*. Als Erstes verwurzelt man sich in den Füßen, spürt ihre Verbindung zum Boden und fordert sie auf, sich im Raum zu bewegen. Der Körper folgt den Füßen und beginnt, sich kontinuierlich und leicht zu bewegen. Nichts wird forciert. Die Bewegung ist geerdet, verbunden und kreisförmig. Nach Gabrielle Roth ist Flowing der Rhythmus des Weiblichen, des physischen Körpers und der Erde. Wenn wir in der Flowing-Phase die Verbindung mit dem Erdboden

---

28 Die 5Rhythmen® sind eine geschützte Marke. Im weiteren Verlauf des Textes verzichten wir, der Lesbarkeit halber, auf die explizite Bezeichnung durch das®.

oder mit unserem Zentrum verlieren, dann erleben wir ihre Schattenseite. Wir bleiben in Untätigkeit stecken, bewegen uns sinnlos und automatisch oder „schwimmen mit dem Strom".

Abbildung 63: Die 5Rhythmen® von Gabrielle Roth folgen der Form einer Welle.

Im Rhythmus Flowing sind wir verbunden und empfänglich, wir atmen ein und sind mit unserer Erfahrung in der Bewegung. Indem wir uns mit unserem Körper und uns selbst verbinden und unseren eigenen Flow annehmen, gewinnen wir Energie, wie eine Welle, die sich zu formen beginnt.

Während unsere Energie durch den geerdeten und fließenden Rhythmus vom Flowing zunimmt, entwickelt sich von selbst der zweite Rhythmus, *Staccato*. Im Staccato, dem Rhythmus des Männlichen und des Herzens, baut sich die Welle weiter auf und wir spüren die Stärke, die entsteht, wenn wir tief mit uns selbst und unserer Umgebung verbunden sind. Aus der kontinuierlichen Bewegung des Rhythmus Flowing verleiht der Körper unserer Energie im Staccato eine klare Ausdrucksform. Es ist das Yang zum Yin des Flowing, die Ausatmung, die der Einatmung folgt. Zur zentrierten Form des Staccato gehören Fokus, Konzentration, Engagement und eine klare Grenzsetzung. Die nicht zentrierte oder Schattenform kann zu Härte, Aggression und Gewalt werden.

Während Füße, Körper und Herz sich auf den Rhythmus des Staccato einstimmen, steigt unser Energieniveau weiter an und erreicht einen Punkt, an dem es schwierig wird, die Energie zu halten. Die Struktur des Staccato löst sich in den dritten Rhythmus, *Chaos*, auf, ähnlich wie eine Welle bricht, wenn sie ihren höchsten Punkt erreicht.

Im Rhythmus Chaos geben wir uns hin, lassen wir Kopf und Nacken locker, wobei sich feste Strukturen aus unserem Körper und unserem Bewusstsein auflösen. Unsere Füße als Basis fest im Flowing verwurzelt und mit dem Mut und dem Engagement, die Staccato in uns entzündete, kommen wir im Rhythmus Chaos in einem sicheren „Container" an, in dem wir loslassen können. Bei Chaos machen wir die Erfahrung, alte Muster tief loszulassen. Wenn ihre festsitzende Energie freigesetzt wird, erleben wir eine Erneuerung, ein Gefühl, frei fließendes Wasser erfrische uns. Die unzentrierte, die Schattenseite von Chaos ist Verwirrung, Unordnung, das Gefühl, überwältigt zu sein und die Kontrolle verloren zu haben. Doch in seiner positiven Funktion gestattet uns Chaos, uns selbst im Rhythmus Lyrical in die Freiheit unseres einzigartigen Ausdrucks zu entlassen.

Lyrical ist der Rhythmus spontaner Kreativität, der Ausdruck dessen, was auch immer in diesem Moment wahr, einzigartig und lebendig ist. Lyrical ist sowohl tief verbunden als auch vollkommen frei. Er ist oft leicht und spielerisch wie der Schaum und die Gischt einer Welle nach ihrem Scheitelpunkt, doch er kann jede Form annehmen, die wir erleben, nachdem wir die ersten drei Rhythmen durchlaufen haben. Nachdem wir uns im Flowing geerdet, uns im Staccato engagiert und im Chaos losgelassen haben, ermöglicht uns Lyrical die Erfahrung, echt, unkalkulierbar und ausnehmend lebendig zu sein. Wie die Luft sind wir im Lyrical an keine bestimmte Form gebunden und können somit die Form verkörpern, die in dem Moment gerade angemessen ist. Sind wir allerdings nicht im Körper geerdet und nicht tief mit uns selbst verbunden, dann landen wir unter Umständen auf der Schattenseite von Lyrical, das sind Oberflächlichkeit, Seichtheit oder Flucht.

Die Leichtigkeit und Freiheit von Lyrical dehnen sich in den Rhythmus von *Stillness* aus, genau wie eine Welle, wenn sie den Strand erreicht. In der Stillness fehlt es keineswegs an Energie, vielmehr ist diese Phase die vollkommene Präsenz von Energie in einer Form, in der wir uns sowohl mit uns selbst als auch über uns selbst hinaus verbinden können. Gabrielle Roth nennt Stillness den Rhythmus, durch den wir uns in das Feld öffnen. Die Schattenseite von Stillness – die sich zeigen kann, wenn wir nicht in unseren Füßen und unserem Körper geerdet und präsent und mit unserer eigenen Energiequelle verbunden sind – sind Lethargie und Dissoziation. Dann sind wir vom Körper abgetrennt und wir verlieren uns im Feld. Zentrierte Stillness ist eine Form von Verschwinden bei gleichzeitiger vollkommener Präsenz – dann sind

Sie der Punkt der Ruhe im sich bewegenden Zentrum, verbunden mit dem größeren Feld, das Sie umgibt.

Beim Praktizieren der 5Rhythmen werden die Tanzenden aufgefordert, sich des Raums ringsum gewahr zu werden und zu lernen, ihre Aufmerksamkeit in verschiedene Körperteile zu lenken. Sie werden erinnert, immer wieder „in den leeren Raum vorzudringen", und eingeladen, verschiedene Möglichkeiten zu erforschen, sich im Raum zu bewegen, Körperteile zu bewegen und so zunehmend ihr Bewegungsrepertoire zu erweitern.

Vor einiger Zeit führten Forscher eine interessante Studie zur menschlichen Bewegung durch. Dafür beobachteten sie Kleinkinder, größere Kinder und Erwachsene eine Stunde lang und zeichneten dabei die Anzahl der unverwechselbaren (diskreten und sich nicht wiederholenden) Bewegungen auf, die sie in diesem Zeitraum ausführten. In dieser einen Stunde machten die Kleinkinder ungefähr 1000 einzigartige Bewegungen, so stellten die Forscher fest. Bei den größeren Kindern im Alter von ungefähr 10 Jahren war die Anzahl der einzigartigen Bewegungen auf etwa 300 zurückgegangen. Bei den 30-Jährigen, also den Erwachsenen, lag die Anzahl der einzigartigen Bewegungen, die sie in einer Stunde machten, nur noch bei 100.

Aus dieser Studie können wir natürlich folgern, dass wir, wenn wir älter werden, unseren Körper eleganter und zielgerichteter bewegen und unsere Energie besser bewahren und lenken. Eine weitere Schlussfolgerung jedoch ist: Wir schränken uns unbewusst immer stärker ein und werden immer verhaltener in unserem Körperausdrucks-Repertoire.

Gabrielle Roth lehrt: Was wir auf der Tanzfläche beim Praktizieren der Rhythmen machen, spiegelt wider, was wir auch in anderen Lebensbereichen machen. Wie wir uns durch die Rhythmen bewegen, lehrt uns etwas darüber, wie wir zu den verschiedenen Rhythmen und ihren Prinzipien stehen. Wenn wir die Struktur der Welle achtsam durchlaufen, können wir in unbewusste Muster Bewegung bringen und neue Muster entwickeln, die uns zunehmend mehr Freiheit, Flexibilität und Wahlmöglichkeiten bieten. Bewegung wirkt wie fließendes Wasser, es bringt Raum, Erneuerung und neue Informationen in unsere bestehenden Körpermuster.

Gabrielle Roth fragt: „Haben Sie die notwendige Disziplin, um ein freier Geist zu sein?" Als Bewegungspraxis lehren uns die 5Rhythmen: Wenn wir uns auf einen Prozess einlassen, der in eine klare Struktur eingebettet ist, kann das zu neuem Gewahrsein, neuen Einsichten, zu Transformation und mehr Wahlmöglichkeiten führen. Mit einer körperlichen Übungspraxis wie den 5Rhythmen werden wir im Ausdruck wieder flexibler und wir finden leichter Zugang zu allen Dimensionen von uns selbst.

Gabrielle Roth formuliert es so: „Im Flowing entdecken Sie sich selbst. Im Staccato definieren Sie sich selbst. Chaos unterstützt Sie, sich selbst aufzulösen, damit Sie nicht letztlich in dem Selbst steif und starr werden, das Sie entdeckt und definiert haben. Lyrical inspiriert Sie, sich hingebungsvoll und tief auf den einzigartigen Ausdruck Ihrer Energie einzulassen. Und Stillness gestattet Ihnen, in die große Energie zu verschwinden, die uns alle hält, sodass Sie den ganzen Prozess wieder von vorn beginnen können."

Jeder dieser Rhythmen kann in vielen Formen zum Ausdruck kommen, Tanz und „Somatische Syntax" sind die offensichtlichsten. Doch die Rhythmen haben auch visuelle und auditive Entsprechungen (etwa in der Kunst und der Musik). Auf der Prozessebene der verschiedenen Techniken sind sie deutlich erkennbar.

Im NLP ist das Swish-Muster eindeutig eine Anwendung des Staccato-Rhythmus, um eine klare Abgrenzung im Verhalten hervorzurufen. Der Dancing S.C.O.R.E. gleicht eher einer Welle, die im Staccato beginnt (jeder Teil wird erst getrennt und eigenständig erlebt), dann kommt Flowing hinzu (alle Bestandteile werden zu einer einheitlichen Bewegungsabfolge verbunden) und dann Lyrical (ressourcenvolle / transformative Energien werden in die gesamte Bewegungsabfolge eingeführt).

ÜBUNG

Übung: Die Welle der Veränderung reiten

1. Bestimmen Sie eine Stelle im Raum, die Ihren derzeitigen Zustand repräsentiert. Versetzen Sie sich in Ihr derzeitiges Erleben dieses Problems oder diese Situation hinein. Sehen Sie, was Sie sehen, hören Sie, was Sie hören, und fühlen Sie, was Sie bezüglich dieser Situation fühlen. Lassen Sie Ihren Körper einen Ausdruck finden – eine Geste und / oder eine sich wiederholende Bewegung – dafür, wie Sie Ihren gegenwärtigen Zustand erleben.

2. Gehen Sie einige Schritte vorwärts an eine Stelle, die Ihren erwünschten Zustand repräsentiert. Versetzen Sie sich ganz in die Erfahrung, wie das wäre. Sehen Sie, was Sie sehen, hören Sie, was Sie hören, und fühlen Sie, was Sie in Bezug auf diese Erfahrung fühlen. Lassen Sie Ihren Körper wieder einen Körperausdruck finden – eine Geste und / oder eine sich wiederholende Bewegung – dafür, wie Sie Ihren erwünschten Zustand wahrnehmen.

3. Bestimmen Sie zwischen den beiden Stellen für Ihren Ist- und Ihren Zielzustand eine Stelle, an der Sie jeden der fünf Rhythmen hineinbringen können: Flowing, Staccato, Chaos, Lyrical und Stillness.

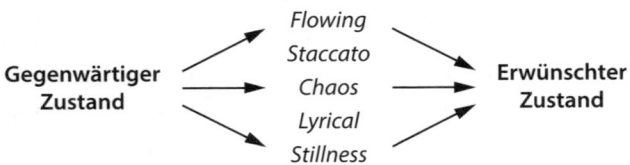

Abbildung 64: Veränderung mit den Rhythmen

4. Durchlaufen Sie folgenden Prozess, wobei Sie auf jeden der fünf Rhythmen zurückgreifen:
   a. Begeben Sie sich an die Stelle Ihres derzeitigen Zustands und führen Sie die Geste und/oder die Bewegung aus, die mit dieser Erfahrung einhergeht. Treten Sie einen Schritt nach vorn und nehmen Sie die Bewegung in den Rhythmus *Flowing* mit. Lassen Sie Ihren Körper Ihren Füßen folgen und beginnen Sie, eine kontinuierliche, leichte Bewegung auszuführen, die geerdet, verbunden und kreisförmig ist. Seien Sie verbunden und empfänglich, atmen Sie ein und „seien Sie" mit der Erfahrung des derzeitigen Zustands in Bewegung. Fließen Sie zum Abschluss in den Körperausdruck Ihres Zielzustands.
   b. Gehen Sie wieder zurück an die Stelle Ihres gegenwärtigen Zustands und wiederholen Sie die Geste und/oder die Bewegung, die mit dieser Erfahrung einhergeht. Machen Sie einen Schritt nach vorn und bringen Sie diese Bewegung in den Rhythmus *Staccato*. Erden Sie sich in Ihren Füßen und lassen Sie diese einen sich wiederholenden Rhythmus finden, den Sie mit kraftvollen Schritten kennzeichnen. Fühlen Sie sich dabei mit sich selbst und mit Ihrer Umgebung tief verbunden. Spüren Sie Ihren Herzschlag und führen Sie beim Ausatmen mit Ihrem Körper energische, eindeutige und ausgeprägte Bewegungen und Gesten aus. Üben Sie, Ihren gegenwärtigen Zustand fokussiert, konzentriert, engagiert und klar zu erleben. Beenden Sie diesen Schritt, indem Sie sich entschlossen und zuversichtlich in den Körperausdruck Ihres Zielzustands begeben.
   c. Beginnen Sie wieder an der Stelle Ihres Istzustands. Führen Sie die Geste und/oder Bewegung dieser Erfahrung aus. Machen Sie einen Schritt vorwärts und bringen Sie diese Bewegung in den Rhythmus *Chaos*. Bleiben Sie fest in Ihren Füßen verwurzelt und treten Sie dabei von einem Fuß auf den anderen. Lassen Sie Ihren Nacken und Kopf locker und lassen Sie Ihren Körper sich bewegen, als wäre er aus Gummi. Gestatten Sie sich, jegliche Spannung oder Steifheit loszulassen und Flexibilität in alte Muster zu bringen. Lassen Sie jegliche festsitzende Energie los, die Sie in Ihrem gegenwärtigen Zustand erleben. Beenden Sie diesen Schritt, indem Sie die Lockerheit und das Loslassen von Chaos in den Körperausdruck Ihres erwünschten Zustands mitnehmen.

d. Beginnen Sie an der Stelle Ihres derzeitigen Zustands mit dem damit einhergehenden Körperausdruck. Gehen Sie einen Schritt nach vorn und bringen Sie diesen Körperausdruck in das Licht und den freien Rhythmus von *Lyrical*. Gestatten Sie sich, die spontane Kreativität zu erkunden und das auszudrücken, was in diesem Moment für Sie wahr, einzigartig und lebendig ist. Erlauben Sie sich, originell, nicht vorhersagbar und vollkommen lebendig zu sein. Spielen Sie mit allen körperlichen und energetischen Formen, die Ihnen geeignet erscheinen, Leichtigkeit in Ihr Erleben des gegenwärtigen Zustands zu bringen. Nehmen Sie dieses Gefühl von Freiheit in den Körperausdruck Ihres Zielzustands mit.

e. Begeben Sie sich noch einmal an die Stelle Ihres derzeitigen Zustands mit dem Körperausdruck dieser Erfahrung. Machen Sie einen Schritt nach vorn und bringen Sie diesen Körperausdruck in den letzten Rhythmus *Stillness*. Bewegen Sie sich langsam und bewusst, während Sie die Bewegungen und Gesten des derzeitigen Zustands ausführen, atmen Sie dabei tief und halten Sie immer wieder inne. Spüren Sie die ganze Präsenz der Energie in einer Form, in der Sie sich sowohl mit sich selbst als auch über sich selbst hinaus mit einem größeren Feld verbinden können. Erleben Sie sich als Punkt der Ruhe eines sich bewegenden Zentrums. Kommen Sie ganz sachte im Körperausdruck Ihres Zielzustands an.

5. Reflektieren Sie, was Sie aus jedem Rhythmus gelernt haben.

ÜBUNG

Die 5Rhythmen und Dancing S.C.O.R.E.

Sie können Dancing S.C.O.R.E. kombinieren mit der Übung „Die Welle der Veränderung reiten". Bestimmen Sie zuerst Stellen im Raum für Symptom, Ursache, Ziel und Auswirkung und ermitteln Sie den spontanen Körperausdruck jeder Position. Bringen Sie dann nacheinander jeden der fünf Rhythmen als Ressource in die ausgelegte Situation hinein.

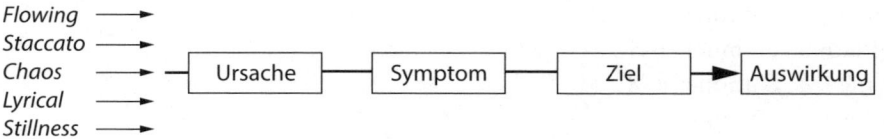

Abbildung 64: Die 5Rhythmen und Dancing S.C.O.R.E.

Beginnen Sie mit Flowing. Verwurzeln Sie sich in Ihren Füßen und fangen Sie an, sich fließend und stetig zu bewegen. Integrieren Sie diese Bewegungsqualität mit dem Körperausdruck der Position Ursache. Nehmen Sie wahr, was sich durch diesen Rhythmus verändert, welcher „Unterschied einen Unterschied macht" und wie Sie die Ursache nun erleben. Gehen Sie dann zur Position Symptom und bringen Sie auch hier die Qualität von Flowing in den Körperausdruck, der damit einhergeht, wie Sie das Symptom erleben. Achten Sie wieder darauf, wie sich das auf Ihr Erleben des Symptoms auswirkt. Bewegen Sie sich weiter durch die Positionen Ziel und Auswirkung und bringen Sie dabei die Qualität von Flowing in den Körperausdruck der jeweiligen Position.

Wiederholen Sie wie bei der Übung „Die Welle der Veränderung reiten" die Bewegung von der Ursache zum Symptom zum Ziel und zur Auswirkung und bringen Sie dabei jeden der fünf Rhythmen in die Gesten und Bewegungen jeder Position. Jeder Durchlauf durch die S.C.O.R.E.-Phasen sollte Ihnen neue Einsichten vermitteln und neuen Schwung geben, sich auf das Ziel und seine Auswirkung zuzubewegen.

Folgen Sie Ihren Füßen!

Wie jede geniale Arbeit sind die 5Rhythmen universell und erscheinen vielleicht täuschend einfach. Wie bei jeder Disziplin – etwa beim Lernen von NLP – braucht es viele, viele Stunden hingebungsvoller Praxis und Übung, um andere gewandt durch Landkarte und in das Gebiet hinein zu geleiten. Die 5Rhythmen basieren zwar auf mehreren Landkarten, doch das Lernen findet in erster Linie im Körper statt. Die Intelligenz des somatischen Geistes nährt den kognitiven Geist, doch dieser Lernprozess beginnt in den Füßen (und verlässt diese nie); man versucht nicht, vom Kopf aus nach unten zu gehen.

Wir ermuntern Sie, diesen Prozess „in den Muskeln" zu erleben, indem Sie ihn selbst tanzen. Falls Sie mit anderen tanzen wollen, haben Gabrielle Roth und ihre Gruppe The Mirrors CDs produziert, zu denen man die Rhythmen tanzen kann. Die Musik selbst wird Sie durch die 5Rhythmen führen.

Bones: Nummer 2–6
Initiation: Nummer 1–5
Trance: Nummer 4–8
Tribe: Nummer 1–5
Jhoom: Nummer 1–5
Endless Wave, Vol. 1, 2 (Gabrielle Roths Stimme leitet Sie durch eine Welle)

In vielen Regionen der Welt finden Sie Workshops und Kurse von Lehrern, die bei Gabrielle Roth eine umfassende Ausbildung absolviert haben. Sie hat außerdem drei faszinierende und praxisnahe Bücher geschrieben: *Maps to Ecstasy, Sweat Your Prayers* und *Connection*, die Ihre Beziehung zur Bewegungspraxis vertiefen können (dt.: *Totem bzw. Das befreite Herz; Leben ist Bewegung: Tanz als Weg der Selbstbefreiung* und *Das Chaos der Stille: 5 Wege zur intuitiven Weisheit*). Besuchen Sie auch ihre Website: www.gabrielleroth.com. Hier finden Sie Informationen über Kurse, Lehrer, Musik und Bücher. Weitere Informationen über Kurse und Workshops finden Sie unter www.movingcenter.com.

Denken Sie daran, wenn Sie die 5Rhythmen von Gabrielle Roth erkunden: Atmen Sie, bleiben Sie geerdet und folgen Sie Ihren Füßen!

3. | Der Feld-Geist

Überblick über Kapitel 3:

3.1 Einführung: Der Feld-Geist

Zu einem der wesentlichen Charakteristika der dritten Generation des NLP gehört, dass sie einen Schwerpunkt auf das *Feld* oder den *Feld-Geist* legt. Das „Feld" ist im Grunde eine Art Raum oder Energie, der / die durch die Beziehungen und Interaktionen in einem System von Einzelpersonen entsteht. Wesentlich für diese Sichtweise des Felds ist die Vorstellung, dass die Beziehung selbst etwas Drittes, ein „drittes Objekt" (entity) ist, das zwischen den Beteiligten entsteht, ähnlich wie sich Wasserstoff und Sauerstoff verbinden können und das dritte „Objekt" Wasser bilden. Die Beziehung wird zu einem Container, der die Gedanken, Emotionen und Erfahrungen der Beteiligten hält, verarbeitet und entwickelt.

In der Physik wird ein Feld definiert als „ein Bereich des Raums, der sich durch eine physikalische Eigenschaft auszeichnet – wie die Schwerkraft, die elektromagnetische Kraft oder den Flüssigkeitsdruck –, deren Wert sich an jedem Punkt des Bereichs bestimmen lässt". Ein Feld bezieht sich in der Physik auf eine Bewegung von Energie durch ein weit ausgedehntes räumliches Gebiet.

Abbildung 65: In der Physik wird ein Feld dargestellt als „Kraftlinien",
die sich in den Raum ausdehnen.

Ein elektromagnetisches Feld wird üblicherweise in Form von „Kraftlinien" dargestellt, die sich unendlich in alle Richtungen ausdehnen und auf Objekte in dem „Feld" einwirken, das durch diese Kraftlinien erzeugt wird. Die Ansammlung dieser Kraftlinien bestimmt die Dichte und Stärke und damit den Einfluss des Felds.

Das steht im Gegensatz zur Vorstellung eines „Teilchens"; denn ein Teilchen ist ein „Gegenstand", der nur an einer eng begrenzten und festgelegten Stelle im Raum existiert. Ein Feld ist weniger konkret als ein Teilchen, bei einem Feld geht es mehr um Bewegung und Beziehungen als um „Dinge" an sich. Ein Feld entsteht durch die Beziehungen zwischen den Objekten und wirkt gleichzeitig auf das Verhalten oder die Aktionen der Objekte ein. Ein Gravitationsfeld entsteht durch die elementare gegenseitige Anziehung aller Objekte im Raum. Die Anziehungskraft wirkt nicht, wenn keine Objekte vorhanden sind, die sich gegenseitig anziehen. Das Gravitationsfeld zwischen zwei Objekten (sagen wir zwei Planeten) beeinflusst auch das Verhalten anderer Objekte (eines Raumschiffs beispielsweise), das in den Einflussbereich dieses Felds eintritt.

Das Konzept eines physikalischen Felds hat entscheidende Auswirkungen (direkt und im übertragenen Sinn) auf Psychologie, Management, Therapie und NLP. Der Hypnotherapeut und frühe NLP-Forscher Stephen Gilligan (1999) spricht von einem gefühlten „Beziehungsfeld" (relational field), das zwischen Menschen besteht und das seiner Ansicht nach ein grundlegender und notwendiger Gesichtspunkt von Veränderung und Heilung ist. Der deutsche Familientherapeut Bert Hellinger gründet seine Arbeit auf die Vorstellung eines „Familienfelds", das sich in die gesamte Geschichte eines Familiensystems hinein erstreckt und den Einfluss von Familienmitgliedern mit einschließt, die nicht mehr am Leben sind.

Das Gefühl, Teil eines größeren Systems oder Felds zu sein, ist eine weitverbreitete subjektive Erfahrung, die fast jeder Mensch schon einmal gemacht hat. Wir sprechen z. B. oft vom Gefühl des „Teamgeists", also von dem Gefühl, Teil einer Gruppe zu sein, die uns einschließt, aber größer ist als wir selbst. Diese Erfahrung, zu einem größeren Kollektiv zu gehören, kommt im NLP im Konzept der *vierten Wahrnehmungsposition* bzw. der „Wir"-Position (Dilts & DeLozier 1998) zum Ausdruck. Erste, zweite und dritte Wahrnehmungsposition (selbst, anderer und Beobachter) beziehen sich auf die signifikanten Standpunkte in Systemen menschlicher Interaktion, die den „Raum" der Interaktion definieren. Die Beziehungs- und Interaktionsmuster, die in diesem Raum auftreten, erzeugen eine Art „Beziehungsfeld". Die vierte Position schließt die drei anderen Positionen ein und geht gleichzeitig über sie hinaus. Die Eigenschaften dieses „Felds" sind oft geprägt von der räumlichen Anordnung oder „Psychogeografie" zwischen den an der Interaktion beteiligten Personen und spiegeln diese wider.

Subjektive Erfahrungen wie die eines „Teamgeists" entstehen aus einer gefühlten Wahrnehmung des „Beziehungsfelds", das von den Interaktionen zwischen unserem eigenen Nervensystem und dem anderer Menschen herrührt. Denn die Nervensysteme bilden eine Art größeres, kollektives Nervensystem. Dieses kollektive Nervensystem bringt Ergebnisse hervor, die manchmal als „Gruppengeist" (group mind) oder „kollektive Intelligenz" bezeichnet werden. Dieser Gruppen*geist* kann Merkmale und Qualitäten von Intelligenz aufweisen, die sich vom individuellen Bewusstsein der einzelnen Gruppenmitglieder stark unterscheiden, ähnlich wie Wasser ganz andere Eigenschaften hat als die Wasserstoff- und Sauerstoffatome, aus denen es besteht. Der französische Psychologe Gustave Le Bon meint dazu (1895 / 2009):

„Die auffallendste Besonderheit an einer psychologischen Gruppe ist: Wer auch immer die Einzelpersonen sind, aus denen sich die Gruppe zusammensetzt, wie gleich oder ungleich ihre Lebensweise, ihr Beruf, ihr Charakter oder ihre Intelligenz sind, die Tatsache, dass sie sich in eine Gruppe verwandelt haben, verleiht ihnen eine Art kollektives Bewusstsein. Dadurch fühlen, denken und handeln sie auf eine Art und Weise, die sich stark davon unterscheidet, wie jeder Einzelne von ihnen fühlen, denken und handeln würde, wenn er für sich allein wäre. Da sind bestimmte Ideen und Gefühle mit im Spiel, die nur dann auftauchen oder sich in Handlungen umsetzen, wenn Einzelpersonen eine Gruppe bilden."

Le Bon fährt fort: „Die psychologische Gruppe ist ein Provisorium, das sich aus heterogenen Elementen zusammensetzt, die einen Moment lang verbunden sind, genau wie die Zellen, aus denen ein lebender Körper besteht, durch ihre Vereinigung ein neues Wesen bilden, das ganz andere Merkmale zeigt als jede einzelne Zelle."

Diese Phänomene sind ein Ausdruck dessen, was der Schriftsteller, Philosoph und Vertreter der transpersonalen Theorie Ken Wilber als *Holarchie* bezeichnet. Holarchien sind Anordnungen verwandter *Holons* (dieses Konzept spielt in den Schriften Arthur Koestlers und in der Arbeit Gregory Batesons eine bedeutende Rolle). Der Begriff Holon besagt: Jedes Objekt (entity) und jedes Konzept ist von doppelter Natur: Es ist *ein Ganzes für sich selbst und ein Teil eines anderen Ganzen.*

Dazu ein Beispiel:

Eine Zelle in einem Organismus ist ein Ganzes und gleichzeitig ein Teil eines anderen Ganzen, des Organismus. *Noch ein Beispiel:* Ein Buchstabe ist eine für sich selbst bestehende Einheit und gleichzeitig ein integraler Bestandteil eines Wortes, das dann wiederum Teil eines Satzes ist, der Teil eines Absatzes ist, der Teil einer Seite ist usw.

So kann man alles betrachten, von Quarks über Materie zu Energie und zu Ideen. Jede Einheit, jedes Objekt umfasst und transzendiert die Holons, aus denen es besteht. So können auch andere Lebewesen und Wesen, ja sogar unsere Umwelt kollektive Felder erzeugen.

Wenn einige Holarchien den entsprechenden Grad an gegenseitiger Verbundenheit und Integration erreichen, zeigen sie Bateson zufolge die Hauptmerkmale von „Geist" (mind). Systeme, die über ein ausreichendes Maß an Komplexität, Flexibilität und Feedback verfügen, können Merkmale von „Selbst-Organisation" aufweisen, so behauptet er. Solche Systeme scheinen oft „ihren eigenen Geist" zu haben:

„... jede fortdauernde Gesamtheit von Ereignissen und Gegenständen, der die geeignete Komplexität kausaler Kreisläufe und die geeigneten Energierelationen zukommen, jedenfalls geistige Charakteristika aufweisen wird. Sie wird vergleichen ... Sie wird Informationen verarbeiten und sich unausweichlich selbst regulieren, und zwar entweder in Richtung homöostatischer Optima oder in Richtung auf die Maximierung bestimmter Variablen."[29]

Mit ausreichender gegenseitiger Verbundenheit und Feedback kann ein System einen höheren Grad an Integration erreichen und Merkmale der Selbstorganisation aufweisen. Die sogenannte *Gaia-Hypothese* des NASA-Forschers James Lovelock (1979) ist hierfür ein gutes Beispiel. Lovelock verwendete den Begriff „Gaia" (zu Ehren der griechischen uranfänglichen Göttin der Erde), um „eine komplexe Einheit" zu beschreiben, „die die Biosphäre, die Atmosphäre, die Ozeane und die Landmassen unserer Erde umfasst; die Gesamtheit stellt ein kybernetisches System oder Feedbacksystem dar, das nach einer optimalen physikalischen und chemischen Umgebung für das Leben auf diesem Planeten strebt".

Lovelock behauptet, das Leben auf der Erde stelle ein kybernetisches, homöostatisches Feedbacksystem dar, das bestrebt ist, eine konstante Temperatur auf der Erdoberfläche aufrechtzuerhalten und ebenso die Zusammensetzung der Atmosphäre und den Salzgehalt der Meere konstant zu halten. Die Oberflächentemperatur der Erde ist beispielsweise weltweit konstant geblieben, obwohl die Sonne 25 bis 30 % mehr Energie abgibt, seit es Leben auf der Erde gibt. Die Zusammensetzung der Erdatmosphäre (79 % Stickstoff, 20,7 % Sauerstoff und 0,03 % Kohlendioxid) bleibt erstaunlicherweise auch konstant. Der Salzgehalt der Ozeane liegt seit Langem bei ungefähr 3,4 %. Der gleichbleibende Salzgehalt ist wichtig, weil die meisten Zellen einen konstanten Salzgehalt brauchen und im Allgemeinen Werte über 5 % nicht tolerieren.

---

29 Gregory Bateson, *Ökologie des Geistes.*

Laut Lovelock beweisen diese Fakten, dass das planetare Ökosystem der Biomasse auf der Erde solche Variablen reguliere, um die Lebensbedingungen auf dem Planeten bewohnbarer zu gestalten.

Der Physiker Peter Russell übernahm dieses Prinzip und erweiterte es in seinem Konzept *The Global Brain* (dt.: *Die erwachende Erde: unser nächster Evolutionssprung*). Nach Russells Wahrnehmung tun sich im Evolutionsprozess fortwährend Einheiten (Holons) zu größeren Systemen zusammen – von Elementarteilchen zu Atomen, zu Molekülen, zu Zellen, zu Geweben usw. bis hin zu Organismen, die sich ihrer selbst bewusst sind. Jeder Sprung in eine größere Einheit führt ein neues, sich selbst organisierendes Muster ein.

Nach Russel haben die zunehmende Bevölkerungsdichte auf dem Planeten und die immer schneller verlaufenden Entwicklungen in der Kommunikationstechnologie zu einer Situation geführt, in der die Menschen die Möglichkeit haben, einen höheren Grad an Integration zu erreichen und als eine Art Nervensystem oder „Gehirn" für den übrigen Planeten zu fungieren.[30] (Menschen sind wie Neuronen und Mobiltelefone, Fernsehgeräte, Radios, das Internet etc. sind wie die Synapsen zwischen ihnen.)

Russels Sicht des „globalen Gehirns" spiegelt sich in einer Aussage von Gregory Bateson wider: „Der individuelle Geist ist immanent, aber nicht nur dem Körper. Er ist auch den Bahnen und Mitteilungen außerhalb des Körpers immanent; und es gibt einen größeren Geist, von dem der individuelle Geist nur ein Subsystem ist. Der größere Geist lässt sich mit Gott vergleichen, und er ist vielleicht das, was einige Menschen mit ‚Gott' meinen, aber er ist doch dem gesamten in Wechselbeziehung stehenden sozialen System und der planetaren Ökologie immanent."[31]

Aus Batesons Aussage lässt sich unter anderem folgern: Wir haben Zugriff auf Intelligenznetze, die größer sind als unser individuelles Bewusstsein. Diese Vorstellung spiegelt sich natürlich in der ganzen Menschheitsgeschichte wider in der subjektiven Erfahrung von Schamanen, Heilern, Parapsychologen, Medien, Künstlern, Menschen in traditionellen Kulturen und in einigen der kreativsten Köpfe der Welt.

---

30 Russel postuliert: Die Menschheit ist im Begriff, eine ganz neue Stufe des Bewusstseins und der Selbst-Organisation zu erreichen – vielleicht vergleichbar mit dem Übergang vom Neandertaler zum Cro-Magnon-Menschen. Beachten Sie, wenn Sie über Russells Hypothese nachdenken, dass die für einen neuen Grad an Integration notwendige Schwelle nicht hoch zu sein braucht. Die DNA von Menschen und Schimpansen ist beispielsweise zu 98 % gleich.

31 Bateson, *Ökologie des Geistes,* S. 593.

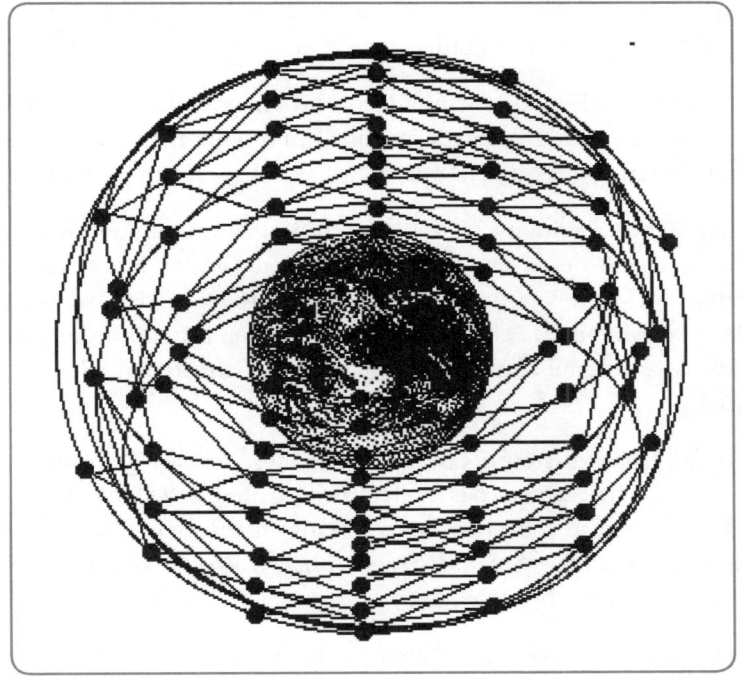

Abbildung 67: Gregory Bateson behauptet, unser individueller Geist sei Teil eines „größeren Geistes", der dem „vollkommen miteinander verbundenen sozialen System und der Ökologie des Planeten" entspringt.

In seinem Werk *Strategies of Genius* weist Robert Dilts beispielsweise darauf hin, dass fast jedes berühmte kreative Genie in der Geschichte, von Leonardo da Vinci über Einstein zu Mozart und Michael Jackson, angibt, auf die ein oder andere Weise seien seine kreativsten Werke und Ideen „durch" ihn gekommen und nicht „von" ihm als Einzelperson. Mozart etwa schrieb über seine musikalischen Ideen: „Woher und wie sie kommen, weiß ich nicht; ich kann sie auch nicht erzwingen." Er erwähnte jedoch, diese Ideen kämen am leichtesten, wenn er sich in bestimmten inneren Zuständen befinde, in denen der kreative Prozess sich „in einem erfreulichen, lebendigen Traum" entfalte.

In seinen Notizbüchern beschrieb Leonardo da Vinci, wie er „Wände anstarrte, die mit verschiedenen Flecken übersät waren, oder Wände mit einer Mischung aus unterschiedlichen Steinarten", um seinen Geist „zu verschiedenen Erfindungen" anzuregen. Da Vinci konnte in den Wänden „mehrere verschiedene Landschaften verziert mit Bergen, Flüssen, Felsen, Bäumen, Wiesen, weiten Tälern und allerlei Hügelgruppen" sehen und ebenso „Figuren in schneller Bewegung und mit seltsamem Gesichtsausdruck und in fremdländischer Kleidung und eine Vielzahl an Dingen."

Ähnlich äußerte sich Einstein: Seine Ideen und Theorien kämen spontan von bestimmten Arten von „Gedankenexperimenten" und „entstehen nicht aus irgendwelchem Manipulieren von Axiomen" oder rationalen, kognitiven Gedankenformen.

Diese Beschreibungen deuten auf Methoden hin, sich mit der kreativen Intelligenz jenseits der Grenzen des individuellen kognitiven Geistes zu verbinden. Neben dem Begriff „Gott", den Bateson erwähnt, ist der „größere Geist", von dem Bateson spricht, das, was Milton H. Erickson in seinen Werken mit „Intuition", dem „kreativen Unbewussten" meint oder C. G. Jung in seinen Schriften mit dem „kollektiven Unbewussten".

Freud hielt das Unbewusste für etwas Persönliches, das sich im Menschen befinde. Jung hingegen betrachtete das „persönliche Unbewusste" als etwas, das oben auf einer viel tieferen universellen Bewusstseinsschicht sitze, dem *kollektiven* Unbewussten – dem ererbten Anteil der menschlichen Psyche, die sich nicht aus der persönlichen Erfahrung entwickelt hat.

Nach Jung kommt das kollektive Unbewusste durch *Archetypen* zum Ausdruck, universelle Gedankenformen oder mentale Bilder, die die Gefühle und das Handeln des Einzelnen beeinflussen. Weil Jung beobachtete, dass das Erleben von Archetypen oft nicht der örtlichen Tradition oder den kulturellen Normen entsprach, schlug er vor, Archetypen seien angeborene Projektionen. Aus Jungs Sicht ist ein Neugeborenes kein unbeschriebenes Blatt, sondern kommt vorprogrammiert auf die Welt, bereit, bestimmte archetypische Muster und Symbole wahrzunehmen. Der Grund, warum Kinder so viel fantasieren, liegt nach Jungs Ansicht daran, dass sie noch nicht genügend Realität erlebt haben, um die Verbindung ihres Bewusstseins zu archetypischem Wissen und archetypischen Bildern zu kompensieren.

Archetypen sind im Laufe der Geschichte immer wieder zum Ausdruck gekommen in verschiedenen Formen von Mythen, Märchen, heiligen Schriften, Kunst, Literatur und sogar in der Werbung. Platon beschrieb sie philosophisch als „Urformen" von Gedanken und Erfahrung.

Ein anderes Phänomen dessen, was Bateson den „größeren Geist", das „größere Bewusstsein" nannte, bezeichnete Rupert Sheldrake als *morphische Felder*. Sheldrake propagierte dieses Konzept, um Phänomene zu erklären, die mit weit voneinander entfernt stattfindenden Handlungen zu tun haben; von der Embryoentwicklung über die Heilung durch Gebete bis zum Phänomen des hundertsten Affen.[32] Das heißt, Situationen, in denen eine Veränderung in einem Teil einer Population eine Veränderung bei einem anderen Mitglied der Population oder bei der ganzen Gruppe anregt – ohne irgendeinen direkten physischen Kontakt.

Wesentlich für Sheldrakes Modell ist der Prozess der *morphischen Resonanz*. Das ist ein Feedbackmechanismus zwischen dem Feld und den dazugehörigen Bestandteilen (also den Holons), aus denen es besteht. Je größer die Ähnlichkeit zwischen den einzelnen Bestandteilen oder Holons ist, desto stärker ist die Resonanz, was wiederum das Vorhandensein, die Stärke und das Fortbestehen dieser bestimmten, im größeren Feld vorhandenen Gedankenform oder dieses Verhaltens wahrscheinlicher macht.

Denken Sie zum Beispiel an das Phänomen von US-Soldaten, die im Gefängnis Abu Ghraib Gefangene brutal folterten (indem sie körperlichen, seelischen und sexuellen Missbrauch durchführten; durch Vergewaltigung, Sodomie und Ermordung von Gefangenen), und zwar in den frühen Phasen der US-amerikanischen Besetzung des Irak in den Jahren 2003 und 2004. Als diese Soldaten vor Gericht standen, führten ihre Anwälte einen Zeugen nach dem anderen an, die aussagten, dass ihre jeweiligen Mandanten früher kein gewalttätiges und sadistisches Verhalten gezeigt hätten und im Grund normale, durchschnittliche Menschen gewesen seien. Wie ist es dann möglich, dass ein normaler Mensch zu einem „unmenschlichen Monster" wird, ohne menschliches Mitgefühl und ohne Empathie, wie es scheint? Eine Erklärung wäre eine Art morphisches Feld, wie es Sheldrake propagiert, in dem Gewalt über die morphische Resonanz Gewalt zwischen US-Soldaten erzeugt und aufrechterhält und sie so zwingt, gegen ihre individuelle Natur und ihre Persönlichkeit zu handeln.

---

32 Das Phänomen des hundertsten Affen bezeichnet einen plötzlichen, spontanen und geheimnisvollen Bewusstseinssprung, zu dem es in verstreut lebenden Populationen von Einzelwesen kommt, wenn genügend Einzelwesen in der Population ein bestimmtes Verhalten an den Tag legen oder eine bestimmte Idee vertreten und dadurch eine gewisse „kritische Masse" erreicht ist. Das Konzept vom hundertsten Affen stammt von Dr. Lyall Watson. In seinem Buch *Lifetide* (1979) (dt.: *Der unbewusste Mensch: Gezeiten des Lebens – Ursprung des Wissens*) schreibt er über mehrere Studien, die japanische Primatenforscher durchführten, als sie eine auf Inseln vor der japanischen Küste lebende Makakenpopulation beobachteten.
Nach Watson brachte ein Affe einem anderen bei, Süßkartoffeln zu waschen. Der zweite Affe brachte es einem weiteren bei, der es wiederum einem anderen beibrachte. Schon bald wuschen alle Affen auf der Insel Kartoffeln, wo nie zuvor Affen jemals Kartoffeln gewaschen hatten. Als der „hundertste" Affe das Kartoffelwaschen lernte, begannen plötzlich, spontan und auf geheimnisvolle Weise auch die Affen auf anderen Inseln Kartoffeln zu waschen, ohne dass es einen direkten Kontakt mit der „Kartoffelwasch-Gruppe" gegeben hatte.
Die wissenschaftliche Exaktheit dieser Studien wird zwar angezweifelt, doch es gibt viele andere Beispiele für Phänomene aufgrund einer solchen morphischen Wirkung; wenn etwa Menschen in verschiedenen Teilen der Welt gleichzeitig bestimmte Ideen und Theorien formulieren (z. B. die Entdeckung der Differenzialrechnung durch Newton und Leibniz).

Sheldrake behauptet: Morphische Resonanz führt zu stabilen morphischen Feldern, auf die man sich deutlich leichter *einstimmen* kann. Er weist beispielsweise darauf hin, dass das der Weg sei, auf dem sich einfachere Organismen synergetisch in komplexere Formen selbst organisierten. Dieses Modell liefere noch eine andere Erklärung für den Evolutionsprozess an sich, als Ergänzung zu Darwins Evolutionsprozess der Selektion und Variation.

Doch eines, das auch Bateson hervorhebt, sollten wir nicht vergessen: „Die geistigen Charakteristika sind der Gesamtheit als *ganzer* inhärent oder immanent."[33] Wenn wir uns abtrennen oder vom größeren System getrennt werden, verlieren wir auch den Zugang zu der Intelligenz, die es bereithält.

Die Ereignisse von Abu Ghraib lassen sich beispielsweise auch so verstehen, dass die Soldaten in einem ihre Umgebung durchdringenden unausgeglichenen, abgetrennten und nicht integrierten Feld gefangen waren, wodurch sie die Verbindung zu sich selbst verloren.

Dieses Bedürfnis nach der Verbindung mit uns selbst und den größeren Feldern um uns ist der Grund, warum wir so dringend neurolinguistische Werkzeuge entwickeln müssen, über die wir uns wieder mit uns selbst und dem von Bateson erwähnten größeren Geist (mind) verbinden können. Werkzeuge und Prozesse, die uns öffnen und uns mit verschiedenen Ebenen des Felds und des Feld-Geistes verbinden, bestehen z. B. darin, uns in besondere oder veränderte innere Zustände zu begeben. Aber auch Meditation, Trance, psychogene Drogen und andere Substanzen gehören dazu; Beten, Singen, Träume, Poesie, Tanz, Bewegung, somatische Syntax, Yoga, sogar der Liebesakt.

Michael Dilts hat beispielsweise die Verbindung zwischen NLP und Schamanismus untersucht und schamanische Coachingprozesse entwickelt (↗ http://www.shamancia.com). Er nutzt das Trommeln, um eine Verbindung zwischen dem menschlichen Nervensystem und der Feldintelligenz herzustellen. So unterstützt er Menschen, auf die archetypische Weisheit zuzugreifen, sodass sie auf einer tiefen Ebene Ressourcen und Lösungen finden.

---

33 Bateson, *Ökologie des Geistes.*

3.2 Feld, Spiritualität (spirit) und Sinn (purpose)

Die Vorstellungen eines Felds und eines Feldbewusstseins hängen zweifellos mit dem zusammen, was in der ganzen Menschheitsgeschichte als „spirituelle" Erfahrung bekannt ist. Der Begriff *spirituell* bezeichnet im NLP der dritten Generation die subjektive Erfahrung, Teil eines „größeren Systems" zu sein; eines Systems, das über uns selbst als Einzelpersonen hinausreicht in unsere Familien, unser Gemeinwesen und in globale Systeme. In Robert Dilts Modell der neuro-logischen Ebenen ist diese Erfahrungsebene eine der sechs grundlegenden Ebenen von Lernen und Veränderung. Die „spirituelle" Erfahrungsebene bezeichnet das, was man *wir selbst mit gro-ßem „S"* nennen könnte – ein Seinsgefühl, das über unser Bild von uns selbst, unsere Werte, Überzeugungen, Gedanken, Handlungen oder Empfindungen hinausgeht. Diese Ebene bezieht sich auf unsere Verbindung mit dem, *wer* und *was noch* ist in dem größeren System, das uns umgibt. Auf dieser Erfahrungsebene zeigt sich eine Veränderung üblicherweise in Form eines „Erwachens", zu erwachen für diesen umfassenderen Zusammenhang, der unserem Leben Bedeutung und Sinn verleiht.

Abhängig vom Einzelnen oder von der Kultur wird die subjektive Erfahrung des Spirituellen als persönlicher „Gott" dargestellt, als ein ganzes Reich von Göttern und Wesen, als eine diffuse Energie, die alles im Universum verbindet, als unermessliche unpersönliche Ordnung oder als Initialkraft, die ins menschliche Leben kommt und es von außerhalb seiner selbst berührt.

Religion basiert auf spirituellen Erfahrungen, doch diese sind nicht an sich „religiös". Religionen rühren typischerweise von dem Versuch her, um gemeinsame spirituelle Erfahrungen und Überzeugungen herum eine Gemeinschaft zu bilden. Religion bedeutet die Institutionalisierung bestimmter Überzeugungen, Werte und Moralkodizes. Diese wiederum sind ein Versuch, gesellschaftlich etwas widerzuspiegeln oder abzubilden, was sich von der persönlichen spirituellen Erfahrung herleitet.

Weil wir verzweigte, komplexe und unsichtbare Beziehungen, aus denen ein Feld unmittelbar besteht, nicht wahrnehmen können, sind unsere subjektiven Repräsentationen dieser Beziehungen oft symbolisch und metaphorisch. Die Offenbarungen, die eine spirituelle oder religiöse Erfahrung kennzeichnen, sind oft geprägt von sinnesspezifischen Verzerrungen oder ungewöhnlichen Kombinationen sinnesspezifischer Merkmale (oder Submodalitäten). Wenn ein visuelles Bild beispielsweise weiter wegrückt, erscheint es in der Regel kleiner, blasser und weniger scharf. Religiöse „Visionen" zeichnen sich oft durch weit entfernte Bilder aus, die groß, hell und scharf sind. Ähnlich wird ein Geräusch oder eine Stimme leiser und weniger deutlich, wenn es bzw. sie weiter entfernt ist. Die Stimme „Gottes" wird allgemein als fern, aber laut und deutlich repräsentiert. Ein weiteres Beispiel: Die meisten Menschen, die sich „innerer" Stimmen bewusst sind, führen Selbstgespräche und sind somit gewohnt, ihre eigenen unverwechselbaren Klangmerkmale zu hören, die zu dieser Stimme gehören. Es ist ungewöhnlich, die Stimme von jemand anderem an der Stelle des eigenen „inneren Dialogs" zu hören, wie es der Fall ist, wenn Menschen „innere Stimmen" hören, die sie leiten.

Ein weiteres Merkmal spiritueller oder religiöser Erfahrungen sind häufige „Synästhesien" oder Überlappungen zwischen Sinneserfahrungen. Das heißt, Menschen sehen nicht nur etwas, sondern sie hören und fühlen es gleichzeitig (wie ein Musiker Musik „sehen" und „spüren" könnte).

Das Gemeinsame, das alle Erfahrungen auf der spirituellen Ebene verbindet, ist jedoch: Sie haben mit unserem Gefühl zu tun, Teil von etwas zu sein, das sich auf einer sehr tiefen Ebene jenseits von uns selbst befindet. Es ist das Gewahrsein dessen, was Gregory Bateson *das Muster* nannte, *das* alle Dinge zu einem größeren Ganzen *verbindet*. Als Einzelpersonen sind wir Subsysteme dieses größeren Systems. Wir erleben diese Ebene als unser Gefühl für unseren Lebenssinn und unsere Mission im Leben. Diese Ebene erleben wir, wenn wir fragen: „Wem und was widme ich meine Energie und mein Handeln?"

Nimmt die spirituelle Suche die Form an, seine „Vision" und „Mission" zu erfüllen, ist sie die Motivation, die hinter den bedeutendsten menschlichen Leistungen steht. Über seine Arbeit auf dem Gebiet der Physik sagte Albert Einstein beispielsweise: „Ich möchte wissen, wie Gott diese Welt erschaffen hat. Ich interessiere mich nicht für dieses oder jenes Phänomen, nicht für das Spektrum dieses oder jenes Elements; ich möchte Seine Gedanken kennen, der Rest sind Details."

Aus der Sicht des NLP der dritten Generation lässt sich die Vorstellung des *Spirituellen* vielleicht vergleichen mit dem, was Einstein als „Gottes Gedanken" bezeichnete. Viele der bedeutendsten Führungspersönlichkeiten und Genies der Welt erkennen die Bedeutung einer Art spiritueller Führung in ihrem Leben und ihrer Arbeit an.

3.2.1 Die subjektive Erfahrung des Feldes und der Spiritualität untersuchen

Die subjektive Erfahrung des *Feldes* und der *Spiritualität* gehört zweifellos zu den intensivsten und tiefsten, die Menschen möglich sind. Da NLP seiner Definition nach *die Struktur der subjektiven Erfahrung* untersucht, ist es für das NLP von größter Bedeutung, die Struktur der subjektiven Erfahrung des Felds, des größeren Bewusstseins und der Spiritualität zu untersuchen. Die Erfahrung des Felds und der spirituellen Ebene und die Prozesse, die diese Erfahrungen beeinflussen, sind jedoch ein relativ neues „Forschungsgebiet" im NLP. Vielen Entwicklungen auf diesem Gebiet bahnten Robert Dilts und der NLP-Trainer Robert McDonald den Weg in ihrem Buch *Tools of the Spirit* (1997) (dt.: *Und dann geschieht ein Wunder ...*). Ähnlich zielten viele Unterscheidungen im *NLP New Coding* (Grinder & DeLozier 1987) insgesamt darauf ab, im NLP die Aufmerksamkeit von den spezifischen Bestandteilen einer Interaktion abzuziehen und auf das größere Beziehungsfeld der Interaktion zwischen den Bestandteilen einer Interaktion zu richten.

Man braucht nicht besonders weit zu schauen, um festzustellen, dass es eine weitverbreitete subjektive Erfahrung ist, verschiedenartige Felder wahrzunehmen. Menschen nehmen hauptsächlich drei Arten von Feldern wahr:

1. ein persönliches Feld oder eine „Lebenskraft", das/die mit unserem physischen Körper und unserem Sein verbunden ist;
2. ein interpersonelles oder zwischenmenschliches Feld zwischen einem selbst und anderen oder zwischen Personen in einer Gruppe;
3. ein zunehmend größeres Feld oder Bewusstsein, von dem wir und andere Menschen Teile sind als Subsystem eines größeren Ganzen mit einer Intelligenz, die über unser individuelles Bewusstsein hinausreicht.

In diesem Kapitel untersuchen wir einige „neurolinguistische" Mechanismen des Felds und des Feld-Geists. Außerdem erkunden wir Prozesse und Vorgehensweisen, durch die wir auf die größere Intelligenz des Felds zugreifen können, was uns hilft, heil zu werden, kreativ zu sein, „außerhalb des Käfigs" (s. 1.6.1, „Ebenen des Lernens") zu denken, weisere Entscheidungen zu treffen und unser Leben besser im Griff zu haben.

3.3 Neurophysiologische Mechanismen des Feld-Geists

3.3.1 Spiegelneuronen

Zu den neurologischen Grundlagen des Feldkonzepts im NLP der dritten Generation gehören die sogenannten *Spiegelneuronen*, die in den frühen 1990er-Jahren in
Italien an der Universität von Parma entdeckt wurden. Giacomo Rizzolatti, ein Neu-
rowissenschaftler, zeichnete mit seinen Doktoranden die elektrische Aktivität von
Neuronen im Gehirn eines Makaken auf. Die Enden der hauchdünnen Elektroden
wurden in die einzelnen Neuronen im prämotorischen Kortex des Affen platziert
– dieser Gehirnteil ist bekanntlich an der Koordination von Bewegungen beteiligt.

Wie erwartet, beobachteten die Forscher: Wenn der Affe seinen Arm bewegte, um
nach einem Gegenstand zu greifen, feuerten bestimmte Neuronen im prämotorischen Kortex, was ein spezifisches Knistern in ihren Geräten auslöste.

Als die Wissenschaftler eines Tages in die Mittagspause gingen, vergaßen sie, ihre
Apparate auszuschalten. Einer von Rizzolattis Doktoranden – schließlich war er Ita-
liener – entschied sich für Eis zum Nachtisch und nahm die Eiswaffel mit ins Labor.
Während er sein Eis schleckte, hörte er plötzlich das eindeutige Knistern der feuern-
den Neuronen des Affen, als würde der Affe seinen eigenen Arm bewegen. Als er den
Affen anschaute, bewegte dieser sich nicht, sah ihm aber aufmerksam zu.

Zur Überraschung des Studenten feuerten jedes Mal, wenn er an seinem Eis leckte,
Neuronen in dem Gehirnareal des Affen, das die motorische Aktivität koordiniert.
Und das, obwohl der Affe ruhig dasaß und das Tun des Studenten nur beobachtete.

Derselben Forschergruppe war zuvor ein ähnlich seltsames Phänomen mit Erdnüs-
sen aufgefallen. Wenn der Affe Menschen oder anderen Affen dabei zusah, wie diese
Erdnüsse zum Mund führten, dann feuerten dieselben Gehirnzellen, als wenn der
Affe sich selbst Erdnüsse in den Mund stecken würde. Später entdeckten die Wissenschaftler feuernde Zellen, wenn der Affe eine Erdnuss knackte oder jemanden eine
Erdnuss knacken hörte. Genauso war es bei Bananen, Rosinen und allen möglichen
anderen Objekten.

Die Forscher nannten diese Gehirnzellen „Spiegelneuronen", weil sie die Handlungen „spiegelten", die die Affen bei anderen beobachteten.

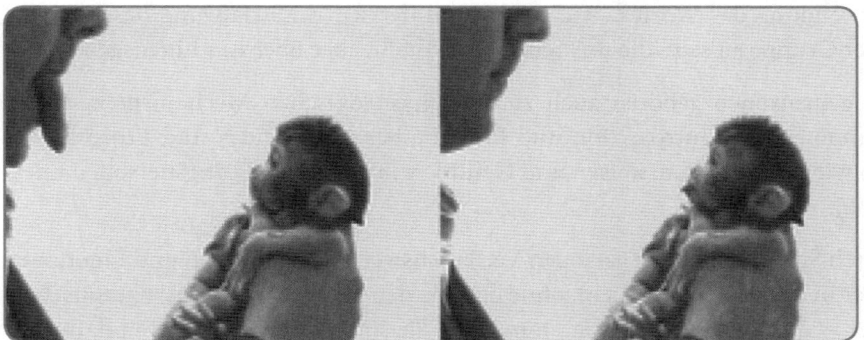

Abbildung 68: Ein Makakenbaby „spiegelt" einen Menschen, der seine Zunge herausstreckt.

Weitere Experimente haben die Existenz von Spiegelneuronen bei Menschen bestätigt. Diese Untersuchungen ergaben ferner, dass die Zellen nicht nur körperliche Handlungen spiegelten, sondern auch Empfindungen und Emotionen. Wie sich herausstellte, sind bei Menschen die Spiegelneuronen sensibler, flexibler und höher entwickelt als die bei Affen gefundenen. Die Wissenschaftler behaupten, dies zeige die Entwicklung komplexerer sozialer Fähigkeiten bei Menschen.

Das menschliche Gehirn hat vielfältige Spiegelneuronensysteme, die darauf spezialisiert sind, nicht nur die Handlungen anderer auszuführen und zu verstehen, sondern auch ihre Absichten, die soziale Bedeutung ihres Verhaltens und ihrer Emotionen.

„Wir sind außerordentlich soziale Wesen", so Dr. Rizzolatti (2004). „Unser Überleben hängt davon ab, dass wir die Handlungen, Absichten und Emotionen anderer verstehen. Spiegelneuronen gestatten uns, das Denken anderer nicht durch konzeptuelles Nachdenken, sondern durch direktes Nachahmen zu erfassen. Durch Fühlen, nicht durch Denken."

Spiegelneuronen sind eindeutig die Grundlage von Empathie, Mitgefühl und dem, was man im NLP als *zweite Position* bezeichnet – unsere Fähigkeit, uns in die Sicht eines anderen Menschen hineinzuversetzen und ein Gefühl dafür zu bekommen, wie dieser eine bestimmte Situation oder Interaktion empfindet, was er darüber denkt und wie er sie erlebt. Mit Spiegelneuronen lässt sich zweifelsohne auch erklären, wie Menschen und besonders Kinder indirekt lernen, einfach indem sie jemand anderen beobachten.

Doch Spiegelneuronen können unter Umständen auch unsere Erfahrung erklären, die wir im NLP als *vierte Position* bezeichnet haben – unsere Erfahrung, Teil eines Kollektivs zu sein. Durch Spiegelneuronen teilen wir im wahrsten Sinn des Wortes die Erfahrungen anderer, mit denen wir interagieren. Das spiegelt sich in der

Verwendung des Wortes „wir" wider, mit der wir die Erfahrung beschreiben, Teil einer Gruppe zu sein, die uns selbst einschließt, aber über uns hinausgeht.

Spiegelneuronen gehören auch zu den physiologischen Mechanismen, auf denen Phänomene wie Introjektion und Prägung basieren. Beides sind Prozesse, bei denen wir die Verhaltensweisen und Gefühle von wichtigen Bezugspersonen internalisieren.

Durch Spiegelneuronen gelangen Verhaltensweisen, Reaktionen und Emotionen anderer in unser Nervensystem, ohne dass sie den Filter einer bewussten Entscheidung oder Wahlmöglichkeit passieren müssen. Sie sind sicherlich zum Teil dafür mitverantwortlich, dass und auf welche Weise wir die Handlungen und die Energie anderer Menschen (und Wesen) in unserer Umgebung übernehmen.

3.3.2 Das Energiefeld des Menschen

Das *Energiefeld des Menschen* ist ein weiterer Mechanismus, der in den „Feld-Geist" hineinspielt, wie wir es nennen. Schon lange ist bekannt, dass die Zell- und Gewebsaktivität im menschlichen Körper elektrische Felder erzeugt, die man an der Hautoberfläche nachweisen kann. Zu diesen elektrischen Signalen gehören: die Gehirnwellen (EEG – Elektroenzephalogramm), die Hautleitfähigkeit (GHR – galvanische Hautreaktion), die Aktivität der Mikromuskulatur (EMG – Elektromyogramm) und der Herzschlag (EKG – Elektrokardiogramm). Auf solchen Messungen basieren Biofeedback- und Polygraph-Technologien (Lügendetektor).

Die elektrischen Ströme, die mit diesen Signalen einhergehen, erzeugen jedoch auch ein entsprechendes Magnetfeld in der Umgebung. Ja, alle Gewebe und Organe erzeugen, wie festgestellt wurde, spezifische magnetische Pulsationen, die sogenannten *biomagnetischen Felder*.

Instrumente wie der SQUID-Magnetometer können z. B. biomagnetische Felder nachweisen, die das menschliche Herz aussendet, und Magnetfelder um den Kopf messen, die durch Gehirnaktivität entstehen. In einigen Fachrichtungen der Medizin werden herkömmliche elektrische Aufzeichnungen, wie Elektrokardiogramm und Elektroenzephalogramm, mittlerweile durch biomagnetische Aufzeichnungen ergänzt, das *Magnetokardiogramm* und *Magnetoenzephalogramm*. Das Messen der Magnetfelder um den Körper kann sogar präzisere Hinweise auf Physiologie und Pathologie geben als die üblichen elektrischen Messungen.

Solche biomagnetischen Felder spiegeln nicht nur die Aktivität der Körperzellen und -organe wider, sondern sie können deren Funktion auch beeinflussen. Untersuchungen belegen beispielsweise, dass Neuronen unter dem Einfluss von Magnetfeldern anders feuern.

In einer Untersuchung zum Einfluss des menschlichen Energiefelds führten Wissenschaftler des *HeartMath-Instituts* in Kalifornien Studien durch, in denen es um die energetische Kommunikation des Herzens ging, die sie als *kardioelektromagnetische Kommunikation* bezeichnen. Diese Untersuchungen (Tiller, McCraty & Atkinson 1996) sondieren die Möglichkeit, dass das vom Herzen erzeugte elektromagnetische Feld Informationen übermitteln kann, die andere empfangen können.

Den Wissenschaftlern von HeartMath zufolge erzeugt das Herz die stärkste elektromagnetische Energie im menschlichen Körper, weil es das größte rhythmische elektromagnetische Feld von allen Körperorganen erzeugt. Das elektrische Feld des Herzens ist in seiner Amplitude ungefähr 60-Mal größer als die vom Gehirn hervorgerufene elektrische Aktivität. Dieses Feld (des Herzens) lässt sich in Form eines Elektrokardiogramms überall an der Körperoberfläche messen. Außerdem ist das vom Herzen erzeugte Magnetfeld über 5000-Mal größer als das vom Gehirn erzeugte Feld. Dieses Feld umfasst nicht nur alle Körperzellen, sondern breitet sich auch in alle Richtungen in den Raum um uns hinaus aus. Das Herzfeld kann man auch noch mehrere Meter vom Körper entfernt messen.

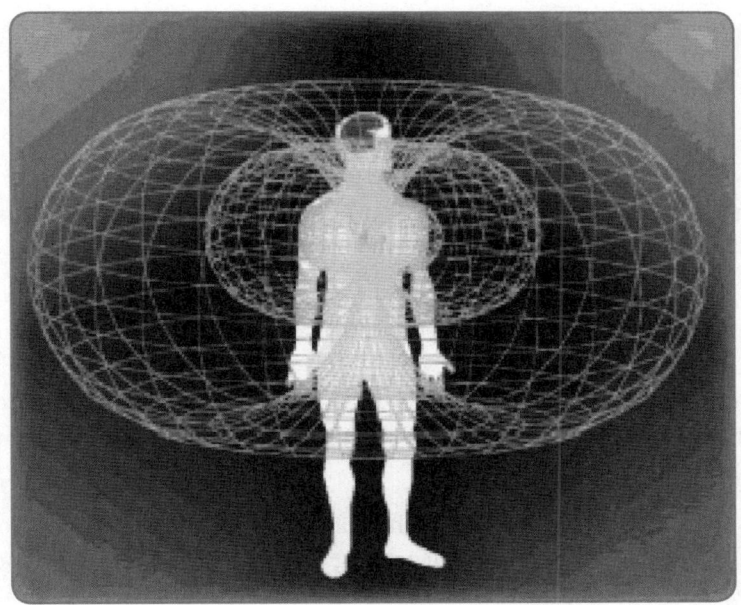

Abbildung 69: Das elektromagnetische Feld des Herzens

Die Forschungsarbeiten von HeartMath deuten darauf hin, dass die vom Herzen erzeugten elektromagnetischen Signale in der Lage sind, auf andere um uns einzuwirken. Zwischen Personen, die einige Meter voneinander entfernt sind, kann es zu einer Synchronisation der Alphawellen im EEG der einen Person und dem EKG-Signal der anderen Person kommen. Mit anderen Worten: Wenn zwei Menschen in der üblichen Gesprächsdistanz beieinanderstehen, können die elektromagnetischen Signale, die das Herz der einen Person erzeugt, den Gehirnrhythmus der anderen Person beeinflussen.

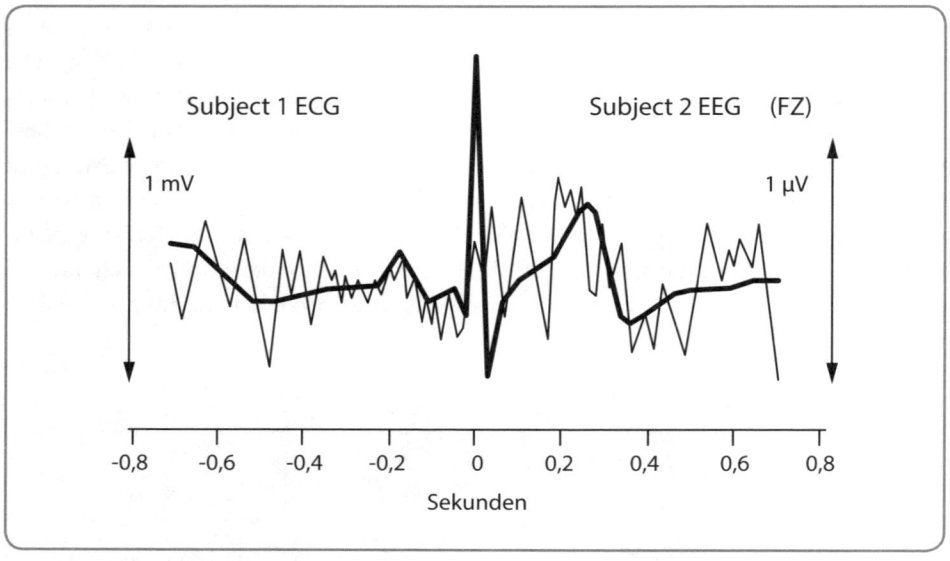

Abbildung 70: Das HeartMath-Diagramm zeigt den Herzschlag (EKG) der einen Person, der die Gehirnwellen (EKG) einer anderen Person überlagert.

Die Untersuchungsergebnisse von HeartMath zeigen auch: Wenn Menschen die Funktionen ihres eigenen inneren psychophysiologischen Zustands stabilisieren und ordnen (das wird als physiologische „Kohärenz" bezeichnet), dann werden diese Menschen sensibler für die feinen elektromagnetischen Signale, die die Menschen in ihrer Umgebung aussenden.

Diese Resultate legen nahe, dass Menschen über die elektromagnetische Kommunikation des Herzens Informationen austauschen können und dass unser emotionaler Zustand und unsere inneren Prozesse diesen Informationsaustausch beeinflussen. Solche Phänomene können Ausdrucksformen dessen sein, was Rupert Sheldrake „morphische Resonanz" nannte. Pathologische Befunde verändern die biomagnetischen Felder des Körpers, so haben andere Studien ergeben. Einige Forscher behaupten, Krankheiten ließen sich im Energiefeld des Körpers feststellen, bevor sie sich als körperliche Symptome zeigten. Deshalb ließen sich manche Krankheiten durch Änderungen des Energiefelds verhindern.

Solche Untersuchungen machen deutlich, welche physiologischen Grundlagen es gibt für die permanenten, feinstofflichen Kommunikationsformen zwischen Menschen auf Energieebene, z. B. über Mechanismen wie biomagnetische Felder. Ähnlich wie die Synapsen, die Nervenzellen im Körper und Gehirn verbinden, so könnten biomagnetische Felder als energetische Synapsen fungieren, die uns miteinander und mit anderen Organismen in einem größeren virtuellen Nervensystem verbinden.

Wenn wir die Aktivität der Spiegelneuronen mit dem Phänomen der menschlichen Energiefelder kombinieren, haben wir eine viel umfassendere Basis, von der aus wir viel besser auf die Ressourcen des Feld-Geists zugreifen und sie nutzen können. Im nächsten Abschnitt untersuchen wir Übungen und Techniken, mit denen Sie Ihre Verbindung zu persönlichen und interpersonellen Feldern vertiefen können, bis hin zu den erweiterten Feldern, die Bateson das „größere Bewusstsein", den „größeren Geist" nannte.

3.4 Den Feld-Geist erkunden

Wenn Sie die folgenden Formate durchlesen und ausprobieren, denken Sie bitte daran, dass wir nicht unbedingt die objektive Realität erforschen. Sinn und Zweck ist vielmehr, Ihre subjektive Erfahrung und Ihr persönliches Welt-Bild zu bereichern. Ob Ihre Erfahrung in der „objektiven Wirklichkeit" verifizierbar ist, ist weniger wichtig als die Qualität des Ressourcenreichtums, den diese Erfahrung mit sich bringt. Alle NLP-Prozesse werden letztlich daran gemessen, ob sie Ihnen in irgendeiner Weise nützen oder nicht.

Zum Phänomen des Felds, des Feld-Geists und zu Prozessen auf der „spirituellen" Ebene gibt es viele Glaubenssysteme. Diese Glaubenssysteme sind für die unmittelbare subjektive Erfahrung dieser Phänomene nicht notwendig, ja sie verzerren oder kontaminieren unsere Erfahrung sogar häufig. Wenn wir uns in Überzeugungen und Geschichten über unsere Erfahrung verfangen und nicht im Körper zentriert, verbunden und geerdet sind, dann können wir uns in Feldphänomenen verlieren oder die problematischen oder „Schatten"-Seiten erleben.

Im NLP der dritten Generation sind der Körper und die somatische Intelligenz das Tor zum Feldgewahrsein und Feld-Geist. Durch den Körper verstehen wir das Feld am unmittelbarsten. Der bewusste kognitive Geist funktioniert hauptsächlich mittels der linearen Logik der bewussten Absicht. Der Schlüssel im NLP der dritten Generation ist die Fähigkeit, sich im körperlichen Kern zu zentrieren (in den Körper heimzukommen) und sich dann dem Feld zu öffnen. So lassen sich die kognitiven Strukturen des Ego mit einschließen und gleichzeitig kann man über sie hinausgehen (also über den Tellerrand hinausschauen bzw. „aus dem Käfig" hinauskommen).

Deshalb besteht der erste Schritt bei diesen Prozessen im Allgemeinen darin, sich auf die eine oder andere Art zu zentrieren und mit dem somatischen Geist zu verbinden, was Elemente aus Teil 2 einbezieht.

ÜBUNG

Ihr „Feld" spüren

Diese erste Übung will Sie hauptsächlich dabei unterstützen, Ihr eigenes Energiefeld deutlicher wahrzunehmen und sich durch Ihr eigenes Feld mit dem größeren Feld um Sie herum zu verbinden (dem „größeren Geist"), damit Sie auf grundlegende Ressourcen zugreifen und diese stärken können.

1. Zentrieren Sie sich körperlich und seien Sie in Ihrem Körper vollkommen präsent. Reiben Sie Ihre Hände aneinander, um sie zu wärmen und ihre Feinfühligkeit zu erhöhen.

2. Halten Sie Ihre Handflächen so zueinander, dass sie sich fast berühren. Bringen Sie Präsenz und Gewahrsein in Ihre Hände und lassen Sie sie so feinfühlig werden, dass Sie die Energie Ihres Körpers zwischen Ihren Handflächen spüren können. Die können Sie als Wärme, Kribbeln oder leichten Druck wahrnehmen.

3. Führen Sie Ihre Hände ein wenig auseinander, bis sie etwa acht bis zehn Zentimeter voneinander entfernt sind. Bleiben Sie mit Ihrem Gewahrsein in Ihren Händen und beginnen Sie, das Energiefeld zwischen Ihren Händen in diesem Abstand wahrzunehmen. Fühlen sich Ihre Hände jetzt irgendwie anders an als vorhin, als sie sich fast berührten? Denken Sie daran: Wenn Sie Ihre kognitiven Denkprozesse reduzieren, besonders Ihren inneren Dialog, können Sie sich besser auf die feine Dynamik Ihres Körperfelds einstimmen. Bewegen Sie Ihre Hände ganz langsam aufeinander zu und wieder weg voneinander; auch dadurch bekommen Sie ein besseres Gespür für dieses Feld.

4. Führen Sie Ihre Hände noch etwas weiter auseinander, bis sie ungefähr 25 Zentimeter voneinander entfernt sind. Halten Sie Ihr Gewahrsein in Ihren Händen und spüren Sie das Energiefeld zwischen ihnen in diesem Abstand. Nehmen Sie die Merkmale dieses Felds wahr. Wie sind sie im Vergleich zu denen der vorigen beiden Abstände?

5. Entfernen Sie Ihre Hände immer weiter voneinander, bis Ihre Arme fast ganz ausgestreckt sind. Bleiben Sie in Ihrem Körper zentriert und bleiben Sie dabei mit Ihrer Präsenz und Ihrem Gewahrsein in Ihren Händen; spüren Sie das Energiefeld zwischen Ihren Händen, während sich ihr Abstand voneinander vergrößert. Achten Sie auch weiterhin auf die Beschaffenheit des Felds zwischen Ihren Händen und auch darauf, ob diese sich verändert, wenn Sie Ihre Hände weiter auseinanderführen.

6. Halten Sie Ihre Arme weiter ausgestreckt und lassen Sie Ihre Hände und Arme eine Haltung einnehmen, als wollten Sie jemanden umarmen. Nehmen Sie wahr, ob Sie das Gefühl haben, das Energiefeld zu umarmen, das von Ihrem Körper ausgeht. Werden Sie auch jeglicher energetischen Empfindungen an Ihrem Handrücken und der Außenseite der Arme gewahr (an der „Außenseite" Ihrer Umarmung).

7. Öffnen Sie Ihre Arme vollständig und lassen Sie Ihre Handflächen von Ihrem Körper wegzeigen. Nehmen Sie wahr, wie weit sich Ihrem Gefühl nach Ihr Feld in den Raum um Sie herum ausdehnt.

8. Nehmen Sie sich vor, eine Ressource (wie Heiterkeit, inneren Frieden oder Weisheit) von Ihrer gefühlten Verbindung mit dem größeren Feld um Sie herum mitzubringen und führen Sie Ihre Hände und Arme wieder in die Haltung der weiten Umarmung. Werden Sie sich in Ihrem Feld eines tieferen Gefühls der Fülle oder Erfülltheit gewahr.

9. Führen Sie Ihre Arme langsam zum Körper zurück; bewahren Sie sich dabei dieses tiefere Gefühl der Fülle und Erfülltheit im Feld zwischen Ihren Händen und Ihrem Körper.

10. Legen Sie zum Abschluss beide Hände aufeinander auf den Körperteil, der sich Ihrem Empfinden nach am besten für diese Ressource eignet, die Sie aus Ihrer Verbindung zwischen Ihrem persönlichen Energiefeld und dem größeren Feld um sich herum mitgebracht haben.

Wenn Sie fertig sind, reflektieren Sie darüber, wie leicht Ihnen diese Erfahrung gefallen ist. Wie natürlich war es für Sie, sich subjektiv dieser Feldphänomene gewahr zu sein?

Haben Sie irgendwelche Beeinträchtigungen erlebt? Manchmal stößt man auf einschränkende Überzeugungen oder kritische innere Gedanken. Es kann helfen, sich dieser bewusst zu werden, denn dann können Sie sicher sein, bezüglich dieser Gedanken eine Wahl zu haben.

Wie bei jeder anderen Fertigkeit werden Sie die Grundfertigkeit, Ihr eigenes Feld wahrzunehmen und es mit einem größeren Feld zu verbinden, durch Üben immer besser beherrschen. Falls Sie diesen Prozess nützlich fanden oder das Gefühl haben, er könnte Ihnen irgendwann nützlich sein, dann ermuntern wir Sie, ihn in regelmäßigen Abständen zu wiederholen wie eine Form von Meditation. Schon Aristoteles wies darauf hin: „Wir sind das, was wir immer wieder tun. Spitzenleistungen sind dann kein Einzelfall, sondern werden zur Gewohnheit."

Das nächste Format zielt darauf ab zu erkunden, wie Sie Ihr persönliches Feld mit dem einer anderen Person verbinden können, sodass Sie ein „interpersonelles" Feld erschaffen und erleben, das Ihre beiden individuellen Felder umfasst und einbindet, ähnlich wie sich Wasserstoff- und Sauerstoffatome verbinden und daraus als drittes „Objekt" Wasser entsteht.

Entscheidend für diesen Prozess ist Ihre Fähigkeit, zuerst in sich selbst geerdet und mit sich selbst verbunden zu sein. Der Transformationslehrer Richard Moss betont, *der Abstand zwischen uns selbst und anderen ist genauso groß wie der Abstand zwischen uns selbst und uns selbst.* Das bedeutet: Unsere Beziehung zu anderen und zur Welt um uns ist ein Spiegel für unsere Beziehung zu uns selbst. Unsere Beziehung zu uns selbst bildet somit die Grundlage, auf der sich unsere Beziehungen zu anderen und zur äußeren Welt entwickeln.

Wenn zwei Menschen mit sich selbst verbunden und miteinander präsent sind, dann tauchen, so Moss, von selbst Gefühle wie Mitgefühl, Empathie, aufrichtiges Interesse am anderen, Spontaneität, Authentizität und Freude auf. Auf diesen Gefühlen basieren alle erfolgreichen persönlichen und beruflichen Beziehungen.

ÜBUNG

Sich über die eigene Mitte verbinden

1. Stellen Sie sich Ihrem Partner gegenüber. Schließen Sie Ihre Augen und lassen Sie Ihre Aufmerksamkeit in Ihren Körper wandern zu einer gefühlten Wahrnehmung Ihres „Zentrums", Ihrer „Mitte". Verbinden Sie sich intensiv mit dem Gefühl Ihres Zentrums, wobei Sie Gewahrsein und Präsenz in Ihren Körper bringen.

2. Wenn Sie sich in sich zentriert und präsent fühlen, legen Sie Ihre Hände aufeinander und an die Körperstelle, die Sie am stärksten als Ihre körperliche und persönliche Mitte empfinden.

3. Bleiben Sie in Kontakt mit der gefühlten Wahrnehmung Ihrer Mitte, öffnen Sie Ihre Augen und schauen Sie Ihrem Gegenüber in die Augen. Wenn Sie sicher sind, dass Ihnen das gelingt, behalten Sie die gefühlte Wahrnehmung der Verbindung mit Ihrer eigenen inneren Mitte bei und „ankern" Sie sie. Nehmen Sie dafür Ihre rechte Hand vom Körper weg und strecken Sie sie zu Ihrem Gegenüber hin aus. Fassen Sie sich gegenseitig bei der rechten Hand, als ob Sie sachte Hände schütteln wollten. Spüren Sie die Verbindung mit Ihrem Gegenüber über Ihre rechte Hand.

4. Lassen Sie die Hand Ihres Partners behutsam los und richten Sie Ihre Aufmerksamkeit wieder auf sich selbst. Legen Sie dabei beide Hände auf Ihr Zentrum und schließen Sie wieder Ihre Augen.

5. Seien Sie sich Ihres Körpers gewahr und in ihm präsent. Doch nehmen Sie diesmal Ihre Mitte als „Mittelpunkt" des Felds oder Ihres Körperraums wahr.

6. Wenn Ihnen dies gelingt, dann nehmen Sie Ihre Hände langsam und sachte vom Körper weg. Spüren Sie, wie sich das Feld oder die Energie Ihrer Präsenz und Ihres Gewahrseins in den Raum um Ihren Körper herum ausdehnt; darauf weist der Abstand zwischen Ihren Händen und Ihrem Körper hin. Seien Sie sich wieder Ihrer Mitte als des Mittelpunkts dieses Raums oder Felds gewahr.

7. Führen Sie Ihre Hände langsam immer weiter vom Körper weg, während Sie Ihre Mitte weiterhin als Mittelpunkt eines Felds oder Raums empfinden, das bzw. der sich von Ihrem Körper so weit ausgedehnt hat, soweit Sie Ihre Hände bewegt haben.

8. Dehnen Sie das Gefühl Ihres Felds oder Raums immer weiter aus, bis Ihre Arme und Hände seitlich ganz ausgestreckt sind in einer Geste, als würden Sie sich der Welt öffnen. Spüren Sie Ihre Mitte als Mittelpunkt dieses riesigen Raums oder Felds.

9. Öffnen Sie die Augen wieder und schauen Sie Ihrem Partner in die Augen. Bewahren Sie dabei das Gefühl des Mittelpunkts in sich. Führen Sie jeweils die linke Hand zueinander, nehmen Sie sie, als wollten Sie die linke Hand schütteln. Spüren Sie die Verbindung mit Ihrem Partner über die linke Hand. Achten Sie auf alle Unterschiede zwischen dem Gefühl dieser Verbindung im Vergleich zu dem, was Sie gespürt haben, als Sie sich bei der rechten Hand fassten.

10. Lassen Sie die Hand Ihres Gegenübers los und machen Sie wieder die offene Geste. Entspannen Sie dann Ihre Arme und lassen Sie sie seitlich herabsinken.

11. Wechseln Sie Ihren Zustand, indem Sie sich ein wenig bewegen; d. h., drehen Sie sich im Kreis und schütteln Sie Arme und Beine aus.

12. Schauen Sie Ihren Partner wieder an. Schauen Sie sich gegenseitig in die Augen, atmen Sie gleichzeitig ein und strecken Sie einander dann beide Hände entgegen. Fassen Sie die rechte Hand Ihres Partners mit Ihrer Rechten und seine Linke mit Ihrer Linken, als ob Sie sich linke und rechte Hand gleichzeitig geben wollten. Nehmen Sie Präsenz wahr, wenn Sie Ihre Mitte auf beide Arten gleichzeitig erleben.

13. Spüren Sie das kostbare Gefühl der Verbindung mit Ihrem Partner, das daraus entsteht. Welche Gefühle tauchen von selbst aus dieser Verbindung heraus auf? Welche Eigenschaften des „dritten Objekts" ruft Ihre Verbindung hervor? Übermitteln Sie Ihrem Partner über diese Verbindung im Stillen einen Segen oder ein Geschenk. Lassen Sie dann seine Hände los und umarmen Sie sich.

Wenn Sie fertig sind, reflektieren Sie wieder darüber, wie leicht oder schwierig diese Art von Erfahrung für Sie war. Konnten Sie das „dritte Objekt" oder das Feld spüren, das durch Ihre Verbindung entstand? Gab es irgendwelche Beeinträchtigungen wie Angst, Verletzlichkeit oder unangenehme Befangenheit? Falls ja, traten einschränkende Überzeugungen oder kritische innere Gedanken über diese Beeinträchtigungen zutage, zu denen Sie mehr Wahlmöglichkeiten haben können?

Falls Sie diese Ebene der Verbindung hilfreich oder faszinierend fanden, dann können Sie sie auch herstellen, ohne alle formalen Schritte zu durchlaufen. Seien Sie einfach in Ihrem eigenen Körper präsent und zentrieren Sie sich mit der Absicht, sich mit einer anderen Person zu verbinden, das führt häufig schon zur subjektiven Erfahrung eines solchen interpersonellen Felds.

Nach Rupert Sheldrakes Auffassung von der *morphischen Resonanz* gilt: Je größer die Ähnlichkeit zwischen Personen (oder Holons), desto stärker die Resonanz. Und je stärker die Resonanz, desto höher die Qualität des morphischen Felds zwischen ihnen.

Die folgende Übung will Sie in erster Linie dabei unterstützen, eine hochwertige morphische Resonanz zwischen sich und einer anderen Person herzustellen, und zwar durch „energetisches Spiegeln". Dabei gleichen Sie Ihre persönlichen Felder bezüglich Qualität und Intensität aneinander an. So erhöhen Sie die Resonanz, die Ihr interpersonelles Feld erzeugt.

ÜBUNG

Energetisches Spiegeln

1. Zentrieren Sie sich und seien Sie vollkommen präsent in Ihrem Körper. Reiben Sie Ihre Hände aneinander, um sie zu wärmen und ihre Feinfühligkeit zu erhöhen.

2. Stellen Sie sich Ihrer Partnerin gegenüber und heben Sie beide Ihre Hände, sodass Ihre Handflächen den Handflächen Ihrer Partnerin zugewandt sind und diese fast berühren. Lenken Sie Ihr Gewahrsein in Ihre Hände und werden Sie sich des Energiefelds zwischen Ihren Händen und denen Ihrer Partnerin bewusst. Spüren Sie die Verbindung zu Ihrer Partnerin über dieses Feld.

3. Entfernen Sie beide Ihre Hände voneinander, bis sie ungefähr einen Abstand von acht bis zehn Zentimetern haben. Bleiben Sie mit Ihrem Gewahrsein in Ihren Händen und werden Sie Ihrer Partnerin gegenüber feinfühliger, bis Sie das Energiefeld zwischen Ihren Händen und denen Ihrer Partnerin spüren. Wenn Sie Ihre Hände leicht aufeinander zu- und wieder ein wenig auseinanderbewegen, mag Ihnen das helfen, ein besseres Gefühl für dieses Feld zu bekommen. Nehmen Sie die Beschaffenheit dieses Felds wahr. Inwiefern ähnelt es dem, das Sie beim vorherigen Abstand empfunden haben, und inwiefern unterscheidet es sich? Fühlen Sie sich weiterhin über dieses Feld mit Ihrer Partnerin verbunden.

4. Gehen Sie langsam rückwärts von Ihrer Partnerin weg, bis Ihre Hände ungefähr 25 Zentimeter voneinander entfernt sind. Bleiben Sie mit Ihrem Gewahrsein in Ihren Händen und spüren Sie das Energiefeld zwischen Ihren Händen und den Händen Ihrer Partnerin sowie die Verbindung in dieser Entfernung. Achten Sie auf die Beschaffenheit Ihres gemeinsamen Felds in diesem Abstand. Wie ist es im Vergleich zu den beiden anderen Abständen?

5. Entfernen Sie sich langsam weiter rückwärts von Ihrer Partnerin, wobei Ihre Hände immer noch einander zugewandt sind, und spüren Sie dabei das Feld zwischen Ihnen und Ihre Verbindung über dieses Feld. Entfernen Sie sich nur so weit voneinander, wie Sie gleichzeitig Ihre Verbindung über das Feld spüren können, das Sie zwischen Ihnen beiden mit Ihren Händen wahrnehmen.

6. Bewegen Sie sich wieder langsam aufeinander zu und spüren Sie das Feld zwischen Ihren Händen und denen Ihrer Partnerin, bis sich Ihre Hände noch einmal fast berühren. Lassen Sie dann Ihre Hände sich sanft körperlich berühren.

7. Drücken Sie gegen die Hände Ihrer Partnerin und üben Sie Druck aus, bis sich Ihre Hände leicht vor- und zurückbewegen.

8. Passen Sie den Druck, den Sie gegenseitig aufeinander ausüben, an, bis Sie genauso fest drücken, wie Sie Druck von den Händen Ihrer Partnerin spüren. Sowohl Ihre Hände als auch die Ihrer Partnerin sollten vollkommen ruhig sein. Stimmen Sie sich ein auf dieses Gefühl des abgestimmten Drucks und der aneinander angeglichenen Energie zwischen Ihren beiden Händen und spüren Sie die damit einhergehende intensivere Verbindung.

9. Führen Sie zusammen mit Ihrer Partnerin Ihre Hände leicht auseinander, bis sie sich wieder fast berühren und Sie das Lebenskraftfeld zwischen Ihren Händen spüren können. Stehen Sie so lange da, Ihre Hände denen Ihrer Partnerin zugewandt, bis Sie das Gefühl haben, Sie spiegeln genauso viel Energie zurück, wie Sie von den Händen Ihrer Partnerin ausgehen fühlen. Spüren Sie nun wieder die damit einhergehende intensivere Verbindung zueinander.

10. Wiederholen Sie die Schritte 3 bis 5 der Übung und spiegeln Sie sich dabei gegenseitig über das Feld zwischen Ihren Händen in jedem der Abstände Ihre Energie wider.

11. Bewegen Sie sich langsam wieder aufeinander zu und spiegeln Sie sich dabei die Energie wider, die Sie in dem Feld zwischen Ihren Händen und denen Ihrer Partnerin spüren, bis sich Ihre Hände wieder fast berühren. Lassen Sie Ihre Hände sich sanft körperlich berühren und spiegeln Sie sich gegenseitig den körperlichen Druck, den Sie voneinander wahrnehmen. Spüren Sie die Intensität der Verbindung zwischen Ihnen und Ihrer Partnerin.

12. Wenn Sie bereit sind, lassen Sie die Hände Ihrer Partnerin los und umarmen Sie sich.

Reflektieren Sie wieder darüber, als wie leicht oder schwierig Sie die Übung empfanden. Solche Übungen und Erfahrungen können oft ein Gefühl der Verletzlichkeit auslösen, da wir uns weiter für die Energie eines anderen Menschen öffnen. Das kann besonders dann eine Herausforderung darstellen, wenn dessen Energie sehr intensiv, ungleichmäßig oder durcheinander ist. Wenn jemand eine Äußerung macht wie: „Wenn Blicke töten könnten" oder: „Jemand wirft jemand anderem vernichtende Blicke zu", dann sind das Beschreibungen energetischer „Angriffe". Wenn man sich dem Feld-Geist öffnet, besteht eine wesentliche Herausforderung darin, diese „Angriffe" geschickt aufzunehmen und positiv mit ihnen umzugehen.

Sich dem Feld eines anderen Menschen zu öffnen erfordert Sicherheit und Vertrauen. Deshalb gehört es zu den wichtigsten Ressourcen, die wir lernen können, uns eine „zweite Haut" zuzulegen, wie es unser Kollege Stephen Gilligan (2009) bezeichnet, damit sich unsere Erfahrung mit dem Feld-Geist sicher entwickeln kann.

Eine *zweite Haut* ist eine Art energetische Isolierung, die uns vor möglichen Störungen schützt, die von den verschiedenen Feldern um uns kommen können. Jedoch trennt uns diese Isolierung nicht von dem wichtigen Wissen und den Informationen ab, die diese Felder enthalten.

Die Metapher einer „Haut" ist hier entscheidend. Im Gegensatz zu einer Sperre oder einem „Schutzpanzer" ist eine Haut sowohl *rezeptiv* als auch *selektiv*. Mit ihr sind Sie sichtbar, ohne sich auszusetzen, und Sie sind präsent, ohne übermäßig verletzlich oder anfällig zu sein. Dafür braucht es ein ausgeglichenes Energiefeld, das weder zu weich noch zu hart ist. Mit dem Phänomen einer „zweiten Haut" können Sie sich sicher und vertrauensvoll der Welt öffnen, ohne andere dabei mit Ihrer eigenen Energie zu dominieren noch von ihnen herumgeschubst zu werden, weil Ihre Energie zu schwach ist.

Eine Haut ist eine Art Membran mit Poren. Diese Poren filtern den Energiefluss, die Stoffe und Informationen, die zwischen dem, was sich außerhalb der Membran befindet, und dem, was im Inneren gehalten wird, hin- und herfließen. Was Gilligan als die zweite Haut bezeichnet, bestimmt einerseits, wie viel wir von unserer eigenen Energie innen halten und wie viel wir in die Welt hinaus „entlassen". Andererseits verbindet uns die zweite Haut mit der äußeren Welt durch Berührung, aber sie reguliert auch die Wirkung der äußeren Energien und Einflüsse, indem sie filtert, welche Aspekte sie davon hereinlässt.

Mit dem folgenden Format können Sie subjektiv eine gesunde und widerstandsfähige energetische „Haut" erschaffen, die Ihnen in Interaktionen mit anderen eine Ressource sein kann.

ÜBUNG

Eine „zweite Haut" entwickeln

1. Identifizieren Sie einen Beziehungskontext, in dem Sie sich überwältigt, verloren oder angegriffen fühlen, von einem durcheinandergeratenen oder „Schatten"-Feld. Suchen Sie also eine Situation, in der Sie sich von irgendeiner Art von negativer Energie oder Schwingung gefangen oder beeinflusst fühlen (z. B. in Form von Ängstlichkeit, Aggression, Traurigkeit, Depression, Erschöpfung etc.). Sie braucht nicht an einen speziellen Verhaltensinhalt oder -ausdruck gekoppelt zu sein. Es könnte ein Gefühl sein, das Sie in diesem Zusammenhang „aufschnappen".

2. Markieren Sie eine Stelle vor sich, treten Sie hinein und versetzen Sie sich in diese Situation. Stellen Sie sich dabei vor, Sie seien jetzt dort. Sehen Sie, was Sie sehen, hören Sie, was Sie hören, und fühlen Sie, was Sie fühlen. Machen Sie eine innere Bestandsaufnahme, wie das subjektiv für Sie ist. Wie erleben Sie die Wirkung dieser negativen Energie? Wie fühlen Sie sich? Was passiert mit Ihren Gedanken?

3. Treten Sie wieder aus der Situation heraus und schütteln Sie diesen Zustand ab. Zentrieren und erden Sie sich, seien Sie vollkommen präsent in Ihrem Körper. Reiben Sie Ihre Hände aneinander, um sie zu wärmen und ihre Feinfühligkeit zu erhöhen.

4. Halten Sie Ihre Handflächen zueinander, dass sie sich fast berühren. Bringen Sie Präsenz und Gewahrsein in Ihre Hände und lassen Sie sie so feinfühlig werden, dass Sie die Lebenskraftenergie Ihres Körpers zwischen Ihren Handflächen spüren. Stellen Sie sich Ihre geerdete Mitte, Ihr geerdetes Zentrum als Energiegenerator vor. Stellen Sie sich vor, wie die Energie von Ihrer Mitte aus durch Ihre Arme und Hände fließt. Spüren Sie die Präsenz dieser Energie in dem Raum zwischen Ihren Händen.

5. Entfernen Sie Ihre Hände ein wenig voneinander, bis sie ungefähr acht bis zehn Zentimeter Abstand haben. Bleiben Sie mit Ihrem Gewahrsein in Ihren Händen und spüren Sie weiterhin das Energiefeld zwischen ihnen in diesem Abstand. Bewegen Sie Ihre Hände ganz sachte aufeinander zu und auseinander, dadurch entwickeln Sie ein besseres Gespür für dieses Feld.

   Hinweis: Bleiben Sie präsent und in Ihrem Körper. Falls Ihre Gedanken abzuschweifen beginnen oder die Gegenwart verlassen, werden Sie das Feld nicht wahrnehmen können.

6. Spüren Sie weiterhin die Präsenz des von Ihrer Mitte erzeugten Felds, während Ihre Hände und Arme langsam eine Haltung einnehmen, als wollten Sie gleich jemanden umarmen. Nehmen Sie wahr, ob Sie das Gefühl haben, das Energiefeld zu umarmen, das von Ihrer Mitte und Ihrem Körper ausgeht. Werden Sie sich auch aller energetischen Empfindungen an Ihren Handrücken und der Außenseite Ihrer Arme gewahr (an der Außenseite der Umarmung).

7. Halten Sie dieses Gefühl des Felds in Ihren Händen und Armen und beginnen Sie, eine „zweite Haut" um dieses Selbst zu formen und zu gestalten. Die Metapher der Haut ist hier wichtig. Sie ist weder ein Schutzpanzer noch ein Kraftfeld. Über eine Haut können Sie mit Ihrer Umgebung verbunden sein, können aber gleichzeitig auswählen, was Sie an sich heranlassen. Ihre Körperhaut schützt einerseits Ihre empfindlichen inneren Organe und verbindet Sie andererseits eng mit Ihrer Umgebung. Diese energetische Haut macht das Gleiche mit dem Feld. Nehmen Sie sich genug Zeit sicherzustellen, dass diese zweite Haut genau an den Stellen über Ihrem Körper sitzt, an denen Sie sich am verletzlichsten fühlen (Herz, Magen, Hals etc.). Wenn Sie spüren, dass Ihre zweite Haut richtig „sitzt", dann gehen Sie ein paar Schritte und üben Sie, sich mit Ihrer zweiten Haut zu bewegen, die bei Ihren Bewegungen mitkommt.

   Hinweis: Falls Ihnen das hilft, können Sie auch andere Repräsentationssysteme mit einbeziehen; d. h., Sie können die Haut als Energiefeld visualisieren oder als eine bestimmte Farbe.

8. Sobald Sie das Vorhandensein Ihrer zweiten Haut deutlich spüren, treten Sie nun an die Stelle, an der Sie die störende Situation erkundet haben. Spüren Sie sowohl die Sicherheit und Selektivität als auch die Verbindung mit Ihrer Umgebung. Wenn Sie den Problemkontext und die Situation erneut erleben, nehmen Sie wahr, wie sich das für Sie verändert hat.

9. Machen Sie einen Future Pace und stellen Sie sich dabei vor, wie Sie diese Situation das nächste Mal erleben, diesmal in Ihrer zweiten Haut.

Falls Sie jemand anderen durch diesen Prozess führen, dann zentrieren Sie sich und erschaffen Sie mit Ihren Händen ein Feld, während Sie Ihre Partnerin anleiten. Indem Sie erklären und demonstrieren, wie es geht, können Sie die zweite Haut Ihrer Partnerin verstärken, dadurch, dass Sie sie ihr spiegeln, während Sie sie mit Ihren Händen formen.

Dabei ist jedoch wichtig, dass Sie als Coach nicht versuchen, etwas von Ihren eigenen Eigenschaften oder Ihrer eigenen Energie in die „zweite Haut" Ihrer Partnerin hineinzubringen. Ihre Aufgabe besteht darin, einfach das Vorhandensein der zweiten Haut bei Ihrer Partnerin anzuerkennen und zu unterstützen, indem Sie ihr durch Ihre formende Handbewegung spiegeln, wo sie nach Ihrer Beobachtung ihre zweite Haut angebracht hatte.

3.5 Ein generatives Feld erzeugen

Wenn wir in uns selbst geerdet und angemessen mit anderen verbunden sind, können interpersonelle Felder eine äußerst machtvolle Ressourcenquelle für uns darstellen. Durch unsere Interaktionen mit anderen entdecken und stärken wir archetypisches Wissen und archetypische Energie, indem wir ein „generatives Feld" erzeugen, wie wir es nennen.

Ein generatives Feld ist ein Feld, das etwas Neues, Bemerkenswertes oder Nie-Dagewesenes aus Menschen (bzw. aus der Interaktion zwischen Menschen), die an diesem Feld mitwirken, herausholen oder bei ihnen freisetzen kann. Le Bon wies darauf hin: „Bestimmte Ideen und Gefühle entstehen nicht oder setzen sich nicht in Handlung um", es sei denn, Menschen sind Teil einer Gruppe. Anders ausgedrückt: Wir haben Ressourcen und potenzielle Fähigkeiten und Verhaltensweisen, die wir nur entdecken und entwickeln können durch unsere Beziehungen und Interaktionen mit anderen.

Das ähnelt der Dynamik der DNS, aus der die physische Struktur unseres Körpers besteht. Gene werden aktiviert (das heißt, „angeschaltet" oder „abgeschaltet") durch ihre Interaktionen mit anderen Molekülen ringsum. Unsere Gene stellen unser Potenzial dar, das zum Ausdruck kommen kann oder auch nicht. Die Tatsache, dass wir eine genetische Veranlagung (Prädisposition) für etwas haben, bedeutet nicht zwangsläufig, dass diese sich tatsächlich (richtig) manifestiert. Das hängt von ihrer Interaktion mit der unmittelbaren Umgebung ab.

Denken Sie beispielsweise an die Fähigkeit des Menschen zur mündlichen Sprache. Sprachkenntnisse sind angeboren, so glaubt man. Das heißt, die Sprache tritt von selbst und spontan auf, weil Menschen miteinander interagieren. Bei allen Völkern der Erde gibt es mündliche Sprache in irgendeiner Form. Dass eine solche angeborene (archetypische) Fähigkeit frei wird, sich entwickelt und zum Ausdruck kommt, dazu scheint die Interaktion zwischen Menschen erforderlich. Wo immer zwei oder mehr Menschen zusammenleben, entwickelt sich Sprache offensichtlich spontan. Sie tritt jedoch nicht bei Menschen auf, die isoliert von anderen Menschen leben.

Im vielleicht frühesten Psychologieexperiment, das je durchgeführt wurde, berichtet der griechische Geschichtsschreiber Herodot, wie der ägyptische Pharao Psammetich I. (664–610 v. Chr.) den Ursprung der Sprache herausfinden wollte. Dafür übergab er zwei neugeborene Kinder einem Hirten mit dem Auftrag, die Kinder zwar zu füttern und sich um sie zu kümmern, doch ihm war untersagt, mit den Kindern, während diese heranwuchsen, zu sprechen. Dahinter steckte die Idee, festzustellen, ob die Kinder von sich aus sprechen würden und, falls ja, welche Sprache das wäre.

Die Hypothese lautete: Die ersten Wörter, die sie sprechen würden, wäre die Ursprache aller Menschen.

Ganz offenkundig begannen die Kinder spontan zu sprechen. Als ein Kind mit ausgestreckten Armen *„becos"* rief, folgerte der Hirte angeblich, das Wort sei Phrygisch, denn so klang das phrygische Wort für „Brot". [Die Phryger seien ein älteres Volk als die Ägypter und Phrygisch sei die Ursprache der Menschheit, so schlussfolgerte man.]

Von isoliert aufgewachsenen Kindern oder sogenannten „Wolfskindern", die von Wölfen oder anderen Tieren aufgezogen werden, wird jedoch berichtet, dass die natürliche Sprachentwicklung nicht wie bei den zwei ägyptischen einsetzte. Ja, die Wolfskinder haben üblicherweise Schwierigkeiten, aufrecht gehen zu lernen und sie zeigen keinerlei Interesse an menschlichem Treiben um sie herum. Sie erscheinen oft geistig behindert und haben fast unüberwindliche Schwierigkeiten, die menschliche Sprache zu lernen, wenn sie erst über ein bestimmtes Alter hinaus sind, wenn sie gefunden werden.

Als interessanter Beweis für die Spiegelneuronen neigen Wolfskinder dazu, die Besonderheiten der Tiere zu übernehmen, die sie aufgezogen haben. Erst kürzlich (Dezember 2007) wurde in Zentralrussland ein Kind entdeckt, das mit einem Wolfsrudel gelebt hatte. Der Junge zeigte typisches Wolfsverhalten und typische Wolfsreaktionen und sprach keinerlei menschliche Sprache.[34]

Aus diesen Beobachtungen lässt sich der Schluss ziehen: Die Beziehung zu und die Interaktion mit anderen Menschen scheint notwendig zu sein, damit Menschen das erforderliche Maß an „morphischer Resonanz" (vielleicht durch Spiegelneuronen) entwickeln können, um grundlegende menschliche Fähigkeiten zu aktivieren wie aufrechten Gang und verbale Sprache. Anders ausgedrückt, können wir sagen, die Sprache ist weniger *in* den Menschen immanent, als sie dem Feld zwischen Menschen immanent ist.

In seinem Buch *Outliers* (2009) (dt.: *Überflieger – Warum manche Menschen erfolgreich sind und andere nicht*) weist Malcolm Gladwell darauf hin, dass die Errungenschaften und Leistungen bemerkenswerter und erfolgreicher Menschen genauso stark von ihrer Umgebung und dem sozialen Umfeld geprägt werden wie von ihrer inneren Veranlagung. Erfolg erfordere mehr als persönliche Intelligenz, Ehrgeiz, Engagement und harte Arbeit, so behauptet Gladwell, und er kommt zu dem Schluss: „Was wir als Gemeinschaft, als Gesellschaft füreinander tun, ist genauso wichtig wie das, was wir für uns selbst machen."

---

34 Aus diesem Blickwinkel ist es interessant, über folgende Tatsache nachzudenken. Es wurde nämlich festgestellt, dass das Wort „becos", das das ägyptische Kind nach Überlieferung Herodots angeblich gesagt hat, ganz ähnlich klingt wie das Blöken von Schafen.

Hierzu ein Beispiel:

Wenn Albert Einstein als Kind isoliert gewesen oder von Wölfen aufgezogen worden wäre, hätte er zweifellos seine einzigartige Genialität nicht entwickelt und nicht zum Ausdruck gebracht. Einstein selbst sagte:

„Würde der Mensch von Geburt an allein gelassen, so würde er in seinen Gedanken und Gefühlen in einem uns kaum vorstellbaren Maß primitiv und tierhaft bleiben. Der einzelne Mensch ist, was er ist, und er hat die Bedeutung, die er hat, nicht so sehr kraft seiner Individualität, sondern vielmehr als Mitglied einer großen menschlichen Gesellschaft, die seine materielle und spirituelle Existenz von der Wiege bis zur Bahre bestimmt.

Der Wert eines Menschen für die Gemeinschaft hängt hauptsächlich davon ab, wie weit seine Gefühle, seine Gedanken und sein Handeln darauf ausgerichtet sind, das Wohl seiner Mitmenschen zu fördern. Wir nennen ihn gut oder schlecht, je nachdem, wie er dazu steht. Auf den ersten Blick sieht es so aus, als hinge unsere Einschätzung eines Menschen nur von seinen sozialen Eigenschaften ab.

Und doch wäre eine solche Einstellung falsch. Es ist klar, dass sich alles Wertvolle, Materielles, Spirituelles und Moralisches, das wir von der Gesellschaft bekommen, durch unzählige Generationen hindurch auf einen einzelnen kreativen Menschen zurückführen lässt. Der Gebrauch des Feuers, der Anbau essbarer Pflanzen, die Dampfmaschine – alles hat ein einzelner Mensch entdeckt.

Nur der einzelne Mensch kann denken und dadurch neue Werte für die Gesellschaft schaffen, ja sogar neue moralische Standards setzen, an die sich das Leben der Gemeinschaft anpasst. Ohne kreative, unabhängig denkende und urteilende Persönlichkeiten ist die Aufwärtsentwicklung der Gesellschaft so undenkbar wie die Entwicklung der einzelnen Persönlichkeit ohne den Nährboden der Gemeinschaft."

Wir wachsen und entwickeln uns also durch unsere Interaktionen mit anderen. Wie ein Coaching-Klient einmal zu einem von uns Autoren sagte: „Ich mag, wer ich bin, wenn ich mit Ihnen zusammen bin." Wir haben bestimmt alle schon die Erfahrung gemacht, wie das Zusammensein mit bestimmten Menschen Energien und Eigenschaften in uns selbst zum Vorschein kommen lässt, die nicht da wären, wenn wir allein wären. Sich zu verlieben ist dafür ein klassisches Beispiel.

Wir zeigen in unseren Workshops und Seminaren gern ein sehr lehrreiches und inspirierendes Musikvideo, das das Phänomen des generativen Felds ganz wunderbar veranschaulicht. Das Video ist ein Ausschnitt aus einem aufgezeichneten Konzert, das der New-Age-Musiker Yanni auf der Akropolis gab. Es handelt sich um eine kurze Improvisation von zwei Geigern – einer Afrikanerin, die vom Jazz kommt, und einem Mann aus dem Nahen Osten mit klassischer Ausbildung. Wenn die beiden Musiker abwechselnd im Duett improvisieren, besteht ganz offensichtlich ein positiver und kreativer Rapport zwischen ihnen. Der zeigt sich in der körperlichen

Begeisterung und Spielfreude, die sie an den Tag legen, während sie beide spielen und einander zuhören. Im Laufe ihres Spiels beginnen sie die musikalischen Ideen und Melodien, die sie eben voneinander hörten, aufzugreifen und sie in neue, kreative Richtungen zu führen.

Das Ergebnis ist eine inspirierte Aufführung, bei der beide Musiker eindeutig ihr Bestes gegeben haben und sich gegenseitig auf eine neue Ebene gebracht haben. Denn sie spielten Dinge, auf die sie nie gekommen wären, wenn jeder allein gespielt hätte. Auch kam dieses Ergebnis nicht nur zustande, weil beide offensichtlich ihr Instrument beherrschen. Es hängt auch mit der Energie in ihren Körpern zusammen und mit dem generativen Feld, das zwischen beiden entstand.

ÜBUNG

Eine gemeinsame Ressource entwickeln (*eine „Wir-Ressource*[35]*"*)

Der Autor und Humanist Morris Berman behauptet: „Die Energie des Universums hat ihren Ursprung im Körper und wird als ein Feld zwischen Körpern erzeugt." Mit dieser nächsten Übung wollen wir feststellen, wie wir über ein „generatives Feld", wie wir es nennen, unsere Energie freisetzen, einsetzen und kreativ nutzen können.

Ähnlich wie im Beispiel der oben erwähnten Musiker tut man sich bei diesem Prozess mit einem Partner zusammen, um sich gegenseitig Ressourcenzustände und kreative Ausdrucksformen zu entlocken und sich so gegenseitig zu bereichern. Statt mit der Sprache der Musik werden Sie jedoch mit der somatischen Syntax, der Sprache des Körpers arbeiten.

Die Schritte sind folgende:

1. Begeben Sie sich mit einem Partner in einen zentrierten und ressourcenvollen Zustand der Harmonie, des Gleichgewichts und der Generativität. Spüren Sie die positive Energie dieses Zustands in Ihrem Körper. Dehnen Sie Ihr Gewahrsein aus, schließen Sie Ihren Partner ein und nehmen Sie dabei die Beschaffenheit des Felds oder des „dritten Objekts" zwischen sich wahr.
2. Achten Sie darauf, welches ressourcenvolle Gefühl oder welcher ressourcenvolle innere Zustand sich ganz von selbst durch Ihre Verbindung mit Ihrem Partner einzustellen scheint. Lassen Sie beide (A und B) eine Körperbewegung auftauchen, die Ihre momentane gefühlte Wahrnehmung Ihres eigenen Ressourcenzustands zum Ausdruck bringt.
3. Person A zeigt ihre Bewegung Person B. Person B beobachtet und gestattet ihren „Spiegelneuronen", As Körperausdruck und die damit einhergehende Energie aufzunehmen.

---

35 Wortspiel im Original: Re-ssource und „We-source".

Dann zeigt Person B ihre Bewegung Person A. Person A beobachtet und gestattet ihren „Spiegelneuronen", den Körperausdruck von B und die damit einhergehende Energie aufzunehmen.

4. Person A richtet ihre Aufmerksamkeit auf das Feld, das sie mit Person B erzeugt und aufrechterhält, und spiegelt Person B einen Teil von Bs Ressourcenbewegung. Dabei kann die Bewegung spontan eine neue Bewegung anregen, die Bs somatische Syntax ergänzt oder erweitert.

5. Person B hält ihre Aufmerksamkeit auf das generative Feld gerichtet, das sie mit Person A erzeugt und aufrechterhält, und spiegelt dabei teilweise die neue Bewegung von Person A. As neue Bewegung kann spontan eine weitere neue Bewegung anregen, die sie weiter ergänzt oder erweitert.

6. Person A spiegelt wiederum einen Teil von Person Bs neuer Bewegung und die Bewegung kann wieder spontan eine weitere ergänzende oder weiterführende Bewegung hervorrufen.

7. Wenn sie diesen Prozess einige Male wiederholt haben, beginnen Person A und B, sich gleichzeitig zu bewegen. Dabei spüren sie die Energie oder das „Feld", das sie verbindet, und finden die Bewegung, die den einzigartigen Charakter des generativen Felds zwischen ihnen zum Ausdruck bringt.

8. *[Optional:]* Falls die Übung in einer Gruppe durchgeführt wird, kann sich jedes Paar mit einem anderen Paar zusammentun und den gleichen Prozess wiederholen. Diesmal nehmen die Paare die Bewegung, die sie als Paar in Schritt 7 entwickelt haben. Dann wiederholen die Teilnehmer den Prozess in Vierergruppen usw., bis eine gemeinsame Bewegung für die ganze Gruppe gefunden ist.

Hoffentlich erleben Sie bei dieser Übung eindrücklich die generative Kraft des interpersonellen Felds. Wenn wir sie in unseren Seminaren und Workshops machen, fühlen sich die Teilnehmer ausnahmslos viel energiegeladener und viel stärker verbunden.

3.6 Generatives Zusammenwirken (generative collaboration)

Das Phänomen eines generativen Felds lässt sich leicht auf eine Gruppe oder ein Team ausweiten, um so einen Zustand kreativer Leistungsfähigkeit hervorzurufen, den wir „generatives Zusammenwirken" oder „generative Zusammenarbeit" nennen. Die Zusammenarbeit mit anderen in Gruppen oder Teams wird immer häufiger und wichtiger im modernen Geschäftsleben und im heutigen Leben überhaupt. Ein charakteristisches Merkmal leistungsfähiger Gruppen und Teams ist das der *kollektiven Intelligenz*. Erfolgreiche Teambildung und kollektive Intelligenz resultieren aus der sogenannten *generativen Zusammenarbeit*. Sie ist geprägt von der Fähigkeit der Menschen, in einem Team, einer Gruppe oder einem Unternehmen aufeinander abgestimmt und koordiniert zu denken und zu handeln, um ein Ganzes zu erschaffen, das in der Tat größer ist als die Summe seiner Teile.

Kollaboration bedeutet wörtlich „zusammenarbeiten". Menschen können auf vielerlei Arten zusammenarbeiten und zusammenwirken, von denen manche sich als erfolgreicher erweisen als andere. Genau genommen könnte man die Gruppenleistung in drei Kategorien unterteilen:

1. In einer *leistungsschwachen* Gruppe oder einem solchen Team kann die Leistung oder das Ergebnis der Gruppe als Ganzes tatsächlich *schwächer* sein, als es der Fall wäre, wenn die Mitglieder einzeln arbeiten würden.
2. In einer *durchschnittlichen* Gruppe oder einem solchen Team ist die Leistung oder das Ergebnis der Gruppe als Ganzes ungefähr *gleich*, wie wenn die Mitglieder unabhängig arbeiten würden.
3. In einer *leistungsstarken* Gruppe oder einem solchen Team ist die Leistung oder das Ergebnis der Gruppe als Ganzes viel *besser*, als das der Fall wäre, wenn die Mitglieder für sich arbeiten würden. Das ist ein Ergebnis *generativer* Zusammenarbeit.

Einer leistungsschwachen Gruppe oder einem leistungsschwachen Team fehlt im Grunde genommen die Fähigkeit, erfolgreich zusammenzuarbeiten. Es gelingt den Einzelnen nicht, nur nicht zusammenzuarbeiten, sondern ihre Interaktionen beeinträchtigen ihre Fähigkeit, selbst ihre jeweiligen Aufgaben erfolgreich zu erledigen (eine Art „degenerative Zusammenarbeit" oder Interaktion mit „Negativsumme").

Eine durchschnittliche Gruppe erreicht ein grundlegendes Maß an Zusammenarbeit. Bei einer solchen *grundlegenden Zusammenarbeit* arbeiten Einzelpersonen in einer Gruppe zusammen, um ein spezielles Ziel zu erreichen. Grundlegende Zusammenarbeit erfordert auch, dass die Menschen ein gewisses Maß an Rapport miteinander haben, erfolgreich kommunizieren und jeder die Aufgabe erledigt, die von ihm in Abstimmung mit den anderen Partnern oder Gruppenmitgliedern verlangt wird. Grundlegende Zusammenarbeit zielt darauf ab, dass die Menschen die von ihnen erwarteten Leistungen erbringen, damit ein Ergebnis erzielt wird, das der Summe der Einzelbeiträge gleicht. Bei der grundlegenden Zusammenarbeit müssen sich die Gruppenmitglieder gegenseitig als Berater, Coachs und mitunter als Lehrer unterstützen können.

Generative Zusammenarbeit bedeutet: Menschen arbeiten zusammen, um etwas Neues, Überraschendes zu kreieren oder zu erschaffen, etwas, was die Fähigkeiten jedes einzelnen Gruppenmitglieds übersteigt. Durch generative Zusammenarbeit können die Einzelnen ihre Fähigkeiten ganz ausschöpfen und Ressourcen entdecken und einsetzen, von deren Vorhandensein sie vorher nichts wussten. Sie entlocken sich gegenseitig neue Ideen und Ressourcen. Dadurch ist die Leistung oder das Ergebnis der Gruppe insgesamt viel *besser,* als das der Fall wäre, wenn die Mitglieder für sich allein arbeiten würden.

Beispiel:

Ein großes multinationales Telekommunikationsunternehmen kämpfte um seine Wettbewerbsfähigkeit und wusste, es musste ein Produkt für einen äußerst wichtigen Marktbereich entwickeln. Die Situation war so prekär, dass das Unternehmen ein Team aus 1000 Mitarbeitern zusammenstellte, die das neue Produkt entwickeln sollten. Zur Überraschung und Blamage der Firma, so stellte sich heraus, konnte ein Mitbewerber in viel kürzerer Zeit ein besseres Produkt entwickeln, das auch noch viel weniger kostete. Der Mitbewerber ließ die Firma auf dem Markt weit hinter sich – und schaffte das mit einem Team von nur 20 Leuten!

Natürlich brannte dem großen Telekommunikationsunternehmen die Frage unter den Nägeln: „Wie ist es möglich, dass 20 Mitarbeiter 1000 Mitarbeiter derart übertreffen können?!" Der Unterschied, der den Unterschied machte, ist die Fähigkeit zur „generativen Zusammenarbeit", wie wir das nennen. Bei der Reflexion darüber, wie das 1000-Mann-Team zusammengearbeitet hatte, stellte sich heraus, dass sie in „Silos" gearbeitet hatten, also weitgehend isoliert voneinander. Die Mitglieder arbeiteten einfach an der Aufgabe, die ihnen der Projektleiter übertragen hatte. Und der hatte die Menschen im Grunde als Teile einer Maschine oder einer Computer-Software betrachtet.

Die 20er-Gruppe hingegen war in ständiger Kommunikation und stetem Austausch, die Mitglieder forderten sich gegenseitig heraus, regten einander an und unterstützten sich gegenseitig, ihr Bestes zu geben und „außerhalb des Käfigs zu denken".

Im Prozess einer generativen Zusammenarbeit spornen sich die Menschen gegenseitig an und sie unterstützen einander, auf neue Art und Weise vorwärtszugehen und etwas Beispielloses zu erschaffen. Die einzelnen Gruppenmitglieder müssen dazu über visionäre Fähigkeiten verfügen und sollten in der Lage sein, vielfältige Blickwinkel einzunehmen und ein starkes Beziehungsfeld aufzubauen, das auf Vertrauen und gegenseitigem Respekt basiert. Dafür müssen die Gruppenmitglieder einander wiederum als Mentoren, Sponsoren und „Erwecker" (awakener) unterstützen können.

Wir haben bereits darauf hingewiesen: Generative Zusammenarbeit dieser Art führt zur Entwicklung eines Gruppen-Geists oder einer kollektiven Intelligenz, in dem/der Wissen und Know-how der Einzelpersonen sich verbinden zu einer größeren kollektiven Intelligenz und zu einer Form von Kreativität, die ohne die anderen Partner oder Gruppenmitglieder nicht möglich wären. Dieser Prozess ähnelt, wie bereits erwähnt, dem Vorgang, wenn zwei Wasserstoffatome sich mit einem Sauerstoffatom verbinden und das dritte, neue „Objekt" Wasser erzeugen.

Damit jedoch Wasser entsteht, muss der Sauerstoff ganz Sauerstoff bleiben und der Wasserstoff ganz Wasserstoff. In den Worten des Philosophen Ken Wilber: Die neue Verbindung, die im Entstehen von Wasser ihren Ausdruck findet, „umfasst und transzendiert" die einzelnen Bestandteile. Dadurch erzeugt sie etwas, was beide enthält, doch gleichzeitig etwas völlig Neues ist.

Ein wichtiges Prinzip, das hier wirkt, besagt: Individualität, persönliches Interesse und Leidenschaft sind notwendig für generative Zusammenarbeit. Es heißt, „es gibt kein ‚Ich' („I" im Original, Anm. d. Ü.) im Team" und vielleicht stimmt das für die grundlegende Zusammenarbeit. Für die generative Zusammenarbeit jedoch stimmt es nicht (im buchstäblichen Sinn kommt sowohl in „generativ" als auch in „Zusammenarbeit" der Buchstabe „i" vor). Für generative Zusammenarbeit müssen die Menschen fest in sich selbst verwurzelt sein, körperlich zentriert in ihrer einzigartigen Energie und ihren persönlichen Ressourcen. Und sie müssen sich leidenschaftlich dafür einsetzen, ihre Visionen zu verwirklichen. Wenn Menschen „ihre Interessen zum Wohle des Teams opfern", dann verliert das Team selbst die ganze Leidenschaft, seine Kreativität und die Energie seiner Mitglieder.

Zur Verdeutlichung: Bei der grundlegenden Zusammenarbeit tun sich sechs oder sieben Leute zu einer Gruppe zusammen, verständigen sich auf ein bestimmtes Projekt und arbeiten gemeinsam daran; aus der Summe ihrer Interaktionen resultiert ein Projekt. Wenn man die Prinzipien der generativen Zusammenarbeit anwendet, würde eine Gruppe von sechs oder sieben Personen mindestens sechs oder sieben Projekte hervorbringen plus mehrere mögliche Synergien zwischen einigen Projekten.

Schon der amerikanische Gründervater Thomas Jefferson sagte: „Wenn zwei Leute zusammenkommen und einen Dollar tauschen, dann geht jeder wieder mit einem Dollar nach Hause. Doch wenn sich zwei Menschen zusammentun und eine Idee austauschen, dann gehen sie mit mindestens zwei Ideen auseinander." Ja, wahrscheinlich trennen sie sich sogar mit mehr Ideen, weil sich die Ideen, über die sie sich austauschten, kombinieren lassen und daraus Synergien entstehen. Generative Zusammenarbeit ist ein gutes Beispiel für eine solche „Ideen-Ökonomie".

Die Dynamik generativer Zusammenarbeit veranschaulicht die Metapher vom Zusammenspiel von Seifenblasen, wobei eine Seifenblase für eine bestimmte Vision oder Idee steht. Bei der grundlegenden Zusammenarbeit arbeiten alle Partner oder Teammitglieder gemeinsam daran, eine Seifenblase zu erschaffen. Bei der generativen Zusammenarbeit bringt jedes einzelne Gruppenmitglied seine eigenen Seifenblasen hervor und nimmt dann wahr, wie sich diese Seifenblase mit den Seifenblasen der anderen Gruppenmitglieder verbindet.

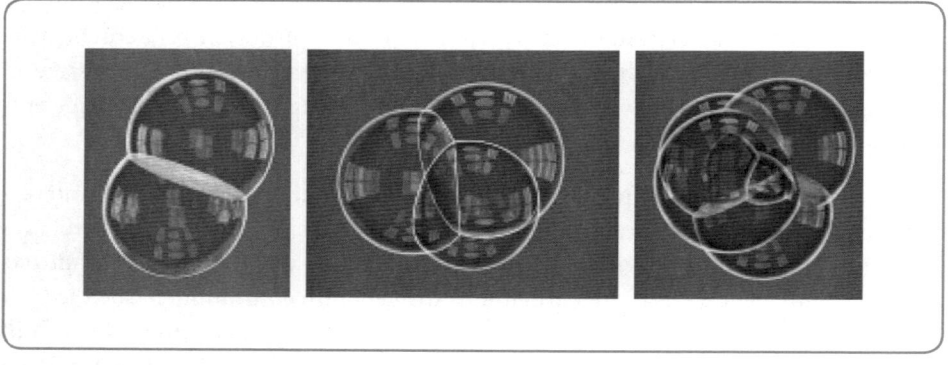

Abbildung 71: Ähnlich wie Seifenblasen sich verbinden und ein größeres Ganzes bilden, integriert generative Zusammenarbeit sich ergänzende Visionen und Ideen.

Viele erfolgreiche Entwicklungen und Errungenschaften in unserer modernen Welt stammen nicht von der Vision eines einzelnen Menschen, sondern resultieren vielmehr aus der Kombination vielfältiger Visionen und Ideen. Das Internet ist ein gutes Beispiel dafür.

Beispiel: Internet

Das Internet begann 1969 als das Arpanet. Mit diesem Forschungsprojekt wollte das US-amerikanische Verteidigungsministerium für militärische Zwecke eine Netzarchitektur entwickeln und eine Möglichkeit, die knappen Ressourcen der Großcomputer möglichst effizient zu nutzen. Universitäten, Forschungslabors und Rüstungskonzerne entdeckten schon bald das Potenzial des Internet als Kommunikationsmedium zwischen „Menschen" und vernetzten sich in ständig wachsender Zahl. In den 1980er- und den frühen 1990er-Jahren wurden immer mehr Teile des ursprünglichen Regierungsnetzes an die großen Telekommunikationsunternehmen verkauft, bis das Grundgerüst des Internet vollkommen kommerzialisiert war.

1994 entdeckte die breite Masse der Computernutzer das Internet, fühlte sich vom Hypertext und den Multimedia-Funktionen des World Wide Web angezogen. Heute ist das weltweite Internet die primäre vereinigende Kommunikationstechnologie für Menschen auf der ganzen Welt.

Doch einer der ursprünglichen Entwickler des Arpanet stellt fest: „Damals hatte niemand die Vision von einem ‚Internet‘. Was sich heute entwickelt hat, konnte sich damals niemand vorstellen."

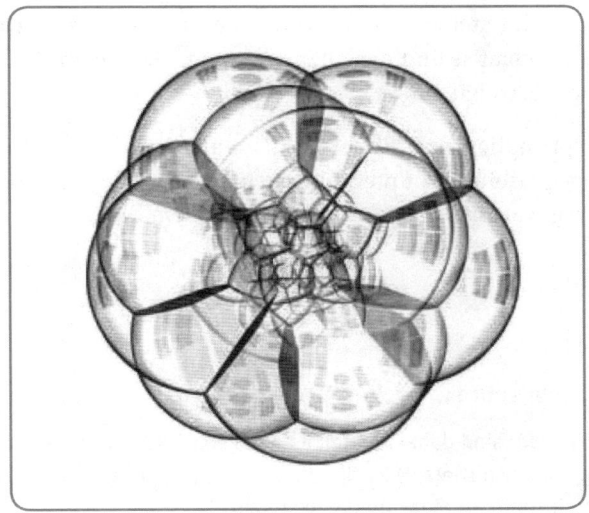

Abbildung 72: Generative Zusammenarbeit führt zu einer einzigartigen kollektiven Vision.

Der Unternehmer Don Pickens teilt diese Sichtweise, wenn er sagt: „Visionäre Führungsqualität besteht nicht nur darin, eine Vision zu haben; sie besteht darin, diese Vision mit anderen Visionen zu verweben."

3.6.1 Einen generativen „Container" kreieren

In den folgenden Übungen geht es darum, wie sich die Bedingungen für generative Zusammenarbeit schaffen lassen. Dabei ist es wichtig, zu unterscheiden zwischen dem *Container*, dem *Gefäß* (also der Beziehung oder dem Feld zwischen den Gruppen- oder Teammitgliedern) und dem *Inhalt* (den Visionen, Ideen oder Projekten, die die Gruppe oder das Team angehen soll).

Entscheidend für generative Zusammenarbeit ist, einen Beziehungs-„Container" zu entwickeln, der auf Vertrauen, gegenseitigem Respekt und der Anerkennung der Ressourcen und Beiträge der einzelnen Gruppenmitglieder basiert. Im NLP der dritten Generation wird das als „Sponsorship" (Förderung oder Unterstützung) bezeichnet.

Der Transformationslehrer Richard Moss behauptet: „Das größte Geschenk, das wir uns selbst und einem anderen Menschen machen können, ist die Qualität unserer Aufmerksamkeit." *Sponsorship* bedeutet, positive Eigenschaften und das Potenzial in anderen zu sehen, wahrzunehmen und zu bestätigen. Die gegenseitige Förderung in einer Gruppe lässt sich unter anderem dadurch anregen, dass die Gruppenmitglieder üben, nach dem zu schauen und das anzuerkennen, was sie an ihren Teamkollegen wahrnehmen und wertschätzen.

Der nächste, ursprünglich von Robert McDonald entwickelte Prozess ermuntert Menschen, sich gegenseitig zu unterstützen, indem sie sich auf das konzentrieren, was sie am anderen wahrnehmen und wirklich mögen.

ÜBUNG

„Ich sehe ...", „Ich spüre ..."

Die Gruppenmitglieder sind dabei der Reihe nach Person A, also die Person, auf die sich die übrige Gruppe konzentriert. Wichtig ist, dass jeder sich nur dann freiwillig meldet, wenn er sich bereit fühlt, im Mittelpunkt zu stehen.

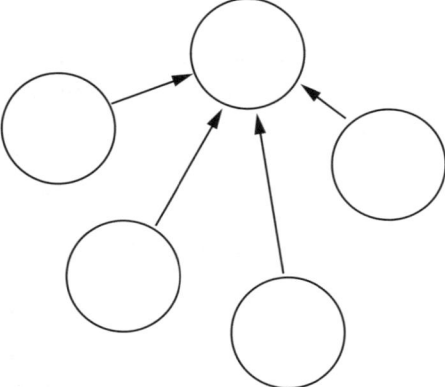

Abbildung 73: Jedes Gruppenmitglied steht freiwillig im Mittelpunkt der Gruppe.

Für die Reihenfolge geht man links von Person A aus im Uhrzeigersinn die Gruppe hindurch. Dabei soll jedes Gruppenmitglied sich zu einem Punkt äußern, den es an Person A sieht (oder beobachtet) und mag, und zu etwas, was es bei Person A spürt und mag. Das „Sehen" basiert darauf, wie wir buchstäblich das Verhalten eines anderen Menschen mit unseren Sinnen beobachten. „Spüren" ist ein körperlicher, intuitiver Eindruck von der tieferen Essenz des anderen.

Dabei soll jedes Gruppenmitglied folgende Formulierung benutzen:

„Ich sehe _____ . Und das mag ich."

„Ich spüre _____ . Und das mag ich."

Wiederholen Sie diesen Prozess, bis alle in der Gruppe die Gelegenheit hatten, Person A zu sein und die Aussagen aller anderen Gruppenmitglieder zu hören.

Bedenken Sie dabei: Von anderen so genau beobachtet zu werden kann bei vielen Menschen eine gewisse Verletzlichkeit auslösen. Deshalb ist es wesentlich, sicherzustellen, dass die Gruppenmitglieder zu Beginn des Prozesses mit einer intakten „zweiten Haut" in sich selbst zentriert sind.

Richtig durchgeführt, kann diese Übung den Gruppenmitgliedern zu einer tiefen Erfahrung von Vertrauen und Verbundenheit verhelfen, selbst wenn sie vorher noch nicht besonders vertraut miteinander waren.

ÜBUNG

Das Gruppenfeld bereichern

Ein Grundprinzip der generativen Zusammenarbeit lautet: Je stärker jede Teilnehmerin ihre eigene spezifische Energie und ihre Ressourcen in die Gruppe einbringen kann, desto mehr profitiert die Gruppe davon. Genauso gilt, je mehr Ressourcen die Gruppe der Teilnehmerin „entlocken" kann, desto stärker profitieren die Teilnehmerin und die Gruppe.

Mit folgender Übung lässt sich die positive Feedbackschleife zwischen den Einzelnen und der Gruppe als Ganzer aufbauen und stärken.

Als Teilnehmerin:
1. Identifizieren Sie einen Ressourcenzustand, den Sie gern als Ihren Beitrag in die Gruppe einbringen möchten und den die Gruppe Ihnen noch stärker entlocken soll.
2. Versetzen Sie sich vollständig in diesen Zustand. Spüren Sie die Energie dieses Zustands und lassen Sie sie körperlich zum Ausdruck kommen in Form einer Bewegung (somatische Syntax). Finden Sie auch das Wort oder die Bezeichnung, mit dem oder der

Sie den Zustand beschreiben würden. Die Bezeichnung kann wörtlich sein (d. h. „Vertrauen", „Humor", „Weisheit", „Großzügigkeit" etc.) oder sie kann symbolisch oder metaphorisch sein (d. h. „Sternenlicht", „tiefe Wurzeln", „strahlend blaues Licht" etc.).

Als Gruppe:

3. Jedes Gruppenmitglied drückt nacheinander den Zustand und die Energie aus, den oder die es gern zum Gruppenfeld beitragen würde. Dabei fordert der Einzelne die anderen auf: „Erkenne mein/e/n Ressourcenzustand / Ressourcenenergie."

4. Die anderen Gruppenmitglieder beobachten die Teilnehmerin, die die Aufforderung ausspricht, aufmerksam und gehen dann in die „zweite Position", indem sie die somatische Syntax der Teilnehmerin übernehmen. Sobald die Gruppenteilnehmer ein Gefühl für den spezifischen Zustand und die Energie der Teilnehmerin haben, kehren sie wieder zu ihrer Sichtweise der ersten Position zurück und sagen: „Ich erkenne dein/e/n Ressourcenzustand / deine Ressourcenenergie."

5. Die Teilnehmerin sagt dann: „Erkenne mich."

6. Jedes Gruppenmitglied soll die tiefere Präsenz dieser Teilnehmerin spüren (ihre „Superposition") und sagen: „Ich erkenne dich."

7. Fahren Sie mit dem Prozess fort, bis jeder Gruppenteilnehmer mit beiden Aufforderungen dran war („Erkenne mein/e/n Ressourcenzustand / Ressourcenenergie" und „Erkenne mich") und von der Gruppe wahrgenommen wurde.

8. Nachdem jedes Gruppenmitglied die eigene Ressource gezeigt hat und im Hinblick auf diese Ressource unterstützt wurde, führen alle Teilnehmer gleichzeitig ihre individuelle Ressourcenbewegung aus. Dann beginnen alle nach und nach ihre individuellen Bewegungen abzuändern und zu einer einzigen „Gruppenressource"-Bewegung zu verschmelzen. Dadurch entsteht eine Art gemeinsame „vierte Position".

Sobald das Gefäß, der Container des Gruppenfelds erschaffen und aufgefüllt wurde, können die Gruppenmitglieder auf diese „kollektive Intelligenz" zugreifen. Eine wirkungsvolle Methode dafür ist ein Prozess, den wir „Intervision" nennen.

3.6.2 „Intervision"

Ein generatives Feld ist fruchtbar, weil die Menschen unterschiedliche Weltbilder, einen unterschiedlichen Hintergrund, unterschiedliche Ressourcen und unterschiedliche Sichtweisen haben. Werden diese Unterschiede so zusammengeführt, dass sie einander ergänzen, dann kann daraus eine erfolgreiche generative Zusammenarbeit erwachsen. Der Prozess *Intervision* kann die Synergien und konstruktiven Überlappungen der verschiedenen Visionen, Ideen und Sichtweisen der Gruppenmitglieder fördern.

In der „Supervision" herrscht implizit eine hierarchische Beziehung zwischen den Beteiligten; der Supervisor stellt seinem Gegenüber die „richtige Landkarte" zur Verfügung. Bei der „Inter-vision" geht man davon aus, dass die Menschen auf der gleichen Stufe stehen und es keine einzelne richtige Landkarte gibt. Auch aus dem Begriff „Vision" ergeben sich bedeutsame Konsequenzen. Der Intervisionsprozess zielt unter anderem darauf ab, visuelle und symbolische Denkstrategien in einem Gruppenkontext anzuwenden.

ÜBUNG

Intervision: Ablauf

Ein wesentlicher Vorteil der Intervision besteht darin, dass wir Einfluss darauf haben, wie wir unsere Ideen und Visionen repräsentieren und konzeptualisieren. Denn wie jemand eine Vision oder Idee eines anderen Gruppenmitglieds repräsentiert, kann sich automatisch bereichernd darauf auswirken, wie die anderen Gruppenmitglieder diese Vision oder Idee wahrnehmen. Deshalb wird der Intervisionsprozess am besten in einer Gruppe mit mindestens vier Teilnehmern durchgeführt, um ausreichende Vielfalt zu gewährleisten.

Ein anderer wichtiger Aspekt der Intervision ist folgender: Jedes Gruppenmitglied wird von den Visionen und Ideen der anderen inspiriert. Was die Beziehung der Gruppenmitglieder zueinander angeht, so hat der Intervisionsprozess das Ziel, dass jeder Teilnehmer seine Vision mit den anderen teilen kann mit der Haltung: „Das ist meine Zukunft, kannst du etwas dazu beitragen?" Und dann zu fragen: „Was ist deine Vision, damit ich etwas dazu beitragen kann?"

1. In einem typischen Intervisionsformat präsentiert reihum jedes Gruppenmitglied den anderen seine Vision, Idee oder Situation, und zwar so kurz und präzise wie möglich. Beim Zuhören lassen sich diese von den Worten und Ideen des Vortragenden berühren und inspirieren.
2. Wenn der Vortragende fertig ist, zeichnen die anderen Mitglieder ein symbolisches oder metaphorisches Bild ihrer Auffassung dessen, was sie aufgenommen und verstanden haben und was es in ihnen inspiriert hat. Das kann jegliche Form von Zeichnung oder Skizze sein. Jemand könnte beispielsweise einen Baum oder eine Landschaft zeichnen; jemand anders zeichnet vielleicht nur ein paar Symbole wie Rechtecke, Kreise und Sterne und verbindet sie mit Linien und Pfeilen. Sicher ist, dass die anderen Mitglieder die Beschreibung des Vortragenden unterschiedlich darstellen. Jeder Teilnehmer hat eine andere Landkarte des Gebiets.
3. Beim Zeichnen erstellt jeder für sich seine eigene Karte, ohne die anderen Zeichnungen anzuschauen. Jedes Gruppenmitglied, auch der Vortragende, soll sein eigenes Bild davon zeichnen, was die Vision, Idee oder Situation des Vortragenden in ihm angeregt haben.

4. Dann überlegen die Gruppenmitglieder, welche Ressourcen sie dem Vortragenden großzügig anbieten können. Eine „Ressource" wäre in diesem Fall etwas, was das Gruppenmitglied beisteuern kann, um dem Vortragenden zu helfen, seine Vision oder Idee besser zu verwirklichen. Ressourcen könnten z. B. ein Buch, ein Artikel, eine Website, eine Kontaktinformation zu einer hilfreichen Person oder Organisation sein. Eine Ressource könnte auch in Form eines auf eigenen Erfahrungen basierenden Vorschlags kommen, eines Rats oder einer Anleitung.

5. Das Gruppenmitglied soll dem Vortragenden die Ressource anbieten können, ohne etwas als Gegenleistung zu verlangen – das ist wichtig.

6. Sobald die Gruppenmitglieder ihre Bilder fertiggestellt haben und sie sich die Ressourcen überlegt haben, die sie anbieten können, erklärt jeder Teilnehmer, was er gezeichnet hat, und bietet seinen Beitrag an mit den folgenden Worten:

   a. „Das ist mein Bild von deiner Idee oder Vision ..." (Bei Bedarf wird die Zeichnung kurz erklärt.)

   b. „Deine Vision inspiriert in mir ..." (Teilen Sie alle Gefühle, Ideen, neue Sichtweisen etc. mit, die die Worte oder Ideen des Vortragenden in Ihnen ausgelöst haben.)

   c. „Eine Ressource, die ich freigebig anbieten und die dich unterstützen kann, deine Idee oder Vision umzusetzen, ist ..."

Am Ende soll der Vortragende der Gruppe Rückmeldung geben, wie seine eigene Landkarte der Vision oder Idee sich erweitert hat.

Falls Zeit ist, kann die Gruppe auch ausprobieren, die Überlappungen oder gemeinsamen Bereiche ihrer Visionen in einem Bild oder einer Zeichnung darzustellen.

3.7 Auf den „größeren Geist" zugreifen

Wie bereits erwähnt, können generative Felder über interpersonelle Interaktionen hinausreichen. Sie können auch aus der Interaktion mit dem entstehen, was Bateson den „größeren Geist" nennt, der bzw. das in unserer natürlichen Umgebung, der planetaren Ökologie und im kollektiven Unbewussten enthalten ist. Die folgenden Übungen geben Methoden an die Hand, mit denen wir leichter auf die Intelligenz des größeren Felds um uns herum zugreifen können.

3.7.1 Aktives Träumen

Mit dem „aktiven Träumen" können wir üben, durch einen Zustand des „Nicht-Wissens" Informationen aus dem Feld zu sammeln. Dieser Prozess wurde von einigen Gruppen amerikanischer Ureinwohner inspiriert. Dabei legt man fest, welches Vorhaben, welche Intention man entweder während des Schlafs oder durch Tagträumen verwirklichen will. Ein solches Vorhaben könnte sein, eine Antwort zu bekommen, ein Problem zu lösen, eine Entscheidung zu treffen, mehr Informationen zu bekommen, etwas besser zu verstehen etc. Intentionen werden üblicherweise allgemeiner formuliert als ein spezielles Ziel oder Vorhaben. Eine Frau könnte etwa sagen: „Meine Intention ist, von etwas zu träumen, was ich sicher und ökologisch loslassen kann." Die Intention dient als Filter oder Leitfaden, der unbewusste Prozesse steuert.

Die Antworten können entweder konkret oder symbolisch sein. Vielleicht wacht die Frau am nächsten Morgen auf und erkennt: „Es ist für mich an der Zeit, den Ärger über eine Beziehung loszulassen, an dem ich immer noch festhalte, obwohl die Beziehung schon seit fünf Jahren beendet ist." Ein Mann geht vielleicht spazieren und ertappt sich dabei, über die Blätter, die von den Bäumen fallen, zu fantasieren. Vielleicht versteht er nicht bewusst, was die Blätter symbolisieren, aber er fühlt sich leichter und wohler.

Die Symbole kann man unter anderem erkunden, indem man die „zweite Position" einnimmt – man stellt sich also beispielsweise vor, die Blätter oder der Baum zu sein. Wenn man dann wieder zur eigenen Sichtweise zurückkehrt oder in die Beobachterposition geht, kann man die Beziehung zwischen den Symbolen und der eigenen ursprünglichen Intention untersuchen.

ÜBUNG

Übung zum aktiven Träumen

Um Erfahrungen mit dem aktiven Träumen zu sammeln, können Sie folgende Übung ausprobieren:

1. Zentrieren Sie sich in Ihrem Körper und öffnen Sie Ihr Gewahrsein dem größeren Feld um sich (siehe die Übungen *Ihr Feld spüren* und *Sich über die eigene Mitte verbinden*). Setzen Sie sich im Hinterkopf eine Intention, etwa eine Entscheidung, die Sie treffen wollen; ein Problem, das Sie gerade lösen; etwas, wobei Sie kreativer sein wollen; ein Thema, über das Sie sich mehr Informationen wünschen etc.
2. Begeben Sie sich in einen Zustand des „Nicht-Wissens" oder der „Jetzt-Zeit", indem Sie:
   a. auf peripheres Sehen umschalten (im Gegensatz zu fovealem oder stärker fokussiertem Sehen);
   b. Ihr Hören auf äußere Geräusche lenken (jeglichen inneren Dialog abstellen);
   c. sich körperlich entspannen (keine übermäßige emotionale oder körperliche Anspannung).
3. Geben Sie sich diesem Zustand während eines zehnminütigen Spaziergangs hin. Nehmen Sie beim Gehen wahr, was „Sie anspringt", wie es scheint, oder was Ihre Aufmerksamkeit erregt, vielleicht ein Baum, das Gras, der Wind, das Zwitschern eines Vogels etc.
4. Wenn diese Phänomene auftreten (es können mehr sein als eines), erleben Sie jedes Symbol oder jeden Gegenstand aus der zweiten Position. Was sind die Merkmale dieses Gegenstandes oder Symbols? Was würde Sie kennzeichnen, wenn Sie beispielsweise ein Baum wären? Wahrscheinlich würde sich die Zeitwahrnehmung verändern; die Geschwindigkeit, mit der sich Gegenstände oder Menschen bewegen, wäre anders; Sie wären unten fest und oben beweglich etc.
5. Nehmen Sie alle Erkenntnisse und alle Merkmale, die Sie in der zweiten Position entdeckt haben, und gehen Sie im Hinblick auf Ihre ursprüngliche Intention in eine dritte Position oder Metaposition. Stellen Sie fest, was Sie an Neuem, an Informationen oder Erkenntnissen über Ihre ursprüngliche Absicht gewonnen haben.

3.7.2 Das „Feld" sehen

Albert Einstein sagte: „Probleme kann man niemals mit derselben Denkweise lösen, durch die sie entstanden sind." Unsere formale Bildung konzentriert sich überwiegend auf Schritte und Methoden, die sich daran orientieren, die Funktionen unseres kognitiven Geistes anzuwenden. Viele unserer wichtigsten Herausforderungen und Entscheidungen im Leben sind jedoch nicht mit der rationalen und linearen Logik unseres kognitiven Geists lösbar. Der führt uns häufig in eine Sackgasse, in der wir mit „unserer Weisheit am Ende" sind.

Das Webster's Dictionary definiert Sackgasse (*impasse*) als „einen toten Punkt oder eine Situation, in der kein Fortschritt möglich ist". Die folgende Übung hilft Ihnen, sich mit der Intelligenz des Feld-Geists zu verbinden, um durch Bereiche hindurchzugelangen, in denen Sie in einer „Sackgasse" gelandet sind in Ihrem Leben, in Ihrem Beruf oder in persönlichen Beziehungen.

Wenn wir auf den Feld-Geist zugreifen, können wir über den Tellerrand unserer kognitiven Begrenzungen hinausgelangen. Die berühmtesten kreativen Genies und bedeutendsten Denker der Welt erkennen alle die Bedeutung von Methoden und Praktiken an, über die sie sich mit einer Intelligenzebene verbinden, die die Grenzen ihres Egos und ihres rationalen Intellekts umfasst, aber auch transzendiert.

Das Feld zu sehen hat damit zu tun, sich auf die tiefere Struktur einer Situation zu konzentrieren und nicht auf den jeweiligen Inhalt oder die Umstände, durch die diese tiefere Struktur zum Ausdruck kommt. Wie bereits erwähnt, ist die Dynamik des Felds zu komplex und zu subtil, als dass wir sie konkret wahrnehmen könnten. Weil wir die verschlungenen und unsichtbaren Beziehungen, aus denen das Feld besteht, nicht direkt wahrnehmen können, ist unsere subjektive Repräsentation des Felds im Allgemeinen symbolisch und nicht konkret.

ÜBUNG

Das „Feld" sehen

1. Identifizieren Sie eine Erfahrung, in der Sie in einer Sackgasse gelandet sind, und suchen Sie sich eine Stelle im Raum aus, die diese repräsentiert. Assoziieren Sie sich in diese Erfahrung, so intensiv Sie können, und begeben Sie sich an die Stelle im Raum, die Sie dafür gewählt haben.
2. Treten Sie nun aus dieser Position heraus und gehen Sie in eine Beobachterposition. Zentrieren Sie sich und öffnen Sie sich dem Feld. Stellen Sie sich mit geschlossenen Augen vor, Sie schauten durch Ihre Mitte, Ihr Zentrum, auf das Feld oder die Energiedynamik, die das System beeinflusst. Lassen Sie ein symbolisches Bild auftauchen.
3. Denken Sie über Ihren erwünschten Zustand nach und wählen Sie eine andere Stelle im Raum, mit der Sie diesen Zustand verknüpfen. Bleiben Sie zentriert, begeben Sie sich an diese Stelle und entwickeln Sie ein Gefühl für den erwünschten Zustand. Achten Sie auf das Feld oder die Energiedynamik dieses Zustands. Lassen Sie ein symbolisches Bild auftauchen.
4. Begeben Sie sich wieder in eine Beobachterposition. Zentrieren Sie sich und öffnen Sie sich dem größeren Feld, das sowohl die Symbole der „Sackgassen-Situation" als

auch die des erwünschten Zustands umfasst und gleichzeitig über sie hinausgeht. Stellen Sie sich mit geschlossenen Augen vor, Sie schauten von Ihrer Mitte, von Ihrem Zentrum aus. Nehmen Sie sich vor herauszufinden, mit welcher Ressource sich die Sackgassen-Situation in den erwünschten Zustand verwandeln könnte. Denken Sie nicht logisch oder rational an die Situation. Lassen Sie ein symbolisches Bild spontan auftauchen. Halten Sie dieses Bild in Ihrem Gewahrsein und bringen Sie es als gefühlte Wahrnehmung der Ressource in Ihren Körper, sodass es sich körperlich als Bewegung oder Geste ausdrückt.

5. Gehen Sie mit dem symbolischen Bild und dem körperlichen Ausdruck, die im letzten Schritt aufgetaucht sind, an die „Sackgassen-Stelle" und erleben Sie, wie sich die Sackgasse spontan wandelt dadurch, dass Sie die Ressource aus dem größeren Feld vollständig an diese Stelle bringen.

6. Begeben Sie sich dann in den erwünschten Zustand, wobei Sie das symbolische Bild und den körperlichen Ausdruck der Ressource mitnehmen. Nehmen Sie wahr, was sich verstärkt, vertieft oder anreichert, wenn Sie die Ressource aus dem größeren Feld vollkommen an diese Stelle bringen.

7. Stellen Sie sich zuletzt an einen Punkt auf halbem Weg zwischen der Position der Sackgasse und der des erwünschten Zustands, wobei Sie das symbolische Bild und den körperlichen Ausdruck der Ressource mitnehmen. Achten Sie wieder darauf, was sich verstärkt, anreichert oder verwandelt, wenn Sie die Ressource aus dem größeren Feld vollkommen an diese Stelle bringen.

Jenseits aller Vorstellung von Richtig und Falsch gibt es einen Ort. Dort treffe ich dich.
Wenn sich die Seele im Gras niederlegt, ist die Welt zu voll, um darüber zu reden.
Gedanken, Sprache, sogar das Wort „miteinander" ergeben keinen Sinn.

Rumi

4. Das NLP der nächsten Generation anwenden

Überblick über Kapitel 4:

4.1 Einführung: Das NLP der nächsten Generation anwenden

Die Anwendungen des NLP der dritten Generation kombinieren und nutzen alle unsere drei „Geistesmodi", den *kognitiven Geist,* den *somatischen Geist* und den *Feld-Geist.* Wenn wir diese drei Quellen der Intelligenz integrieren, können wir besser, leichter und eleganter viele verschiedenartige Aktivitäten und Unternehmungen durchführen (und Ergebnisse erzielen). Gleichzeitig können wir oft auch tiefer gehende und komplexere Themen angehen und Ziele erreichen, die mit jeder Intelligenz einzeln nicht zu erreichen sind. Daher zeichnen sich die Prozesse im NLP der dritten Generation dadurch aus, dass sie sowohl einfach sind als auch zutiefst transformierend.

Den Übungen und Techniken des NLP der dritten Generation liegt folgendes Verständnis zugrunde:

> In unserem tiefsten Inneren sind wir von Natur aus generativ. In jedem Problem ist bereits der Samen einer Lösung enthalten. Wir können lernen, einen Raum für sich organisch entwickelnde Lösungen zu erschaffen, indem wir die Ursache eines Problems in einem größeren Ressourcenfeld halten.

Aus der Sicht des NLP der dritten Generation bedeuten Zeiten von Krisen, Wachstum und Transformation im Leben in der Regel, dass wir uns gleichzeitig entwickeln und „aufwachen". Das ist das Ergebnis *generativer Veränderung.* „Generieren" bedeutet, *etwas Neues zu erschaffen.* Generative Prozesse sind somit Prozesse, die Erweiterung und Wachstum fördern.

Etwas wirklich Neues zu erschaffen beinhaltet Veränderungen in der „Tiefenstruktur" wie in der „Oberflächenstruktur". *Tiefenstrukturen* – wie die Gesetze der Physik, die DNS von Lebewesen, der Maschinencode oder das Betriebssystem von Computern, die Grundwerte und die Mission einer Organisation etc. – sind grundlegende Formen, die in vielfältigen konkreten Oberflächenstrukturen zum Ausdruck kommen. In der Biologie etwa kommt es zu evolutionären Veränderungen einer Spezies, wenn sie mit ihrer Umwelt interagiert und sich an Veränderungen in der Umwelt anpasst. Wenn diese Anpassungen und Veränderungen die Tiefenstruktur (DNS) der Spezies verändern, führt das zu neuen Entwicklungen und Ausdrucksformen in der Form der Spezies, also zu einer Metamorphose. Zweck dieser generativen Veränderungen ist, die Zukunftsfähigkeit der Spezies zu fördern.

Zukunftsfähigkeit

Ein Hauptkriterium für Überleben und Erfolg jedes Systems ist seine *Zukunftsfähigkeit*. Das ist das Maß, in dem sich das System an Veränderung anpassen und sich erfolgreich auf einen tragfähigen und gesunden zukünftigen Zustand zubewegen kann. Zur Zukunftsfähigkeit gehört die Fähigkeit von Einzelnen, Gruppen und Organisationen, selbst schwache Signale wahrzunehmen und das Verhalten anzupassen, um mit Einschränkungen umzugehen, um Gefahren erfolgreich zu vermeiden oder sich ihnen zu stellen und um sich bietende Gelegenheiten zu nutzen – und das alles oftmals unerwartet oder spontan. Arthur C. Clarke formuliert es so treffend: „Die Zukunft ist auch nicht mehr das, was sie einmal war.“

Einem alten Sprichwort zufolge ist Vorbeugen besser als Heilen. Wenn Ressourcen entwickelt und vorzeitig vorhanden sind, kann sich ein Einzelner, eine Gruppe oder Organisation einer Herausforderung stellen, statt sich mit unnötigen Problemen herumzuschlagen. Zukunftsfähigkeit heißt, für künftige, noch nicht vorstellbare Herausforderungen und Gelegenheiten, die man noch nicht einmal ahnt, bereit zu sein.

Die Fähigkeit zu generativer Veränderung ist damit ein Hauptmerkmal unserer Zukunftsfähigkeit. Zwar kann man mit generativen Prozessen spezifische Probleme angehen oder bestimmte Ziele in der Gegenwart erreichen, doch man braucht sie nicht bei einem konkreten aktuellen Problem oder Ziel anzuwenden oder dafür zu entwickeln. Generative Prozesse basieren auf der Vorannahme, die für Lösungen notwendigen Ressourcen existieren bereits in irgendeiner Form im Feld jedes Systems. Diese Ressourcen können wir mit Strategien und Werkzeugen aktivieren, mit denen wir verborgene Fähigkeiten ans Licht bringen, freisetzen und stärken. In diesem Sinne geht es bei „generativen“ Prozessen darum, aus dem bereits Vorhandenen mehr zu machen.

Generative Veränderungstechniken unterstützen Menschen, auf systemischere und grundlegendere Art und Weise Probleme zu lösen und Ziele zu erreichen. Wenn man neue Ressourcen entdeckt, freisetzt und entwickelt, dann tauchen Probleme, die sich mit diesen Ressourcen leicht lösen lassen, von selbst auf und lösen sich mühelos.

Bei generativen Veränderungen geht es im Grunde darum, Ressourcen zu entdecken, zu entwickeln, anzureichern, zu stärken und zu verfeinern. Es geht darum, die „Tiefenstruktur“ einer Ressource zu finden und den Ausdruck dieser Ressource zu fördern, und zwar in vielen anderen Kontexten, in denen sie noch nicht eingesetzt wird. Generative Veränderung identifiziert und aktiviert inaktive Ressourcen und macht sie so greifbarer und „holografischer“. Sie konzentriert sich darauf, Prozesse auf höheren Ebenen zu entwickeln, die eine natürliche Entwicklung hin zu neuen Möglichkeiten begünstigen.

Überlebensstrategien

Das Gegenteil von Evolution und generativer Veränderung ist die Regression in Überlebensstrategien. Wie der Name schon sagt, werden Überlebensstrategien aktiviert, wenn wir unser körperliches oder emotionales Überleben als bedroht wahrnehmen. Sie sind Teil unserer tiefsten Programmierungen, die wir mit allen anderen Tieren gemeinsam haben. Alle Lebewesen müssen Überlebensstrategien in irgendeiner Form entwickeln.

Die Überlebensstrategien sind im Wesentlichen: *Kampf* (Angriff), *Flucht* (Entkommen), *Einfrieren* (Lähmung) oder *Aufgabe* (Unterwerfung). Überlebensstrategien sind tiefe und oft unbewusste innere Muster, die gewöhnlich in einem sehr frühen Alter herausgebildet werden. Sie gehören zum Kern unserer Programmierung und als eine Art grundlegendes Metaprogramm sind sie prägend für unsere Herangehensweise an das Leben und an Beziehungen.

Diese grundlegenden Strategien können in unserem Alltagsleben viele Formen annehmen: z. B. die der Rebellion des Rückzugs oder Nachgebens; die des Bedürfnisses, sich klein zu machen, oder des Versuchs, klein und unsichtbar zu werden. Sie können sich darin zeigen, dass wir uns an nichts mehr erinnern können; uns von unseren Gefühlen dissoziieren; dass wir passiv werden, andere verführen oder glauben, dass wir uns um jeden Preis behaupten müssen etc. „Überleben" geht in vielen Fällen über das körperliche Überleben hinaus. Wir wollen unser Identitätsgefühl und unsere persönliche Unversehrtheit schützen sowie unsere Kernüberzeugungen und Werte, unsere wichtigen Rollen und Beziehungen, denen wir uns selbst verschrieben haben, usw.

Wie bei allen Verhaltensweisen ist es am wirkungsvollsten, auch bei unseren Überlebensstrategien verschiedene Möglichkeiten zu haben und sie je nach Kontext flexibel einzusetzen. Bei den meisten Überlebensstrategien besteht die Herausforderung jedoch darin, dass ihre Antriebskraft oft Angst ist. Wird diese Angst übermächtig, dann isolieren wir uns oft, machen dicht und ziehen uns zusammen. Und das wiederum lässt uns unangemessen handeln und führt oft zu dem paradoxen Ergebnis, dass wir die Situation tatsächlich verschlimmern und uns in gewisser Weise stärker gefährden.

Die meisten Überlebensstrategien wollen das Bestehende bewahren und Risiken vermeiden. Somit sind sie nicht generativ, d. h., sie fördern keine Transformation, kein Wachstum, keine Veränderung. Greifen wir aus Angst heraus übermäßig oft auf eine Überlebensstrategie, schränkt sie uns mit der Zeit ein und hält uns in einem Zustand der Untätigkeit. Der Unterschied zwischen Überleben (surviving) und Aufblühen (thriving) ist beträchtlich.

Überlebensstrategien tauchen ganz von selbst auf, wenn wir vor einer Veränderung oder vor einem unbekannten Gebiet stehen, insbesondere wenn die derzeitige Struktur zusammenzubrechen oder verloren zu gehen droht. So können Überlebensstrategien Entwicklung und generative Veränderung entweder ergänzen oder behindern. Wachstum und Entwicklung beinhalten natürlich das Überleben (also das Fortbestehen), doch wir verlieren uns nicht in Überlebensstrategien, die uns bremsen. Wachstum und Entwicklung sind nur möglich, wenn sich unser Bewusstsein und unser Gewahrsein erweitern. Deshalb ist es wichtig, unsere Überlebensstrategien regelmäßig zu überprüfen, aufzustocken und auf den neuesten Stand zu bringen, indem wir unsere Optionen um neue Möglichkeiten erweitern.

Zu generativer Veränderung gehört insbesondere die Fähigkeit, Überlebensstrategien zu erkennen, anzugehen und zu aktualisieren. Weil sie so tief greifend und entscheidend für unsere Existenz sind, genügt es beim Verändern von Überlebensstrategien nicht, einfach oberflächliche Anpassungen vorzunehmen. Wenn man Überlebensstrategien aktualisiert, gilt es, Schlüsselsituationen des Lebens nochmals zu betrachten und diese Erfahrungen mit neuen Ressourcen auf verschiedenen Ebenen auszustatten.

Generative Veränderung fördern

Um alte Überlebensstrategien zu transzendieren und uns persönlich zu entwickeln und aufzuwachen, müssen sich unsere mentalen Landkarten – wer wir sind und was in der Welt möglich ist – erweitern; wir müssen alte Einschränkungen auf völlig neue Art und Weise wahrnehmen. Dafür müssen wir unsere alte Art zu denken durchbrechen und „außerhalb des Käfigs denken", indem wir auf der Ebene lernen, die Gregory Bateson als *Lernen IV* bezeichnete – das Erschaffen von etwas „völlig Neuem", das vorher nicht existierte, nicht bei einem einzelnen Menschen oder bei einer Spezies. Ein solches generatives Bewusstsein muss unser bisheriges Wissen und Gewahrsein sowohl *einschließen* als auch *erweitern*.

Echte Generativität setzt häufig ein Zusammenbrechen der bestehenden, allzu erstarrten Struktur voraus. Dieser Zusammenbruch führt zu einer Regression in einen ursprünglicheren und weniger integrierten Zustand. Dadurch kommen wir sowohl mit unseren „Schatten" in direkteren Kontakt (Verhaltensweisen und Eigenschaften, die wir nicht mögen und zu vermeiden suchen), aber auch mit neuen Ressourcen, die wir vorher nicht erkannt oder genutzt haben. Wenn wir es schaffen, in uns selbst zentriert und mit einem größeren Feld des Gewahrseins verbunden zu bleiben, das all diese Ausdrucksformen enthält, können wir einen generativen Zustand der Erweiterung, der Neuorganisation und der größeren Integration erreichen. So können wir ein weitaus höheres Leistungsniveau erreichen.

4.2 Der Adaptionszyklus

Generative Veränderung und alle Stufen des Lernens basieren auf Anpassungsfähigkeit. Der Ökologe und Umweltwissenschaftler C.S. Holling (1978, 2002) hat ein allgemeines Modell systemischer Veränderung entwickelt, das einen *Adaptionszyklus* mit vier Phasen vorschlägt: 1) Wachstum, 2) Erhaltung, 3) Zusammenbruch und 4) Erneuerung.

Abgeleitet von vergleichenden Untersuchungen zur Dynamik von Ökosystemen, richtet das Modell die Aufmerksamkeit auf die Prozesse Zerstörung und Erneuerung sowie auf Wachstum und Erhaltung. Dadurch bietet es einen umfassenden Überblick über die Systemdynamik, die hinter den Prozessen Adaption, Resilienz und Evolution steht.

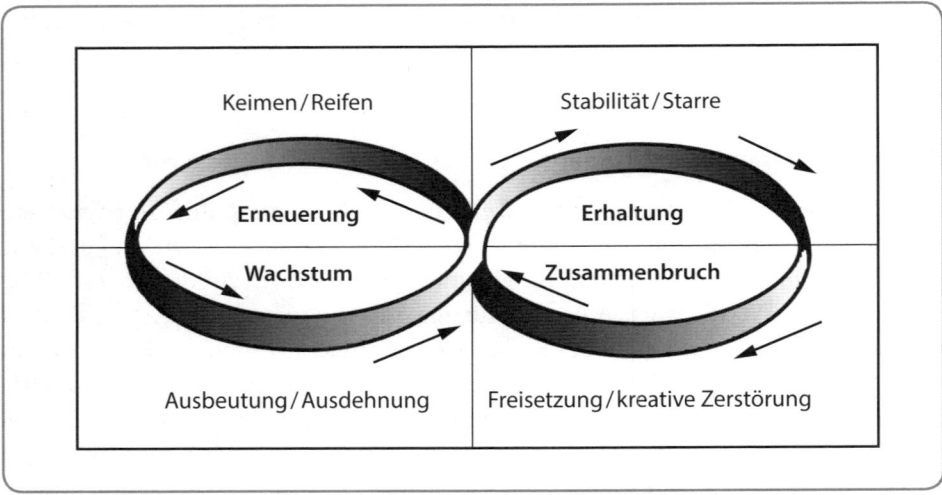

Abbildung 74: Hollings Adaptionszyklus bildet die Phasen der Veränderung in einem Ökosystem ab.

Nach herkömmlicher Sicht resultierte die Entwicklung eines Ökosystems hauptsächlich aus zwei Primärfunktionen: 1) Wachstum und Expansion; hier stehen ein rascher Anstieg und die Ausbeutung der Ressourcen im Vordergrund; und 2) Erhaltung und Gleichgewicht; hier stehen das Ansammeln, Lagern und der sparsame Verbrauch der Ressourcen im Vordergrund.

In der Ökologie gelten Spezies, die in der Wachstumsphase erfolgreich sind, als „R-Strategen". *R-Strategen* sind gekennzeichnet durch eine enorme Ausbreitungsfähigkeit und rasches Wachstum in einem Umfeld der Ausbeutungskonkurrenz (scramble competition) (d.h., wer als Erster den Preis bekommt, gewinnt).

Die Arten, die in der Erhaltungsphase erfolgreich sind, werden „K-Strategen" genannt. *K-Strategen* neigen dazu, ihre Ressourcen zu bewahren, sie haben langsamere Wachstumsraten und gedeihen in einem Umfeld, das die Interferenzkonkurrenz (contest competition) begünstigt (d. h., wer die anderen überdauert, gewinnt).[36]

Laut Holling sind die beiden weiteren Funktionen ebenfalls entscheidend für den Adaptionszyklus. Zur ersten, *Zusammenbruch*, die der Ökonom Joseph Schumpeter als *schöpferische Zerstörung* bezeichnete, kommt es, wenn angesammelte und stark zurückgehaltene Ressourcen plötzlich „freigesetzt" werden (in einem Ökosystem beispielsweise kann das beispielsweise aus Waldbränden, Überschwemmungen, Seuchen oder Phasen intensiven Verbrauchs resultieren).

Als Zweites folgt auf diese Phase des Zusammenbruchs oder der Freisetzung üblicherweise eine Phase der Erneuerung. In solchen Zeiten sind die Grenzen und die inneren Verbindungen eines Systems schwach und instabil. So ein lose zusammengehaltenes System kann leicht Ressourcen und Beteiligte gewinnen oder verlieren. In dieser Phase lässt sich ein System leicht durch kleine Inputs neu organisieren (der sogenannte Schmetterlingseffekt); und häufig treten vorübergehend opportunistische Akteure oder Organismen auf oder nehmen zu. In dieser Phase können zufällige Ereignisse die künftige Ordnung des Systems prägen und ein System kann seine Struktur wandeln.

In eben dieser Phase können neue oder fremdartige Organismen oder Akteure in ein Ökosystem eindringen und dort letztlich die Oberhand gewinnen. Sie tauchen möglicherweise auf, weil es zu einer Zunahme von zuvor *unterdrückten* Potenzialen innerhalb des Systems kommt. Vielleicht *keimten* diese Potenziale in nicht ausgebeuteten Gebieten und sammelten sich dort an oder sie sind aus Nachbarsystemen *zugewandert*. In diesem Stadium sind bahnbrechende Neuerungen am wahrscheinlichsten.

Wenn wieder die Wachstumsphase beginnt, führen Wettbewerbsprozesse (sowohl die Ausbeutungskonkurrenz als auch die Interferenzkonkurrenz) dazu, dass einige wenige Spezies dominant werden. Das neue System, das sich unter diesen Bedingungen entwickelt, kann Aspekte der früheren Ordnung wiederholen oder es kann etwas ganz Neues sein. Wegen der mangelnden inneren Integration und Kontrolle lässt sich nur schwer genau vorhersagen, welche Form die neue Ordnung annimmt.

Die Wachstumsphase führt auch zu einer neuen Ansammlung von Ressourcen. Dadurch wird es wahrscheinlicher, dass in der nächsten „Runde" von Zusammenbruch und Erneuerung neuartige Ökosysteme und Beteiligte in Erscheinung treten.

---

36 In der Theorie von Ökosystemen steht R für die augenblickliche Wachstumsrate einer Population. K steht für die „Umweltkapazität" oder die maximal tragbare Populationsgröße.

Die generativen Stadien des Adaptionszyklus sind die beiden letztgenannten und genau mit ihnen hat man häufig die meisten Schwierigkeiten. Wenn man die allgemeinen Schritte des Prozesses durchläuft, von a) Starre und Stagnation zu b) Zusammenbruch und Regression zu c) neue Ressourcen entdecken und erwerben zu d) Erneuerung in ein größeres Ganzes, hat man es mit folgenden grundlegenden Phasen zu tun:

1. *Dekonstruieren,*
2. *Anreichern und dann*
3. *Rekonstruieren.*

Das NLP der dritten Generation nutzt in seinen Übungen und Prozessen folgende Grundstruktur, um die oben beschriebenen Phasen zu berücksichtigen:

ÜBUNG

Grundstruktur für den Adaptionszyklus

1. Beginnen Sie in einem Ressourcenzustand, in dem Sie in Ihrem Körper geerdet und zentriert und in der Gegenwart sind.
2. Identifizieren und durchleben Sie nochmals die problematische Erfahrung oder das Problemmuster.
3. Bringen Sie ein neues und erhöhtes Gewahrsein in die Struktur des derzeitigen „neurolinguistischen" Programms, das mit der problematischen Erfahrung oder diesem Muster einhergeht.
4. Kommen Sie aus dem Einflussbereich des Programms heraus und begeben Sie sich in einen Zustand, in dem Sie zentriert und geerdet sind in einem Gewahrsein, das die problematische Erfahrung oder das Muster mit einschließt, das aber größer ist als diese (das also nicht nur der Gegenpol oder die Antithese des Problemzustands ist). Einstein sagte ja: „Probleme kann man niemals mit derselben Denkweise lösen, durch die sie entstanden sind."
5. Betrachten Sie das Programm als Teil eines größeren Kontexts oder Systems und identifizieren Sie seine positive Absicht innerhalb dieses Kontexts oder Systems.
6. Verbinden Sie sich mit einem Feld von Möglichkeiten und Ressourcen, das größer (darunter und darüber hinaus) ist als das Feld, das mit der problematischen Erfahrung oder dem Problemmuster einhergeht. Das erreichen Sie, indem Sie auf alle drei Intelligenzen zugreifen und sie in Übereinstimmung bringen (kognitiv, somatisch und Feld), um die oder der Beste zu werden, die oder der Sie im Moment sein können.
7. Halten Sie die derzeitige Erfahrung oder das Muster sowie das Programm, das sie hervorruft und verstärkt, im Rahmen der neuen Ressourcen und des größeren Gewahrseins.
8. Lassen Sie zu, dass sich neue Wahlmöglichkeiten auftun, die das derzeitige Programm oder Muster einschließen und über es hinausgehen, indem Sie es als einen funktionellen Bestandteil eines größeren Ganzen integrieren.

In diesem Kapitel erkunden wir einige Anwendungen, mit denen das NLP der dritten Generation generative Veränderungen unterstützen kann, u. a.:

- Übungen ins eigene Repertoire aufzunehmen, um geerdet und präsent zu bleiben trotz Unsicherheit, Verletzlichkeit und schwieriger Gefühle;
- die Fähigkeit zu entwickeln, Fehler zu akzeptieren und auszuhalten, bei uns selbst und anderen, und zwar ohne sie zu bewerten;
- zu lernen, den Raum für Möglichkeiten ohne Erwartung zu erkennen und zu schaffen;
- die Ebenen der Verbundenheit mit uns selbst und anderen zu vertiefen und in Übereinstimmung zu bringen;
- die „vierte Position" und das „Feld" deutlicher wahrzunehmen.

4.3 Wahlmöglichkeiten (choice)

„Wahlmöglichkeiten" sind grundlegend für NLP-Prozesse (jeder Generation) und die Basis für generative Veränderung. Webster's Dictionary definiert „choice" als die Fähigkeit, „zwischen einer Reihe von Alternativen zu wählen, mit dem freien Willen und durch Fällen eines Urteils." Die Fähigkeit zu wählen ist ein integraler Bestandteil von Freiheit, Intelligenz und Erfolg. Im NLP macht die Fähigkeit zu wählen den Kern menschlicher Entwicklung aus – das heißt, der Evolutionsprozess, der Entwicklungsprozess ist der Prozess, zunehmend mehr Wahlmöglichkeiten im Leben zu haben.

Wie die NLP-Mitbegründer Richard Bandler und John Grinder in *The Structure of Magic* (dt.: *Metasprache und Psychotherapie*) betonten: Der Unterschied zwischen Menschen, die der Welt um sie herum erfolgreich begegnen, im Gegensatz zu denen, die sich damit schwertun, beruht im Wesentlichen auf den Wahlmöglichkeiten, die sie aufgrund ihrer inneren Landkarte der Welt als verfügbar wahrnehmen.

„... dass Menschen, die auf solche Stresssituationen kreativ reagieren und die effektiv damit fertig werden, eine vielfältige Repräsentation von ihrer Situation oder ein entsprechendes Modell entwickelt haben, eines, innerhalb dessen sie zahlreiche Möglichkeiten wahrnehmen, über ihre Handlungsweise zu entscheiden. Die Angehörigen der anderen Gruppe erleben sich als Menschen, denen nur wenige Wahlmöglichkeiten offenstehen, unter denen ihnen zudem keine einzige als attraktiv erscheint ... Das Problem besteht nicht darin, dass sie falsche Entscheidungen treffen, sondern darin, dass sie nicht genügend Wahlmöglichkeiten haben – und das wiederum hängt damit zusammen, dass ihr Bild der Welt nicht besonders vielfältig ist."[37]

Zwischen „Alternativen" und „Wahlmöglichkeiten" besteht ein feiner, aber bedeutsamer Unterschied. *Alternativen* befinden sich außerhalb einer Person. *Wahlmöglichkeiten* sind Alternativen, die ein Bestandteil der Landkarte der Person geworden sind – auf die ein Mensch aufgrund seines „freien Willens" und „Urteilsvermögens" zugreifen kann. Einem Menschen könnten viele Optionen oder Alternativen angeboten werden, doch er könnte wirklich keine Wahlmöglichkeit haben. Wahlmöglichkeit und Urteilsvermögen bedeuten, die Fähigkeit und die situativen Hinweise zu haben, um innerlich auswählen und sich für die geeignetste Möglichkeit entscheiden zu können.

Wahlmöglichkeiten sind auch eng mit der „Ökologie" verknüpft. Eine der Grundannahmen des NLP lautet: *Menschen treffen die beste Wahl, die sie als verfügbar wahrnehmen.* Das heißt, jegliches Verhalten, unabhängig davon, wie „schlecht",

---

37 Bandler & Grinder (2011): *Kommunikation und Veränderung*, S. 30.

„verrückt" oder „bizarr" es erscheint, war die beste Wahlmöglichkeit, die dem Menschen angesichts seiner Fähigkeiten und seines Weltbild zum jeweiligen Zeitpunkt zur Verfügung stand. Das NLP betrachtet alle Verhaltensweisen als in irgendeinem Kontext potenziell nützlich oder notwendig. Selbst Ärger, Frustration, Eifersucht, Verwirrung etc. können unter bestimmten Umständen angemessene und ökologische Wahlmöglichkeiten sein.

Deshalb ist es im NLP wichtig, Wahlmöglichkeiten hinzuzufügen, nicht wegzunehmen. Eine weitere Grundannahme des NLP besagt: *Wenn jemand wirklich eine bessere Wahlmöglichkeit hat, dann entscheidet er sich automatisch dafür.* Entscheidend ist, eine Wahlmöglichkeit zu finden, die wirklich „besser" ist in Anbetracht der Situation und der Fähigkeiten der Person.

Im NLP wird auch als wichtig erachtet, dass man neben der unerwünschten oder problematischen Reaktion mehr als eine andere Alternative hat. Im NLP heißt es: *„Eine Wahl ist keine Wahl. Zwei Wahlmöglichkeiten sind ein Dilemma. Erst mit drei Möglichkeiten kann man folgerichtigerweise auswählen."* Zur Mission des NLP gehört, ständig an der Fähigkeit zu arbeiten, immer mehr Wahlmöglichkeiten zu entwickeln und sie Menschen an die Hand zu geben.

Eine Wahlmöglichkeit kann auch die Qualität und nicht so sehr die Quantität betreffen. Das bedeutet, statt „mehr" oder „andere" Wahlmöglichkeiten zu haben, kann man wählen, mit welcher Qualität oder Eigenschaft, also *wie* man eine Situation oder ein Ereignis angeht oder sie / es erlebt. An eine Situation mit „Anmut", „Kongruenz" oder einem bestimmten „Aufmerksamkeitsfokus" heranzugehen wären beispielsweise „qualitative" Wahlmöglichkeiten. Sie beeinflussen, wie man eine Situation wahrnimmt und einordnet. Quantitative Wahlmöglichkeiten sind typischerweise auf den Ebenen Fähigkeiten und Verhalten einzuordnen, wohingegen qualitative Wahlmöglichkeiten auf den Ebenen Überzeugungen, Werte und Identität angesiedelt sind.

4.4 Gewahrsein: Die Grundlage für Wahlmöglichkeiten

Wahlmöglichkeiten und generative Veränderung werden möglich durch die Erweiterung des Gewahrseins, das seinem Wesen nach transformierend ist. Der Transformationslehrer Richard Moss sagt: *Wessen immer Sie gewahr sein können: In Ihnen gibt es etwas jenseits des Objekts des Gewahrseins, das gewahr ist.* Indem Sie gewahr werden, werden Sie so automatisch mehr als das Objekt des Gewahrseins. Wenn ich mir beispielsweise einer meiner Überzeugungen gewahr bin, dann ist da ein „Ich", das sich der Überzeugung gewahr ist, das nicht die Überzeugung ist. Bin ich jedoch nicht gewahr, dann „schmeißt die Überzeugung den Laden", wie eine Art Autopilot, und ich habe keine echte Wahlmöglichkeit.

Ein Beispiel:

In der Anfangszeit des NLP unterhielt sich Robert Dilts mit einem Mann, der mit einer bestimmten Entscheidung rang. Robert Dilts fiel auf, dass der Mann viele Verhaltenshinweise gab, die von einer inneren Stimme zeugten, die für beträchtliche Störfeuer sorgte. Deshalb fragte Robert Dilts den Mann: „Führen Sie Selbstgespräche in Bezug auf diese Entscheidung?" Der Mann murmelte in seinen Bart: „Führe ich Selbstgespräche?" und antwortete einen Moment später: „Nein, mache ich nicht. Ich führe keine Selbstgespräche." Etwas überrascht fuhr Robert Dilts fort: „Sind Sie sicher?" Wieder wiederholte der Mann leise: „Bin ich mir sicher?" und erwiderte dann: „Ja, ganz sicher." Darauf Robert Dilts: „Ich meine, wenn ich Ihnen eine Frage stelle, wiederholen Sie die dann für sich?" „Wiederhole ich die Frage, die Sie mir stellen, für mich?", sagte der Mann zu sich. „Nein, das mache ich nicht."

Offensichtlich war sich der Mann dieses Aspekts seines inneren Prozesses überhaupt nicht bewusst. Folglich hatte er diesbezüglich keine Wahlmöglichkeit. Als es Robert Dilts schließlich gelang, den Mann auf sein Selbstgesprächsmuster aufmerksam zu machen, sagte dieser recht überrascht: „Ach, das ist eine innere Stimme? Ich dachte, das sei einfach die Realität."

Mit der gleichen Dynamik laufen viele unserer „neurolinguistischen Programmierungen" ab. Oft sind wir uns der Prozesse nicht bewusst, die unsere inneren Erfahrungen und Landkarten der Welt hervorrufen, und das schränkt unsere diesbezüglichen Wahlmöglichkeiten erheblich ein. Infolgedessen sind wir einen Großteil der Zeit im „Autopilot"-Modus unterwegs. Das ist nicht zwangsläufig ein Problem, doch es kann eines werden, wenn diese Programme uns nicht mehr dienen und unsere Zukunftsfähigkeit beeinträchtigen.

4.4.1 Unbewusste Programmierungen und Gedankenviren

Das Gleiche kann bei einer „Programmierung" in einer Gruppe passieren. Denken Sie einmal über folgendes Experiment nach:

Das Experiment

Der Prozess beginnt mit einem Käfig, in dem sich fünf Affen befinden und ein speziell konstruiertes Wassersystem. Die Versuchsleiter hängen im Käfig eine Banane an einer Schnur auf und stellen eine Treppe darunter. Nach Kurzem geht ein Affe zur Treppe und will zur Banane klettern. Sobald er die Treppen berührt, geht das Wassersystem los und bespritzt *alle* Affen mit kaltem Wasser. Nach einer Weile probiert es ein anderer Affe mit dem gleichen Ergebnis – alle Affen werden mit kaltem Wasser vollgespritzt. Schon bald stellen die Affen die Verbindung her und sobald ein Affe sich in Richtung Treppe aufmacht, halten ihn die anderen Affen davon ab, notfalls mit körperlicher Gewalt. Schließlich lernen die Affen, die Treppe vollkommen zu meiden.

Die Versuchsleiter schalten den Kaltwasser-Spritzmechanismus ab. Doch das finden die Affen nie heraus, weil sie weiterhin einen Bogen um die Treppe machen. (Das Gebiet hat sich verändert, doch ihre Landkarte nicht!)

Das Ganze wird noch interessanter, wenn ein Affe aus dem Käfig genommen und durch einen neuen ersetzt wird. Der neue Affe sieht die Banane und will die Treppe hinaufklettern. Zu seiner Überraschung stürzen alle anderen Affen auf ihn zu, sobald er sich den Stufen nähert, und halten ihn davon ab. Je mehr er sich anstrengt, desto rabiater werden die anderen. Nach einigen Versuchen lernt er: Wenn er versucht, die Treppe hinaufzuklettern, wird er angegriffen.

Später wird noch einer der fünf ursprünglichen Affen aus dem Käfig genommen und durch einen anderen ersetzt. Der Neuling geht zu den Stufen und wird von der Gruppe ebenfalls zurückgehalten. Der vormals Neue schließt sich den anderen augenscheinlich enthusiastisch an („Wenn ich nicht auf die Treppe kann und die Banane bekomme, kannst du das auch nicht!").

Der zweite ersetzte Affe lernt schließlich auch, dass die Treppe und die Banane „tabu" sind. Danach wird ein dritter Affe ausgetauscht. Wenn der Neue auf die Treppe zugeht, wird auch er von allen anderen in die Schranken verwiesen. Zwei der vier Affen, die ihn abhalten, haben keine Ahnung, warum sie nicht die Treppe hinaufklettern dürfen (sie wurden nie mit kaltem Wasser bespritzt). Sie spiegeln wider, wie sie behandelt wurden.

Schließlich werden auch der vierte und der fünfte Affe ersetzt. Alle Affen, die mit kaltem Wasser bespritzt wurden, sind jetzt weg und das Wassersystem ist schon eine ganze Zeit lang abgeschaltet. Trotzdem geht kein Affe in der neuen Gruppe zur Treppe. Warum nicht? Weil „das schon immer so war".

Das ist ein Beispiel dafür, wie Gedankenviren, wie wir sie nennen, erzeugt werden. Ein *Gedankenvirus* ist eine einschränkende Überzeugung, die von den Erfahrungen abgespalten wurde, die sie ursprünglich hervorriefen. Für die erste Gruppe von

Affen beruhte die Überzeugung: „Du sollst nicht zur Treppe gehen, um die Banane zu bekommen" auf der unangenehmen persönlichen Erfahrung, dass sie alle nass gespritzt wurden, wenn einer von ihnen das machte. Die zweite Gruppe hat diese Erfahrung nie gemacht. Sie lernte: „Du sollst nicht zur Treppe gehen, um die Banane zu bekommen" von ihrem sozialen Umfeld.

In anderen Experimenten[38] brachten die Forscher männlichen und weiblichen Rhesusaffen bei, bestimmte Gegenstände nicht anzufassen, weil das unangenehme Folgen für die Affen hatte, wie im oben geschilderten Experiment. Dann brachten sie einzelne ahnungslose Affen in einen Käfig mit einem konditionierten Affen, der genauso alt war und das gleiche Geschlecht hatte, und fügten den jeweiligen Gegenstand hinzu, auf den zu meiden der erste Affe programmiert war. In einem Fall zerrte ein vorher konditioniertes Affenmännchen seinen nicht-konditionierten Partner weg von dem Gegenstand, solange sie zusammen waren. Noch interessanter ist: In anderen Fällen zeigten vorher konditionierte Affen einen „drohenden Gesichtsausdruck und eine Angsthaltung", wenn ein nicht-konditioniertes Tier sich dem Gegenstand näherte, und sie brachten ihren Gefährten dazu, den Gegenstand zu meiden. Wenn nicht-konditionierte Männchen, die mit konditionierten Männchen zusammen gewesen waren, später mit dem Gegenstand allein im Käfig waren, mieden sie ihn fast völlig. Nicht-konditionierte Affen, die nicht mit konditionierten Affen interagiert hatten, interessierten sich für den Gegenstand im Käfig genauso wie für die anderen Gegenstände.

Solche Experimente belegen: Derartige „Programme" können entweder direkt durch Verhalten übertragen werden (d. h. der eine Affe zerrt den anderen vom Gegenstand weg) oder durch Spiegelneuronen (wie im Fall der Affen, die einen drohenden Gesichtsausdruck und eine Angsthaltung gezeigt hatten, als ihre Partner auf den Gegenstand zugingen). Das führt dazu, dass die Überzeugung durch das „Feld" der Interaktionen des Affen ohne jeglichen Körperkontakt gehalten und übertragen wird. Interessant sind Spekulationen darüber, wie viel von unserer eigenen Programmierung wir vor allem in jungen Jahren durch Spiegelneuronen „aufgeschnappt" haben.

Solche Überzeugungen oder „Gedankenviren" können aus verschiedenen Gründen schwer zu verändern oder zu korrigieren sein. Zum einen, weil sie von Vermeidung geprägt sind. Selbst wenn sich die Umstände ändern (etwa dass im ersten Experiment das Wasser abgeschaltet wurde), findet das die ursprüngliche Gruppe wahrscheinlich nicht heraus, weil die Tiere nie einen Test riskieren. Bei der zweiten Gruppe kommt ein anderer Faktor ins Spiel. Weil die Überzeugung nicht von ihrer eigenen unmittelbaren Erfahrung herrührt, dass nämlich ihr Handeln unangenehme Folgen hat, wird die Überzeugung nicht automatisch aktualisiert, wenn sich die

---

38 Stephenson, G. R. (1967): *Cultural acquisition of a specific learned response among rhesus monkeys.*

äußeren Bedingungen ändern. Falls die ursprüngliche Affengruppe aus dem ersten Experiment herausfindet, dass das Wasser abgeschaltet wurde, werden sich die Tiere wieder vorsichtig an die Treppe heranwagen. Für die zweite Gruppe war jedoch das Wasser nie der Grund, die Treppe überhaupt zu meiden. Es war nur etwas, was „man nicht macht".

Neues Gewahrsein und neue Wahlmöglichkeiten in eine solche Situation zu bringen stellt eine erhebliche (und gar nicht so seltene) Herausforderung dar, die man auf mehrere Arten angehen kann, wie wir in diesem Kapitel zeigen werden.

4.5 Coaching mit dem NLP der nächsten Generation

Das NLP der nächsten Generation wird hauptsächlich im Rahmen von Coaching angewandt, ein Gebiet, das seit den Anfängen des NLP in den 1970er-Jahren entstanden ist und sich enorm ausgeweitet hat. Viele ursprüngliche NLP-Formate und -Techniken wurden im psychotherapeutischen Rahmen entwickelt. Coaching geht auf ein viel breiteres Spektrum von Alltagsproblemen ein als die Psychotherapie, außerdem lässt es sich in Gruppen und sogar Organisationen sowie bei Einzelpersonen anwenden.

Allgemein bezeichnet man mit *Coaching* den Prozess, einzelne Menschen und Teams dabei zu unterstützen, Bestleistungen zu erzielen. Coaching lockt die Stärken der Menschen hervor, hilft ihnen im Umgang mit persönlichen Hürden und Grenzen, sodass sie ihr Bestes geben. Außerdem unterstützt Coaching die Menschen dabei, sich erfolgreich in ein Team einzubringen. Daher muss in einem wirkungsvollen Coaching das Augenmerk sowohl auf der Aufgabe als auch auf der Beziehung liegen.

Coaching betont generative Veränderungen und konzentriert sich deshalb darauf, spezifische Ziele zu definieren und zu erreichen. Die Coaching-Methodik ist eher ziel- als problemorientiert. Meist konzentriert sie sich stark auf Lösungen und fördert die Entwicklung neuer Denk- und Handlungsstrategien, statt zu versuchen, Probleme und alte Konflikte zu lösen. Problemlösung oder Veränderungen, um Abhilfe zu schaffen, sind eher Themen von Beratung oder Therapie.

Interessanterweise ist der Begriff „Coach" vom Namen eines kleinen ungarischen Dorfes abgeleitet, *Kocs*, wo außergewöhnliche Wagen verschiedener Art und Kutschen gebaut wurden. Kocs liegt an der Donau, auf der ehemaligen Hauptverbindung zwischen Wien und Budapest. Diese beiden wunderbaren Städte brauchten gut gebaute, schnelle Fahrzeuge, die mehr als zwei Personen so komfortabel wie möglich über die holprigen Straßen beförderten. Ein solcher von mehreren Pferden gezogener Wagen, der sich für diesen Zweck mit am besten eignete, wurde in Ungarn *kocsi szekér* genannt, wörtlich „ein Wagen aus Kocs". Das war ein leichter, verhältnismäßig komfortabler vierrädriger Reisewagen mit Riemenaufhängung. Er war so kompakt, elegant und robust, dass sich diese Bauweise im 15. und 16. Jahrhundert in ganz Europa ausbreitete. Die Wiener nannten das Gefährt eine *Kutsche*, nach dem ungarischen Ort. In Paris wurde dieses Wort zu *coche*, in Rom zu *cocchio*. Schließlich tauchte das Fahrzeug in England auf und wurde dort *coach* genannt.

Coach bedeutete also ursprünglich „Wagen" oder „Kutsche" und diese Bedeutung hat das Wort auch heute noch – etwa wenn jemand im Zug unterwegs ist.[39] Ein

---

39 Das englische Wort für Eisenbahnwaggon ist „coach" (Anm. d. Ü).

„Coach" ist im wörtlichen Sinn *ein Fahrzeug, das eine Person oder Personengruppe von einem Ausgangsort an einen Wunschort bringt.*

Abbildung 75: Eine Kutsche (engl. „coach") war ursprünglich ein Gefährt, das Menschen von einem gegenwärtigen zu einem erwünschten Punkt (Zustand) brachte.

Coaching im pädagogischen Sinn leitet sich von der Vorstellung her, dass der Tutor den Studenten durch die Prüfungen „schleust" oder „befördert". Ein Lernbegleiter oder Lerncoach (educational coach) ist definiert als „Privatlehrer", „einer, der einen Leistungsträger oder ein Team von Leistungsträgern anleitet oder trainiert", oder „einer, der Spieler in den Grundlagen eines Wettkampfsports unterweist und die Teamstrategie vorgibt". Als Coach tätig zu sein heißt, „intensiv auszubilden (durch Unterweisen und Vormachen)".

Im Sport begleitet und beobachtet der Coach die Athleten beim Trainieren. Er ermuntert sie, gibt ihnen Feedback, damit sie ihre Bestleistungen bringen. Ein Rudercoach fährt beispielsweise in einem Boot neben den Ruderern her. Der Coach beobachtet die Ruderer und macht sie auf verschiedene Aspekte ihrer Ausführung aufmerksam – sowohl den Einzelnen als auch das ganze Team – wie: „Achte auf die Knie deines Vordermanns", „Im Brustkorb öffnen, Schultern kraftvoll und weich."

Coaching stellt also ein Fahrzeug zur Verfügung, mit dem ein Einzelner oder eine Gruppe vom *gegenwärtigen Zustand* zu einem *erwünschten Zustand* gelangen kann, und zwar hoffentlich auf dem effizientesten und effektivsten *Weg*. Für diese Reise muss man die Kern*ressourcen* erkennen und aktivieren sowie mögliche *Störfaktoren* ermitteln und angemessen mit ihnen umgehen. Den grundlegenden Coachingprozess können wir in folgendem Schema zusammenfassen:

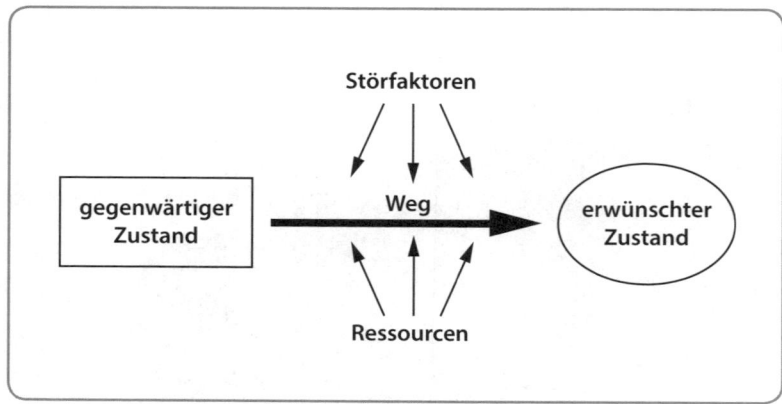

Abbildung 76: Schema des allgemeinen Coachingprozesses

Die Fertigkeiten und Werkzeuge aller NLP-Generationen fördern auf einzigartige Weise erfolgreiches Coaching. Das NLP richtet sein Augenmerk auf wohlgeformte Ziele; es hat seine Grundlagen im Modellieren von Menschen, die Spitzenleistungen erbringen, und es kann Schritt für Schritt Prozesse in Gang setzen, die herausragende Leistungen begünstigen; das macht es zu einer wichtigen und wirkungsvollen Ressource für alle Arten von Coachs.

Zu den häufig genutzten NLP-Fertigkeiten, Werkzeugen und Techniken für erfolgreiches Coaching gehören: wohlgeformte Ziele setzen, mit inneren Zuständen umgehen, verschiedene Wahrnehmungspositionen einnehmen, Moments of Excellence erkennen, Ressourcen übertragen (map across) und konstruktives Feedback geben.

4.5.1 „Coaching" mit großem „C" und mit kleinem „c"

In der Vergangenheit wurde im Coaching üblicherweise die Verbesserung einer Leistung angestrebt, meist einer bestimmten Verhaltensleistung. Ein in diesem Sinne erfolgreicher Coach, etwa ein Lehrer für Stimmbildung und Sprechen (voice coach), ein Ausbilder für Schauspieler (acting coach), ein Basketballtrainer (pitching coach) beobachtet das Verhalten einer Person, gibt Tipps und leitet sie an, unter speziellen Umständen und in bestimmten Situationen besser zu sein. Durch sorgfältiges Beobachten und Feedback unterstützt ein Coach einen Menschen, seine Verhaltenskompetenz weiterzuentwickeln.

Doch Coaching, das generative Veränderungen begünstigt, muss die Menschen auf mehreren verschiedenen Ebenen unterstützen: auf der Ebene der Verhaltensweisen, der Fähigkeiten, der Überzeugungen, der Werte und sogar auf der Ebene der Identität. Diese Art von Coaching bezeichnen wir als „C"-Coaching, also Coaching mit großem „C" [im Englischen] (siehe *From Coach to Awakener*, R. Dilts, 2003; dt.: *Professionelles NLP: mit dem NLP-Werkzeugkasten geniale Lösungen ansteuern*).

„coaching" mit kleinem „c" [im Englischen] konzentriert sich stärker auf die Verhaltensebene, steht also für den Prozess, eine andere Person darin zu unterstützen, eine bestimme Verhaltensleistung zu erreichen oder zu verbessern. Die Methoden in dieser Coachingform kommen überwiegend aus dem Sporttraining; sie helfen, Ressourcen und Fähigkeiten klarer wahrzunehmen und bewusste Kompetenz zu entwickeln.

„Coaching" mit großem „C" oder generatives Coaching unterstützt Menschen, Ziele auf verschiedenen Ebenen zu erreichen. Es betont generative Veränderung, konzentriert sich darauf, Identität und Werte zu stärken sowie Träume und Ziele Wirklichkeit werden zu lassen. Damit beinhaltet es die Fertigkeiten des „Coaching" mit kleinem „c", doch darüber hinaus noch viel mehr.

Beim Coaching mit großem „C" geht es hauptsächlich darum, ein „Erwecker" (awakener) zu sein. Andere zu *erwecken* bedeutet, sie dabei zu unterstützen, Gewahrsein zu entwickeln und auf der Ebene ihrer Vision, Mission und Spiritualität zu wachsen. Ein *Erwecker* unterstützt einen anderen Menschen darin, der Beste zu sein, der er sein kann. Dafür bietet er einen Rahmen und Erfahrungen an, in dem und durch die ein Mensch bestmöglich seine Bestimmung, sein Selbst und seine Rolle in einem größeren System, von dem er ein Teil ist, verstehen und erkennen kann.

Offensichtlich kann man andere nicht aufwecken, erwecken, wenn man selbst noch schläft. Deshalb besteht die erste Aufgabe des Erweckers darin, aufzuwachen und wach zu bleiben. Ein Erwecker „weckt" andere „auf" durch seine eigene Integrität und Kongruenz. Ein Erwecker bringt andere Menschen mit ihrer Mission und ihren Visionen in Kontakt, indem er mit seiner Mission und seinen Visionen in engem Kontakt ist. Anders ausgedrückt, wir werden Erwecker, indem wir die oder der Beste sind, die oder der wir sein können.

4.6 Coaching und das „Inner Game"

Die letzten 20 Jahre in der Entwicklung des Coaching haben zu einem neuen Verständnis dafür geführt, was man in der Welt von heute mit ihren Herausforderungen und Veränderungen braucht, um erfolgreich zu sein. Zu den wichtigsten Erkenntnissen zählt: Für Spitzenleistungen ist entscheidend, Menschen dabei zu unterstützen, ihr „Inner Game", ihr „inneres Spiel" zu entwickeln.

Wer das *äußere Spiel* einer Tätigkeit beherrschen will, muss lernen, diese Tätigkeit auf den Ebenen Verhalten und Umgebung erfolgreich auszuführen. Im Sport betrifft das konkret die physische Seite sowie die Ausrüstung (Tennisschläger, Ski, Ball, Schläger, Handschuhe etc.). Im Wirtschaftsleben heißt es, die erforderlichen Werkzeuge und Verfahren einzusetzen, um für die Mission entscheidende Aufgaben zu erledigen und um sich am Markt zu behaupten.

Im *inneren Spiel* geht es darum, wie Sie selbst innerlich, mental und emotional an etwas herangehen. Es geht also um Ihre Einstellung und inwieweit Sie an sich und Ihr Team glauben, wie gut Sie sich konzentrieren können, wie Sie mit Fehlern und Druck umgehen können usw. Timothy Gallwey hat das Konzept des inneren Spiels entwickelt (1977, 2002), um Menschen dabei zu unterstützen, in verschiedenen Sportarten Spitzenleistungen zu erzielen (z. B. beim Tennis, Golf, Skifahren), ebenso in der Musik sowie in der Wirtschaft und der Ausbildung von Führungskräften.

Timothy Gallwey sagt:
„Bei jeder menschlichen Unternehmung gibt es zwei Spielwiesen: die äußere und die innere. Das äußere Spiel wird auf einem äußeren Schauplatz gespielt, um äußere Hindernisse zu überwinden und ein äußeres Ziel zu erreichen. Das innere Spiel findet im ‚Kopf' des Spielers statt und wird gegen Hindernisse gespielt wie Angst, Selbstzweifel, kurze Aussetzer in der Aufmerksamkeit und einschränkende Vorstellungen oder Annahmen. Das innere Spiel wird gespielt, um Hindernisse zu überwinden, die man sich selbst gestellt hat und die einen Menschen oder ein Team daran hindern, das ganze Potenzial zu nutzen."

Gallwey, früher Mannschaftskapitän des Tennisteams der Harvard University, begann in den 1970er-Jahren zu meditieren. Dabei stellte er fest, dass er so seine Bewusstheit stärkte, er sich besser konzentrieren konnte und dass sich sein Tennisspiel schlagartig verbesserte. Gallweys inneres Spiel basiert auf bestimmten Prinzipien, nach denen man sich selbst beobachtet, ohne sich zu bewerten. Der Körper passt sich an die erhöhte Bewusstheit an und korrigiert sich automatisch, sodass man Bestleistungen erzielt.

Wenn äußeres und inneres Spiel Hand in Hand gehen, dann „flutscht es", man agiert mühelos und herausragend; das bezeichnet man als „in der Zone spielen". Dass man konzentriert und *in der Zone* ist, dafür gibt es folgende Hinweise:

- ein Gefühl von Vertrauen und keinerlei Ängstlichkeit oder Selbstzweifel;
- keine Versagensangst oder innere Unsicherheit, ob man die eigenen Ziele erreicht;
- die Konzentration darauf, wunderbar und hervorragend zu agieren;
- das Gefühl einer „demütigen Autorität" – Selbstvertrauen ohne Arroganz;
- ein Zustand entspannter körperlicher Bereitschaft und geistiger Weite;
- die Leistung kommt mühelos und ohne Nachdenken.

Das Gegenteil dieses Zustands – Ängstlichkeit, mangelndes Vertrauen, wenig Energie, Angst, Stress, mentales Gelähmt-Sein – ist verantwortlich für viele Schwierigkeiten und Herausforderungen auf jeglichem Gebiet. Mit anderen Worten: *Innere Einschränkungen schränken die Leistungen der Menschen ein.*

Erfolg auf jeglichem Gebiet bedeutet, Kopf (mind) und Körper gemeinschaftlich einzusetzen. Die Essenz des inneren Spiels besteht darin, sich mental und emotional auf eine gute Leistung vorzubereiten. Aus der Sicht des NLP der dritten Generation geht es beim Beherrschen des inneren Spiels darum, die Intelligenz aller drei Bewusstseinsebenen zu aktivieren und aufeinander abzustimmen.

4.6.1 Das Beispiel vom „Wunder auf dem Hudson"

Wie wichtig es ist, das innere Spiel zu beherrschen, dafür sind der Flugkapitän, die Crew und das sogenannte „Wunder auf dem Hudson" vom 15. Januar 2009 eindrückliches Beispiel. Der Flug Nummer 1549 der US Airways war gezwungen, auf dem Hudson River in New York City zu landen, nachdem das Flugzeug in einen Vogelschwarm geraten war und beide Triebwerke aussetzten. Weil es dem Piloten und der Crew gelang, ruhig und konzentriert zu bleiben, gelangten alle 155 Insassen sicher aus dem Flugzeug und wurden von Wasserfahrzeugen in der Nähe gerettet.

Weil der Pilot Chesley Sullenberger in einer unerwarteten und extremen Notsituation seine Fassung bewahrte und in seiner Zone der Exzellenz blieb, konnte der Airbus 320 erfolgreich auf dem Wasser notlanden. Da die Triebwerke vollkommen ausgesetzt hatten, blieben ihm nur drei Minuten, von dem Moment an, als die Vögel mit dem Flugzeug zusammenstießen und bis das Flugzeug auf dem Wasser aufsetzte. Nachdem der Pilot zweimal die Kabine abgeschritten war, um sich zu vergewissern, dass nach der Evakuierung niemand mehr im Flugzeug war, verließ er als Letzter die Maschine.

Sullenberger wurde oft gelobt für seine Gelassenheit und sein ruhiges Auftreten in der Krise und zweifellos war die Situation nicht einfach für ihn. Ja, sie erforderte, dass er das innere Spiel seines Lebens spielte. Wäre er nicht in der Zone seiner Exzellenz geblieben, wäre er stattdessen in Panik geraten oder hätte sich in Überlebensstrategien verrannt und hätte gekämpft, wäre geflohen oder erstarrt, dann wären sicher viele Menschen ums Leben gekommen. Dass der Pilot seinen inneren Zustand im Griff hatte, war in dieser unglaublichen Geschichte vielleicht der Haupt-„Unterschied, der den Unterschied machte".

Auf die Frage, wie er sich innerlich fühlte, als sein Airbus in Richtung Wasser glitt, antwortete der Pilot: „Äußerlich ruhig, innerlich in Aufruhr." Sullenberger sagte, er sei nie nervöser gewesen, doch er konnte die Fassung bewahren. Der Pilot beschrieb seinen emotionalen Zustand unmittelbar vor der Landung als „das unerträglichste Gefühl in der Magengrube, als gebe der Boden unter den Füßen nach", das er je gehabt habe. Dennoch gelang es Sullenberger, in seiner Zone der Exzellenz zu bleiben und die erfolgreichste Notlandung in der Geschichte der Luftfahrt durchzuführen.

Sullenbergers Beschreibung, gelassen zu bleiben und gleichzeitig innerlich aufgewühlt zu sein, bezeichnen wir als die Fähigkeit, schwierige Gefühle „auszuhalten". Wenn wir eine intensive innere Reaktion *aushalten* können, dann können wir mit ihr sein und sie aus einem inneren Zustand heraus zulassen, der größer ist und über die Reaktion hinausgeht. Statt dass wir uns in ihr verlieren, sie bekämpfen oder sie zu kontrollieren versuchen, darf die Reaktion ihren Platz einnehmen und wir können sie sogar als Ressource nutzen.

Es erscheint einleuchtend, dass man, um ein „Wunder" zuwege zu bringen wie das des Fluges 1549, die Intelligenz aller drei Geistesmodi aktivieren und in Einklang bringen muss: den kognitiven, den somatischen und den Feld-Geist. Kognitives Wissen und Intelligenz sind notwendig, um das Flugzeug geschickt zu manövrieren, obwohl Wissen allein nicht genügt, wenn es nicht „in Fleisch und Blut" übergegangen, also „im Muskel" ist. Ganz eindeutig spielen beim inneren Spiel auch körperliche Faktoren eine Rolle, wenn es darum geht, zentriert, ruhig, offen und „in der Zone" zu bleiben. Feldfaktoren bedeuten, die kollektive Intelligenz und Kompetenz des Teams anregen und organisieren zu können, damit alle eine kollektive Zone von Vertrauen und Exzellenz bilden.

Ein interessanter Beweis für Führungsqualität, Teamarbeit und vielleicht den Einfluss von Spiegelneuronen ist Sullenbergers Aussage, er habe unter anderem deshalb so ruhig bleiben können, weil seine Crew so „cool" und gefasst gewesen sei. Die Crew jedoch gab an, sie habe so ruhig bleiben können, weil der Flugkapitän so zuversichtlich und beherrscht gewesen sei. Ähnlich berichteten die Passagiere, das Verhalten des Piloten und der Crew habe sie dazu gebracht, Ruhe zu bewahren. Gleichzeitig bestätigten die Crewmitglieder, die Gelassenheit und Kooperation der Passagiere habe dazu beigetragen, dass sie die Fassung bewahren konnten.

Ein ähnliches Phänomen berichteten Überlebende der Katastrophe vom 11. September 2001. Viele Insassen der Twin Towers konnten Panik vermeiden und schafften es, viele Stockwerke nach unten und aus dem Gebäude ins Freie zu gelangen, indem sie ruhig und zentriert blieben und sich gegenseitig dabei unterstützten. So wurden die Verluste an Menschenleben drastisch verringert, die bei dieser Katastrophe noch viel größer hätten ausfallen können. Diese gegenseitige Unterstützung erzeugt eine Art Feld, in dem Menschen gegenseitig ihre Fähigkeit stärken, in ihrer Zone der Exzellenz zu bleiben. Das ist die positive Seite der Wirkung, die wir in Kapitel 4.4 in den Affenexperimenten beschrieben haben. Dort erzeugte erlernte Angst in einer Kerngruppe von Affen einen Gedankenvirus der Vermeidung.

4.6.2 Die Bedeutung des Übens

Um in der eigenen Zone bleiben und alle drei Geistesmodi zusammenbringen zu können, muss man sich natürlich gut vorbereiten und viel üben. Kapitän Sullenberger formuliert es so: „Man kann es auch so sehen: 42 Jahre lang habe ich regelmäßig auf dieses Erfahrungskonto kleine Einzahlungen gemacht in Form von Schulungen und Training. Und am 15. Januar war so viel auf dem Konto, dass ich sehr viel abheben konnte."

Der griechische Philosoph Aristoteles behauptete: „Wir sind das, was wir immer wieder tun. Spitzenleistungen sind nicht eine Handlung, sondern eine Gewohnheit." In seinem Buch *Outliers: The Story of Success* (dt.: *Überflieger: Warum manche Menschen erfolgreich sind – und andere nicht*) führt Malcolm Gladwell immer wieder die „10 000-Stunden-Regel" an. Dabei zitiert er den Psychologen Anders Ericsson (2006), der Kompetenz und Spitzenleistungen untersuchte. Laut Gladwell liegt der Schlüssel zu Erfolg auf jeglichem Gebiet großenteils darin, insgesamt ungefähr 10 000 Stunden zu üben.

Der Begriff „Überflieger" (wörtlich „Ausreißer") beschreibt Dinge oder Phänomene, die außerhalb der normalen Erfahrung liegen. In seinem Buch konzentriert sich Gladwell auf Menschen, die Überflieger sind – außergewöhnliche Männer und Frauen, die etwas ganz außerhalb des Üblichen Liegendes erreicht haben. Um eine solche Größe zu erlangen, müsse man enorm viel Zeit investieren in Form von Üben, behauptet er. Dafür zieht er so unterschiedliche Beispiele heran wie die Beatles, Bill Gates und Robert Oppenheimer und zeigt, wie sie alle als Auftakt zu ihrem Erfolg die „10 000-Stunden-Regel" befolgten.

Die Beatles traten beispielsweise zwischen 1960 und 1964 über 1200-Mal live auf und sammelten dabei über 10 000 Stunden Spielzeit; damit hielten sie sich an die 10 000-Stunden-Regel. Gladwell behauptet, die ganze Zeit, die die Beatles auf der Bühne standen, formte ihr Talent aus. „Als sie von Hamburg nach England zurückkehrten, ‚hatten sie ihren eigenen Sound. Das hat sie zu dem gemacht, was sie heute sind.'"

Bill Gates befolgte die 10 000-Stunden-Regel, als er 1968 im Alter von 13 Jahren an der Highschool Zugang zu einem Computer hatte und ihn 10 000 Stunden programmierte. In einem Interview für das Buch behauptet Gates, diese zu der Zeit noch unübliche Möglichkeit habe ihm zu seinem Erfolg verholfen.

10 000 Stunden erscheinen zwar recht viel (sie entsprechen 10 Jahre lang 20 Stunden Arbeit pro Woche), doch die Investition lohnt sich, wenn wir uns wirklich entwickeln und verändern wollen. Unsere Kollegin und Freundin Lynne Conwell macht klar: „Du bist, was du übst und praktizierst."

Wichtig ist auch zu betonen: Für ein einfaches oder auch gutes Leistungsniveau ist es nicht notwendig, 10 000 Stunden zu üben. Eine akzeptable Schwelle können wir in viel kürzerer Zeit erreichen. Und ein solches Üben, auch das sollten wir bedenken, ist nicht einfach stupides und mechanisches Wiederholen. Es gleicht eher einem iterativen Vorgang, durch den ein Fraktal entsteht, und ist gerade nicht mühsam und langweilig.

Außerdem belegen immer mehr Untersuchungen, dass wir uns durch verschiedene Formen des „mentalen Übens" Fertigkeiten schneller aneignen können. Mit anderen Verfahren wie Selbsthypnose können wir ebenfalls mental üben, sogar im Schlaf (somit reduziert sich unter Umständen die Gesamtzeit, bis 10 000 Stunden zusammenkommen).

Fakt bleibt jedoch: Der Grundstein für Best- und Höchstleistungen auf jeglichem Gebiet wird durch Üben gelegt. Durch das körperliche Tun entwickeln sich die Fertigkeiten für Ihr äußeres Spiel und bringen diese ins „Muskelgedächtnis", sodass Sie während des Spiels nicht darüber nachzudenken brauchen. Ähnlich gibt es mentale Übungen und Körperübungen, mit denen Sie Ihr inneres Spiel verbessern können.

4.7 Üben, in der Zone zu sein: COACHing versus CRASHing

Die Dinge verändern sich zwar immer, aber nicht immer zum Besseren, heißt es. Phasen des Übergangs und der Veränderung bringen viele Herausforderungen mit sich: Man muss sich der Angst vor dem Unbekannten und Nicht-Vertrauten stellen, mit Verlust umgehen und man fühlt sich allgemein verletzlich. Oft werden so nutzlose Überlebensstrategien ausgelöst: Angriff, Entkommen oder Unnachgiebigkeit (Kampf, Flucht, Erstarren), was vorübergehend zu Regression, Trägheit, Ambivalenz, der Schwierigkeit, loszulassen, Verwirrung und Konflikten führen kann.

In diesem Fall stürzen wir wahrscheinlich in einen festgefahrenen Zustand, der sich mit den Buchstaben des Wortes **CRASH** zusammenfassen lässt:
Contraction – Kontraktion, Sich-Zusammenziehen
Reaction – Reaktion
Analysis – Analyse
Separation – Trennung
Hurt – Verletzt-Sein

Um durch die Veränderung hindurchzugehen, ist es wichtig, Eigenschaften zu entwickeln wie Flexibilität und Stabilität, Gleichgewicht, Verbindung und die Fähigkeit, loszulassen. Diese entwickeln sich, wenn wir zentriert und in der eigenen Zone der Exzellenz sind und gleichzeitig verbunden mit etwas jenseits unserer Egogrenzen. Diese Prozesse kennzeichnet der **COACH**-Zustand, wie wir ihn nennen:
Centered – zentriert
Open – offen
Attending with Awareness – sich mit Gewahrsein zuwenden; aufmerksam und achtsam
Connected – verbunden
Holding – aushaltend

In diesem Zustand sind wir kohärent und alle drei Geistesmodi, die wir in diesem Buch untersucht haben, sind aufeinander abgestimmt: somatischer Geist, kognitiver Geist und Feld-Geist.

Wir brauchen Übungen, mit denen wir immer besser lernen können, im COACH-Zustand (unserer Zone der Exzellenz) und in unserer Bestform zu sein, insbesondere wenn wir mit Herausforderungen und Veränderungen konfrontiert sind. Wenn das Leben glattläuft, ist es leicht, im Gleichgewicht zu bleiben. Doch um auch in turbulenten Zeiten das Gleichgewicht zu bewahren, muss man diese Eigenschaften so weit verinnerlicht haben, dass sie im „Muskel" sind. Um Phasen der Veränderung ressourcenvoll zu durchlaufen, muss man als Vorbereitung ausdauernd üben.

Die früheren Generationen des NLP legen großen Wert auf Techniken. Für das NLP der dritten Generation ist Üben der Kern generativer Veränderung und der Zukunftsfähigkeit.

ÜBUNG

Ihre Zone finden

Die folgende Übung basiert auf einer einfachen, aber tief greifenden Inner-Game-Übung, die uns erstmals unser Kollege John Welwood zeigte. Er schrieb die Bücher *Toward a Psychology of Awakening* (dt.: *Buddhismus und Psychotherapie: der Weg persönlicher und spiritueller Transformation*) und *Journey of the Heart* (dt.: *Dem Herzen folgen: durch Liebe und Freundschaft zu sich selbst finden*). Seine Frau Jennifer entwickelte diese Übung ursprünglich als Teil einer Meditation.

Wir haben sie ein wenig angepasst und abgewandelt, um alle Bestandteile des COACH-Zustands zu erfassen. Ziel und Zweck ist, auf alle drei Intelligenzebenen zuzugreifen und sie in Übereinstimmung zu bringen. Dabei gehen wir vom somatischen Geist über den kognitiven Geist und dann zum Feld-Geist. Wie Sie feststellen werden, verbindet diese Übung zahlreiche Teile und Praktiken aus vorangehenden Kapiteln.

1. Setzen oder stellen Sie sich bequem hin, beide Füße stehen flach auf dem Boden, Ihre Wirbelsäule ist aufrecht, aber entspannt (d. h. Sie sind „in Ihrer senkrechten Achse"). Vergewissern Sie sich, dass Sie gleichmäßig und aus dem Bauch heraus atmen. (Kurze, schnelle Atemzüge aus dem Brustkorb würden darauf hinweisen, dass Sie in einem Stresszustand sind.)
2. Richten Sie Ihre Aufmerksamkeit auf Ihre Fußsohlen (gehen Sie mit Ihrem „Bewusstsein" in Ihre Füße). Werden Sie aller Empfindungen an Ihren Fußsohlen gewahr. Spüren Sie die Oberfläche der Fersen, der Zehen, des Fußgewölbes und des Ballens.
3. Dehnen Sie nun Ihr Gewahrsein aus, sodass es den körperlichen Rauminhalt (den dreidimensionalen Raum) Ihrer Füße umfasst, und lenken Sie dann Ihr Gewahrsein durch Ihre Unterschenkel, Knie, Oberschenkel, Ihr Becken und Ihre Hüften. Werden Sie Ihres Bauchzentrums, also Ihrer Mitte, gewahr, atmen Sie tief hinein und sagen Sie zu sich: „Ich bin hier." „Ich bin präsent." „Ich bin zentriert."
4. Bleiben Sie Ihrer unteren Körperhälfte weiter gewahr und dehnen Sie Ihr Gewahrsein durch Ihren Solarplexus, Ihre Wirbelsäule, Ihre Lungen, Ihren Brustkorb und Ihre Brust aus. Lenken Sie Ihr Gewahrsein in Ihr Herzzentrum im oberen Brustkorb; atmen Sie in Ihre Brust und sagen Sie zu sich: „Ich bin offen." „Ich öffne mich."
5. Dehnen Sie nun Ihr Gewahrsein weiter aus durch Ihre Schultern, Oberarme, Unterarme, Ellenbogen, Handgelenke, Hände und Finger und hinauf durch Ihren Nacken, Ihren Hals und Ihr Gesicht. Achten Sie darauf, dass Sie alle Sinne im Kopf einbeziehen: Augen, Ohren, Nase, Mund und Zunge. Richten Sie Ihr Gewahrsein auf Ihren Schädel, Ihr Gehirn und das Zentrum, die Mitte Ihres Kopfes hinter Ihren Augen. Atmen Sie, als

würden Sie in Ihr Kopfzentrum atmen und es mit Sauerstoff und Energie versorgen, und sagen Sie zu sich: „Ich bin wach." „Ich bin gewahr." „Ich bin aufmerksam und klar."

6. Bleiben Sie in Kontakt mit Ihren jeweiligen Körperempfindungen. Beginnen Sie bei den Füßen und beziehen Sie alle drei Zentren ein (Bauch, Herz und Kopf). Nehmen Sie den Raum unter sich bewusst wahr, indem Sie mit Ihrer Aufmerksamkeit zum Erdmittelpunkt gehen. Nehmen Sie den ganzen Raum über sich wahr, indem Sie in den Himmel hinaufreichen. Nehmen Sie den ganzen Raum zu Ihrer Linken und zu Ihrer Rechten wahr, den ganzen Raum hinter sich und den Raum vor sich. Fühlen Sie sich mit Ihren Füßen tief verbunden und ebenso mit den Zentren in Bauch, Herz und Kopf sowie mit der Umgebung und dem Feld um sich. Seien Sie sich der unendlichen Ressourcen gewahr, die Ihnen in Ihnen selbst und im Feld um Sie herum zur Verfügung stehen, und sagen Sie zu sich: „Ich bin verbunden."

7. Aus diesem Zustand heraus können Sie alle verfügbaren Ressourcen und Stärken, alle Intelligenz und Weisheit halten und zudem Störenergien wie Angst, Ärger, Traurigkeit etc. aushalten. Erkennen Sie diese Fähigkeit an, indem Sie zu sich sagen: „Ich bin bereit, auszuhalten, was auch immer auftaucht."

Wenn Sie diesen COACH-Zustand, in Ihrer Zone zu sein, üben, werden Sie immer mehr Erfahrungen aus einem Zustand der Ruhe und Klarheit heraus halten können, genau wie Flugkapitän Sullenberger im Beispiel vom „Wunder auf dem Hudson" seine Angst aus einem Zustand von jenseits der Angst heraushalten konnte.

Dazu ein Beispiel:

Robert Dilts coachte einen Mann, der Vizepräsident einer großen internationalen Bank war. Viele Jahre hatte er ein großes Projekt geleitet, in das er sehr viel Zeit, Energie und Emotionen investiert hatte. Doch die Führungsspitze der Bank hatte kurz zuvor einige Veränderungen eingeleitet, die das Projekt nach dem Gefühl des Mannes in eine falsche Richtung führten und die nicht seinen Werten entsprachen. Irgendwann setzte er ein Meeting mit dem Vorstand an als Versuch, das Projekt wieder auf Kurs zu bringen. Falls der Vorstand nicht zu einigen entscheidenden Änderungen bereit wäre, sah er sich gezwungen, das Unternehmen zu verlassen.

Seine Stelle stand im wahrsten Sinn des Wortes auf dem Spiel und er musste eindeutig „das innere Spiel" seiner Berufslaufbahn „spielen". Wenn er vorher dem Vorstandsgremium gegenübergestanden hatte, war das für ihn immer eine Qual gewesen. Er beschrieb es so: Die Atmosphäre sei so „schwer" gewesen, dass er sich angespannt, zusammengezogen, verkrampft gefühlt hatte und sich nicht frei ausdrücken konnte. Im Coaching übte er, seine innere Zone der Exzellenz zu finden und sich darin zu verankern. Deshalb konnte er sich zuversichtlich und gelassen fühlen und eine anschauliche, überzeugende und charismatische Präsentation vor dem Gremium halten. Als Folge davon konnte er sein Projekt, seine Integrität und letztlich seine Karriere retten.

Vom Apfelsaft lernen

Der buddhistische Mönch, Lehrer, Dichter und Friedensaktivist Thich Nhat Hanh erzählt eine amüsante und zugleich lehrreiche Geschichte, die den Nutzen dieses Übens veranschaulicht. Er erzählt von einem Mönch, der während des Vietnamkriegs nach Frankreich kam. Dort half er anderen Ankömmlingen aus diesem Notstandsgebiet, indem er auf die Kinder aufpasste, während die Eltern ein neues Leben aufbauten.

Eines Tages beaufsichtige der Mönch eine Gruppe kleiner Kinder. Nachdem sie eine Weile gespielt hatten, kamen sie zu ihm und wollten etwas zu trinken. Der Mönch hatte eine Flasche selbst gemachten Apfelsaft. Wenig überraschend hatten sich am Flaschenboden viele Schwebstoffe abgesetzt.

Der Mönch goss fünf Gläser Apfelsaft für die Kinder ein. Ein kleines Mädchen bekam das letzte Glas und hatte folglich auch den meisten Satz. Als sie den trüben Saft sah, wollte sie ihn nicht und lief davon, um mit ihren Freunden zu spielen.

Später bekam sie großen Durst und kam ins Haus zurück, um sich etwas zu trinken zu holen. Sie ging zum Spülbecken und bemühte sich nach Kräften, den Wasserhahn aufzudrehen, um sich etwas Wasser zu holen, doch sie war zu klein. Der Mönch sah sie und fragte, was sie da tue. Die Kleine antwortete, sie habe großen Durst und brauche etwas zu trinken.

Der Mönch schlug ihr vor, den Apfelsaft von vorher zu probieren; den hatte er für sie aufgehoben. Die Kleine wollte schon „Nein" sagen, als sie bemerkte, dass der Saft im Glas nun vollkommen klar war. Überrascht dachte sie, es sei anderer Apfelsaft. Das verneinte der Mönch. Es sei derselbe Apfelsaft, doch wenn er eine Weile stand, wurde er von selbst klar, weil sich der Satz am Boden des Glases absetzen konnte.

Das kleine Mädchen trank den Apfelsaft – den besten, den es je getrunken hatte. Es wandte sich an den Mönch und fragte: „Onkel Mönch, bedeutet das, dass der Apfelsaft meditiert hat?" Lächelnd erwiderte der Mönch, der Apfelsaft habe nicht wirklich meditiert, doch sogar von Apfelsaft könnten wir lernen, uns zu zentrieren, zu beruhigen und klar zu werden.

Wir können den COACH-Zustand mit dem Glas Saft in der Geschichte vergleichen. Das Glas enthält sowohl den süßen Saft der Äpfel als auch den unappetitlichen Satz. Den Saft können wir als unsere Erkenntnisse und Ressourcen betrachten und den Satz als die düsteren, schwierigen oder beunruhigenden Gefühle und Energien (Angst, Frustration, Ärger etc.). Indem wir beide aus einem Zustand der Stille und Gelassenheit heraus aushalten, können sich die düsteren und störenden Emotionen setzen und die Klarheit und der Geschmack zutage treten (der Saft, der dem Satz am nächsten ist, schmeckt am intensivsten).

Wenn wir lernen können, gelassen, klar und mit einem größeren Feld verbunden zu bleiben, sind wir wahrscheinlich viel ressourcenvoller. Die Buddhisten veranschaulichen das gern anhand der Beziehung zwischen den Wolken und dem Himmel über und der Erde unter uns. Wenn ich mich mit den Wolken identifiziere, kann ich mich in den sich wandelnden, verwirrenden und stürmischen Inhalten meiner Erfahrung verlieren. Doch wenn ich mich auf die Erde unter den Wolken zentriere und mich dem Feld des Himmels jenseits der Wolkenformationen öffne, kann ich die Wolken oder Gedankeninhalte und Emotionen durch mein Gewahrsein ziehen lassen, ohne dass sie mich stören. Statt mich in dem Versuch zu verlieren, die Erfahrungs-„Wolken" zu bekämpfen, zu kontrollieren oder loszuwerden, kann ich alle Wolken wahrnehmen und sie hindurchziehen lassen, während ich sie in einem offenen Feld des Gewahrseins halte.

Die Kraft und Macht der Präsenz

Ein entscheidender Erfolgsfaktor für eine wirkungsvolle Coachingbeziehung ist die Präsenz. Merriam-Webster's Dictionary definiert Präsenz als „Zustand innerer Ausgeglichenheit und Leistungsfähigkeit, in dem ein Mensch auf der Bühne eine enge Beziehung zum Publikum herstellen kann". Innerlich ausgeglichen und leistungsfähig zu sein und eine enge Verbindung zu unserem Gegenüber herstellen zu können sind wichtige Ressourcen für Coachs, Trainer, Manager und professionelle Kommunikatoren aller Art.

Wie sich aus der Definition von oben ergibt, stellen sich innere Ausgeglichenheit und Verbundenheit ein, wenn wir in der Lage sind, präsent, in uns selbst zentriert (der COACH-Zustand) und in Beziehung mit den Menschen um uns zu sein. Präsenz wird begleitet von einem Gefühl von Lebendigkeit, Verbindung, Kreativität, Zufriedenheit und Flow (Fließen). Wenn wir nicht präsent sind und von uns selbst und anderen getrennt, dann fühlen wir uns oft leer, außer Kontrolle, distanziert und unnahbar.

Die Phänomene Spiegelneuronen und biomagnetische Felder zeigen es: Wir können durch unsere physische Präsenz und unseren inneren Zustand die Menschen, mit denen wir zu tun haben, wirkungsvoll beeinflussen, entweder positiv oder negativ, ob wir direkt körperlich oder verbal mit ihnen zu tun haben oder nicht. Der beruhigende Einfluss von Pilot und Crew des US-Airways-Flugs 1549 auf die Passagiere veranschaulicht die positive Wirkung von Präsenz und COACH-Zustand. Die negativ konditionierten Affen, die mit ihrer ängstlichen Reaktion ihre nicht-konditionierten Gefährten beeinflussen, sind ein Beispiel dafür, wie eine „zusammengezogene", von Angst getriebene Präsenz die gegenteilige Wirkung haben kann.

Die Art unserer Präsenz ist somit häufig der „Unterschied, der den Unterschied macht" in unserer Fähigkeit, das Leben zu genießen, produktiv zusammenzuarbeiten und zur Entwicklung und Transformation anderer beizutragen. Wenn Menschen mit sich selbst verbunden und miteinander präsent sind, dann tauchen als natürliche Gefühle auf: Mitgefühl, Empathie, aufrichtiges Interesse aneinander, Spontaneität, Authentizität und Freude. Auf diesen Gefühlen basieren alle erfolgreichen persönlichen und beruflichen Beziehungen.

4.8 Einen COACHing-Container™ entwickeln

Aus Sicht des NLP der dritten Generation hilft uns der COACH-Zustand, auf unserem Weg von unserem gegenwärtigen Zustand zum erwünschten Zustand mit den Quellen all unserer Ressourcen verbunden zu bleiben. Im COACH-Zustand können wir auch leichter mit Störungen umgehen, die unterwegs auftreten können, wie im Fall von Flugkapitän Sullenberger und dem US-Airways-Flug 1549 eindrücklich dargestellt.

Ähnlich wie Sullenbergers Einfluss auf seine Crew (und umgekehrt) kann unsere Verwurzelung in unserem eigenen COACH-Zustand zu einer Ressource für andere werden. Das ist die Essenz der *Coachingbeziehung*. Als Coach unterstützen wir andere auf ihrem Weg vom gegenwärtigen zum erwünschten Zustand vor allem dadurch, dass wir uns selbst in unserem COACH-Zustand verankern und unseren Coachees helfen, in ihrem COACH-Zustand zu bleiben, bei jedem Schritt, den sie gehen, wenn sie mit Störungen konfrontiert sind und nach Fortschritt streben. Dadurch erschaffen wir ein Ressourcenfeld zwischen uns selbst und anderen, das gleichzeitig das Beste aus uns gegenseitig herauslockt. Wie eine Führungskraft zu ihrem Coach sagte: „Ich mag, wer ich bin, wenn ich mit Ihnen zusammen bin."

Diese spezielle Beziehung und das Feld, das sie erzeugt, nennen wir den *COACHing-Container*[40]. Um andere durch Zeiten der Herausforderung und des Wandels zu begleiten und sie zu unterstützen, ist es unerlässlich, einen stabilen und unerschöpflichen COACHing-Container zu entwickeln.

Der COACHing-Container ist eine Art und Weise, das „Umfeld zu halten". Der Psychologe Donald Winnicott entwickelte das Konzept eines *haltenden Umfelds* und er bezeichnet damit die Art und Weise, wie ein Kind körperlich, emotional und psychisch von seinen Hauptbezugspersonen gehalten wird. Wie ein Mensch im späteren Leben zu seinen Verhaltensweisen, Gefühlen und Reaktionen steht, wird dadurch geprägt, wie seine wichtigsten Bezugspersonen in seiner Kleinkindzeit und seiner frühen Jungend sein Verhalten, seine Gefühle und Reaktionen hielten und darauf reagierten.

Die Entwicklungspsychologie hat die Bedeutung eines haltenden Umfelds erweitert und beschreibt damit Menschen, Orte, Werkzeuge und Rituale, die uns an jedem Punkt unseres Lebens umgeben. Im Coaching erschafft ein positives haltendes Umfeld einen „sicheren Raum" für Menschen, in dem sie darüber reden können, was in ihnen und ihren Organisationen los ist. In diesem Raum können Menschen

---

40   Der Begriff COACHing-Container™ ist geschützt. Im Weiteren verzichten wir aus Gründen der Lesbarkeit auf den Zusatz „TM" (Anm. d. Verlags).

offen miteinander über die Herausforderungen reflektieren, vor denen sie stehen, sie können über Probleme reden, Annahmen klären, Ressourcen finden etc. Ein gutes haltendes Umfeld bietet uns die nötige Sicherheit, damit wir uns auf das Leben einlassen, und es ermutigt uns, Risiken einzugehen, um uns zu entwickeln. Ein ungenügend haltendes Umfeld unterstützt uns nicht bei den Herausforderungen des Lebens, es behindert Wachstum und triggert reaktives Verhalten.

In einem positiven haltenden Umfeld können wir unsere eigenen Ressourcen und Lösungen finden und unser Bestes geben, selbst unter sehr schwierigen Umständen (wie im Fall des Piloten, der Crew und der Passagiere beim Wunder auf dem Hudson). Wenn man es schafft, in der Zone des COACH-Zustands zu bleiben, erschafft man also ein positives haltendes Umfeld, in dem Menschen mit ihrer eigenen Kreativität und ihrem Ressourcenreichtum verbunden bleiben können, in ihre Kraft gehen und so ihre eigenen Lösungen finden.

Mit der folgenden einfachen Übung lassen sich die Qualitäten des COACH-Zustands in ein Coachinggespräch einbringen. Sie zielt darauf ab, dass Coach und Coachee ihre Interaktion mit „der besten Version ihrer selbst" beginnen, um das Optimum aus dem Gespräch zu ziehen. Wie Sportler dank Aufwärmübungen im Wettkampf oder Training ihr Bestes geben können, so bereitet der COACHing-Container die Coaching-Teilnehmer darauf vor, voneinander bestmöglich zu profitieren.

ÜBUNG

COACHing-Container

Zu Beginn ist es ratsam, sich auf einige nonverbale Signale als Gedächtnisstütze für jeden Aspekt des COACHing-Containers zu verständigen:

a. Zentrieren
b. Atmen (offen)
c. Das Tempo herausnehmen (sich mit Gewahrsein zuwenden, aufmerksam und achtsam)
d. Pausieren (verbinden)
e. Entspannen (halten)

Diese Signale sind dafür da, dass der Coach den Coachee daran erinnern kann, während ihrer Interaktion in seiner Zone der Exzellenz zu bleiben. *Atmen* beispielsweise hilft uns, für Möglichkeiten, Ressourcen und neue Ideen offen zu bleiben. Mit *Tempo herausnehmen* stellen wir besonders beim Sprechen sicher, dass uns tatsächlich bewusst ist, was wir gerade sagen und denken; dass wir nicht einfach den „Autopiloten" einschalten und uns nicht in unserer gewohnten neurolinguistischen Programmierung, unseren inneren „Dauer-Schleifen" und Geschichten verlieren. Durch *Pausieren* können wir uns mit uns

318 · NLP II – die neue Generation

selbst verbinden und Verbindung herstellen zwischen unseren Worten und unserem Denken und ihrer Bedeutung für unser Leben. Durch *Entspannen* können wir leichter die durch das Gespräch hervorgerufenen Gefühle oder Reaktionen aus einem Zustand größeren Ressourcenreichtums heraushalten.

Dadurch gelingt es uns, präsent zu bleiben, und wir bieten genügend Raum für ein ganz von selbst auftauchendes größeres Gewahrsein und Bewegung.

Die Signale sollten einfache Gesten sein, die nicht stören und den Coachee auffordern, wieder in die Zone der eigenen Exzellenz zurückzukommen; den Gesprächsfluss sollten sie nicht beeinträchtigen. Vorzugsweise sucht der Coachee die Gesten aus, die der Coach verwenden soll.

Wenn Sie bereit sind, beginnen Sie das Gespräch mit folgenden Schritten:
1. Stehen oder sitzen Sie sich in entspannter, ausgerichteter und ausgeglichener Körperhaltung gegenüber.
2. Lenken Sie Ihr Gewahrsein in Ihren Körper und auf Ihren Atem und werden Sie präsent. (Das funktioniert gut mit der oben beschriebenen Übung *Ihre Zone finden*.)
3. Halten Sie Blickkontakt und versichern Sie einander gegenseitig:
   Ich bin präsent. Ich bin zentriert.
   Ich bin offen.
   Ich bin gewahr. Ich bin wach, aufmerksam und klar.
   Ich bin mit mir selbst verbunden, mit Ihnen / dir und mit dem Ressourcenfeld in und um uns.
   Ich bin bereit, auszuhalten und zu halten, was immer aus meinem Inneren und im Raum unserer Interaktion aus dem Besten meiner selbst auftaucht.

Authentisch und präsent ausgeführt, sollten die Interagierenden intensiven Rapport und einen üppigen Ressourcenreichtum empfinden. Das nennen wir das Feld oder den „Container". Dieser Container bildet das haltende Umfeld für das weitere Gespräch.

ÜBUNG

Von CRASH zu COACH

Sobald der COACHing-Container „steht", kann die Coachee beginnen, über ihren gegenwärtigen und ihren erwünschten Zustand sowie den Weg dorthin zu reflektieren, wobei sie Zugang zu all ihren Ressourcen hat. In vielfacher Hinsicht ist das die Essenz von Coaching. Wie ein Rudercoach sein Team begleitet, es ermutigt und ihm Feedback gibt, damit es Bestleistungen erzielt, so begleitet ein Coach für Führungskräfte oder ein Life-Coach seine Coachees, wenn sie sich den Herausforderungen in ihrem Leben stellen, und er unterstützt sie, in ihrem COACH-Zustand zu bleiben.

1. Die Coachee berichtet von ihrer CRASH-Erfahrung oder ihrem CRASH-Muster, also dem Problemzustand oder der Situation, in der sie sich gegen ihren Willen zusammenzieht, reaktiv oder übermäßig analytisch reagiert, in der sie von ihren Ressourcen abgeschnitten und in unangenehmen oder schmerzlichen Gefühlen gefangen ist.
2. Der Coach gibt je nach Bedarf das Signal für „Zentrieren", „Atmen", „Tempo rausnehmen", „Pausieren" oder „Entspannen", um beide, die Coachee und sich selbst, im COACH-Zustand zu halten und die Qualitäten des Felds oder Containers aufrechtzuerhalten.
3. Als Nächstes bittet der Coach die Coachee, ihren erwünschten Zustand in diesem Kontext oder dieser Situation zu beschreiben. Wieder gibt der Coach bei Bedarf die Signale, um beide, die Coachee und sich selbst, in der Zone des COACH-Zustands zu halten.
4. Dann fordert er die Coachee auf, über die inneren Ressourcen nachzudenken, mit denen sie ihren erwünschten Zustand in diesem Kontext oder in dieser Situation erreichen könnte. Wieder gibt der Coach bei Bedarf Signale, um sie beide, die Coachee und sich selbst, in der Zone des COACH-Zustands zu halten.

Wenn sie auf diese Weise mit Präsenz und Intention unterstützt wird, kann die Coachee ihre eigenen Lösungen finden, ohne dass der Coach intervenieren oder eingreifen muss. Milton Erickson sagte gern: „Sie wissen weitaus besser, was für Sie angemessen ist, als ich das je von außen erraten könnte."

Statt am Ende der Sitzung bestimmte Lösungen zu analysieren oder zu besprechen, können Coach und Coachee über die Symbole oder Metaphern reden, die spontan zum Abschluss des Prozesses auftauchten.

Beide können die Interaktion beenden, indem sie als Ausdruck ihrer gegenseitigen Dankbarkeit nonverbale Gesten austauschen. Die dienen auch als Anker für die Ressourcen, die beide aus der Interaktion mitnehmen. Mit diesem Ritual setzt man ein Zeichen, ähnlich wie am Ende einer Musikaufführung oder eines Schauspiels. So werden das Gewahrsein und die Verbindung von Anfang bis Ende des Prozesses gehalten.

4.9 Die Energie von Archetypen dem COACHing-Container hinzufügen

Sobald ein stabiler COACHing-Container aufgebaut ist, kann man ihm weitere Ressourcen hinzufügen in Form von „archetypischen Energien". Unserem Freund und Kollegen Stephen Gilligan (2009) zufolge erfordern generative Veränderungen drei grundlegende *Archetypen-Energien: Leidenschaft* (fierceness)[41] (Stärke, Gewalt, Intensität), *Zartheit* (Weichheit, Offenheit, Sanftheit) und *Verspieltheit* (Humor, Flexibilität, Kreativität).

Diese Energien kann man *archetypisch* nennen, weil alle Menschen (und die meisten Säugetiere) über sie verfügen und sie nicht gelernt werden müssen. Sie „sind in unserer Grundausstattung enthalten" und haben sich viele Generationen hindurch als Grundbestandteil unserer Körperintelligenz entwickelt. Schon als Neugeborene können wir diese Energien auf die eine oder andere Art zum Ausdruck bringen. Hat ein Baby Hunger oder fühlt es sich nicht wohl, dann zeigt es „Leidenschaft" und schreit, um gefüttert oder umsorgt zu werden. Babys zeigen ganz selbstverständlich auch Zartheit, sie suchen Liebe und Verbindung. Klar ist auch, dass man Kleinkindern das Spielen nicht beizubringen braucht. Lachen und Kreativität sind prägende Eigenschaften der Kindheit, die uns unser Leben lang begleiten.

Jede Archetypen-Energie dient einem Zweck, denn sie unterstützt uns, uns erfolgreich den Herausforderungen des Lebens zu stellen und die günstigen Gelegenheiten zu nutzen. *Leidenschaft* brauchen wir, um „dranzubleiben" und um Grenzen zu setzen. Jede größere Aufgabe erfordert entschlossenes Engagement – einen tiefen, intensiven Fokus. Das ist die Energie des Kriegers.

Zartheit ist notwendig, um sich mit anderen zu verbinden, emotional heil und ganz zu sein und um die Zuwendung zu geben und zu empfangen, die für Wachstum und Heilung unerlässlich ist. Wenn Sie irgendeine große Herausforderung im Leben bewältigen wollen, brauchen Sie die Verbindung zur Zartheit. Durch sie können Sie berühren und sich berühren lassen, Sie können trösten, beruhigen und ruhig sein, Sie sind empathisch und einfühlsam etc. Das ist die mütterliche Energie, die des Heilers.

Verspieltheit ist notwendig, um neue Sichtweisen zu erkennen, um kreativ und fließend zu sein. Mit Humor und Verspieltheit können wir über den Tellerrand hinausschauen und die Dinge auf vielerlei Art wahrnehmen. Wenn wir zu ernst sind, versteifen wir uns unter Umständen auf eine bestimmte Sichtweise oder einen Blickwinkel. Verspieltheit und Humor helfen uns, die Dinge durcheinanderzuschütteln,

---

41 Fierceness bedeutet eigentlich „Wildheit" oder „Heftigkeit", was aber beides für diese Form der Energie zu negativ konnotiert ist (Anm. d. V.).

sie locker zu nehmen und in Bewegung zu halten und zudem den Raum für neue Möglichkeiten zu schaffen. Das ist die Energie des Gestaltwandlers. Nach unserer Beobachtung tritt in einer Coachingsitzung oft dann ein Wendepunkt ein, wenn der Coachee zu lachen oder zu lächeln beginnt. Das ist eine Art Lachen des Aufwachens (awakening). An diesem Wendepunkt bahnen sich das neue Gewahrwerden und das erweiterte Bewusstsein ihren Weg in ein Lachen. Auch deshalb werden dem Lachen heilende Eigenschaften zugeschrieben.

Jede dieser Energien ist zwar an sich ein Archetypus und braucht nicht gelehrt zu werden, doch die Art und Weise, wie die Energie eingesetzt wird und zum Ausdruck kommt, bestimmt unsere Geschicklichkeit und prägt unser inneres Spiel. Es kann auch sein, dass wir die Verbindung zu diesen Energien verlieren oder sie unterdrücken. Wie jede Tiefenstruktur hat auch jedes archetypische Muster einen Ressourcen- und einen Schattenaspekt.

Positive oder zentrierte Leidenschaft tritt zutage, wenn wir sie aus unserem COACH-Zustand heraushalten und zum Ausdruck bringen können. So bleibt Leidenschaft zentriert und kann durch den Kontakt mit anderen Ressourcen integriert und ausgeglichen werden. Dann äußert sie sich als Entschlossenheit, Klarheit, Stärke, Mut, Engagement, in Form von Grenzen; dann durchschaut sie Spiele und Verführungen und schützt Leben, unser eigenes und das anderer. Wenn wir uns im CRASH-Zustand befinden, zeigt sich die gleiche Energie als Anspannung, zieht sich zusammen und wir reagieren nur. Nicht-zentrierte und unkontrollierte Leidenschaft ohne Zartheit und Humor äußert sich als Gewalt und Aggression.

Ähnlich zeigen sich die positiven Ausdrucksformen der Zartheit als Freundlichkeit, Gelassenheit, Anmut, Sanftheit etc. Doch wenn man sich in der Energie der Zartheit verliert, wird man leicht zu weich und sentimental. Die Schattenseiten der Zartheit sind Schwäche, unklare Grenzen, Abhängigkeit etc.

Verspieltheit in ihrer positiven Form hilft uns, locker zu bleiben, freudig und fließend, und wir können über den Tellerrand rigider Sichtweisen hinausschauen. Nicht-zentriert und ungeerdet kann Verspieltheit, abgetrennt von Leidenschaft und Zartheit, zu Zynismus werden, zu Oberflächlichkeit, Verantwortungslosigkeit und Trickserei.

Damit wir erfolgreich mit den Herausforderungen und Chancen des Lebens umgehen, müssen wir mit allen drei dieser Archetypen-Energien verbunden sein. Stellen Sie sich diese Energien wie die Primärfarben vor – Rot, Blau und Gelb. Man kann sie in höchst unterschiedlichem Verhältnis mischen und erhält so unzählige mögliche Ausdrucksformen.

Mitunter kann sich eine Situation drastisch verändern, wenn man eine fehlende Archetypen-Energie hineinbringt. Denken Sie über folgendes Beispiel nach, das eine Polizistin berichtete, die sich mit NLP beschäftigt.

Beispiel: Deeskalation häuslicher Gewalt

Während ihres Dienstes in einem Problemviertel einer Großstadt ging aus der Umgebung ein Notruf ein wegen häuslicher Gewalt. Als sie zur Wohnung kam, war sie in höchster Alarmbereitschaft, denn in genau solchen Situationen sind Polizeikräfte körperlich am stärksten gefährdet, stärker als bei einem Raubüberfall oder Mord. Die Menschen und insbesondere unzentrierte, wütende Menschen im CRASH-Zustand mögen es nicht, wenn sich die Polizei in ihre Familienangelegenheiten einmischt.

Während sich die Polizistin der besagten Szene näherte, hörte sie aus der Wohnung Schreie und Weinen. Ein Mann brüllte wütend. Sie hörte auch, wie verschiedene Gegenstände zu Bruch gingen, und die entsetzten Schreie einer Frau. Plötzlich flog ein Fernseher durch das Vorderfenster, der vor ihr auf dem Boden zerbarst. Gleichzeitig wurden die Schreie lauter. Die Polizistin stürzte zur Tür und pochte, so laut sie konnte, um die Bewohner auf sich aufmerksam zu machen. Unmittelbar darauf hörte sie eine aufgebrachte Männerstimme aus der Wohnung: „Wer zum Teufel ist das?!"

Weil die Polizistin viele Stunden lang geübt hatte, in schwierigen Situationen in ihre Zone der Exzellenz zu gehen, begab sie sich rasch in ihren COACH-Zustand und öffnete sich dem Feld der Möglichkeiten. Ihr Blick fiel auf die Stücke des schrottreifen Fernsehers, die auf dem Boden verstreut lagen, und sie antwortete: „Der Fernsehtechniker!"

Etwa 30 Sekunden lang war es in der Wohnung totenstill, dann brach der Mann in Lachen aus. Kurz darauf öffnete er die Tür und die Polizistin konnte ohne körperliche Konfrontation oder Gewalt einschreiten. Dieses Wort habe ihr in der Situation mehr genützt als jegliche Form von Nahkampftechniken, meinte sie.

ÜBUNG

Den Einfluss der Archetypen-Energien untersuchen

Stephen Gilligan zufolge gilt es, die drei archetypischen Kräfte im Gleichgewicht zu halten und sie zu „personifizieren", indem man sie ins eigene „Zentrum" bringt. Die folgende Übung untersucht, wie sich die positive Form jeder Archetypen-Energie und die Kombination der Energien in eine schwierige Situation hineinbringen lassen, um festzustellen, welche anderen Wahlmöglichkeiten sich dadurch ergeben. Bei der Übung begibt man sich in jede Energie und bringt sie durch den COACH-Zustand und den COACHing-Container zum Ausdruck. Dadurch erfährt man den größten Nutzen, den die Energie in der jeweiligen Situation zu bieten hat.

1. Der Coach bringt sich selbst und sein Gegenüber in den COACH-Zustand und erschafft so einen ressourcenvollen COACHing-Container.

2. Der Coachee begibt sich an die Stelle, die den „gegenwärtigen Zustand" repräsentiert und schildert eine CRASH-Erfahrung oder ein CRASH-Muster, also einen Problemzustand oder eine Problemsituation, in dem/der er sich gegen seinen Willen verengt bzw. zusammenzieht, reaktiv oder übermäßig analytisch reagiert, von seinen Ressourcen abgeschnitten und in unangenehmen oder schmerzlichen Gefühlen gefangen ist. Der Coachee durchlebt die Situation so vollständig wie möglich, ohne sich in ihr zu verfangen: Er sieht, was er in dieser Situation sieht, er hört, was er hört, und fühlt, was er fühlt. So werden ihm seine derzeitige Reaktion und die Wahlmöglichkeiten bewusst, die er in dieser Situation als verfügbar wahrnimmt.

3. Der Coachee verlässt dann diese Position und kehrt in seinen COACH-Zustand zurück.

4. Mithilfe des Coachs untersucht der Coachee, wie es sich auswirkt, wenn er den positiven Ausdruck jeder Archetypen-Energie in die CRASH-Situation hineinbringt. Er beginnt dabei mit Leidenschaft.

   a. Der Coachee bleibt im COACH-Zustand und greift mit einer der folgenden Methoden auf die Energie zu:

      1) Finden Sie eine *Referenzerfahrung* aus einer Zeit in Ihrem Leben, als Sie den positiven und ressourcenvollen Ausdruck der Energie intensiv erlebten, und durchleben Sie sie erneut.

      2) Identifizieren Sie ein *positives Rollenmodell* für den ressourcenvollen Ausdruck der Energie (also jemanden, der die positive oder zentrierte Version der Energie konsequent zum Ausdruck bringt). Versetzen Sie sich in diese Person (gehen Sie in die zweite Position), um eine gefühlte Wahrnehmung zu bekommen, wie sich diese Art, die Energie auszudrücken, anfühlt.

      3) Handeln Sie mithilfe Ihrer Vorstellungskraft, *„als ob"* Sie die Energie zentriert und ressourcenvoll zum Ausdruck bringen würden.

      4) Finden Sie ein *Symbol* für den positiven Ausdruck der Energie und bringen Sie dieses Symbol in Ihren Körper, sodass Sie die Energie spüren können.

b. Wenn sich der Coachee mit einem positiven Ausdruck der Archetypen-Energie verbunden hat, geht er wieder an die „CRASH-Stelle" und bringt die Archetypen-Energie in diese Situation. Er nimmt wahr, wie er die Situation durch die Energie anders
erlebt, und er erkennt, welche neuen Wahlmöglichkeiten sich dadurch auftun.

c. Der Coachee geht an die Stelle des COACH-Zustands und wiederholt die gleichen
Schritte mit den Energien Zartheit und Verspieltheit.

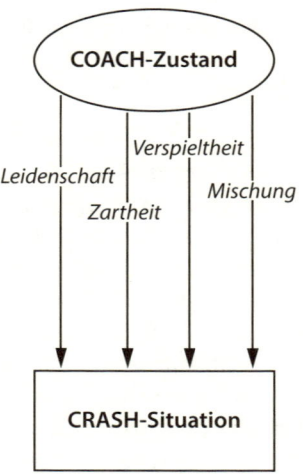

Abbildung 76: Die positive Form der Archetypen-Energien in eine schwierige Situation
hineinzubringen hilft, neue Wahlmöglichkeiten für Reaktion und Verhalten zu entwickeln.

5. Nachdem der Coachee die Wirkung der Archetypen-Energien einzeln erlebt hat, verbindet er sich mit allen drei Archetypen-Energien gleichzeitig, lässt diese sich mischen
und begibt sich erneut an die „CRASH-Stelle". Wieder soll der Coachee erleben, wie
die Energien in Kombination seine Wahrnehmung der Situation verändern, und darauf
achten, welche neuen Wahlmöglichkeiten sich ergeben.

4.10 Schwierige Gefühle halten und aushalten

Um unser eigenes inneres Spiel zu meistern, müssen wir vor allem in der Lage sein, schwierige Gefühle, die durch bestimmte Situationen in unserem Leben ausgelöst werden können, anzuerkennen und zu transformieren. Ob wir in einen ressourcenarmen Zustand „krachen" (CRASH) oder in der Zone des COACH-Zustands bleiben, hängt maßgeblich von unserer Fähigkeit ab, schwierige Gefühle auszuhalten. Schwierige Gefühle sind häufig die unzentrierten oder Schattenformen der Archetypen-Energien, also Wut, Trauer, Frustration, Panik, innere Unruhe etc.

Der Transformationslehrer Richard Moss betont, dass *die Distanz zwischen uns selbst und anderen genau die Distanz zwischen uns selbst und uns selbst ist.* Das bedeutet: Unsere Beziehung zu anderen und zur Welt spiegelt unsere Beziehung zu uns selbst wider. Aus dieser grundlegenden Beziehung zu uns selbst ergeben sich unsere Beziehungen zu anderen und zur äußeren Welt. Gefühle, mit denen wir in uns selbst nicht umgehen können, die wir nicht annehmen, halten und lieben können, schränken häufig unsere Beziehung zu uns selbst ein.

Die Familientherapeutin Virginia Satir stellte ihren Klienten oft zwei Fragen. Die erste war: „Wie fühlen Sie sich?" Eine Klientin antwortete darauf vielleicht, sie fühle sich wütend, traurig, schuldig oder sie habe Angst oder äußerte ein anderes Gefühl. Dann stellte Virginia Satir eine zweite Frage: „Wie geht es Ihnen damit, sich so zu fühlen?" Die Antwort auf diese zweite Frage ist durchaus bedeutsam und entscheidet maßgeblich, welche Wirkung und Bedeutung die Antwort auf die erste Frage hat. Es macht einen ziemlichen Unterschied, ob jemand auf seinen Ärger mit Gelassenheit oder Neugier reagiert oder ob sich jemand deswegen schuldig und frustriert fühlt. Genau diese zweiten Gefühle entscheiden darüber, wie und wie leicht wir präsent bleiben und das anfängliche Gefühl oder die anfänglichen Gefühle aushalten können.

Captain Chesley Sullenbergers Beschreibung, er fühlte sich „äußerlich ruhig und innerlich in Aufruhr", als er sein Flugzeug mit Motorschaden auf den Hudson gleiten ließ, ist ein eindrucksvolles Beispiel für die Fähigkeit, schwierige Gefühle auszuhalten.

„Halten, aushalten" beinhaltet zweierlei: die Beziehung zwischen dem, was hält, und dem, was gehalten wird. Am metaphorischen Bild einer Mutter, die ein Baby hält, können wir uns diese Beziehung vergegenwärtigen. Das Baby steht für das ursprüngliche Körpergefühl, die Empfindungen oder Reaktion, die wir erleben. Die Mutter verkörpert die Reaktion unseres übrigen Nervensystems auf diese ursprüngliche Reaktion.

Wenn ein Baby schreit und die Mutter sich verkrampft, ärgerlich oder nervös wird, dann wird das Baby wahrscheinlich noch stärker in Stress geraten. Wenn die Mutter das Baby aus einem Zustand nährender Unterstützung heraus halten kann, dann wird das Baby mit höherer Wahrscheinlichkeit durch diese Präsenz (über Spiegelneuronen) beruhigt und geht fließend durch sein Unbehagen hindurch.

Die gleiche Dynamik läuft ab, wenn es um die Beziehung zu unseren eigenen Gefühlen geht. Wenn wir Angst vor ihnen haben, uns gegen sie sträuben oder sie bekämpfen, dann ziehen wir uns genau genommen noch stärker zusammen, reagieren nur noch, trennen uns noch weiter ab und fühlen uns immer unbehaglicher. Wie heißt es so schön: „Das, wogegen man Widerstand leistet, bleibt bestehen." Wenn wir diese Gefühle anerkennen und zentriert, offen, bewusst und verbunden halten können, sind sie kein „Problem" mehr und wir können ihre Energie entweder loslassen oder sie kann sich in einen ressourcenvolleren Ausdruck verwandeln.

Wir sehen folgende Eigenschaften als hilfreich an, um schwierige Gefühle auszuhalten:

- nicht reagieren
- bedingungsloses Akzeptieren des Gefühls genauso, wie es ist
- keine Absicht, etwas an dem Gefühl zu ändern
- Geduld, sich Zeit nehmen
- unentwegte Aufmerksamkeit für das Gefühl
- Vertrauen, dass alles gut ist, wie es ist, dass das Gefühl eine positive Absicht und einen Sinn und Zweck hat
- ein Gefühl, in einem größeren Feld als man selbst gehalten zu werden
- Freundlichkeit dem Gefühl gegenüber
- unaufdringliche Neugier dem Gefühl gegenüber

Virginia Satir zeigte, dass es auch nützt, ressourcenarme Gefühle oder Einstellungen zu den schwierigen Gefühlen auszumachen und anzuerkennen. So lassen sich diese Gefühle zu den schwierigen Gefühlen ebenfalls einbinden, transzendieren und aus einem größeren und ressourcenvolleren Gewahrseinsfeld heraushalten. Auf das schwierige Gefühl kann man beispielsweise reagieren, indem man:

- wünscht, es möge verschwinden;
- wünscht, es solle anders sein oder sich verändern;
- es analysiert oder erklärt;
- sich damit identifiziert (sich darin verliert).

Als Coach ist wichtig zu erkennen, dass das zweite Gefühl ebenso Teil des Problemzustands ist wie das erste Gefühl. Falls uns das nicht bewusst ist, ertappen wir uns vielleicht dabei, dass wir uns an das zweite Gefühl anpassen, um das erste loszuwerden. Wenn wir nicht wissen, wie wir mit einem Gefühl sein können, dann wollen wir auf die eine oder andere Art, dass es verschwindet.

Kurz gesagt: Genau wie ein Baby, dem es nicht gut geht, brauchen auch unsere schwierigen Gefühle mehr als alles andere, dass sie gehalten werden. Durch dieses Halten gehen die Gefühle, wie beim Baby, von einem Zustand der Kontraktion und Trennung in einen der Entspannung und Verbundenheit über. Es geht also nicht darum, schwierige Gefühle loszuwerden, sondern darum, mit ihnen so umzugehen, dass sie sich verwandeln können. Die Energie des schwierigen Gefühls fließt dann in unseren Lebensfluss zurück. Wir gewinnen die Energie zurück, die wir vorher dafür aufwandten, schwierige Gefühle zu vermeiden. Dadurch können wir präsenter sein und uns vollständiger auf den gegenwärtigen Moment einlassen.

ÜBUNG

Schwierige Gefühle aushalten

Mit der nächsten Übung können Sie die notwendigen Ressourcen entdecken und anwenden, damit Sie präsent bleiben und schwierige Gefühle halten können, die vielleicht auftauchen und Sie aus der Gegenwart „entführen" wollen.

1. Identifizieren Sie eine Herausforderung, bei der Sie ein schwieriges Gefühl erleben, das Sie nicht halten können und das Sie demnach aus Ihrer „Zone" in den CRASH-Zustand bringt. Nehmen Sie das Gefühl und Ihre Empfindungen wahr und lassen Sie Ihren Körper diese zum Ausdruck bringen. Begegnen Sie dem Gefühl und den Empfindungen mit Anerkennung und Gewahrsein, ohne jeglichen Versuch, sie zu ändern, zu analysieren oder zu erklären.

2. Verlassen Sie die Stelle, an der Sie dieses schwierige Gefühl empfanden, und denken Sie über den Aspekt von sich nach, also über das „Sie", das die schwierigen Gefühle erlebt. Wie stehen Sie zu diesem schwierigen Gefühl? Wie stehen Sie zu sich selbst, dass Sie es empfinden? Wie stehen Sie zu diesem Gefühl und zu sich selbst, wenn Sie es empfinden? Zu diesem ersten Gefühl können mehrere Gefühle hinzukommen (Scham, Schuld, Verzweiflung, Ärger, Hilflosigkeit etc.). Begegnen Sie wie im vorigen Schritt diesen Gefühlen und Empfindungen mit Anerkennung und Gewahrsein, ohne sie zu beurteilen oder irgendwie zu versuchen, sie zu ändern.

3. Begeben Sie sich nun an eine dritte Stelle und gehen Sie in einen anderen inneren Zustand, indem Sie sich im Kreis drehen, Ihren Körper bewegen, Ihre Arme und Beine schütteln etc. Nehmen Sie sich alle Zeit, die Sie brauchen, um sich in einen ressourcenvollen Zustand zu versetzen, in dem Sie zentriert, offen, wach (der COACH-Zustand) und verbunden mit einem Feld sind, das größer ist als Sie. Welche Ressourcen (etwa Vertrauen, Akzeptanz, Neugier, Stärke, Liebe etc.) könnten Ihnen helfen, diese zweite Gruppe von Gefühlen liebevoller, respektvoller und ressourcenvoller zu halten? Öffnen

Sie sich dem größeren Feld und gestatten Sie sich, die Ressourcen zu bekommen, ohne darüber nachzudenken. Nehmen Sie wahr, was aus dem Feld auftaucht. Das können Bilder, Symbole, Gefühle, Bewegungen etc. sein.

4. Bringen Sie die Ressourcen aus dem Feld vollständig in Ihren Körper und Ihr Sein. (Falls nötig, können Sie diesen Schritt unterstützen, indem Sie Referenzerfahrungen für diese Ressourcen finden und sie möglichst intensiv erleben.) Finden Sie ein Symbol und eine Geste oder Bewegung (somatische Syntax), das/die diese Ressourcen darstellt und sie in Ihren Körper bringt. Lassen Sie die Energie dieser Ressourcen vollständig durch sich hindurchfließen sowohl aus dem Feld als auch in das Sie umgebende Feld hinein.

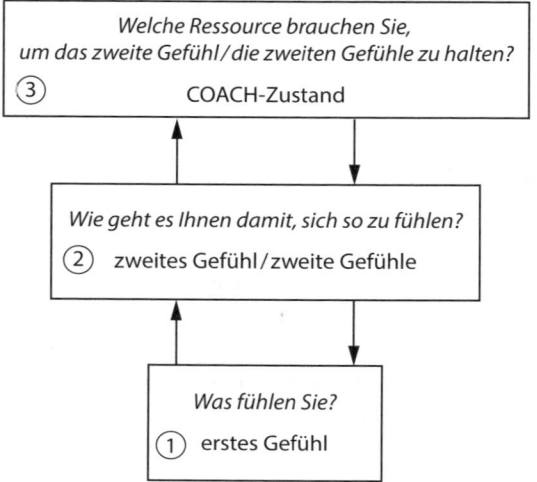

Welche Ressource brauchen Sie,
um das zweite Gefühl/die zweiten Gefühle zu halten?
③   COACH-Zustand

Wie geht es Ihnen damit, sich so zu fühlen?
②   zweites Gefühl/zweite Gefühle

Was fühlen Sie?
①   erstes Gefühl

5. Sobald diese Ressourcen und die zugehörigen Symbole in Ihrem Körper und Ihrem Gewahrsein vollkommen präsent sind, begeben Sie sich wieder an die zweite Stelle (die Gefühle zu dem Gefühl). Versuchen Sie nicht, irgendetwas zu ändern. Halten Sie einfach die Gefühle und Reaktionen, die mit der zweiten Stelle im größeren Ressourcenfeld einhergehen. Führen Sie die Ressourcengeste oder Ressourcenbewegung aus, die Sie erhalten haben. Nehmen Sie wahr, was sich an Ihrer Wahrnehmung und Einstellung zu den zweiten Gefühlen ändert.

6. Begeben Sie sich nun dorthin, wo Sie das ursprüngliche schwierige Gefühl platziert haben, und bringen Sie die ermittelten Ressourcen mit. Auch hier wieder: Versuchen Sie nicht, irgendetwas zu verändern. Halten Sie einfach das schwierige Gefühl und die Reaktionen in dem größeren Ressourcenfeld. Machen Sie die Ressourcengeste oder -bewegung, die Sie bekommen haben. Wie fühlen Sie sich jetzt in Bezug auf dieses schwierige Gefühle? Was ändert sich an Ihrer Fähigkeit, dieses schwierige Gefühl auszuhalten?

4.11 Überzeugungsbarrieren und Überzeugungsbrücken

Ähnlich wie man schwierige Gefühle hält, kann man auch einschränkende Überzeugungen und „Gedankenviren" identifizieren, halten und transformieren, und zwar so:

- Man zentriert und hält sie in einem größeren Ressourcenfeld;
- man achtet stärker auf die Struktur der neurolinguistischen Programmierung, die sie hervorrufen;
- man findet ihre positive Absicht heraus oder ihren Sinn und Zweck;
- man integriert sie in andere Überzeugungen und Programme.

Überzeugungen beeinflussen unser Leben maßgeblich. Sie sind ein klassisches Beispiel für die neurolinguistische Programmierung, die von integrierten Schaltkreisen in Kopf und Körper herrührt. Überzeugungen werden auch durch Beziehungsfelder gehalten und übertragen, wie das Beispiel von den Experimenten mit Affen in Kapitel 4.4 deutlich macht. Überzeugungen gelten im NLP als eine der grundlegendsten Ebenen von Veränderung und Lernen und gehören zu den Schlüsselkomponenten unserer Tiefenstruktur. Sie erschaffen und prägen unsere Oberflächenstruktur auf vielerlei Art. Überzeugungen entscheiden, wie wir Ereignisse deuten. Sie sind das Herzstück von Motivation und Kultur. Unsere Überzeugungen und Werte bieten uns die Bestärkung (*Motivation* und *Erlaubnis*), die bestimmte Fähigkeiten und Verhaltensweisen fördert oder hemmt.

Es ist beispielsweise allgemein bekannt: Wenn jemand wirklich glaubt, etwas zu schaffen, dann schafft er es auch. Wenn er etwas für unmöglich hält, dann wird ihn keine Macht der Welt davon überzeugen, dass das zu schaffen ist. Die Kraft und Macht von Überzeugungen wurde in einer aufschlussreichen Studie nachgewiesen. Dafür wurden 100 „Krebsüberlebende" (Patienten, die ihre Symptome für einen Zeitraum von mehr als zehn Jahren rückgängig gemacht hatten) befragt, wie sie diesen Erfolg erzielt hatten. Die Interviews ergaben, dass keine einzelne Behandlungsmethode wirksamer war als andere. Einige hatten sich der medizinischen Standardbehandlung mit Chemotherapie und / oder Bestrahlung unterzogen, andere hatten einen Ansatz über die Ernährung gewählt, wieder andere hatten sich auf einen spirituellen Weg begeben, weitere konzentrierten sich auf eine psychologische Herangehensweise und manche machten überhaupt nichts. Charakteristisch für die ganze Gruppe war nur: Alle waren davon überzeugt, dass ihr Ansatz funktionieren würde.

Wie diese Studie und auch Phänomene wie der Placeboeffekt zeigen, können Überzeugungen in hohem Maß als sich selbst erfüllende Prophezeiungen wirken. Überzeugungen sind jedoch ein „zweischneidiges Schwert". Einschränkende können nämlich so hartnäckig und einflussreich sein wie stärkende.

Beispiel: Der Psychiatrie-Patient

Es gibt da eine alte Geschichte von einem Psychiatrie-Patienten, der nicht aß und sich nicht pflegte, weil er behauptete, eine Leiche zu sein. Der behandelnde Psychiater diskutierte stundenlang mit dem Patienten und versuchte ihn zu überzeugen, dass er keine Leiche war. Schließlich fragte der Psychiater den Patienten, ob Leichen bluten. Dieser antwortete: „Natürlich nicht, all ihre Körperfunktionen haben aufgehört." Dann überredete der Psychiater den Patienten zu einem Experiment. Der Psychiater stach den Patienten vorsichtig mit einer Nadel; sie wollten schauen, ob er bluten würde. Der Patient willigte ein. Schließlich war er eine Leiche. Der Psychiater pikste die Haut des Patienten vorsichtig und tatsächlich begann dieser zu bluten. Schockiert und verwundert dreinschauend stieß der Patient hervor: „Verdammt, ... Leichen bluten **DOCH**!"

Wie die Geschichte zeigt, ist es äußerst schwierig, Überzeugungen mit den Regeln des logischen oder rationalen Denkens zu verändern. Außerdem sind wir uns der einflussreichsten Überzeugungen oft nicht bewusst (wie bei den „Gedankenviren"). Denken Sie beispielsweise an die oben erwähnten Affen, die konditionierend auf ihre Gefährten einwirkten, sodass diese zu der Überzeugung kamen, ein bestimmter Gegenstand sei gefährlich. Das funktionierte allein aufgrund dessen, wie andere Affen sich diesem Gegenstand gegenüber verhielten, und zeigt: Überzeugungen können durch ein Beziehungsfeld gehalten und übertragen werden, ebenso wie durch direkte Kommunikation und körperliche Interaktion.

Beispiel: Überzeugungen und Lernen

Wie stark durch ein solches Beziehungsfeld übertragene Überzeugungen wirken, zeigte auch eine andere aufschlussreiche Studie. Dafür wurden mehrere Kinder mit zuvor getesteter durchschnittlicher Intelligenz wahllos in zwei gleiche Gruppen eingeteilt. Eine Gruppe bekam einen Lehrer, dem gesagt wurde, die Kinder seien „begabt". Die andere Gruppe bekam einen Lehrer, dem gesagt wurde, die Kinder würden „langsam lernen". Ein Jahr später wurde die Intelligenz beider Gruppen erneut getestet. Es überrascht nicht weiter, dass der Großteil der zufällig als „begabt" eingestuften Gruppe besser abschnitt als vorher. Demgegenüber schnitt das Gros der Gruppe, die als „langsam" bezeichnet wurde, schlechter ab! Wie es scheint, wirkten sich die Überzeugungen des Lehrers in Bezug auf die Schüler auf deren Lernfähigkeit aus.

Schlussendlich können wir den Prozess, einschränkende Überzeugungen zu transformieren, mit dem Rezept für Tigergulasch vergleichen: „Schritt 1, fangen Sie den Tiger." In der folgenden Inner-Game-Übung untersuchen wir, wie wir „den Tiger fangen". Doch statt ihn zu töten, werden wir ihn in eine Schmusekatze verwandeln. Die in der Überzeugung enthaltene Energie wird freigesetzt und transformiert. Mit dem folgenden Prozess lassen sich Überzeugungen entdecken und verwandeln, die unsere Verbindung mit unseren Ressourcen, mit uns selbst und mit anderen blockieren.

ÜBUNG

Blockierende Überzeugungen aufdecken

1. Denken Sie an eine schwierige Situation, in der Sie gerne präsenter und stärker mit sich selbst und anderen verbunden sein würden, in der Sie sich aber stattdessen unfreiwillig verengen, reaktiv und übermäßig analytisch reagieren, von Ihren Ressourcen abgeschnitten und in unangenehmen oder schmerzlichen Gefühlen (also in einem CRASH-Zustand) gefangen sind. Bestimmen Sie eine Stelle im Raum für diese Situation und begeben Sie sich hinein. Erleben Sie die Situation so, wie Sie sie jetzt erleben.

2. Treten Sie aus der Situation heraus und gehen Sie an eine neue Stelle im Raum. Kommen Sie vollkommen in den COACH-Zustand. Definieren Sie Ihren erwünschten Zustand für die Situation. Wie würden Sie lieber denken, fühlen und reagieren? Erleben Sie diesen erwünschten Zustand körperlich so intensiv wie möglich.

3. Richten Sie Ihre Aufmerksamkeit weiterhin auf die gefühlte Wahrnehmung des erwünschten Zustands und gehen Sie langsam auf die Stelle zu, die die herausfordernde Situation repräsentiert. Achten Sie auf Ihre Physiologie und Ihre Körperempfindungen und halten Sie inne, sobald Sie eine Veränderung oder eine Kontraktion spüren, die Ihren Ressourcenzustand abschwächt, beeinträchtigt oder Sie herausbringt (die Barriere). Bleiben Sie stehen, richten Sie Ihre Aufmerksamkeit auf diese Empfindungen und gehen Sie der Frage nach: „Welche Überzeugungen gehen mit diesen Empfindungen einher, die mich davon abhalten, in dieser Situation vollkommen verbunden und ressourcenvoll zu sein?" Bleiben Sie mit Ihrer Aufmerksamkeit in Ihrem Körper und bei der Empfindung der Kontraktion, während Sie nach den Überzeugungen suchen. Gehen Sie nicht in Ihren Kopf und versuchen Sie nicht, dort nach einer Lösung zu suchen. Wenn Sie die Überzeugungsbarrieren entdecken, suchen Sie auch nach der positiven Absicht und dem Zweck, denen diese Überzeugungen dienen, und erkennen Sie diese an.

4. Sobald Sie die Überzeugungsbarrieren ermittelt haben, gehen Sie wieder an die Stelle des COACH-Zustands, wo Sie sich vollkommen zentriert, präsent und ressourcenvoll fühlen. Stellen Sie sich folgende Fragen: „Angesichts dessen, was ich gerade über die Überzeugungsbarrieren herausgefunden habe, mit welchen Überzeugungen könnte ich in dieser Situation trotzdem verbunden und ressourcenvoll bleiben?" „Mit welchen ‚Überzeugungsbrücken' könnte ich in dieser Situation im COACH-Zustand bleiben?" Öffnen Sie sich dem größeren Feld und gestatten Sie sich, die Antworten zu bekommen, ohne darüber nachzudenken oder sie zu analysieren. Nehmen Sie wahr, was aus dem Feld auftaucht. „Programmieren" Sie die Überzeugungen „neurolinguistisch", indem Sie sie für sich wiederholen und darauf achten, welche gefühlte Wahrnehmung sie in Ihrem Körper hervorrufen. Wo in Ihrem Körper müssen Sie die Überzeugungen am dringendsten halten? Machen Sie eine Körpergeste oder Körperbewegung (somatische Syntax), die die Überzeugungsbrücke zum Ausdruck bringt.

5. Bleiben Sie zentriert und präsent und halten Sie die Überzeugungen der Überzeu-gungsbrücke in Körper, Herz und Kopf. Begeben Sie sich wieder in die schwierige Situ-ation, wobei Sie die Geste ausführen und mit Ihrer Aufmerksamkeit bei diesen Über-zeugungen bleiben. Nehmen Sie wahr, wie Sie die Situation nun anders erleben. Was wird jetzt möglich, wo diese Überzeugungen in Ihrem Nervensystem sind?

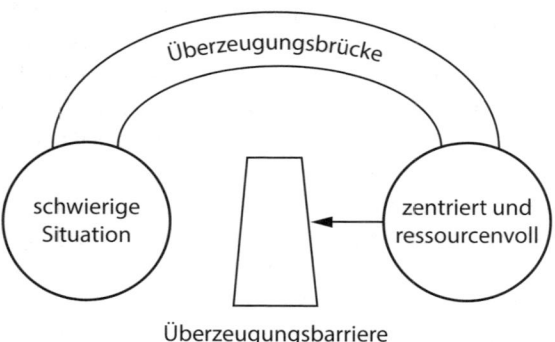

Abbildung 77: Wenn Sie eine „Überzeugungsbrücke" bauen, können Sie leichter „Überzeugungsbarrieren" umgehen, die Ihre Verbindung zu sich selbst und anderen behindern.

Mehr über die NLP-Arbeit mit Überzeugungen finden Sie in: Dilts, Halbom & Smith: *Beliefs: Pathways to Health and Well-Being* (dt.: *Identität, Glaubenssysteme und Gesundheit*); Dilts: *Changing Beliefs with NLP* (dt.: *Die Veränderung von Glau-benssystemen mit NLP: NLP-Glaubensarbeit*); Dilts: *From Coach to Awakener* (dt.: *Professionelles Coaching mit NLP: mit dem NLP-Werkzeugkasten geniale Lösungen ansteuern*) und Dilts & DeLozier: *The Encyclopedia of Systemic NLP and NLP New Coding.*

4.12 Mit Archetypen des Übergangs arbeiten

Probleme mit Überzeugungen und schwierige Gefühle treten am häufigsten in Übergangsphasen auf (wie denen in den unterschiedlichen Stadien des Adaptionszyklus). Besonders mit der Phase des Zusammenbruchs oder der kreativen Zerstörung können die meisten Menschen schlecht umgehen. Im Allgemeinen zeigen sich hier die stärksten Brüche und die meisten Turbulenzen.

Archetypisch wird diese Phase mit dem Symbol des „Drachen" dargestellt, der für etwas Riesiges, weitgehend Unbekanntes und möglicherweise Gefährliches steht. Einige weitverbreitete „Drachen" auf dem Lebensweg von uns Menschen sind etwa das Einsetzen der Pubertät oder der Menopause, das Alter, ein Berufswechsel, der Ruhestand, der Tod eines geliebten Menschen, Verlust, Krankheit und andere bedeutende Übergänge im Leben. Bei solchen Übergängen zeigen wir gewöhnlich übliche oder archetypische Reaktionen: Wir leugnen, fühlen uns überwältigt, sind frustriert, wütend, sind entschlossen, akzeptieren die Situation etc. Jede dieser Reaktionen oder Antworten führt zu einer entsprechenden Beziehung zu dem Übergang oder Drachen.

Carol Pearson (1991) hat mehrere archetypische Reaktionen auf umwälzende Lebensübergänge identifiziert, die die verschiedenen Stadien unserer Beziehung zum geheimnisvollen und gefährlichen Drachen symbolisieren.

- Der Unschuldige (weiß nicht, dass es den Drachen gibt)
- Die Waise (wird vom Drachen überwältigt oder aufgezehrt)
- Der Märtyrer (wird vom Drachen verfolgt)
- Der Wanderer (geht dem Drachen aus dem Weg)
- Der Krieger (bekämpft den Drachen)
- Der Zauberer (akzeptiert und transformiert den Drachen)

Wie bei allen Archetypen-Energien hat jede dieser Qualitäten, die in diesen symbolischen Rollen zum Ausdruck kommen, ihre Gaben und ihre Schattenseiten:

Die Gaben der *Unschuld* sind Optimismus, Reinheit und Einfachheit. Die Schattenseite sind Leichtgläubigkeit, Unerfahrenheit und Verletzlichkeit.

Die *Waise* bringt die Gaben des Mitgefühls und die Fähigkeit, loszulassen. Ihre Schattenseiten sind Hilflosigkeit und Verzweiflung.

Die Gaben des *Märtyrers* sind ein Gefühl der Selbstaufopferung und Gerechtigkeit. Die Schatten führen zu Schikane, Verurteilung und einer Art passiv-aggressivem Reaktionsverhalten.

Die Gaben des *Wanderers* sind Raum, Freiheit und Entdeckung. Die Schattenseite bringt Vermeidung und Leugnung mit sich.

Die Ressourcen des *Kriegers* sind Entschlossenheit, Mut und Klarheit. Zu den Schatten gehören Aggression, Gewalt und das Aufzwingen einer bestimmten Sichtweise.

Die Gaben des *Zauberers* beinhalten Akzeptanz, Kreativität und Weisheit. Die Schattenseiten äußern sich in Form von Manipulation, Trickserei und Illusionen.

Will man Übergänge erfolgreich bewältigen, liegt der Schlüssel offensichtlich darin, Zugang zu den Gaben und Ressourcen zu haben, die jeder Archetyp durch seine Beziehung mit dem Drachen mit sich bringt, und diese Gaben und Ressourcen zu nutzen. Wenn man den Drachen im Feld dieser Ressourcen halten kann, verwandelt er sich – das Problem wird zu einer Gelegenheit, die Wunde wird zu einer Quelle des Lernens und Wachstums. Das Schlimmste, was uns je widerfahren ist, wird zum Besten, was uns je passiert ist.

Wir fördern die Gaben jedes Archetyps zutage, indem wir uns mit ihnen im COACH-Zustand verbinden und entsprechend zentriert und integriert reagieren.

ÜBUNG

Übergänge

Folgende Übung kombiniert mehrere Prozesse des NLP der nächsten Generation, und zwar räumliches Anordnen, somatische Syntax und die Verbindung mit dem Feld-Geist über Carol Pearsons Archetypen. So haben wir die Möglichkeit, turbulente Zeiten und Übergänge ressourcenvoll anzugehen.

1. Definieren Sie den Drachen. Identifizieren Sie das Thema des Lebensübergangs, vor dem Sie stehen. Dazu können Schlüsselelemente des Kontexts oder der Umgebung gehören, die mit dem Übergang zu tun haben, etwa die Reaktionen von Bezugspersonen oder problematische Details, was die Umstände des Übergangs betrifft.
2. Bestimmen Sie eine Stelle im Raum für den Drachen und ordnen Sie alle Archetypen kreisförmig um den Drachen an in folgender Reihenfolge: a) Unschuldiger, b) Waise, c) Märtyrer, d) Wanderer, e) Krieger, f) Zauberer. Legen Sie knapp außerhalb des Kreises eine Stelle für den COACH-Zustand fest (eine Metaposition).

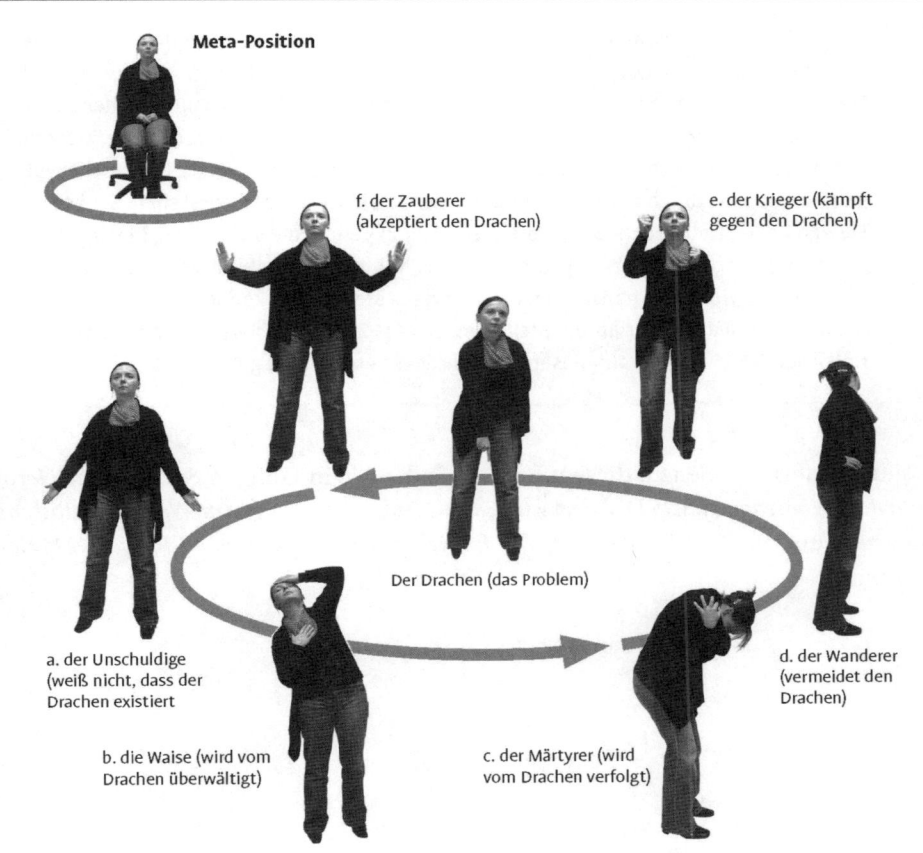

Abbildung 79: Anordnung der Archetypen in der Übergangsübung

3. Beginnen Sie in der Position des Unschuldigen und erkunden Sie reihum alle Archetypen des Übergangs, indem Sie die Einstellung, Energie, Körperhaltung und Bewegungen einnehmen (also die somatische Syntax), die mit dem jeweiligen Archetypen einhergeht. Erleben Sie, welche Beziehung jeder Archetyp zum Drachen hat. Nehmen Sie sowohl die Gaben wie auch die Schattenseiten wahr, die jede Beziehung zum Drachen bei Ihnen hervorruft.

4. Wenn Sie die ganze Abfolge der Archetypen durchlaufen haben, begeben Sie sich in die Metaposition und gehen Sie so vollständig wie möglich in den COACH-Zustand. Verbinden Sie sich mit Ihrer Zone der Exzellenz und öffnen Sie sich der Weisheit des größeren Feld-Geists.

5. Halten Sie diesen Zustand in Ihrem Körper und durchlaufen Sie körperlich erneut alle Archetypen im Kreis. Dadurch stellen Sie sicher, dass Sie alle Gaben, Ressourcen und Erkenntnisse, die die einzelnen Archetypen Ihnen in der Beziehung zum Drachen übermitteln, auch bekommen und erleben. Erforschen Sie dabei Körperhaltung, Gesten und Bewegungen (also die somatische Syntax), die zur positiven Version des Archetyps gehören und die durch die Verbindung mit dem COACH-Zustand entstehen. Schließen Sie den Prozess ab, indem Sie an die Stelle zurückgehen, die sich für Sie in der Beziehung zum Drachen am stimmigsten anfühlt. Nehmen Sie wahr, dass Sie das jetzt in dem Wissen, wo Sie im ganzen Übergangszyklus stehen, tun können.

6. Begeben Sie sich wieder an die Stelle des COACH-Zustands in der Metaposition und reflektieren Sie, was Sie auf dieser Reise entdeckt und daraus gelernt haben.

Weitere Informationen zu diesem Prozess finden Sie in Gilligan & Dilts: *The Hero's Journey: A Voyage of Self-Discovery* (dt.: *Die Heldenreise: auf dem Weg zur Selbstentdeckung*) und in Dilts & Delozier: *The Encyclopedia of Systemic NLP and NLP New Coding*.

Schluss und Ausblick: Ego und Seele

Wir sind ans Ende dessen gekommen, was wir im Rahmen dieses Buches vorstellen können. Doch in gewisser Weise ist das erst der Anfang unserer Forschungen zum NLP der Nächsten Generation. Viele Prozesse und Techniken können wir hier aus Platzmangel nicht aufnehmen und viele werden noch kommen.

Die Prinzipien und Übungen dieser neuen Generation des NLP werden beispielsweise insbesondere im Coaching auf der Identitätsebene angewandt. Themen und Übergänge der Identitätsebene sind das Kernstück des Coaching mit großem „C". Wir haben vor, dieses faszinierende Gebiet ausführlich in einem neuen Buch zu behandeln, das *Coaching at the Identity Level* heißen soll.

Diesem Buch liegt unsere Sichtweise zugrunde, wonach „Identität" sich aus zwei einander ergänzenden Aspekten zusammensetzt: Ego und Seele. Der Psychoanalyse zufolge ist das *Ego* „der Teil der Psyche, der zwischen dem Bewussten und dem Unbewussten vermittelt und zuständig ist für die Realitätsprüfung und ein persönliches Identitätsgefühl". Somit entwickelt das Ego unser Gefühl eines eigenständigen Selbst und hält es aufrecht, indem es die Wirklichkeit aus seinem individuellen Blickwinkel wahrnimmt.

Auf der Umgebungsebene konzentriert sich das Ego häufig auf Gefahren und Einschränkungen und es strebt nach kurzfristigen Vorteilen und Vergnügungen. Demzufolge neigt es auf der Verhaltensebene dazu, auf äußere Umstände zu reagieren. Die Fähigkeiten des Egos sind im Allgemeinen die des kognitiven Intellekts, etwa Analyse und Strategie. Auf der Ebene der Überzeugungen und Werte konzentriert es sich auf äußere und innere Sicherheit, Zustimmung, Kontrolle, Leistung und den eigenen Vorteil. Auf der Identitätsebene identifiziert sich das Ego mit unseren Rollen in der Gesellschaft und damit, wer wir unserem Gefühl nach sein sollten oder sein müssen. Auf der spirituellen Ebene oder der Ebene des Lebenssinns ist das Ego ausgerichtet auf die Themen Überleben, Erkenntnis und unseren Ehrgeiz – auf das Leben, das wir für uns selbst erschaffen wollen.

Aus NLP-Sicht kann man das Ego als eine kognitiv konstruierte Landkarte ansehen oder als ein kognitiv konstruiertes Modell von sich „selbst" und als natürlichen Entwicklungsprozess. Diese Ego-Konzepte von „Wirklichkeit" und „Selbst" unterliegen jedoch äußeren Bezugspunkten wie gesellschaftlichen Normen, kulturellen Werten und Familienmustern. Wie alle Landkarten und Modelle ist das Ego zwangsläufig geprägt von den Prozessen Tilgung, Verzerrung und Verallgemeinerung. Trennen uns diese Verzerrungen allzu stark vom tatsächlichen Gebiet und Potenzial (unserer Seele oder Essenz), dann rufen sie möglicherweise die „Schatten"-Seite des Egos hervor. Ein ungesundes Ego äußert sich entweder in Form von *Selbst-Überhöhung* – Stolz, Arroganz, Selbstgefälligkeit, Narzissmus und Selbstverliebtheit – oder in Form von *Selbst-Abwertung* – Selbstverurteilung, Depression, Selbstkritik, mangelndem Selbstwert und mangelndem Selbstvertrauen etc., was dazu führen kann, dass uns Gier, Angst und Überlebensstrategien übermäßig stark im Griff haben (Kampf, Flucht, Erstarren).

Die *Seele* ist die einzigartige Lebenskraft, Essenz oder Energie, mit der wir auf die Welt kommen und die durch uns in die Welt kommt. Als neugeborenes Baby beispielsweise haben wir noch kein Ego, aber wir haben eine einzigartige Energie und ein einzigartiges Wesen, worauf unsere Identität beruht. Diese Energie kommt durch unseren Körper zum Ausdruck und durch unseren Kontakt mit den größeren Feldern um uns. Weil die Seele eine energetische „Tiefenstruktur" ist, ist sie nicht mit einem bestimmten Inhalt verbunden und deshalb auch frei von Einflüssen durch Gesellschaft, Kultur und Familie. Die Seele findet ihren Ausdruck durch ihren Beitrag zu diesen größeren Feldern und ist somit nicht ein vergegenständlichtes oder getrenntes Selbst, sondern vielmehr unser Ausdruck eines sich entwickelnden, verbundenen Selbst.

Auf der Umgebungsebene konzentriert sich die Seele meist auf Gelegenheiten, die ihr Möglichkeiten zum Ausdruck und zur Entwicklung geben. Folgerichtig reagiert die Seele auf der Verhaltensebene eher proaktiv auf äußere Umstände. Die mit der Seele verbundenen Fähigkeiten sind im Allgemeinen solche, bei denen es um das Wahrnehmen von und den Umgang mit Energie und um emotionale Intelligenz geht. Auf der Ebene der Überzeugungen und Werte konzentriert sich die Seele auf innere Beweggründe, wie dienen, einen Beitrag leisten, sich verbinden, sein, sich ausdehnen und erwachen. Auf der Identitätsebene hängt die Seele mit unserer Mission zusammen und den einzigartigen Gaben, die wir in die Welt bringen. Auf der spirituellen Ebene oder der Ebene des Lebenssinns orientiert sich die Seele an unserer Vision dessen, was wir in der Welt durch uns erschaffen wollen, was aber über uns hinausgeht.

Wir können also sagen: Das Ego hat mehr mit dem „Inhalt" unserer Erfahrung zu tun, während die Seele sich stärker auf den „Container" bezieht, der den Inhalt hält. Ähnlich wirkt das Ego durch Analyse, während die Seele durch Gewahrsein wirkt. Einigen Lehren wie etwa dem *Kurs in Wundern* zufolge gibt es auf der Welt zwei Grundkräfte, Angst und Liebe. Das Ego würde nach dieser Sichtweise überwiegend allen Variationen von Angst entspringen und die Seele überwiegend allen Ausdrucksformen der Liebe. Für ein gesundes und erfolgreiches Leben brauchen wir zweifellos diese beiden Aspekte von uns selbst.

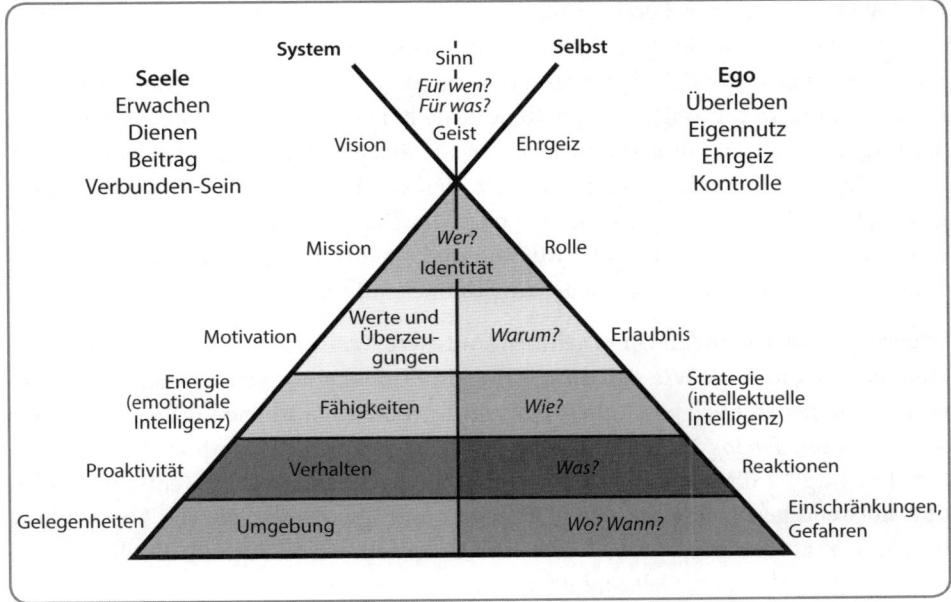

Abbildung 80: Ebenen des Ausdrucks für Ego und Seele

Wenn unser Körper (somatischer Geist) und unser Intellekt (kognitiver Geist) sich wie zwei Tänzer zusammentun und auf die Musik des Lebens (das Feld) reagieren, dann hat die Seele ein Medium, um sich auszudrücken. Wir erleben uns lebendiger, freudiger, intuitiver und fühlen uns mehr zu Hause in der Welt. Charisma, Leidenschaft und Präsenz treten ganz von selbst zutage, wenn diese beiden Kräfte (Ego und Seele, Vision und Ehrgeiz) miteinander in Einklang sind. Zu Spitzenleistungen kommt es, wenn das Ego der Seele dient.

Die stärksten Beweggründe sind die, bei denen unsere Vision und Mission mit unserem Ehrgeiz und unseren Werten verbunden und sie aufeinander abgestimmt sind. Wenn Ego und Seele nicht in Einklang sind und unser Ehrgeiz im Widerspruch steht zu unserer Mission und Vision, sind Konflikt und Kampf die Folge. Wenn wir zugunsten des Ego „unsere Seele verkaufen", dann haben wir zwar kurzfristig Erfolg, doch langfristig steuern wir auf eine Krise zu. „Schatten" können auftreten, wenn unser Ehrgeiz Arroganz oder ein „idealisiertes Selbst" hervorruft, und wir beginnen, andere Aspekte von uns selbst abzulehnen und zu unterdrücken.

Beim Identitäts-Coaching und dem NLP der nächsten Generation geht es vor allem darum, die Dynamik zwischen Ego und Seele zu verstehen und beide in ein Gleichgewicht zu bringen.

Die Dynamik zwischen Ego und Seele ähnelt der Dynamik in einem Unternehmen oder einer Organisation. Das Ego des Unternehmens setzt sich zusammen aus den Firmeninhabern und den Aktionären, denen es um das Überleben, die finanzielle Rentabilität („Nettoprofit") und die Rendite geht. Das spiegelt sich wider im Ehrgeiz der Organisation und ihrer Mitarbeiter, was Status und Leistungsniveau anbelangt. Die Seele des Unternehmens ist der Wert, den es für die Kunden und das größere gesellschaftliche und konkrete Umfeld darstellt. Der Wert ergibt sich aus der Vision des Unternehmens und aus seiner Mission und einem einzigartigen Beitrag, den das Unternehmen und seine Mitarbeiter im Hinblick auf die Systeme ringsum leisten.

In gesunden, florierenden Unternehmen sind diese Kräfte im Gleichgewicht und aufeinander abgestimmt. Wie sich diese Kräfte in Einklang bringen lassen, darum wird es in einem neuen Buch von Robert Dilts und seinem verstorbenen Bruder John Dilts gehen: *Success Factor Modeling*. Die beiden Brüder haben die Methode Success Factor Modeling™ (SFM) entwickelt. Mit dieser Methode lassen sich die entscheidenden und notwendigen Erfolgsfaktoren feststellen und übertragen, die die Entwicklung und Wirkkraft von Einzelnen, Teams und Unternehmen fördern. Außerdem helfen sie, optimal vorbereitet, Gelegenheiten zu erschaffen, zu erkennen und sie zu nutzen, wenn sie sich ergeben. Durch die Analyse erfolgreicher Firmen, Projekte und Initiativen sowie durch das Beobachten von sehr effektiv arbeitenden Einzelpersonen und Teams unterstützt SFM™ Menschen und Organisationen, die Faktoren zu quantifizieren, die zum Erbe ihres Erfolgs geführt haben, und die notwendigen Trends zu erkennen, um dieses Erbe in die Zukunft zu tragen.

Wir hoffen, die Reise in die nächste Generation des NLP hat Ihnen bisher gefallen. Unser aufrichtiger Wunsch ist: Möge Ihnen dieses Buch bisher und weiterhin eine nützliche Straßenkarte und ein Leitfaden sein, damit Sie Ihre Vision und Mission, Ihren Ehrgeiz und Ihre Rolle bewusster, flexibler und vertrauensvoller leben. Wie Sie sehen, ist das erst der Anfang. Es kommt noch viel mehr.

Nachwort

Wir hoffen, diese Erkundung des NLP der nächsten Generation hat Ihnen gefallen. Falls Sie Interesse haben, in die Prinzipien und die Technologie des Neurolinguistischen Programmierens tiefer einzudringen, dann gibt es auch noch andere Ressourcen und Werkzeuge, um die hier beschriebenen Unterscheidungen, Strategien und Fertigkeiten weiterzuentwickeln und anzuwenden.

Die **NLP University** hat sich folgenden Zielen verschrieben: Ausbildungen höchster Qualität in den NLP-Grundlagen und den weiterführenden NLP-Fertigkeiten anzubieten; neue NLP-Modelle und -Anwendungen zu entwickeln und zu fördern auf den Gebieten Gesundheit, Wirtschaft und Unternehmen, Kreativität und Lernen. Jeden Sommer veranstaltet die NLP University Kurse an der University of California in Santa Cruz. Hier finden längere Seminare statt, bei denen die Teilnehmer vor Ort wohnen und NLP-Fertigkeiten lernen, darunter auch solche für Unternehmensberatung und Coaching.

Weitere Informationen erhalten Sie von Teresa Epstein unter:

NLP University
P. O. Box 1112
Ben Lomond, California 95005
USA
Telefon: 001-831-336-3457
Fax: 001-831-336-5854
E-Mail: Teresanlp@aol.com
Website: ↗ http://www.nlpu.com

Zusätzlich zu den Kursen, die wir an der NLP University anbieten, sind wir auch international unterwegs und halten Seminare und Spezialkurse zu vielfältigen Themen rund um das NLP und persönliche und berufliche Entwicklung.

Weitere Informationen zu geplanten Kursen finden Sie auf der Website der NLP University:
↗ http://www.nlpu.com

oder schreiben Sie an:
rdilts@nlpu.com

Wir haben auch zahlreiche andere Bücher geschrieben, Computersoftware entwickelt und Audioaufnahmen gemacht, die alle auf den NLP-Prinzipien und -Unterscheidungen basieren.

Robert Dilts z. B. hat verschiedene Software-Tools herausgebracht, nämlich *Vision to Action, Imagineering Strategy* und *Journey to Genius Adventure,* die alle auf seinem Modellieren der Strategien von Genies basieren. Beschreibungen der Kreativitätsprozesse von Genies wie Mozart, Walt Disney und Leonardo Da Vinci sind auch als Audioaufnahmen [in englischer Sprache] erhältlich.

Weitere Informationen dazu und zu anderen NLP-Produkten und -Ressourcen erhalten Sie von:

Journey to Genius
P. O. Box 67448
Scotts Valley, Kalifornien 95067-7448
USA
Telefon: 001-831-438-8314
Fax: 001-831-438-8571
E-Mail: info@journeytogenius.com
Website: ↗ http://www.journeytogenius.com

Literatur

ANDREAS, S. & ANDREAS, C. (1988): *Gewusst wie. Arbeit mit Submodalitäten und weitere NLP-Interventionen nach Maß.* Paderborn: Junfermann.

ANDREAS, S. & ANDREAS, C. (1992): *Mit Herz und Verstand.* Paderborn: Junfermann.

ANDREAS, C. & ANDREAS, T. (1995): *Der Weg zur inneren Quelle.* Paderborn: Junfermann.

ARISTOTELES (2011): *Über die Seele – Griechisch/Deutsch.* Stuttgart: Reclam Verlag.

ARISTOTELES (1987): *Physik: Vorlesung über Natur.* Hamburg: Meiner.

ARISTOTELES (1974): *Kategorien Lehre vom Satz (Peri hermeneias),* übersetzt von Eugen Rolfes. Unveränderte Neuausgabe 1958 der 2. Aufl. von 1925, Nachdruck bei Meiner: Hamburg.

ARMOUR, A. & ARDELL, J. (Ed.) (2004): *Basic and Clinical Neurocardiology,* Oxford University Press: New York, NY.

BANDLER, R. (1987): *Veränderung des subjektiven Erlebens.* Paderborn: Junfermann.

BANDLER, R. (2010): *Time for a Change – Lernen, bessere Entscheidungen zu treffen.* Paderborn: Junfermann.

BANDLER, R. & GRINDER, J. (1996): *Patterns: Muster der hypnotischen Techniken Milton H. Ericksons.* Paderborn: Junfermann.

BANDLER, R. & GRINDER, J. (2010): *Kommunikation und Veränderung. Die Struktur der Magie 2.* Paderborn: Junfermann.

BANDLER, R. & GRINDER, J. (2011): *Metasprache und Psychotherapie. Die Struktur der Magie 1.* Paderborn: Junfermann.

BATESON, G. (1985): *Ökologie des Geistes – anthropologische, psychologische, biologische und epistemologische Perspektiven.* Frankfurt am Main: Suhrkamp.

BATESON, G. (1987): *Geist und Natur – eine notwendige Einheit.* Frankfurt am Main: Suhrkamp.

BATESON, G. & BATESON, M.C. (1993): *Wo Engel zögern. Unterwegs zu einer Epistemologie des Heiligen,* Frankfurt am Main: Suhrkamp.

BATESON, G. (1991): *A Sacred Unity.* New York: Harper Collins.

BERMAN, M. (1989): *Coming to our Senses.* New York: Simon & Schuster.

CHILDRE, D. & MARTIN, H. (2000): *Die Herzintelligenz-Methode.* Kirchzarten: VAK.

CHOMSKY, N. (1973): *Strukturen der Syntax.* Berlin: de Gruyter.

CHOMSKY, N. (1973): *Aspekte der Syntax-Theorie.* Frankfurt am Main: Suhrkamp.

CHOMSKY, N. (2004): *Sprache und Geist.* Frankfurt am Main: Suhrkamp.

DARWIN, C. (2012): *Über die Entstehung der Arten.* Henricus – Edition Deutsche Klassik.

DELOZIER, J. & GRINDER, J. (1995): *Der Reigen der Dämonen.* Paderborn: Junfermann.

DILTS, R. (1983): *Roots of Neuro-Linguistic Programming: A reference guide to the technology of NLP.* Capitola: Meta Publications.

DILTS, R. (1993): *Die Veränderung von Glaubenssystemen.* Paderborn: Junfermann.

DILTS, R. (1994–1995): *Strategies of Genius I, II & III.* Capitola: Meta Publications.

DILTS, R. (1997): *Time Lines.* Anchor Point, Vol. 10.

DILTS, R. (1998): *Von der Vision zur Aktion. Die Erschaffung einer Welt, der die Menschen zugehören wollen. Visionäre Führungskunst.* Paderborn: Junfermann.

DILTS, R. (2001): *Die Magie der Sprache. Angewandtes NLP.* Paderborn: Junfermann.

DILTS, R. (2005): *Professionelles Coaching mit NLP. Mit dem NLP- Werkzeugkasten geniale Lösungen ansteuern.* Paderborn: Junfermann.

DILTS, R., GRINDER, J., BANDLER, R. & DELOZIER, J. (1985): *Strukturen subjektiver Erfahrung.* Paderborn: Junfermann.

DILTS, R., HALLBOM, T. & SMITH, S. (1993): *Identität, Glaubenssysteme und Gesundheit.* Paderborn: Junfermann.

DILTS, R. & BONISSONE, G. (1999): *Zukunftstechniken zur Leistungssteigerung und für das Management von Veränderungen.* Paderborn: Junfermann.

DILTS, R. & MCDONALD, R. (1988): *Und dann geschieht ein Wunder ...* Paderborn: Junfermann.

DILTS, R. & DELOZIER, J. (1997): *Darwin's Thinking Path.* Anchor Point, Vol. 2.

DILTS, R. (1999): *Modeling mit NLP: das Trainingshandbuch zum NLP-Modeling-Prozess.* Paderborn: Junfermann.

DILTS, R. & DELOZIER, J. (1998): *The Evolution of Perceptual Positions.* Anchor Point, Vol. 9.

DILTS, R. & DELOZIER, J. (2000): *The Encyclopedia of Systemic NLP and NLP New Coding.* Santa Cruz: NLP University Press.

EINSTEIN, A. (1984): *Aus meinen späten Jahren.* Frankfurt am Main: Ullstein.

EPSTEIN, D. (1994): *The 12 Stages of Healing.* Novato: New World Library.

ERICKSON, MILTON H. (1980): *The Collected Papers of Milton H. Erickson,* Vol.4. New York: Irvington Publishers.

ERICSSON, A. K., CHARNESS, N., FELTOVICH, P. & HOFFMAN, R. R. (2006): *Cambridge Handbook on Expertise and Expert Performance.* Cambridge: Cambridge University Press.

FELDENKRAIS, M. (1978): *Bewusstheit durch Bewegung.* Frankfurt am Main: Suhrkamp.

FELDENKRAIS, M. (1994): *Der Weg zum reifen Selbst.* Paderborn: Junfermann.

FREUD, S. (1991): *Selbstdarstellung: Schriften zur Geschichte der Psychoanalyse.* Frankfurt am Main : Fischer.

GENDLIN, E. (1998): *Focusing: Selbsthilfe bei der Lösung persönlicher Probleme.* Reinbek: Rowohlt.

GERSHON, M. (2001): *Der kluge Bauch. Die Entdeckung des zweiten Gehirns.* München: Goldmann.

GILLIGAN, S. (1999): *Liebe dich selbst wie deinen Nächsten. Die Psychotherapie der Selbstbeziehung.* Heidelberg: Carl Auer.

GILLIGAN, S. & SIMON, D. (Ed.) (2004): *Walking in Two Worlds: The Relational Self in Theory, Practice and Community.* Phoenix: Zeig Tucker Publishers.

GILLIGAN, S. & DILTS, R. (2013): *Die Heldenreise. Auf dem Weg zur Selbstentdeckung.* Paderborn: Junfermann.

GLADWELL, M. (2009): *Überflieger: Warum manche Menschen erfolgreich sind – und andere nicht.* Frankfurt am Main: Campus.

GOLEMAN, D. (1985): *The Multiple Personality Puzzle,* New York Times, June 2.

GALLWEY, T. (1977): *Tennis und Psyche.* München: Wila-Verlag.

GALLWEY, T. (2002): *Erfolg durch Selbstcoaching. Mit der Inner-Game-Methode zu mehr Balance im Beruf.* Nürnberg: Bildung und Wissen.

HALEY, J. (1978) *Die Psychotherapie Milton H. Ericksons.* München: Pfeiffer.

HOLLING, C. S. (1978): *Adaptive environmental assessment and management.* London: John Wiley & Sons.

HOLLING, C. S. & GUNDERSON, L. (Ed.) (2002): *Panarchy: understanding transformations in human and natural systems.* Washington: Island Press.

JAMES, T. & WOODSMALL, W. (1991): *Time Line: NLP-Konzepte zur Grundstruktur der Persönlichkeit.* Paderborn: Junfermann.

JAMES, W. (1979): *Principles of Psychology.* Chicago: Britannica Great Books.

JUNG, C. G. (1981): *Der Mensch und seine Symbole*. Olten: Walter.

JUNG, C. G. (1984): *Erinnerungen, Träume und Gedanken*. Olten: Walther.

KOESTLER, A. (1966): *Der göttliche Funke. Der schöpferische Akt in Kunst und Wissenschaft.* Bern: Scherz.

KORZYBSKI, A. (1980): *Science and Sanity.* Lakeville: The International Non-Aristotelian Library Publishing Company.

LAIRD, J. E., ROSENBLOOM, P. & NEWELL, A. (1986): *Chunking in SOAR. The Anatomy of a General Learning Mechanism.* Machine Learning, 1, S. 11-46.

LAIRD, J. E., ROSENBLOOM, P. & NEWELL, A. (1987): *SOAR: An Architecture for General Intelligence. Artificial Intelligence,* 33, S. 1-64.

LE BON, G. (2009): *Psychologie der Massen.* Hamburg: Nikol Verlags-GmbH.

LOVELOCK. (1979): *Unsere Erde wird überleben. GAIA – eine optimistische Ökologie.* München: Piper.

MOSS, R. (1995): *The Second Miracle.* Berkeley: Celestial Arts.

MOSS, R. (2007): *The Mandala of Being: Discovering the Power of Awareness.* Novato: New World Library.

PEARSALL, P. (1998): *The Heart's Code.* New York: Crown Archetype.

PEARSON, C. (1991): *Awakening the Heroes Within.* San Francisco: Harper Collins.

RIZZOLATTI, G. & CRAIGHERO, L. (2004): *The Mirror-Neuron System. Annual Review of Neuroscience* 27, S. 169-192.

ROTH, G. (1989): *Maps to Ecstasy.* Mill Valley: Nataraj Publishing.

ROTH, G. (1998): *Leben ist Bewegung. Fünf radikale Wege zur Selbstbefreiung.* München: Heyne.

ROTH, G. (2004): *Connections.* New York: Jeremy P. Tarcher.

RUSSELL, P. (1984): *Die erwachende Erde. Unser nächster Evolutionssprung.* München: Heyne.

SCHILPP, P. (1983): *Albert Einstein als Philosoph und Naturforscher.* Braunschweig: Vieweg.

SHELDRAKE, R. (1983): *Das schöpferische Universum. Die Theorie des morphogenetischen Feldes.* Frankfurt am Main: Ullstein.

SHELDRAKE, R. (2011): *Das Gedächtnis der Natur. Das Geheimnis der Entstehung der Formen.* Frankfurt am Main: Scherz.

STEPHENSON, G. R. (1967): Cultural acquisition of a specific learned response among rhesus monkeys. In: *Progress in Primatology* (herausgegeben von D. Starek, R. Schneider & H.J. Kuhn), Stuttgart: Fischer, S. 279-288.

TILLER, W.; MCCRATY, R. & ATKINSON, M. (1996): *Cardiac coherence: A new, noninvasive measure of autonomic nervous system order. Alternative Therapies in Health and Medicine* 2(1), S. 52-65.

WALDROP, M. (1988): *Toward a Unifying Theory of Cognition. Science,* Vol. 241, July.

WATSON, L. (1989): *Der unbewusste Mensch: Gezeiten des Lebens – Ursprung des Wissens.* München: MVG.

WHITEHEAD, A. N. & RUSSELL, B. (1986): *Principia Mathematica.* Frankfurt am Main: Suhrkamp.

WILBER, K. (1998): *Eine kurze Geschichte des Kosmos.* Frankfurt am Main: Fischer.

Index

Über die Autorinnen und den Autor

Robert Dilts ist weltweit angesehen als maßgeblicher Entwickler, Autor, Coach, Trainer und Berater auf dem Gebiet des Neurolinguistischen Programmierens (NLP). Als NLP entstand, arbeitete Robert Dilts eng mit den NLP-Mitbegründern John Grinder und Richard Bandler zusammen und studierte bei Dr. Milton H. Erickson und Gregory Bateson. Robert Dilts leistete Pionierarbeit bei NLP-Anwendungen auf den Gebieten Erziehung/Bildung, Kreativität, Gesundheit, Menschenführung, Glaubenssysteme und der Entwicklung dessen, was als „NLP der dritten Generation" bekannt wurde.

Robert Dilts ist Hauptautor von *Strukturen subjektiver Erfahrung: Ihre Erforschung und Veränderung durch NLP*, das als Standardwerk gilt, und hat zahlreiche andere NLP-Bücher mit verfasst, etwa: *Die Veränderung von Glaubenssystemen: NLP-Glaubensarbeit, Identität, Glaubenssysteme und Gesundheit*, *Und dann geschieht ein Wunder ...: angewandtes NLP* und *Professionelles NLP: mit dem NLP-Werkzeugkasten geniale Lösungen ansteuern*.

Sein neuestes Buch *Die Heldenreise: Auf dem Weg zur Selbstentdeckung* mit Stephen Gilligan handelt davon, wie Sie sich auf den Weg des Lernens und der Transformation machen können, der Sie wieder mit Ihrer tiefsten Bestimmung verbindet, einschränkende Überzeugungen und Gewohnheiten transformiert, emotionale Wunden und körperliche Symptome heilt, Ihre Intimität vertieft und Ihr Selbstbild verbessert.

Judith DeLozier ist seit 1975 Trainerin und hat Ausbildungsprogramme auf dem Gebiet des Neurolinguistischen Programmierens mit entwickelt und gestaltet. Zusammen mit Robert Dilts, John Grinder und Richard Bandler verfasste sie *Strukturen subjektiver Erfahrung: Ihre Erforschung und Veränderung durch NLP*. Als Schülerin von Milton Erickson modellierte sie seine Strategie, um Trancezustände und Metaphern zu erfinden und zu nutzen. Diese Arbeit ist beschrieben in *Patterns of the Hypnotic Techniques of Milton H. Erickson, M. D. Vol. II*, das sie mit John Grinder und Richard Bandler verfasste.

In dem Buch *Der Reigen der Daimonen: Vorbedingungen persönlichen Genies*, das sie gemeinsam mit John Grinder verfasste, untersucht Judith DeLozier die Zusammenhänge zwischen NLP und Kultur, Gesellschaft, Kunst, Ästhetik und Epistemologie. Aus dieser Arbeit entstand *NLP New Coding*, das im NLP eine Bewegung hin zu einem stärker systemischen und beziehungsorientierten Ansatz anregte und neues Interesse an der Arbeit Gregory Batesons weckte.

Judith DeLozier ist es hauptsächlich zu verdanken, dass NLP den Weg in das Gebiet der interkulturellen Kompetenz gefunden hat. In der Entwicklung interkultureller Fertigkeiten leistete sie Pionierarbeit. Aufgrund ihrer Erfahrungen mit Ballett und kongolesischem Tanz propagierte sie den Einsatz von Tanz und Bewegung als Hauptwerkzeuge des NLP.

Deborah Bacon Dilts ist Trainerin in Psychosynthese, Entspannungstherapie und der transformativen und spirituellen Arbeit von Richard Moss. Sie unterrichtet die 5Rhythmen® von Gabrielle Roth und hat eine Ausbildung in Aquanima, einem transpersonalen Körper-Psychotherapie-Ansatz, der auf dem Holotropen Atmen™ basiert. Sie lebt in Frankreich, wo sie seit über 20 Jahren als professionelle Dolmetscherin für Trainer und Lehrer auf dem Gebiet persönliches Wachstum tätig ist. Und sie lebt mit ihrem Mann Robert Dilts in Kalifornien.

Deborah Bacon Dilts hat zahlreiche Artikel (auf Französisch) verfasst, darunter *Das Schwitzhütten-Ritual – sich mit dem Leben verbinden; Die Erde – Ort der Verbindung; Die 5Rhythmen® von Gabrielle Roth* sowie ein Kapitel über Richard Moss Mandala of Being™ in einem Buch über transpersonale Psychotherapie. In ihrer Arbeit konzentriert sie sich auf die Verbindung zwischen Körper und Geist und bewusste Beziehung.

Seit 2005 entwickelt sie mit ihrem Mann Robert Dilts Programme, die Neurolinguistisches Programmieren mit Bewegung und transpersonalen Ansätzen verschmelzen, zum Beispiel: The Power of Presence (dt. etwa „Die Macht und Kraft der Präsenz"), Coaching at the Identity Level (dt. etwa „Coaching auf der Identitätsebene"), The Hero's Journey and the five Rhythms (dt. etwa „Die Heldenreise und die 5Rhythmen"), Crisis, Transition and Transformation: Tools for Managing Change (dt. etwa „Krise, Übergang und Transformation: Werkzeuge für Veränderung") und Dynamic Teaming: Releasing the Generative Power of Groups and Teams (dt. etwa „Dynamische Teamarbeit: die generative Kraft von Gruppen und Teams freisetzen"). Zusammen mit Robert Dilts schrieb sie den Artikel *Coaching at the Identity Level* (dt. etwa „Coaching auf der Identitätsebene").